러시아와 세계정치

세계정치 30

러시아와 세계정치

발행인 서울대학교 국제문제연구소
주소 서울시 관악구 관악로 1(220동 504호)
전화 02-880-6311
팩스 02-872-4115
전자우편 ciscis@snu.ac.kr

2019년 5월 21일 초판 1쇄 찍음
2019년 5월 28일 초판 1쇄 펴냄

지은이 강윤희, 이은정, 최아영, 김태연, 김효섭, 이주영, 고용준
기획 서울대학교 국제문제연구소
책임편집 강윤희

편집 김천희
디자인 김진운
마케팅 최민규
펴낸곳 (주)사회평론아카데미
펴낸이 윤철호, 김천희
등록번호 2013-000247(2013년 8월 23일)
전화 02-2191-1182(영업) 02-326-0333(편집) 팩스 02-326-1626
주소 서울시 마포구 월드컵북로 12길 17
이메일 academy@sapyoung.com 홈페이지 www.sapyoung.com

세계정치 30

러시아와 세계정치

서울대학교 국제문제연구소 편
강윤희 책임편집

사회평론아카데미

*이 저서는 2019년도 서울대학교 미래 기초학문 분야 기반조성 사업의 지원을 받아 수행된 연구 결과물임.

서문

러시아와 세계정치

러시아는 한반도를 둘러싼 주변 4대 강국 중 가장 낯설고도 익숙지 않은 나라이다. 이것은 냉전 시절 소련과 국교가 단절되어 있었던 탓이기도 하지만, 내년에 한·러수교 30주년을 맞게 되는 현 시점에서도 크게 달라지지 않았다. 따라서 한국인의 '심리적 세계지도'에서 러시아는 비정상적으로 작게, 그리고 실제의 지리적 거리와는 달리 멀게 그려진다. 미국, 중국, 일본, 러시아에 대한 한국인의 호감도 설문조사에서 70%가 넘는 한국인이 러시아에 대해 "잘 모르겠다," 혹은 "신뢰도 반감도 없는 중립적 관계"라고 답하였다는 사실도 이를 증명한다. 이처럼 러시아가 멀고도 작게 그려지게 된 것에는 여러 이유가 있겠지만, 이것은 다른 무엇보다 우리의 '시선 (視線)'이 가지는 제약성 때문에 일어나는 일종의 착시와도 같다고 할 수 있다. 즉 한반도를 중심에 놓은 우리의 '심리적 세계지도'에서는 러시아 전체 지역이 다 들어오지도 않고 극동의 일부 지역만이 그려질 뿐이다. 그나마도 러시아는 "가깝지만 갈 수 없는 나라" 북한 너머에 존재하는 것이다. 따라서 이 지도에서는 러시아의 방대한 크기나 엄청난 힘이 잘 투영되지 않는다.

　그렇다면, 러시아를 중앙에 놓고 세계지도를 그린다면 어떨까? 거대한 유라시아대륙의 중심부를 차지하고 있는 러시아는 아시아 동북쪽에서부터 동유럽에 이르기까지 방대한 영토를 차지하고 있는, 문자 그대로 진정한 유라시아국가이다. 남으로는 흑해, 코카서스 산맥, 천산산맥, 파미르고원에 이르기까지, 북으로는 발트해, 북극해, 베링해에 이르기까지, 넓게 펼쳐져 있는 유라시아 초원과 산림 지역은 러시아의 실제적, 혹은 잠재적 영토였었고, 러시아는 국력의 성쇠에 따라 이들 지역으로 팽창과 수축을 거듭해왔다. 특히 18세기 러시아제국이 수립된 이후부터 러시아가 최대의 영토를 확보하였던 19세기 말엽까지 러시아는 계속적으로 팽창하였다. 이후 1917년 러시아혁명으로 러시아제국이 붕괴하였고, 또한 1991년 소련이 해체되면서 러시아의 영토는 오늘날과 같은 모습으로 현저하게 줄어들었다. 그러나 러시아는 영토라는 측면에서 여전히 세계 최대의 국가이다.

『세계정치』 30호는 러시아의 팽창과 수축 과정에서 러시아와 다양한 방식으로 관계를 맺었던 러시아 주변의 민족과 국가에 초점을 맞춘다. 주지하다시피, 러시아제국 붕괴 시 러시아로부터 떨어져 나온 국가만도 발트 3국 및 핀란드, 폴란드를 포함하여 5개국에 이르고, 소련 붕괴 시 독립을 달성한 나라만도 14개에 달한다. 이들 국가들은, 현재 반러시아 혹은 친러시아 입장을 취하는지와 상관없이, 오늘날에도 여전히 러시아의 존재감을 강하게 느끼지 않을 수 없는 지경학적 위치에 놓여 있다. 이 외에도 러시아와 국경을 맞대고 있었던 주변국들, 예컨대 오스만제국/터키공화국, 페르시아제국/이란, 청제국/중국 등은 러시아의 팽창 과정에서 큰 위협을 받았던 국가들이다. 현재도 러시아는 14개 국가와 국경을 접하고 있으니, 이들 국가들의 입장에서는 러시아가 결코 무시할 수 없는 접경국인 것이다.

이번 호에서는 거대한 유라시아국가로서 다양한 문화(문명)권과 접하고 이들 지역으로의 팽창과 수축을 거듭한 러시아의 역사를 '타자의 시선'에서 조명해 보고자 한다. 기존의 러시아 관련 연구들이 대부분 러시아를 중심으로 기술하고 있는 것에 반해, 본 『세계정치』30호에서는 러시아와 접해 있는 주변의 타국 혹은 타민족의 시선에서 러시아가 이들에게 미쳤던 영향 등을 파악해보고자 한다. 이를 통해 러시아가 주변 국가 및 민족들과 맺고 있는 복잡하고 중층적인 관계의 특성을 부각하고자 한다. 이것은 한-러 관계의 좁은 렌즈를 통해서만 러시아를 이해하려는 관행을 탈피하려는 시도이며, 궁극적으로 러시아를 진정한 유라시아국가로 이해하기 위한 학술적 도전이라 할 수 있다.

이러한 구도에서 『세계정치』30호는 6개의 사례를 선별해서 다루고자 한다. 러시아제국 혹은 소련 안에 포함되었던 민족/국가 사례로는 유대인, 아르메니아인, 중앙아시아 무슬림, 벨라루스가 다루어질 것이며, 러시아의 접경국이었던 사례로는 오스만투르크제국과 이란이 다루어질 것이다. 전자의 사례들은 각각의 민족국가 형성—이스라엘, 아르메니아공화국, 중앙아시아 5개국, 벨라루스공화국—과정에 미친 러시아의 영향에 초점이 맞추어진 반면, 후자의 사례는 러시아와의 외교 관계나 대러 인식 부분에 초점이 맞추어진다. 한편 각 논문은 특정 국가 및 민족이 러시아와 맺어 온 관계를 통시적으로 모두 서술하기보다는, 관계의 특성을 잘 보여줄 수 있는 특정 시기에 한정된다. 따라서 이번 호에는 19세기 러시아제국 시기를 다루는 논문부터 소비에트 혹은 포스트소비에트 시기를 다루는 논문까지 모두 수록되어 있다. 이처럼 시기적 편차가 있기 때문에 모든 사례를 단순 비교하기는 어려울 것이다. 그러나 각 사례별로 드러나는 공통점이나 차이점을 종합해보면, 러시아가 주변 민족/국가와 맺고 있는 관계에 대한 큰 그림을 그릴 수 있으리라 본다.

먼저 오스만 역사 전공자인 이은정은 19세기 후반 러시아제국의 공격을 여러 차례 받아 위기에 처했던 오스만투르크제국의 사례를 다룬다. 주지하다시피, 기존의 러시아-투르크 관계는 유럽외교사 틀 안에서 주로 영국 등 서유럽 국가의 관점에서 소개되거나 기술되어 왔다. 따라서 러시아의 남하정책의 위협적 요소, 그리고 러시아의 공세에 대처할 능력이 없는 오스만투르크의 무능함이 강조되어 왔다. 이에 반하여 이은정은 오스만투르크 내부의 시선으로 러시아-투르크 관계를 기술하고 이것이 오스만투르크의 국내정치에 미친 영향을 조명하고 있다. 즉 1877-78년 러-터 전쟁을 계기로 헌정을 중단하고 의회해산을 명령한 후 다시 전제정체로 돌아선 압둘하미드 2세가 자신의 정치적 입지를 정당화하기 위해 러시아와의 관계를 어떻게 전략적으로 이용했는지를 보여주고 있다. 또한 압둘하미드 2세의 러시아관(觀)은 우리의 예상과는 달리 마냥 적대적이거나 비우호적이지 않았으며 그는 얼마든지 자국의 이익을 위해서라면 전략적인 유연함을 보여주곤 했다는 것을 밝히고 있다.

러시아제국 내 유대인 문제를 연구해온 바 있는 최아영은 1882년에서 1914년 사이에 이루어진 유대인 귀환운동 알리야를 분석함으로써 러시아제국의 시온주의 운동을 소개하고 있다. 그간 이스라엘의 건국과 관련하여 헤르츨이 주도한 서유럽의 시온주의 운동만이 주목을 받아왔지만, 최아영은 19세기 말 러시아 유대인 사회에서 자생적으로 발생했던 친(親)팔레스타인 운동이 헤르츨의 시온주의 운동보다 시기적으로 앞서는 최초의 시온주의 운동이었음을 밝히고 있다. 당시 전 세계 어느 국가보다도 유대인 인구를 많이 가지고 있었던 러시아제국에서 유대인들의 운동이 나타난 것은 어찌 보면 자연스러운 일이기도 하다. 그러나 러시아제국의 유대인 운동은, 이것이 세계 시온주의 운동에서 가졌던 위상과 중요성에 불구하고, 서유럽의 시온주의 운동에 비해 연구가 충분히 이루어지지 않았고 국내에서도 거의 소개되지 않았다. 최아영의 연구는 이러한 학문적 간극을 메우는 데 큰 기여를 한다. 최아영의 연구는 또한 러시아 시온주의자들이 유대국가 수립 이전에라도 유대인들을 팔레스타인으로 이주시키는 것이 급선무라고 판단함에 따라 약 7만 명의 러시아 유대인들을 이주시켜 농경정착지를 이루었다는 사실을 밝히고 있다. 당시 러시아 사회에 팽배하였던 사회주의 관념을 받아들인 이들 사회주의적 시온주의자들은 사유재산을 부정하고 협동조합을 중심으로 하는 유대인 농경정착지를 이루었으니, 이것이 바로 키부츠 운동의 출발점인 것이다. 또한 바로 이들이 이스라엘 건국의 중심세력이 되었다는 점에서, 이스라엘-러시아 관계가 단순치 않다는 것을 보여준다.

　유대인들이 러시아제국(후일 소련)에서 떠나서 자신들의 민족국가를 형성한 것과 반대로, 아르메니아인들은 러시아로 이주해 들어옴으로써 자신들의 민족국가를 형성할 수 있었다. 아르메니아인들은 유대인처럼 자신들의 국가 없이 전 세계 여러 지역에 흩어져 살던 민족이었다. 강윤희의 연구가 보여주듯이, 이들은 러시아 제국의 카프카스 진출 이후부터 카프카스로 이주해 들어오기 시작했고, 소련 시절 아르메니아소비에트사회주의공화국으로 집중되기 시작하였다. 또한 러시아 치하에서 교육의 확산, 아르메니아어의 사용 등을 통해 민족 정체성이 더욱 확실해지고 민족문화가 발전하였다. 여기에는 특히나 소비에트 시절의 토착화 정책이 기여한 바가 크다. 결과적으로 러시아 중앙의 통제가 약화될 때마다 아르메니아 민족주의가 발흥하였으니, 소련 말 고르바초프 시기에 폭발적으로 분출된 아르메니아 민족주의 운동은 후일 소련의 붕괴와 아르메니아공화국의 수립에 크게 기여했다. 강윤희의 연구는, 러시아제국과 소련 정부가 아르메니아 민족주의 운동을 억압했지만, 다른 한편으로 러시아는 아르메니아라는 지역을 자신의 제국 안에 내포함으로써 아르메니아 국가형성에 필요했던 최소한의 영토와 민족 결집의 구심점을 제공하는 역할을 했음을 밝히고 있다.

한편 김태연은 중앙아시아 이슬람에 대한 소련 정부의 정책 변화를 살펴봄으로써 이것이 오늘날 중앙아시아 국가들에서 나타나고 있는 국가-종교 관계에 어떤 영향을 주었는지를 다룬다. 중앙아시아 지역에서 이슬람의 사회적·제도적 권위를 해체하려던 소비에트 정권의 초기 정책은 2차 세계대전 이후 제도화를 통한 국가의 이슬람 관리로 방향이 전환되었다. 김태연에 따르면, 이것은 국가의 통제와 지원을 받는 공식 이슬람 구조, 그리고 공식 이슬람의 틀과 범위에 포함되지 않는 비공식 이슬람 현상이라는 이중적 체제를 만들어냈다. 결국 이 방식이 포스트소비에트 중앙아시아 국가들에서도 그대로 답습되어서, 오늘날 국가에 의해 통제되는 공식 이슬람, 그리고 정권에 대한 도전 혹은 위협 요인이 될 수 있는 급진적 혹은 정치적 이슬람이 공존하고 있는 현상으로 이어졌다는 것이다. 이러한 연구는 중앙아시아 국가들이 탈소비에트 이행에 착수한 지 상당한 시간이 지났음에도 불구하고 중앙아시아 지역에서 이슬람과 관련된 현실은 과거 소비에트 시기의 그것과 유사한 모습을 띠고 있는 이유를 잘 설명하고 있다.

벨라루스 국가정체성을 다룬 김효섭의 연구는 러시아로부터 떨어져나간 모든 국가들에서 민족주의 성향의 국가정체성이 형성되는 것은 아니라는 것을 보여준다. 벨라루스는, 앞서 다룬 유대인이나 아르메니아인과 달리, 뚜렷한 민족정체성을 가지고 있지 않았던 민족이었고, 독자적인 국가 형성의 역사적 경험도 없는 민족이다. 따라서 벨라루스는 포스트소비에트 시기에 국가 형성과 동시적으로 국가 및 민족 정체성을 새롭게 만들어야 하는 상황에 놓였다. 독립 초기에 벨라루스어 부활, 벨라루스 문화와 역사 재정립 등 민족주의 관점에서 새로운 벨라루스 정체성이 만들어지는 듯했으나, 이러한 경향은 그리 오래 지속되지 못하였다. 벨라루스 민족의 '러시아성'보다는 '유럽성'을 강조했던 민족주의가 전 국민적 동의를 받지 못한 채 쇠퇴하였기 때문이다. 이로 인해 현재 벨라루스에서는 언어나 혈통에 기반한 배타적 민족주의가 자리 잡은 것이 아니라 다양한 문화를 가진 모든 시민들을 아우르는 개방적 국민 정체성이 형성되었다. 이것은 벨라루스 국민 인식 및 벨라루스의 대외 지향성에서도 확인된다. 김효섭의 이러한 연구는, 러시아와 유럽 사이에 놓여 있다는 똑같은 조건을 가진 우크라이나와 벨라루스가 러시아와의 관계에서 매우 상반된 행보를 보이는 이유를 잘 설명하고 있다.

　마지막으로 이주영의 논문은 최근 들어 나타나고 있는 러시아와 이란의 전략적 협력관계의 동인과 배경을 분석하고 있다. 19세기 이래로 이란은 러시아의 침략과 수탈을 받아왔기에 그 관계는 매우 껄끄럽고 불편한 것이었다. 2차 세계대전 종전 후 소련군의 페르시아 주둔, 1979년 이슬람혁명 발발, 그리고 이란-이라크전 당시 소련의 이라크 지원 등으로 인해 이란과 러시아는 적대적인 관계 속에 있었다. 그러나 최근 러시아와 이란이 시리아 내전을 계기로 급속도로 가까워지고 있어 양국의 전략적 협력이 동맹으로까지 발전하는 것이 아니냐는 조심스러운 관측이 나오는 상황이다. 이주영의 논문은 이란 내 보수파와 온건개혁파의 대러시아 인식, 그리고 러시아의 이란 인식을 살펴봄으로써 러시아-이란 간 양자관계가 동맹 수준으로 발전하기는 어려울 것이라 전망하고 있다. 즉 역사적 관계에서 비롯된 이란의 러시아에 대한 부정적 인식이 완전히 제거되지 않았으며, 러시아는 세계정치 차원에서 이란을 협상카드로 사용하려는 경향이 있다는 것이다. 그러나 다른 한편, 이러한 한계에도 불구하고 러시아와 이란 간 상호 이해관계의 부합 요인으로 말미암아 전략적 협력이 가능하게 되었고 이것이 앞으로도 유지될 가능성이 있다고 지적하고 있다.

　『세계정치』 30호를 기획하면서 그간 국내에 알려져 있지 않거나 상대적으로 연구가 부족한 사례들을 선정하고자 했다. 또한 기존의 서구 중심적 시선, 그리고 우리의 시공간적으로 제한된 시선을 넘어보고자 의도했었다. 그러나 얼마나 의도했던 바를 이루었는지는 독자의 판단 몫으로 남겨야 할 것 같다. 마지막으로 지면의

한계와 필진 구성의 어려움으로 인해, 학술적으로 의미가 있을 것으로 보이는 주요 사례를 다 다루지 못했음을 고백한다. 특히 동아시아 사례가 포함되지 못한 것은 큰 아쉬움으로 남는다. 추후의 추가적인 연구가 이를 보완하게 되기를 바라마지 않는다.

마지막으로 『세계정치』 30호의 모든 필진들, 『세계정치』 기획의 기회를 주시고 출판 과정에서 큰 도움과 조언을 주신 신욱희 교수님, 집담회 사회를 흔쾌히 맡아주셨던 신범식 교수님, 편집조교 일을 맡아준 오정현 조교, 그리고 사회평론 편집팀 모두에게 감사의 말씀을 전한다.

편집진을 대표하여
강윤희

차례

세부 차례

제1장

러-터 관계가 오스만제국의 정책 방향에 미친 영향

— 압둘하미드 2세(Abdülhamid II) 시기를 중심으로

The Impact of Russian-Ottoman Relations on Abdülhamid II's Pan-Islamism Policy

이은정 | 서울대학교 서양사학과 강사

오스만과

러시아의 관계는 19세기 내내 공식적인 전쟁만 열 차례를 치렀을 정도로 우호적이었던 때보다는 경쟁과 갈등의 시기에 있을 때가 훨씬 많았다. 결정적으로, 러시아가 발칸반도에서 오스만으로부터의 해방을 돕는다는 명분 아래 정교회 기독교도들과 슬라브인들의 후견인 역할을 자처하면서부터 양국의 대립은 더욱 첨예해졌다. '동방문제'로 요약될 수 있는, 러시아를 비롯한 유럽 열강들의 제국주의적 야욕과 그 영향 아래 제국 내 불고 있던 민족주의적 독립운동이 이 당시 오스만제국의 통합을 해치는 가장 큰 요인이었다. 이에 술탄 압둘하미드 2세는 러시아와 영국을 견제하고 제국의 질서를 위협하는 민족주의 저항 운동에 맞서는 동력으로서, 기존의 '오스만주의' 정책을 폐기하고 '이슬람주의'를 채택하였는데, 이러한 정책 선회에 결정적인 계기를 제공한 사건이 바로 1877-78년 러-터 전쟁이었다. 아시아 최초의 헌정을 중단하고 전제주의로 복귀한 압둘하미드 2세의 이슬람주의 정책은 그간 많은 비판을 받아왔지만, 실상 그가 추진한 국정 목표들은 제국의 생존적 위기 상황을 자력으로 극복하고 강대국으로서의 위상을 되찾기 위한 최선의 전략이자 합리적인 처세술이었다. 뿐만 아니라 이슬람주의라는 명칭에도 불구하고 그 안에 담긴 실질적인 내용이나 실천 방향은 상당히 세속주의적이었고 근대적이었으며, 주체적인 오스만 문화 창달을 궁극적인 목표로 지향하고 있었다.

The aim of this paper is to analyze the history of Russian-Ottoman relations within the framework of 'Eastern Question,' and then to point out the relationship between Abdülhamid II's Islamic turn and the Russo-Ottoman War. Generally relations between the Ottoman and Russian empires were adverse and the two powers were engaged in a number of Russo-Ottoman wars from the 17th to early 20th centuries. Above all, throughout the 19th century Russia was helping Ottoman Slavic and Christian minorities to revolt against Ottoman rule, which leads to the separatist national movements among those who questioned their ties to an Ottoman Empire, particularly in the Balkans.

Like this, as more and more threats to Ottoman sovereignty continued, the sultan and his governing apparatus produced an ideology and built an infrastructure to shore up the Ottoman Islamic understanding of the empire in seeking to combat internal and external threats. Decisively, the Russo-Ottoman War of 1877-78 provided the Ottoman Empire with an opportunity to experiment with a new nation-building project. Thus, under the leadership of Abdülhamid II the empire took an Islamic turn (Pan-Islamism) as a response to the encroachments by the Western Powers, especially Russian and British Empires and separatism in the Balkans.

KEYWORDS 러시아-오스만투르크 관계 Russo-Ottoman Relations, 1877-78년 러-터 전쟁 Russo-Ottoman War of 1877-78, 동방문제 Eastern Question, 압둘하미드 2세 Abdülhamid II, 범이슬람주의 Pan-Islamism, 범슬라브주의 Pan-Slavism, 민족운동 Separatist National Movement

I 들어가며

2002년 정의발전당(Adalet ve kalkıma Partisi)의 집권 이후 터키는 확연하게 동쪽으로 눈을 돌리고, 동시에 과거를 재인식하고 있다. 터키의 축이 완연하게 아시아로 이동하고 있는 것이다(이병한 2016). 터키는 미국의 동맹국이자 NATO 회원국임에도 불구하고 독자적인 이슬람권 외교를 펼치고 있으며 군사적, 경제적 이해관계를 바탕으로 친(親)러 정책을 선보이고 있다. 약자를 돕고 약소국을 지원하는 것이 무슬림의 의무라며 오히려 이슬람주의 세력을 지원할 뿐만 아니라 주변국들과의 외교 정책 수립에 있어서도 실용주의에 입각한 실리외교를 추구하고 있는 것이다(Erken 2013, 171-188). 이는 EU 가입에 대한 전망이 불확실해짐에 따라 터키의 외교노선이 미국 및 유럽 중심의 외교에서 탈피하고 점점 강성해지고 있는 이슬람주의 세력의 목소리가 국가 정책에 적극 반영된 결과이다.

　　사회 전반에서 관찰되고 있는 이 같은 분위기는 오스만사학계의 연구 방향 역시 바꾸고 있다. 그 중에서도 하나의 유행처럼 번지고 있는 '신오스만주의(Neo-Ottomanism)'가 유독 눈에 띈다. 1990년대까지만 해도 오스만사학계는 (서)유럽과의 관계 및 그 영향에 초점을 맞춘 연구에 상당히 경도되어 있었다. 하지만 근래에는 오스만제국의 이슬람적 뿌리나 아랍 중동 지역과의 관계 등이 재조명되고 있으며, 오스만의 과거 유산에 대한 연구를 통해 긍정적인 자아상을 형성하기 위한 노력들이 다방면으로 시도되고 있다. 그 결과 오스만 시대를 투르크 민족 역사에서 가장 위대한 국면으로 찬양하고 빛나는 오스만-이슬람 과거 유산을 강조함으로써 국가에 대한 충성심을 유도하며, 이슬람적 연대의 기억을 통해 현대 터키공화국 밖에 살고 있는 투르크-무슬림에 대한 지정학적 관심을 촉구하는 등 대체로 국수주의적 성격을 띤 역사 해석이 대중 사이에 확산되고 있다.

이러한 추세를 반영하듯 유럽 열강에 맞서기 위해 동쪽으로 눈을 돌리고 '이슬람주의' 정책을 추진했던 오스만 술탄 압둘하미드 2세에 대한 관심이 부쩍 높아지고 있다. 더불어 그와 날카로운 대립각을 세우며 지역 패권경쟁을 벌였던 러시아와의 관계도 새삼 주목받고 있다(Roberts 2012, 149-150). 19세기에 오스만과 러시아는 공식적인 전쟁만 10차례를 치렀다. 남진하는 러시아의 공세에 오스만은 방어에 급급했다. 어찌 보면 오스만제국의 쇠락을 촉발한 주요 세력은 서유럽의 열강들이 아니라 흑해를 마주하고 있던 북방의 신흥세력, 러시아였다고 해도 과언이 아닐 것이다. 상황이 이렇다보니 19세기 내내 오스만인들의 간담을 서늘하게 했던 러시아는 잔인한 '숙적'으로 인식되기 일쑤였다. 그렇지만 러시아와 오스만의 역사를 항구적인 적대관계로만 규정하는 것은 매우 일면적인 시각이다. 두 나라 간의 갈등과 충돌이 본격화되는 18세기 이래, 19세기 제국주의 시대를 거쳐 20세기 냉전의 시대에 이르기까지 오스만과 러시아의 관계는 국가적 이해관계와 국제 정세에 따라 다양한 변화를 보여주었기 때문이다. 게다가 "장기지속(longue durée)"적인 측면에서 두 나라가 보여준 역사적 궤적을 쫓다보면 두 제국 간의 차이점만큼이나 공통점도 많이 발견하게 되는데 (Roberts 2012, 165-166), 이는 두 나라 간의 관계가 그만큼 상호교차적이고 복잡다단했음을 보여주는 증거인다.

본고는 우선 그리스 독립을 시작으로 19세기 내내 오스만제국의 목을 조여오던 '동방문제(Eastern Question)'라는 큰 틀 속에서 러시아와 오스만 간의 충돌과 갈등, 그러한 가운데서도 이루어진 공조와 교류의 역사를 조명해보고자 한다. 과연 쇠락해 가던 오스만제국에게 신흥강자 러시아는 어떤 의미와 위상을 점하고 있었을까? 특히 두 나라 간의 세력균형이 역전되는 19세기에 오스만 정부는 러시아의 위협과 도전에 맞서기 위해 어떤 전략들을 동원했을까? 사전작업의 일환으로 이 같은 문제들을 검토한 후, 1877-78년 러-터 전쟁을 빌미로 아시아 최초의 헌정(憲政)을 중단하고 의회 해산을 명령한 후 과거의 전제정치로 복귀한 압둘하미드 2세(Abdülhamid II)의 결정과 이후 그에 의해 추진된 '이슬람주의' 정책에 러-터 관계가 미친 영향을 본격적으로 살펴보고자 한다.

입헌군주체제를 약속하고 왕위에 오른 압둘하미드 2세가 굳이 비난을 자초하며 이런 결단을 내린 이유는 무엇이었을까? 그간 그의 이슬람주의의 강조와 강력한 중앙집권적 전제정치로의 회귀를 두고, 술탄의 개인적인 야욕과 잔혹함을 강조하거나 권위주의적인 역사적 퇴행으로 본 세간의 평이 많았던 것이 사실이다.[1] 하

---

1   권위 있는 오스만사가들 가운데서도 이러한 관점을 가진 이들이 많다. 압둘하미드 2세를 "개혁을 철저히 반대한 무관용적이고 편협한 전제 군주"로 묘사한 Stephen Kinzer(2008. *Crescent and Star: Turkey between Two Worlds* .New York: Farrar, Straus and Giroux.)나 1876년에 "전제주의적 통솔권을 쥐게 된 압둘하미드 2세"라는 짧은 언급 말고는 사실상 그의 통치시기를 건너뛴 Donald Quataert(2005. *The Ottoman Empire, 1700-1922*. Cambridge: Cambridge University Press.), 압둘하미드 2세 시대를 "고립과 반동", "전통주의와 반계몽주의"로 묘사한 Niyazi Berkes(1998. *The Development of Secularism in Turkey.*

지만 근래 학계에서는 압둘하미드 2세의 이러한 정책 변화를 제국의 힘을 회복하는 데 필요한 시간을 벌기 위한 철저히 계산된 전략이자 세계정세를 꿰뚫어 보고 있던 그의 뛰어난 외교적 균형감각의 산물로 평가하는 견해가 속속 제기되고 있다. 물론 2000년대 이후 정의발전당과 그 추종세력들에 의해 술탄 압둘하미드 2세가 추앙되다시피 하면서 그에 대한 재평가에는 정치적 논란의 여지도 많다. 그럼에도 그간 저평가되거나 외면받아 왔던 압둘하미드 2세의 업적과 정책을 역사적으로 재조명해보고, 특히 당시 가장 큰 위협세력이었던 러시아에 대한 그의 입장을 들여다보는 것은 이 시기 국제정세를 결정짓던 역학관계들을 다각적으로 이해하는 데 있어 반드시 필요한 작업이다. 게다가 두 나라는 발칸이나 중동, 중앙아시아 등에 막대한 역사적 유산을 남긴 제국들이다. 따라서 러-터 관계가 파국의 정점에 있던 압둘하미드 2세의 통치 시기는, 두 제국과 역사적 경험을 공유하고 있는 발칸 및 중동 국가들이 현재 당면하고 있는 문제들의 뿌리를 이해하고 그 해결 방안을 도출하

New York : Routledge.)가 대표적이다. 반면 근래에는 압둘하미드 시대의 성과를 신중히 고려하려는 움직임도 적지 않다. 국립학교 설립에 애쓴 압둘하미드 2세의 노력을 높이 평가한 Erik Zürcher(2004. *Turkey: A Modern History*. London: I. B. Tauris.)나 압둘하미드 2세를 폄하하고 훼손하려는 유대인들의 의도에 주목한 Necip Fazıl Kısakürek(1998. *Ulu Hakan: 2. Abdülhamid Han*. Ankara: B. D. Yayınlar.) 등이 압둘하미드 2세를 재평가한 대표적인 수정주의자들이다. 이 외에도 2000년대 이후 이슬람주의 정치 운동이 부상하면서 오스만제국을 비롯해 과거사를 재조명하고 과거의 정형들에 도전하려는 시도들이 부쩍 많아졌다. 그 중에서도 Süleyman Kocabaş의 *Sultan II. Abdülhamid: Şahsiyeti ve Politikası*(1995. Istanbul: Vatan Yayınları.)는 터키에서 발간된 압둘하미드 2세에 관한 연구서로는 상당히 균형적인 시각을 보여주었다는 평을 받았다 (Chowdhury 2011, 27-31).

기 위해서도 반드시 주목할 필요가 있다. 더불어 시리아와 이슬람 국가(IS) 문제를 둘러싸고 중동질서가 재편되고 있는 가운데 주도권을 잡으려는 두 나라 간의 경쟁과 협력이 세계적 이슈가 되고 있는 요즘, 러-터 관계를 역사적으로 재조명해 보는 작업은 매우 흥미로운 과정이 될 것이다.

오스만과 러시아의 관계에 천착한 기존의 연구들은 대개 외교적인 동방문제나 러시아의 성장 및 오스만의 약화가 발칸 지역의 역사적 전개와 유럽 열강의 대외정책에 미친 영향을 조명해 왔다. 하지만 이런 식의 접근은 이미 오래 전 버나드 루이스(Bernard Lewis)가 지적했듯이 오스만 정부를 "단순히 수동적인, 열강들의 정책 대상으로만" 국한시키는 한계가 있다(Lewis 1955, 233). 또한, 19세기 오스만의 역사를 일방적인 '쇠퇴' 국면으로만 이해하려는 목적론적 관성에 젖은 태도이기도 하다. 그렇기에 동방문제를 오스만제국의 시각에서 재조명하는 가운데 유럽의 변경 지대에서 탄생한 두 나라의 경험을 비교하고, 긍정적인 의미에서든 부정적인 의미에서든 다방면에서 이루어진 두 나라의 상호 교류가 미친 영향을 살펴보는 작업이 필요할 것이다.[2] 뿐만 아니라 1990년대 초

2   이러한 노력의 결과로 16세기 말부터 20세기 초 사이에 출판된 서유럽어로 된 900권 이상의 책과 팸플릿 등을 정리한 방대한 데이터베이스(Advisor Maurits van den Boogert. 2006-2007. *Russian-Ottoman Relations 1600-1914: Printed Works in Western Languages*. Leiden : IDC.)가 구축되었다. 비록 러시아어나 오스만어로 된 1차 자료들이 누락되어 있는 점이 아쉬움으로 남지만 그럼에도 발칸이나 흑해 지역으로 여행한 유럽인들이나 러시아 군에서 복무했던 이들의 생생한 경험담을 찾아 볼 수 있고, 특히 19세기 유럽의 정치나 외교를 연구하는 학자들에게 매우 유용한 자료들이 풍부하다는 측면에서 그 가치가 크다(Smiley 2010, 215-226).

반부터 다양한 러시아 사료들이 전격 공개되고 전문적인 오스만사가들에 의해 오스만 사료들도 적극 이용되고 있는 추세에 따라 추상화된 러-터 관계사의 이면을 섬세하게 조명하려는 노력도 계속되어야 할 것이다.

II 19세기 길항하는 러시아와 오스만

1. 동방문제의 부상

18세기 제국의 질서가 흔들리기 시작하면서 오스만은 유럽 국가들의 동시다발적인 공격에 시달리며 팽창 국면에서 정체기로 접어들었다. 19세기에는 이러한 상황이 중앙정부의 무능력과 변경 지역에 대한 통제력 약화 등으로 악화되면서, 오스만 집권 세력은 심각한 위기에 직면하게 되었다. 처음에는 군사적 패배 원인을 찾고자 군사나 행정 같은 일부 분야에서 소소한 개혁들을 시도하였다. 하지만 대개 땜질식 처방에 지나지 않았던 개혁 정책들의 효과는 매우 미미했다. 따라서 19세기부터는 제국의 힘을 회복시키기 위해서는 본격적인 개혁이 필요하다는 인식 아래 제국의 행정 및 제도 전반에 대한 재정비가 적극 추진되었다. 그런데 문제는 오스만제국의 약화를 감지하고 이를 발판 삼아 자국의 영토 확장 및 이권 확보에 혈안이 되어 있던 유럽 국가들의 개입이었다. 그들은 오스만제국 내 기독교도들을 보호한다는 명분을 내세우며 기회만 되면 제국 내정에 간섭하려 하였고, 나폴레옹에 의해 유럽 전역에 확산된 민족주의의 영향을 받기 시작한 발칸 지역의 오스만 기독교도 주민들을 선동하여 오스만 정부에 맞서게 하는 등 오스만 정부의 개혁 시도들이 결실을 맺도록 놔두지 않았다.

당시 유럽에서는 대중적 민족주의가 고양되고 민족 자결의 원칙이나 민족 자치의 요구, 즉 분리 민족주의가 부상함에 따라 민족주의 담론이 양적으로나 질적으로 크게 팽창하고 있었다(장문석 2007, 235-242). 자치와 독립을 요구하는 민족주의 운동이 본격화되면서 19세기 후반 중앙정부의 통제에서 벗어나려는 경향이 갈수록 강해지던 오스만 지배 하의 발칸 지역의 분위기도 이와 별반 다르지 않았다. 민족 구분에 따른 정체성의 차이는 19세기 초만 해도 오스만제국의 결속을 해치는 위험 요소가 아니었다. 하지만 유럽의 개입에 의해 촉발된 내부 반란이 특히 발칸 반도에서 오스만제국의 통치로부터 특정 지역을 분리시켜, 독립적이고 그 어떠한 상위의 정치적 권위도 인정하지 않는 주권국가를 세우려는 적극적인 움직임들로 진화하면서, 어느덧 유럽에서 수입된 민족주의라는 이질적인 이념은 제국의 질서를 위협하는 중요한 기제가 되어 있었다.

설상가상 19세기에 들어 본격적으로 추진되기 시작한 개혁, 그 중에서도 핵심 과제였던 중앙집권화 및 제도화가 상당히 폭넓게 보장되었던 발칸 민족들의 자치권을 침해하면서 즉각적이고 격렬한 반발이 발칸 지역 곳곳에서 분출되기 시작하였다. 이러한 와중에 오스만의 취약한 위상과 유럽 열강들의 군사 개입으로 그리스 독립이 현실화되면서 발칸 민족들의 분리 민족주의는 더욱 과격한 형태로 확산되었다. 이로써 오스만제국은 유럽 사회에서 불안정하고 쇠퇴하는 정치적 단위로 간주되기에 이르렀고, '보스포루스의 병자'[3]로 불리며 19세기 내내 유럽 정치의 핵심적인 갈등 요인이 되었다. 이처럼 19세기 영국, 프랑스, 러시아를 중심으로, 회생이 불가능하다는 판단 아래 오스만제국이 해체된다면 과연 누가 그 영토를 차지할 것인가를 두고 벌인 치열한 이권싸움이 '동방문제'[4]이다. 19세기 초반에 발생한 그리스 반란을 시작으로 크림전쟁과 발칸 지역의 여러 봉기들을 거쳐 제1차 세계대전에 이르기까지 모든 갈등의 요지에는 '동방문제'가 놓여 있었다. 즉, '동방문제'는 쇠퇴하는 오스만제국이란 "노획물"의 분배를 둘러싸고 비교적 긴 시간에 걸쳐 유럽 정치가 만들어낸 문제였고, 근대 중동 질서를 비롯해 오늘날의 세계정치에서도 여전히 포괄적 지속성을 가진 문제로 남아 있다.

동방문제로 인한 갈등이 고조될 때마다 오스만제국 내 정교회 기독교도들을 보호한다는 명분으로 내정간섭을 노골화하며 범

3　1853년 1월 상트페테르부르크 주재 영국 대사 해밀턴 시모어 경과 나눈 대화에서 니콜라이 1세는 오스만제국을 '병자(un homme malade)'라 칭하며 "터키"는 곧 산산조각 날 것처럼 보이며, 영국과 러시아는 급작스러운 "터키"의 붕괴에 대비해 뭔가 합의를 이뤄야 할 필요성이 있다고 말했다. 물론 차르 자신은 "병자"가 쓰러지는 것을 원치 않으며 "터키"의 희생을 대가로 영토 확장을 꾀할 생각도 없지만 오스만제국에는 수백만의 기독교도가 살고 있으며, 자신에게는 그들의 관심에 답할 의무가 있다고 덧붙였다. 그러나 오스만제국의 종말에 대비해 영국 내각과 일종의 '신사협정'을 원했던 니콜라이의 제안은 거부되었다(Badem 2010, 68-70).

4　'동방문제'라는 표현은 1822년 니콜라이 1세가 처음 사용한 것으로 알려져 있다. 일견 가치중립적으로 보이는 용어이지만 이 안에는 수백 년에 걸친 유럽과 오스만제국 간의 갈등과 충돌의 역사가 포함되어 있다. 역사학자 피렌느(H. Pirenne, 1862-1935)의 표현처럼 이슬람 세계와의 투쟁은 유럽 역사의 향방을 결정짓는 중요한 요인이었고 특히 19세기에는 '동방문제'가 유럽 외교의 주요 의제였다(김용구 2006, 235).

슬라브주의를 내세워 반란을 유도하는 등 오스만제국을 둘러싼 긴장 조성에 앞장선 러시아가 위기의 원인 제공자로 주로 지목되어 왔다. 하지만 러시아의 남하와 발칸지역에서의 세력 증대를 우려하는 가운데 러시아의 침공 명분을 없애기 위해서라도 제국 내 기독교도들의 권익 보장과 개혁이 필요하다며 오스만 정부에 압력을 행사한 다른 유럽 열강들도 이 모든 갈등의 원인 제공자이기는 마찬가지였다. 유럽 열강의 횡포는 오스만 정부의 재정 위기가 외채 부담 등으로 가중되고 발칸에서의 소요가 확산되면서 더욱 기세를 떨치게 되었다. 동방문제에 뛰어든 유럽 열강들의 공통된 관심사는 분명했다. 오스만제국 해체의 반사이익을 특정 국가가 독점하지 못 하게 하는 것! 이를 위해 세력균형의 원칙에 입각하여 열강들은 이해관계를 정하려 했지만 오스만제국 내 소수민족들의 자치 내지 독립운동이 활성화되면서 서구 열강의 개입은 의도치 않은 방향으로 흘러가곤 했다. 특히 이런 정세를 틈타 다르다넬스와 보스포루스 해협을 기점으로 남하를 추진한 러시아와 이를 견제하고자 맞섰던 영국 및 오스트리아 간의 갈등이 가장 첨예했다.

이렇듯 열강들의 이해관계가 복잡하게 얽히면서 동방문제의 해결은 점점 더 요원해졌다. 그런데 역설적이게도 이로 인한 열강들 간의 분열이야말로 오스만제국의 체제 존속을 보장해 준 중요한 배경이었다. 오스만제국의 영토 보존만이 양립할 수 없는 유럽 열강 간의 이해 충돌을 일시적으로나마 지연시켜 줄 수 있었기 때문이다. 이렇게 오스만제국은 어떤 대책으로도 유럽 열강들을 동시에 만족시킬 수 없는, 또 어떤 국가가 가장 위험한 상대인지를 단정 지을 수 없는 '동방문제'라는 함정에 빠지게 되었다. 뿐만 아니라 동방문제를 둘러싼 열강들의 상호불신과 과도한 경쟁관계로 인해 발칸과 중동 지역은 극심한 긴장에 시달리게 되었고, 향후 팔레스타인, 레바논, 보스니아, 체첸 등 각지에서 발생할 모든 국제분쟁의 요인들도 바로 이 시기에 양산되었다.

2. 러시아의 남하정책

동방문제의 주요 배후 세력으로 곧잘 지목되었던 러시아는 16세기 중엽, 지금의 러시아 연방 타타르스탄 공화국에 속하는 카잔 칸국과 아스트라한 칸국을 정복함으로써 역사상 처음으로 무슬림들이 거주하던 땅을 정복하게 되었다. 이후 러시아는 볼가 지역을 발판 삼아 지속적으로 흑해 및 카스피해 인근의 이슬람 지역으로 제국 확장을 추진하였다. 그 가운데 러시아는 오랜 숙원이던 흑해 지역으로의 출구를 확보하기 위해 크림반도의 종주권을 둘러싸고 오스만제국과 첨예한 갈등을 겪었다.

　　표트르 대제(1682~1725)가 러시아의 서구화를 강행하고 북방전쟁(1700~1721)을 통해 발트 해에서의 우위를 확보했을 때 이미 오스만제국과의 충돌은 예견되어 있었다. 그는 발트 해로 진출하는 요충지에 페테르부르크를 건설하는 한편, 왈라키아 및 몰다비아 공국의 반(反)오스만 봉기를 지원하면서 오스만 변경 지대를 혼란에 빠뜨렸다. 한편 표트르 대제의 밖으로 향한 관심은 역설적이게도 자국민에 대한 자기인식을 낳는 결과를 초래했다. 민족 정체성의 문제는 그 초기부터 '러시아성 담론'과 불가분의 관계를 가지며 '팽창주의적' 성격을 드러냈다. '민족적 감정'과 '제국적 자부심'의 독특한 결합 속에 제시된 '러시아성' 담론들은 러시아와 러시아인의 우월성에 대한 신화창조에 열중했고(김상현 2013) 18~19세기 내내 벌어진 오스만제국과의 대결은 "유약한, 부패한, 퇴행적인" 오스만과 "강력한, 근대화된" 러시아라는 이분법적 담론을 양산하며 러시아적인 정체성 형성의 기초적인 틀을 제공하였다.[5] 이러한 담론은 이미 유럽에서 발명된 이분법적인 인식론에 기반한 타자의 개념과 매우 닮아 있었다. 즉, 잔혹한 전장에서든 전략적인 협력[6]을 위해서든 오스만과 러시아 간의 만남이 잦아지면서 러시아는 "오리엔트(오스만제국)를 발견"하게 되었고, 이는 지리적 특성상 유럽인들에 의해 "반야만적" 존재로 설명되어 왔던 러시아가 그 주변성을 벗어던지고 당당하게 "유럽"의 일원으로서 자신을 자각하는 계기가 되었다(Taki 2011, 321-324).

　　이후 러시아 세력의 확장은 표트르 3세의 황후 예카테리나 2

5　러시아가 자신들의 정체성을 구성함에 있어 서구의 오리엔탈리즘 담론을 어떤 방식으로 차용했는지에 관해서는 Rieber(2014, 95-123)를 참조하라.
6　러시아는 오스만제국의 분할에 가장 큰 관심을 보였지만 상황에 따라서는 오스만제국의 보존을 지지하기도 했다. 예를 들면, 오스만제국의 성급한 해체보다는 다른 유럽 열강들과 마찬가지로 자신에게 유리한 우호적인 환경이 조성될 때까지 특히 해협을 자신의 지배 하에 둘 수 없다면 차라리 유럽의 경쟁 국가보다는 약화되고 있던 터키가 지배하는 것이 낫다고 판단했다. 제1차 시리아 위기(1832-1833) 당시 차르는 "보다 나은 것은 (유럽의) 강대국보다 약한 이웃(터키)이다. 그리고 터키 제국의 급격한 붕괴는 프랑스와 영국에게 횡재가 될 것이다. 아무튼 터키가 서서히 해체될 때 러시아는 강자의 몫(Lion's Share)을 차지할 수 있다."라고 말했다(최성권 2000, 92). 한편 오스만제국과 러시아 간의 협력이 치열한 주도권 싸움이 벌어졌던 흑해를 두고 적극 모색되기도 했다. 예를 들면 다양한 사람들이 전쟁을 피해 또는 더 나은 경제적 기회를 얻고자 흑해 지역을 통해 러시아와 오스만의 국경을 오갔는데, 그 규모와 횟수가 정부의 통제를 벗어나자 1774년 체결된 퀴축 카이나르자 조약 이후 양국은 국경통제와 범죄인 양도, 불법 월경자 단속 등 다양한 문제들에 공동 대응했다(Roberts 2012, 162-165).

세(1762-1796)에 의해 더욱 적극 추진되었다. 러시아의 노골적인 남하정책과 팽창 의도는 전 유럽을 긴장시켰지만, 러시아의 급격한 부상으로 러-터 전쟁(1768-1774)에서 패배한 후 1774년 러시아와 굴욕적인 퀴축 카이나르자(Küçük Kaynarca) 조약을 체결할 수밖에 없었던 오스만제국이 가장 큰 위기의식을 느꼈다. 1768-1774년의 러-터 전쟁은 '동방문제'에 새로운 국면을 야기했다. 이 전쟁으로 부동항을 통해 다르다넬스 해협을 자유롭게 오갈 수 있게 된 러시아가 동부 지중해로 진출하자, 이를 심각한 위협으로 인식한 영국이 중동의 지정학적 중요성을 깨닫고 중동 문제에 적극 개입하기 시작했기 때문이다. 영국이 한 세기에 걸쳐서 동방문제에 관여하게 된 또 다른 계기는 1798년에 단행된 나폴레옹의 이집트 원정이었다. 얼마 전 7년 전쟁(1756-1763년)에서 프랑스를 제압하고 북아메리카와 인도에 대한 통제권을 확보한 영국 위정자들에게 프랑스의 이집트 점령은 인도로 가는 길을 위협하는 커다란 도전이었다. 러시아 역시 프랑스의 이러한 모험에 중동에 대한 구상 계획을 서두르게 되었고 이는 곧바로 그루지야 지역의 병합으로 이어졌다. 그 후 러시아는 이 지역의 방어를 위해 이란과 두 차례의 전쟁을 치렀고 동부 소아시아 진출을 놓고는 오스만제국과 전쟁(1806-1812)을 벌였다.

상기했듯이, 영국의 러시아 견제와 유럽 국가 간의 세력 균형 정책 덕분에 오스만제국은 역설적이게도 19세기 본격적으로 시작한 개혁 정책을 추진할 수 있는 여지와 시간을 벌 수 있었다. 적어도 영국이 오스만 정부의 가장 든든한 우방국으로서의 역할을 포기하게 되는 1878년 베를린 회의 이전까지는 말이다. 영국에게 오스만제국은, 동지중해와 인도로 가는 육로로 러시아가 세력을 확장하는 것을 저지해주는 완충 지대였다. 따라서 가능한 한 오스만제국의 해체를 막고 현상을 유지한다는 것이 영국의 기본 입장이었다. 그럼에도 돌발적으로 분출되곤 하던 유럽 열강들 간의 갈등과 반목은 '유럽협조체제'의 일원으로서 자리매김하고 싶었던 오스만제국을 지속적으로 좌절시켰다. 특히 제국의 삼면에서 위협을 가하던 러시아의 집요한 공격과 영토 잠식이 제1차 세계대전 때까지 계속되면서, 국가의 존망을 건 러시아와의 끈질긴 투쟁으로 오스만의 국력은 급격히 고갈되었다. 이렇게 '유럽의 병자'의 증세는 갈수록 위중해졌다.

3. 크림 전쟁의 발발

오스만제국이 직면해 있던 문제들은 19세기에 들어 더욱 격렬한 양상으로 표출되었다. 그 중에서도 프랑스 혁명으로 유럽 전역에 확산되기 시작한 민족주의 운동의 영향을 받은 제국 내 기독교도들의 반란이 유럽 열강들의 비호 아래 거세지면서 오스만 중앙 정부를 가장 골치 아프게 하는 문제로 부상하였다. 민족주의적 성향을 띤 첫 반란은 세르비아에서 발생하였다. 이에 세르비아인들을 지원하고 있던 러시아를 자극하지 않기 위해 오스만 정부는 세르비아의 자치권을 허용하는 쪽으로 문제를 해결하고자 했다. 그런데 이러한 분위기에 자극받은 그리스인들이 일으킨 반란이 유럽 열강의 개입과 함께 그리스 독립 전쟁(1821-1829)으로 확산되면서 오스만제국은 커다란 위기를 맞게 되었다. 1827년 10월 20일 나바

리노 전투에서 영국, 러시아, 프랑스 함대에 의해 해군이 궤멸당한 것도 모자라 러시아 군을 이스탄불 목전에 두게 된 것이다. 결국 러시아 상선들에게 다르다넬스 해협의 자유 항해를 허락하는 조건으로 러시아 군이 장악한 지역을 반환받고, 대신 그리스 독립을 보장하라는 요구를 수용한 에디르네(Edirne) 협정(1829)으로 전쟁은 간신히 종결되었다.

그러나 이렇게 일단락된 듯 보였던 그리스 독립 문제는 이집트라는 더 큰 골칫거리를 오스만제국에게 안겨주었다. 그리스 반란을 진압하는 데 도움을 주고도 보상을 제대로 받지 못했다고 생각한 이집트의 무함마드 알리(Muhammad Ali, 재위 1805-1848년)가 아들 이브라힘이 지휘하는 군대를 보내 소아시아 깊숙이까지 쳐들어 온 것이다. 그런데 이례적이게도, 이 반란을 혼자 힘으로 진압할 수 없었던 오스만 정부는 러시아에게 도움을 청했고 이는 결과적으로 오스만 내정에 대한 유럽 열강들의 개입을 촉발시켰다. 이집트에 대한 서유럽 열강들의 영향력이 커지고 혈기왕성한 이집트의 무함마드 알리가 혹시나 노쇠한 오스만제국을 차지하지 않을까 우려했던 러시아가 선뜻 오스만제국에게 도움의 손길을 내밀자 이를 방관할 수 없었던 영국도 이 사태에 적극 개입하기에 이른 것이다. 이렇게 오스만제국의 내정 문제는 어느새 유럽 열강들이 신경을 곤두세우며 지켜보는 국제적인 주요 이슈가 되었다.

18세기 이래 흑해 연안과 코가서스 지역으로의 남하 정책을 지속적으로 추진하던 러시아는 드디어 1854년에 흑해 연안에 다다랐다. 오스만 치하에 있던 몰다비아와 왈라키아를 장악하는 등 동유럽으로의 영토 확장도 꾸준히 꾀하였다. 그런데 러시아는 이에 만족하지 않고 오스만 정부가 정교회 국가인 러시아 대신 가톨릭 국가인 프랑스에게 기독교 성지를 보호하는 임무를 맡겼다는 이유로, 오스만제국에게 또 다시 전쟁을 선포하였다. 3년이나 지속된 크림 전쟁(1854-1856)이 발발한 것이다. 하지만 러시아의 남하를 우려하던 프랑스와 영국이 오스만제국과 동맹을 맺은 덕에 러시아에게 매우 불리한 파리 조약이 1856년 체결되면서 파국적인 전쟁은 일단락되었다.

파리 조약을 통해 열강들은 오스만제국의 독립과 영토 통합을 보장(파리조약 제1조)했고 파리회의 조약의 어떠한 위반도 전쟁 원인을 구성한다고 규정하였다. 이로써 오스만제국의 문제는 유럽 전체의 문제가 되었으며, 이슬람 국가가 정식으로 유럽 국제법의 주체가 된 최초의 사례로서 오스만제국은 유럽 공법질서의 혜택(파리조약 제7조)을 받게 되었다. 한편 파리 조약으로 우월한 지위를 전면 부정당한 러시아는 오스만제국 내의 정교회 기독교도들에 대한 보호 요구를 철회하고 발칸 반도에 대한 개입도 중지하기로 약속했다. 이 외에도 차르와 술탄은 흑해에 어떠한 해군기지나 병기 공장도 설립하지 않기로 합의했다. 흑해 비무장 규정은 러시아 패배의 상징으로서 러시아에게 엄청난 불이익을 초래했다. 하지만 이로 인해 오스만에 대한 러시아 해군의 위협은 현저히 줄어들었다(세이디 2012).

크림 전쟁은 이렇게 일단락되었지만, 유럽의 균형이 이탈리아와 독일이라는 신흥국가의 부상으로 흔들리자 러시아는 기다렸다는 듯이 파리 조약을 위반하고 해군 함대를 흑해에 파견했을 뿐만 아니라 발칸 문제에도 다시 개입하기 시작하였다. 또한 어려운 경제상황 같은 국내문제에 대한 여론의 향방을 국제무대로 옮기고 크림 전쟁으로 급락한 국가의 위신을 끌어올리기 위해서도 러시아 정부는 범슬라브주의[7]에 입각한 외교정책으로 서서히 방향을 전환하게 되었다(Gülseven 2017, 332-336). 러시아의 이러한 행보가 발칸에서의 긴장을 고조시키고 오스만제국의 분열을 가속화시켰음은 물론이다. 크림 전쟁 이후 오스만제국이 직면한 문제들은 제국의 멸망이 가까이 왔음을 경고하는 신호였다.

4. 러시아-오스만 관계의 파국

오스만 정부는 1877년까지 전쟁에 휘말리진 않았지만 제국 전역에서 발생한 폭동과 충돌, 그리고 제국 경제를 파산으로 몰고 간 과도한 공채로 인해 붕괴 직전의 위기에 처하게 되었다. 발칸에서의 소요 역시 걷잡을 수 없이 확산되었다. 세르비아와 에미그레 슬라브(Émigré Slav) 조직이 배후에서 지원하는 민족주의 운동이 특

---

[7] 크림 전쟁으로 입은 피해를 복구하는 데 막대한 국력을 소모해야만 했던 러시아의 외교정책은 이 전쟁을 전환점으로 하여 차르 니콜라이 1세의 간섭주의 정책에서 좀 더 평화롭고 조용한 전략으로 수정되었다. 하지만 전쟁 피해를 복구하고 근대적인 국가로 거듭나기 위한 시간을 벌기 위해서 취했던 이러한 전략은 범슬람브주의가 정치운동화되면서 점점 더 유지하기 어려워졌다. 범슬라브주의의 기원은 종족적, 문화적 토대를 근거로 서슬라브족과 남슬라브족의 통일을 염원한 17세기로까지 거슬러 올라간다. 하지만 모든 슬라브족과 정교회 국가들을 러시아의 지도 아래 결속시키는 것을 목표로 한 범슬라브주의에 입각한 대외 정책이 실질적으로 러시아 정부나 지식인들에 의해 적극 추진되기 시작한 것은 크림 전쟁 이후였다. 이 전쟁을 계기로 덜 '유럽적'이고 더 '러시아적'인 '정신적 계몽주의'를 지향하던 문화적, 종교적 친(親)슬라브주의가 러시아제국의 우위성을 전제로 한 정치적, 외교적 범(汎)슬라브주의로 진화하게 되었기 때문이다.

히 위세를 떨쳤다. 이러한 분위기는 1875년 7월에 보스니아와 헤르체고비나, 그리고 1876년 8월에 불가리아에서 무슬림 영주에 대항한 기독교도 농민들의 봉기로 이어졌다. 농민 반란 진압에 우왕좌왕하는 오스만 당국의 모습을 보면서 러시아 언론은 오스만제국은 더 이상 "환자"가 아니라 사실상 이미 "망자"가 되었다고 썼다.[8]

설상가상 불가리아 반란을 진압하는 과정에서 15,000명에서 30,000명에 가까운 불가리아인들이 학살되었다는 소식이 알려지면서 유럽 전역에 반(反)투르크적인 여론이 조성되었다. 오스만 측의 가혹한 봉기 진압을 빌미 삼아 유럽 열강들은 이스탄불에서 회담(1876년 12월-1877년 1월)을 갖고, 발칸에서의 오스만군의 철수, 동서 불가리아의 분할 및 보스니아-헤르체고비나에 대한 자치권 부여를 결의했다. 당시 술탄위에 오른 지 얼마 되지 않았던 압둘하미드 2세는 모욕적인 이런 결정을 무력화시키기 위해 회담이 예정된 당일에, "종교에 상관없이 모든 오스만 신민에게 동등한 권리를 보장"(제17조)하는 헌법을 선포했지만, 막상 유럽 열강들은 전혀 아랑곳하지 않았다. 특히 러시아의 언론은 "근본 없고 피상적인" 오스만제국의 개혁 정책에 매우 회의적이었다. 투르크인들의 반계몽주의적 경향과 무능을 지적하며 결코 그들의 개혁은 성공할 수 없으며 그들의 관습 및 관행은 서구적 개혁과 맞지 않다고 주장하기도 했다(Taki 2011, 344-345).

발칸에 가장 큰 이해관계를 갖고 있던 러시아는 이 같은 호기를 절대 놓치지 않았다. 다만 크림 전쟁의 전철을 밟지 않기 위해

---

8   *Moskovskie vedomosti*. 29 Apr. 1876 O.S. (11 May 1876 N. S.); Chowdhury 2011, 62에서 재인용

좀 더 신중한 모습을 보였을 뿐이었다. 우선 1877년 1월 15일 오스트리아와 비밀협정(부다페스트 협정)을 체결한 후 범슬라브주의의 대표적인 주창자이자 파리 조약의 무효화를 위해 애썼던 이그나티예프(Nikolai Pavlovich Ignatiev) 대사로 하여금 유럽을 순회하며 러시아의 입장을 설명하게 하였다. 그 결과 영국 정부가 러시아의 터키 개혁안을 승인한, 이른바 런던 의정서가 도출되었다. 그러나 오스만 정부는 이 의정서 수용을 거부했고, 슬라브족과 정교회의 보호자를 자처하던 러시아는 지체 없이 1877년 4월 24일에 오스만제국에게 선전포고를 했다. 러-터 전쟁이 또 발발한 것이다.[9]

전세가 불리해지자 당황한 오스만 정부의 휴전 제의—심지어는 1878년 1월 10일에 빅토리아 여왕에게 러시아와의 휴전을 중재해 달라는 편지를 쓰기도 했다—에도 아랑곳하지 않고 러시아군은 발칸과 아나톨리아를 통해 또 다시 이스탄불 목전까지 쳐들어 왔다. 이 과정에서 러시아는 수많은 악행과 학살을 저질렀는데 이러한 잔악 행위를 견디다 못한 많은 투르크계 주민들과 체르케스인들이 발칸, 코카서스 지역을 떠나 이스탄불이나 소아시아로 도피했다. 크림 전쟁 이후 시작된 '히즈라(hijra)' 또는 무슬림의 '대후퇴(Great Retreat)'라 불리는 과정이 본격화되면서, 배신자라

---

9   사실 압둘하미드 2세는 참전을 꺼려했으나 미드하트 파샤(Midhat Paşa)나 다마트 마흐무드 파샤(Damat Mahmud Paşa), 레디프 파샤(Redif Paşa) 등 정부 고위 인사들의 강권으로 러시아와의 전쟁에 가담할 수밖에 없었다고 한다(Bahdıroğlu 2009, 470-471). 하지만 오스만 군대가 전쟁에 나설 준비가 되어 있다는 측근들의 말만 믿고 영국과 프랑스가 도와줄 것이라는 막연한 기대 속에 전쟁에 발을 담근 압둘하미드 2세의 오판도 전쟁발발에 한몫을 한 것은 사실이다. 게다가 러시아에게 통쾌한 복수를 하고 싶어 하던 오스만의 여론도 결코 외면할 수 없는 상황이었다(Yılmaz 2000, 38-40, 57-59).

는 낙인과 러시아 당국의 차별 및 불신을 견디지 못한 엄청난 수의 투르크계 무슬림들이 난민이 되어 오스만제국으로 유입되기에 이른 것이다(Williams 2000, 79-108). 엄청난 파국을 초래한 이 전쟁은 결국 1878년 3월 3일 산스테파노 조약이 체결되면서 종식되었다.

러시아에게 유리한 방향으로 급박하게 도출된 조약 내용에 영국의 수상 디즈레일리는 우려를 표하며 "러시아와의 전쟁을 불사해서라도" 이 지역의 안정을 추구해야 한다고 강력히 주장하였다. 또 슬라브 민족주의의 성장에 반감을 품고 있던 오스트리아나 자신이 구상한 유럽 체제를 위해서는 삼제협상 유지가 필요했던 독일의 비스마르크도 발칸에서의 러시아 세력 확장을 좌시할 수 없었다. 이에 비스마르크가 '공정한 중개인'을 자처하며 동방문제 조정에 나섰다. 1878년 6월 13일부터 7월 13일까지 베를린에서 회합한 유럽 열강들은 산스테파노 조약을 전폭적으로 수정한 베를린 협정을 의결하였다. 또, 영국은 오스만제국과 별도 조약을 체결하여 1878년에 키프러스를 차지하였고 러시아를 저지한다는 명분 아래 아르메니아인 문제에 개입하기 시작했다. 이로써 오스만제국은 치명적인 영토 손실―불가리아와 키프러스, 보스니아-헤르체고비나의 상실―을 입게 되었다. 그럼에도 모욕적인 산스테파노 조약을 대거 수정함으로써 "강국으로서 어느 정도는 우리의 위신을 지킬 수 있었기에" 압둘하미드 2세는 베를린 조약의 결과에 나름 만족하였다고 한다. 하지만 1885년에 동부 루멜리아까지 불가리아에 병합되면서, 유럽에서의 오스만 영토는 마케도니아, 알바니아, 트라키아 지역으로 국한되었다. 이러한 상황은 오스만 군대와 관료들의 사기를 떨어뜨리고 대중들로 하여금 정부에 대한 기대를 접게 만들었다. 러시아 역시 전쟁에서 획득한 막대한 이익이 상실되면서 또 다시 좌절을 맛보아야 했다.

무엇보다도 베를린 회담을 통해 유럽 열강들은 오스만제국이 더 이상 영토 통합을 유지할 수 없을 만큼 허약해졌음을 확인하게 되었다. 이에 유럽 열강들은 오스만 영토에 대한 야욕을 노골적으로 드러내며 제국 영토 곳곳에서 반란을 사주하거나 식민화에 나서는 등 오스만제국의 분열을 획책하였다. 특히 1876년 불가리아 봉기가 있기까지 오스만제국의 든든한 우방국인 양 행동했던 영국의 입장 변화가 가장 컸다. 영국은 러시아의 성공을 지켜보면서 자칫하면 오스만제국 영토 분할에서 소외될 수도 있다는 경각심을 갖게 되었던 것이다.

III 압둘하미드 2세의 대(對)러시아 대응 전략과 이슬람주의

1. 탄지마트 개혁과 오스만주의

생각은 시대의 변화를 반영한다. 다양한 주체가 어떤 지향점을 갖느냐에 따라 생각의 충돌이 일어나고, 그 갈등은 특정 기간에 집중되어 폭발하는 양상을 띤다. 역사의 흐름에 발맞춰 단속적으로 나타나는 이 기간을 '시대의 담론기'라고 할 수 있다(김지석 2019). 제국이 처한 대내외적인 위기를 극복하기 위해 제국 통치 시스템을 재설정하려는 노력이 진행되었던 19세기가 오스만제국에게는 바로 그런 시기였다. 오스만주의에서 이슬람주의로 그리고 종내에는 터키민족주의로 나아가는 과정을 살펴보면 당시의 핵심 과제와 주체들의 고민, 담론 및 행위의 결과와 관련한 역사의 굴곡 등 현재까지도 이어지는 커다란 역사적 흐름이 드러난다. 19세기 초반 술탄을 중심으로 집권 세력이 주도한 가장 먼저 눈에 띄는 흐름은 각 분야에서 시도된 개혁 담론이었다. '개편'을 의미하는 탄지마트 개혁(1839-1876)이 바로 그것인데, 오스만주의(Ottomanism) 또는 오스만 애국주의(Ottoman Patriotism)를 주입시켜 제국 내에서 일고 있던 분리주의적 민족주의 운동을 저지하는 것이 주요 목표 중 하나였다. 하지만 서구식 제도 도입과 중앙집권화를 통한 근대적인 국가의 기초를 마련하기 위한 일련의 개혁 정책들이 사회 전반에 안착되기까지는 넘어야 할 난관들이 너무 많았고, 비무슬림과 비투르크인들을 오스만 사회에 통합시키려는 시도는 사실상 실패로 끝나고 말았다.

19세기 이전까지 오스만 사회 및 정치 질서는 종족/종교/직업에 따른 차이와 오스만 군주국가에 의한 복속과 피지배라는 관념에 기반하였다. 이러한 질서는 무슬림의 우월성, 그리고 여타 피지배 비무슬림들이 인두세를 내는 대가로 국가가 종교적 자유를 보장하는 계약적 관계의 설정에 따른 것이었다. 그런데 이 같은 사회 질서가 탄지마트 이후 모든 오스만 남성 신민들을 동등하게 만들려는 정부의 시도 속에서 무너지기 시작한 것이다(쿼터트 2008, 113-114).

탄지마트 개혁으로 무슬림들의 우월의식은 붕괴되었던 반면

비이슬람교도들의 자의식은 강화되었다. 더욱이 이러한 국면을 자신들의 이해관계를 실현시키는 하나의 기회로 이용하려는 서구 열강의 간섭이 깊어지면서 그들의 비호(Ahmet Midhat Efendi 2013, 142-143)를 받은 기독교도 오스만인들은 갈수록 득세하게 되었다. 이러한 추세에 불만을 품은 무슬림들은 개혁 정책이 외국인들의 요구를 수용한 '비굴한' 정책이며 유럽의 호감을 사기 위한 '매국노적' 행위라고 비판했다(이은정 2009, 97-98. 159; Hartmann 2013, 174-175). 그들은 이슬람이나 전통적인 관습에서 벗어난 맹목적인 서구 찬양과 권위적이고 피상적인 개혁을 반대하는 가운데, 관료들의 독재에 저항했으며 기독교도들에게 주어진 특혜에 반발하였고, 새로 개편된 억압적이고 비효율적인 중앙 정부를 날카롭게 비판하였다. 이처럼 19세기 내내 오스만제국의 무슬림들은 심각한 박탈감에 시달리며 이슬람적 사회 질서의 근간이 공식적 해체 위기에 처해 있다는 염려로 많은 스트레스를 받았다. 그 결과 반기독교적 감정의 확산과 함께 불관용이 무슬림들 사이에서 나타나게 되었고, 오스만 사회의 다양성과 복잡성을 간과한 배타주의가 언제든지 망상적인 외국인 혐오로 이어질 수 있는 분위기가 조성되었다.

한편 개혁을 통한 오스만 정부의 중앙집권화와 동화정책, 이를 명분 삼아 이루어진 '지리적 재배치'(Akçam 2013, 258-273), 즉 주민들을 추방하거나 강제 이주시키는 등의 조치는 제국 내 다양한 집단들의 반발을 샀고 오히려 과도한 자기 방어를 초래하여 제국 곳곳에서 반란과 저항으로 이어졌다(Reid 2000, 175-187). 다시 말해, 19세기 오스만제국을 구성하고 있던 사회 집단 간의 관계는 과거에 비해 훨씬 나빠졌다. 이는 국가 질서의 유지와 체제 보장을 위해서는 무엇보다도 제국 구성원들의 통합과 안정을 추구해야 했던 다민족, 다종교, 다문화 사회인 오스만제국을 흔드는 가장 큰 위기였다(이은정 2013, 155-184).

2. 압둘하미드 2세의 헌정 실험

1876년 무라드 5세(Murad V, 재위 1876)를 폐위시킨 궁전 쿠데타로 왕위에 오른 압둘하미드 2세(재위 18786-1909)는 무언가 대대적인 타개책이 필요했고, 그의 선택은 탄지마트의 한계를 넘어서는 헌정 실험이었다. 의회 제도를 통해 술탄의 전횡을 제도적으로 견제하고 각료들의 소신 있는 정책 시행을 보장하는 내용을 담은 헌법(Kanun-ı Esasî)이 1876년 12월 23일에 공표되었고, 상원과 하원으로 구성된 첫 의회가 1877년 3월 19일 개회하면서 제1차 헌정(Meşrutiyet)이 시작되었다. 이로써 제국의 모든 공민은 법 앞에 평등한 구성원으로서 대우받게 되었고 선거로 선출된 최초의 오스만 의회—무슬림 71명, 기독교도 44명, 유대인 4명으로 구성—도 개원하였다. 하지만 이러한 실험은 오래가지 못 했다.

19세기 후반 내내 러시아-오스트리아 간의 경쟁으로 갈수록 심화되어 가던 발칸 위기에 개입하려는 유럽 열강들을 견제하고자 일부러 이스탄불 회담 개최일에 맞춰 공포되었던 헌법이 러시아와의 전쟁(1877-1878)이 빌미가 되어 중단되기에 이르렀기 때문이다. 압둘하미드 2세는 국론 분열과 전쟁 패배를 이유로 헌법의 입안자인 재상 미트하트 파샤를 파면하고 1878년 의회를 폐쇄하는 동시에 헌정을 정지시켰다. 이는 선출된 의원들, 그 중에서도 특히 기독교도 의원들을 불신하고 오스만 사회는 아직 의회 같은 제도를 수용하기에 준비가 덜 되었다고 생각하던 압둘하미드 2세의 평소 소신이 반영된 결정이기도 했다(Yılmaz 2000, 51-53).

압둘하미드 2세는 오늘날에도 여전히 역사학계에서 논란의 여지가 많은 인물이다. 한편에서는 범이슬람주의와 근대화를 지향하며 무너져가는 오스만제국을 다시 일으켜 세우려고 했던 그의 시도는 민족의 독자성을 지키면서도 실력 양성을 통해 근대화를 실현하고자 한, 시기적절한 목표 설정이었다고 평가되기도 한다. 하지만 다른 한편에서는 아시아 최초의 헌정을 중단시키고 과거 체제로 돌아간 그의 결정은 전제주의의 부활에 지나지 않았다며 그를 반동적인 독재자로 낙인찍기도 한다. 그의 근대화 정책을 정권 강화를 위한 하나의 수단이었다고 폄하하거나 종교적 경건함 역시 의도한 목표를 달성하기 위한 위장쯤으로 치부하는 견해(Yasamee 1996, 24-25)들도 만연하다.

하지만 근래에는 이런 식의 견해를 자율성과 주체성을 지키는 동시에 물질적인 생산력 향상에도 집중한 압둘하미드 2세가 지향했던, 근대적이면서도 종교적인 방향성에 대한 이해를 저해하는 부적절하고 편협한 시각이라고 비판하는 목소리가 커지고 있다. 그들에 따르면, 이러한 주장은 터키공화국의 공식적 이념이라 할 수 있는 케말주의(Kemalism)적 터키 민족주의의 틀에 의해 그의 역사적 위상이 훼손된 '편협한 역사서술'이라는 것이다. 막스 베버의 관념대로라면 근대화는 사회에서의 종교적 중요성을 감소시키지만, 근대 사회에서도 종교는 결코 일상적인 관심사에 "무심하지 않았다"고 탈라 아사드(Tala Asad)는 주장한다(Asad 2003, 181-182). 아사드에 따르면 종교적이면서도, 부강하고 근대화된 '국가 만들기'라는 세속적인 프로젝트에 지대한 관심을 보였던 압둘하미드 2세가 바로 그런 측면을 실현한 인물의 전형이었다.

물론 압둘하미드 2세는 여러 기획들을 주도한 열성적인 후원자였지 창안자는 아니었다. 오히려 정부 관료나 무슬림 지식인, 수피 지도자같이 다양한 사람들—대표적으로 이제트 파샤(Izzet Paşa)와 퀴축 메흐메드 사이드 파샤(Küçük Mehmed Said Paşa), 자말 알-딘 아프가니(Jamal al-Din Afghani)가 있다—로부터 도출해낸 원안들을 자신만의 독특한 방식대로 해석·변형시킨 정책들의 총괄자라 할 수 있을 것이다(Chowdhury 2011, 13-19). 압둘하미드 2세는 치세 내내 주변의 다양한 사람들로부터 국가의 역할과 국가 내 이슬람의 위상, 칼리프제와 술탄제의 관계, 세계 무슬림 공동체들을 향한 칼리프의 역할 등을 이해하는 데 있어 필요한 주요 개념을 제공받았고, 이를 기반으로 자신이 기획한 정책들을 실천해 나갔다. 이러한 측면에서 대내외적인 위협들에도 불구하고 다양한 분야에서 근대화를 달성하기 위해 애쓴 압둘하미드 2세의 통치 시기는 "오스만 역사에서 가장 결정적인 때 중 하나"(Findley 2010, 133)로 평가될 수 있을 것이다.

3. 압둘하미드 2세의 대(對)러시아 정책

압둘하미드 2세는 막강한 권력을 행사한 오스만제국의 마지막 술탄이자 노련한 외교 전략으로 최소한 제국의 붕괴를 수십 년 늦춘

인물로 평가되기도 한다.[10] 집권 초기부터 압둘하미드 2세의 외교
정책은 갈수록 심화되던 서구 열강의 개입을 막는 데 집중되었다.
특히 발칸 반도로의 러시아의 진출과 범슬라브주의에 입각한 선동
에 적극 대응하였는데, 이러한 전략을 관철시키기 위해 오스만의
외교노선을 합리적이고 현실적인 방향으로 설정하고자 노력하였
다. 또 1876년 급작스럽게 선포된 헌법처럼 선제적인 개혁 정책을
시행함으로써 유럽과의 갈등을 피하는 우회적인 방법을 선택하는
등 가능하면 지역 질서의 균형을 깰 수 있는 자극은 피하고자 애썼
다.

압둘하미드 2세 개인에 대한 평가는 학자마다 달라도, 30년
간의 치세 동안 그가 영국과 러시아를 조심스럽게 다루며 서로를
견제시키는 노련한 외교정책을 폈다는 데는 대개가 동의한다. 영
국이 원하는 대로 러시아의 남하 정책을 저지하는 완충지대로서
의 역할을 충실히 수행하면서도 러시아를 자극할 수 있는 발언이
나 행동은 최대한 자제하던 그였다. 러시아에 대한 반감을 노골적
으로 드러내는 경우는 거의 없었으며, 오히려 검열을 통해 반러시
아적인 기사 출판을 금지하거나 "Moskof(모스크바 사람)[11]", "Rus
Ayısı(러시아 곰)" 같은 말들도 신문에 싣지 못하게 하는 등 세심
한 외교행보를 보였다. 심지어는 차르가 크림반도에 있는 여름 별
장을 찾을 때면 이슬람 세계를 대표하는 칼리프로서 압둘하미드

10 상기했듯이 오스만사학계에서 압둘하미드 2세에 대한 평가는 여전히 논란 중이
다. 그의 외교 정책을 평가함에 있어서도 그를 노련한 외교적인 인물로 평가하는
학자들도 있지만 어떤 이들은 그의 전제주의적인 통치 방식으로 인해 절차적이고
합리적인 외교 행보는 불가능했다고 주장하기도 한다(Kürkçüoğlu 2004, 146).
11 "잔인한 사람"을 지칭하는 말로 대중 사이에서 관용적으로 쓰이던 말이다.

2세는 매년 차르를 환영하는 사절단을 이스탄불에서 파견하기까지 하였다. "러시아를 두려워할 필요는 없다. 러시아 신민들은 그를 지배자이자 신처럼 생각하기 때문에… 그와 큰 탈 없이 지내는 것이 낫다."라는 말에서도 러시아에 대한 그의 기본 입장을 엿볼 수 있다. 1878년, 이스탄불 주재 영국 대사였던 레이어드(Henry Layard)와 인도의 부(副)총독이었던 리튼(Edward Bulwer Lytton)은 중앙아시아 인구의 다수를 차지하는 무슬림들이 러시아에 대해 가지고 있던 반감을 이용하여 범이슬람적인 봉기를 추진하고자 했다. 술탄이 가지고 있던 칼리프의 권위를 잘 이해하고 있던 레이어드는 오스만 고위층 관료들과의 접촉을 통해 이 일에 오스만 정부를 끌어들이고자 했다. 하지만 러시아를 자극할 것을 우려했던 압둘하미드 2세에 의해 이러한 논의는 애초에 거부되었다(윤성제 2016, 127-128).

또 일본의 부상을 보며 그들의 성공비결을 배우고 싶었던 압둘하미드 2세는 일본에 관련된 정보들을 수집하여 오스만어로 번역한 책자들을 소장할 정도로 관심이 많았지만, 일본과 공식적인 동맹관계를 맺거나 치외법권을 부여하는 문제에 대해서는 매우 신중했고, 실제로 이 같은 공식적인 외교관계는 성립되지 않았다. 술탄은 "일본 천황과 개인적이고 친밀한 우호관계는 맺을 수 있지만 러시아 차르의 심기를 불편하게 할 정치적 동맹은 시기상조이다. 물론 때가 되어 필요해지면 이러한 우호관계는 언제든지 신속히 조약으로 전환될 것이다."라고 자신의 계획을 밝혔다(Şakir 1994, 30). 한번은 1905년 러-일 전쟁에서 숙적 러시아가 패했다는 소식에 술탄의 전속장교들이 축하의 인사를 건네자 압둘하미드 2세는 다음과 같이 답했다고 한다. "짐의 생각에 전쟁 결과는 결코 축하할 사안이 아니오. 왜냐하면 나와 차르는 유럽에 남은 유일한 전제 군주들인데, 차르가 패했다는 것은 전제주의 원칙에 대한 일격을 의미하는 것이 아니겠소!"(Eliot 1908, 426) 이는 러시아의 힘을 실감하며 차르 중심의 정치질서를 바람직한 전범으로 여기던 압둘하미드 2세의 평소 생각이 반영된 답이었다. 종교적 권위가 담긴 상징들을 내세우며 강력한 중앙집권적 국가 창출이라는 목표를 추구했던 러시아의 차르와 오스만의 술탄은 다르면서도 많은 생각을 공유하고 있었던 것이다.

사실 술탄의 이 같은 대(對)러시아적 입장은 당시 여론을 고려했을 때 매우 이율배반적인 것이었다. 19세기 내내 '유럽의 병자', '퇴행적이고 무지하며 게으른 투르크인들'이라 손가락질하며 오스만제국을 국제사회에서 괴롭히던 러시아에 대한 반감이 체르케스인 대학살이나 크림 타타르인 강제 추방(1866-1876), 잔인한 약탈과 학살로 발칸에서 도망쳐 온 무슬림 난민들에 대한 소식들로 증폭되면서 '무슬림을 학살하는 야만인, 러시아'라는 이미지가 대중 사이에서는 팽배해 있었기 때문이다. 이미 당대 오스만인들은 자신들의 입장에서 러시아의 실체를 나름 명확하게 규정하고 있었다. 러시아가 마치 발칸의 기독교도들을 위해 개혁 추진을 강제하며 오스만 정부와 줄다리기를 하고 있는 듯 보이지만, 사실 그들의 궁극적인 목표는 발칸에 괴뢰 정권을 세워 유럽에서 오스만의 존재를 일소하는 데 있다고 오스만인들은 생각했다. 그렇기에 "화해할 수 없는 오스만인들의 적" 러시아는 오스만 당국이 결코 수행할 수 없는 개혁들을 끊임없이 요구하며 압력을 행사할 뿐 오히려 개혁을 방해하기 위해 온갖 수단을 동원하고 있다는 것이다.

게다가, 비록 크림 전쟁 이전까지는 러시아 정부의 공식적인 외교정책은 아니었다 할지라도 '범슬라브주의'를 오스만 발칸 지역에 확산시키고 러시아에 유리한 정책들을 관철시키기 위한 조직적인 사업들이 러시아 영사나 러시아 정부 산하의 아시아국(Asiatic Department) 관료들의 협조 아래 진척되고 있던 상황도 러시아를 향한 부정적인 여론을 부추기는 요인 중 하나였다. 이러한 활동에 앞장선 대표적인 기관으로는 발칸의 정교회 기독교 학교에 기부를 하거나 공공도서관에 슬라브 센터를 설립하고, 정교도 슬라브 학생들에게 장학금을 주어 러시아로의 유학을 장려하는 등 발칸 지역에 친러시아파 활동가들을 양성하는 사업에 주력했던 슬라브자선위원회(Slavic Benevolent Committee)가 있다. 그런데 대부분의 기부금과 장학금이 정교회나 러시아 문화 및 언어 장려에 대한 지원 정책을 위해 쓰였던 사실에서 알 수 있듯이 이러한 조직 활동은, 슬라브 민족들의 복지나 통합을 위한 것이 아니라 러시아의 이해관계를 진작하기 위한 것이었고, 러시아의 우월성을 바탕으로 한 상당히 시혜적인 성격이 강했다(Vovchenko 2016, 66, 82). 따라서 이러한 의도를 잘 이해하고 있던 오스만 정부나 영국, 프랑스가 러시아의 영향력을 견제하기 위해 슬라브자선위원회의 활동에 촉각을 곤두세운 것은 너무도 당연했다(Gülseven 2017, 339-340).

특히 러시아의 범슬라브주의적 선동이 국내불안을 야기할 것을 충분히 예상하고 있던 오스만 정부는 민감하게 사태 추이를 관찰하였다. 다뉴브 주(州) 최초의 오스만 지사직을 지낸 미드하트 파샤의 회고록에는 이러한 위험에 대한 경고가 잘 드러나 있다. 행정 및 교육 개혁 등에 힘썼던 그에 따르면, 1866년 키예프와 부쿠레슈티(Bucharest), 키시뇨프(Kishinev)에 있던 수많은 슬라브자선위원회 지부들이 반정부 무장 세력을 양성하고 불가리아 학생들에게 러시아로 유학을 가도록 부추기고 있다고 불평했다. 또 엄청난 선전물을 발행하여 오스만 통치 하의 불가리아인들의 상황을 왜곡하고 반(反)오스만적 여론을 조성하는 데 앞장서고 있던 러시아의 프로파간다도 강하게 비판했다(Midhat Paşa 1997, 39-40, 60-62).

4. 러-터 전쟁과 압둘하미드 2세의 범이슬람주의

1877-1878년 러시아와의 전쟁에서 크게 패한 압둘하미드 2세는 제국의 내정에 개입하려는 서구 세력을 차단하기 위해 외교 정책 노선을 또다시 변경할 수밖에 없었다. 이 전쟁으로 정교회 기독교도 인구가 대폭 줄어들면서[12] 오스만 외교 정책에 있어서 러시아에 대한 부담은 감소한 반면, 지금까지 제국의 우방국이라 자청했던 영국이 인도로 가는 해상 루트를 안전하게 보호하기 위해 오스만 영토—이집트와 키프러스—에 대한 팽창주의적 야욕을 전격 드러내면서 러시아만큼이나 영국을 견제하는 것도 중요해졌기 때문

---

12 1844년에 시행된 인구조사에 따르면 적어도 오스만 인구의 39%가 기독교도였고 오스만제국의 유럽 지역에 해당하는 루멜리아의 경우 대략 인구의 70%가 기독교도였다(Shaw 1978, 327). 하지만 압둘하미드 2세의 명령으로 행해진 첫 인구조사에 의하면 기독교도 인구는 발칸 지역의 상실로 인해 이 무렵 기껏해야 전체의 27%만을 차지하게 되었다. 반면 발칸 지역의 많은 무슬림들이 오스만제국 치하의 영토로 이주하면서 무슬림 인구는 더욱 많아졌다(Karpat 1978, 274).

이다. 사실상 베를린 조약 이후 러시아는 더 이상 오스만제국의 주적이 아니었다. 오히려 얼마 후 이집트를 점령하고 아라비아 반도에서 반체제적인 선동을 전개한 영국이야말로 조만간 오스만제국을 위협하는 가장 큰 적이 될 터였다. 이러한 상황은 결국 오스만제국이 국가의 근대화를 도와줄 우방국이자 영국을 견제할 균형추로서 독일을 선택하도록 만들었다. 또, 기존의 오스만주의 정책에서 선회하여 범이슬람주의를 중요한 외교정책으로 설정하게 하였다. 인도, 아프리카, 동남아시아 등지에서 이슬람 세계의 칼리프로서 입지를 구축하는 것이 상실한 발칸 지역에 미련을 갖는 것보다 영국을 견제할 수 있는 훨씬 현실적인 방안으로 생각되었기 때문이다(Chowdhury 2011, 108-109).

그렇다고 해서 러시아에 대한 경계심이 줄어들거나 동방문제에서 러시아가 차지하고 있던 위상이 약해진 것은 결코 아니었다. 제국이 제1차 세계대전으로 해체될 때까지 동방문제는 오스만제국을 위협하는 가장 큰 이슈였고 그 배후에는 언제나 러시아가 자리하고 있었기 때문이다. 하지만 베를린 조약 이후 영국이 프랑스, 러시아와 오스만제국을 상대로 공동 전선을 펴자 압둘하미드 2세는 외교적 균형추로 독일을 이용하는 방식을 채택할 수밖에 없었다(Weitz 2013, 155-156). 이를 위해 독일의 환심을 사야 했던 압둘하미드 2세는 철도부설권 같은 여러 개발이권들을 독일 측에 건네주었고, 독일의 앞선 산업기술과 다른 유럽 열강들을 긴장시키던 군사기술을 적극 도입함으로써 두 나라 간의 우호적인 관계를 만방에 과시하였다. 압둘하미드 2세는 독일만이 제국의 해체에 관심을 가지지 않는 유일한 유럽 열강이라 생각했던 것 같지만, 산업화에 따른 상품시장이 필요해진 데다가 오스만 군제 개혁을 도움으로써 러시아의 군사진출도 견제하고 싶었던 독일 역시 공개적으로는 아닐지라도 조용히 오스만제국에 침투하는 정책('penetration pacifique policy')을 펴고 있었다. 단지 영국이나 프랑스, 러시아처럼 무슬림 인구가 많은 지역을 식민지로 보유하고 있지 않았고 오스만제국 내의 기독교도들을 선동하지 않았기에 외관상 달라보였을 뿐, 빌헬름 2세의 대외정책도 공격적이기는 매한가지였다. 어쨌든 압둘하미드 2세는 독일의 이해관계를 적절히 이용하면서 독일 정부와 돈독한 외교 및 경제적 관계를 유지하고자 노력하였다. 그러면서도 영국이나 프랑스, 러시아를 불편하게 할 공식적인 동맹관계는 거부하는 신중함도 결코 잃지 않았다(Öncü 2003, 13-32). 전략적인 적당한 거리 유지와 서로의 필요에 의한 선린 관계가 19세기 말 독일과 오스만이 추구하던 궁극적인 외교 목표였다.

이 같은 외교정책 방향의 선회와 함께 내부적으로도 새로운 정책들이 추진되기 시작하였다. 전쟁이 초래한 엄청난 국난 속에서 헌정 실험을 계속 할 수 없었던 압둘하미드 2세는, 상기했듯이 1877년 의회를 해산하고 1878년 2월에는 헌법의 효력을 중지시켰다. 또한 비밀경찰, 전신, 검열 등을 동원하여 30여 년간 이어갈 전제정치를 재개하였다. 그렇다고 부국강병을 목표로 한 다양한 근대화 개혁 정책들이 중단되지는 않았다. 오히려 다양한 분야에서 개혁과 새로운 정책들이 본격적으로 추진되었으며, 특히 교육 부문에 많은 투자가 이루어졌다. 그 결과 18개의 전문학교와 이스탄불대학교 설립, 사관학교의 증설이라는 성과를 얻을 수 있었다. 뿐만 아니라 사법부 개혁이 단행되었으며, 근대문명의 상징이자 중앙집권화의 선결조건이었던 철도와 전신망의 구축도 확대되었다.

무엇보다도 제국 신민들의 사기를 끌어 올리고 개혁을 위한 동력을 확보하기 위해 압둘하미드 2세가 전면에 내세운 것은 '이슬람적 근대화'라는 새로운 목표였다. 이는 1877-1878년 러-터 전쟁에서 발칸 지역 땅을 상당 부분 빼앗긴 오스만제국이 오스만주의를 포기하고 대신 아랍과 이슬람적 요소를 과거보다 더 강조할 수밖에 없는 상황에서 선택한 차선책이었지만(Demirağ 1995), 그 시기 오스만제국을 통치한 이라면 누구라도 선택했을 최선책이기도 했다(Eraslan 1992, 396). 압둘하미드 2세는 오스만주의를 실패한 이데올로기로 규정했는데, 오스만주의 담론이 가지는 실효성이 이미 사라졌기 때문이었다. 이론과는 달리 실제 당대 많은 오스만 엘리트들은 투르크어를 구사하는 무슬림을 "진정한" 오스만인으로 상정하고 있었고, 제국 내 비무슬림들 역시 러시아나 영국 같은 유럽 열강들에 의해 확산된 민족주의 및 종교적 유대에 기반하여 자신들의 정체성을 정의 내리고 있었다. 게다가 발칸의 기독교 지역이 시간이 갈수록 사회 질서를 위협하는 위험 지역으로 인지되면서 "통치하기에 힘들고 국력을 소진시키는" 짐일 뿐이라고 생각되던 참이었다. 압둘하미드 2세는 회상록에 "우리는 오스만제국이라는 관념에 너무 의존해서는 안 된다. 오히려 우리 모두가 무슬림이라는 사실을 강조해야 한다. 언제 어디서든 우리는 짐이 신도(무슬림)들의 사령관(Amir al-Mu'minin)이라는 사실을 주장해야만 한다. 오스만 군주라는 짐의 직함은 부차적일 뿐이다."라고 썼다(Abdul-Hamid 1914, 56, 172).

이처럼 자신을 신민들을 결집시키는 하나의 상징으로 설정함으로써 더 큰 충성심을 유도하고자 했던 압둘하미드 2세는 이슬람주의를 정책 전면에 내세우기 시작했다. 하지만 이슬람주의를 제국을 하나로 묶어내기 위한 이데올로기로 동원했다는 이유로 압둘하미드 2세는, 캐럴라인 핀켈(Caroline Finkel)도 지적했듯이, 그간 많은 서양 사학자들이나 터키공화국의 주류 민족사학자들로부터 매우 가혹한 역사적 비판을 받아왔다(Finkel 2006, 488). 반계몽주의적인 종교정책을 추진함으로써 서구화와 근대화, 세속화의 걸림돌이 되었다는 것이다. 압둘하미드 2세의 시대보다는 그때를 전후로 한, 즉 탄지마트 시대와 청년 투르크당 시기를 다룬 연구들이 많은 오스만사학계의 현실도 학계의 전반적인 이런 분위기가 반영된 결과이다(Chowdhury 2011, 24-25).

하지만 당시 정부의 정책들과 그 성과들을 좀 더 가까이 들여다보면 압둘하미드 2세의 기획들이 결코 반동적이거나 시대착오적이지 않았음을 알 수 있다. 군이 종교적인 성격으로 규정할 만한 정책들의 비중도 그리 높지 않았다. 기존의 제도와 구조를 오스만 제국의 통합과 보존이라는 목표를 위해 새로운 방식으로 변형하여 유용하였을 뿐, 흔히 주장되는 것처럼 자신의 전제권력을 강화할 목적으로 국가 통제 기구들에 힘을 보태고자 근대화를 지향했던 것이 아니었다. 큰 성과를 냈던 교육 분야의 경우 양질의 국가 관료나 군인들을 양성하기 위한 라이세움(Lyceum, 고등학교)보다는 "젊은이들이 기술공학이나 건축 등을 배울 수 있는" 일반 중학교 개설에 더 주력(Abdul-Hamid 1914, 186)했던 것도 경제성장과 공공복지를 위해 근대화가 필요하다고 생각한 그 자신의 신념의 실천 결과였다.

한편 범이슬람주의는 발칸 반도에서 확산되고 있던 범슬라브주의 운동과 민족 독립운동에 맞서 이슬람 세계의 단합이라는 기치 아래 호소력을 발휘할 수 있는 가장 유용한 이념이기도 했다. 당시 러시아의 언론들은 발칸 지역의 반란을 "기독교도" vs "마호메트교" 간의 전쟁으로 묘사하며 오스만 지배 하에 기독교도로 산다는 것은 무슬림들의 횡포 아래 사실상 노예로 사는 것과 마찬가지라며 종교적인 대립을 부추기고 있었다.[13] 게다가 많은 이슬람 국가들이 유럽 열강의 침탈을 경험하면서, 이슬람 세계의 종교적 구심체로서 칼리프의 위상과 그를 정점으로 한 이슬람 세계의 단합의 필요성을 느끼고 있던 참이었다. 이에 중앙아시아 투르크 무슬림들의 반(反)러시아 투쟁을 유도하고,[14] 영국과 프랑스의 영향 하에 놓인 북아프리카나 영국 치하의 인도, 아프가니스탄 등지의 무슬림들을 결집시켜 반서구 투쟁에 나서도록 만들기 위한 대안으로 범이슬람주의가 한층 강조되었다.

13   *Moskovskie vedomosti.* 5 June 1876 O.S. (17 June 1876 N.S.); Chowdhury 2011, 68에서 재인용. 물론 정치적인 범이슬람 운동이 오스만 정책에 등장한 것이 이때가 처음은 아니다. 1774년 러시아와 퀴축카이나르자 조약을 체결하면서 압둘하미드 1세(재위 1774-1789)는 제국 영역 밖의 무슬림들, 특히 크림 지역의 무슬림들에 대한 종교적 관할권을 주장했었다. 술탄-칼리프 칭호가 외교문서에서 처음으로 사용된 것도 이 조약에서였다.

14   크림반도에서의 영향력 상실을 만회하고 삼면에서 압박해오던 러시아를 견제하고 싶었던 오스만제국은 중앙아시아에도 큰 관심을 보였다. 마침 부하라에서는 오스만 칼리프 가계에서 군주를 영입하여 칭기스칸 혈통의 군주만 인정하던 전통적인 통치권 개념을 버리고 종교적 권위에 기초한 통치 이념으로 옮겨가는 중이었고, 대청제국의 카슈가르에서도 오스만 정부로부터 무기와 군사고문을 지원 받은 야쿱 벡이 정권을 잡은 참이었다. 게다가 19세기 말부터 중앙아시아에서 이스탄불을 거쳐 메카로 순례 가는 행렬이 부쩍 늘어나자 1908년 오스만제국은 카슈가르와 부하라, 사마르칸트에서 메카로 이어지는 철도도 개통시켰다.

범이슬람주의 정책의 일환으로 압둘하미드 2세는 영국의 제국주의적 통치를 비판하거나 영국 식민지 하의 무슬림들에 대한 칼리프의 보호권을 강조하는 언론활동에 주력했다. 또 인도에서부터 싱가포르, 남아프리카에 이르기까지 인도양 지역 곳곳에 설치된 오스만 영사관의 외교적 활동도 적극 후원하였다. 대개 이 영사들은 오스만제국의 대표라기보다는 칼리프를 위해 일하는 자로서 제국 밖의 무슬림들에게 받아들여지곤 했다. 지중해를 누비던 오스만의 군함들이 벵골 만까지 진출한 것도 바로 이 무렵이었다. 이로써 오스만 술탄은 유럽의 식민지로 전락한 인도와 동남아시아의 해양 무슬림들에게 칼리프의 위용을 과시하는(이병한 2017) 동시에 식민 지배 세력에 맞선 범이슬람적 연대를 촉구하는 기반도 구축할 수 있었다. 한편, 압둘하미드 2세는 알제리와 튀니지에 이어 북아프리카의 트리폴리타니아(Tripolitania)와 리비아를 침략하려는 프랑스와 이탈리아를 저지하기 위해 현지의 2개 수피 종단 —Shadhiliyya Madaniyya와 Sanusiyya —과 적극 제휴하기도 했다. 일반적으로 수피즘 하면 명상과 은둔을 특징으로 하는 신비주의적 측면이 주로 부각되지만, 국가 밖에 존재하는 또 하나의 사회적 네트워크로서 중요한 기능을 해온 수피 교단은 결코 현실 정치와 무관하지 않았으며 어떤 면에서는 매우 세속적이었다. 이 같은 성격을 꿰뚫어보고 있던 압둘하미드 2세는 자신과 백성을 이어주고 자신이 주장하는 바를 아래로 전달해줄 통로로 수피 교단을 적극 동원했다.

물론 반제국주의적 저항 담론으로서 제기된 이슬람주의가 얼마나 효과를 발휘했는지의 여부는 학자들마다 견해를 달리한다.

그럼에도 이러한 담론이 당시 해외 무슬림들에게 미쳤던 심리적인 효과를 완전히 무시할 수는 없다. 또 우리가 주목해야 할 부분은 압둘하미드 2세에 의해 추진된 이슬람주의가 그 명칭에도 불구하고 그 안에 담긴 실질적인 내용이나 실천 방향은 상당히 세속주의적이었고 근대적이었다는 점이다(윤성제 2016, 124-125). 이 외에도 압둘하미드 2세에게 범이슬람주의 운동은 여러모로 시기적절한 전략이었는데, 이슬람적 요소의 강화를 통해 제국 내 서구식 입헌 공화제로의 개혁을 주장하며 술탄의 지위를 위협하던 소장 개화파의 세력을 견제할 수 있었고, 아랍 및 시아파 무슬림들 사이에서 막 싹트기 시작한 아랍 민족 운동의 기운도 마비시킬 수 있었기 때문이다. 따라서 압둘하미드 2세에 의한 범이슬람주의 운동은 처음에는 제국 내 비투르크계 무슬림, 특히 아랍인들에게 칼리프로서 술탄이 점하고 있는 초월적 지위와 신법(神法), 즉 샤리아의 집행자로서 그에 대한 절대적 복종을 유도하는 방향으로 전개되었다. 그 뒤 범이슬람주의의 강력한 주창자였던 자말 알 딘 아프가니(Jamal al-Din Afghani, 1839-1897)의 등장으로, 이 운동은 오스만 영역 내에 국한되지 않고 전 세계 무슬림들의 공동 연대와 칼리프를 주축으로 한 단결을 촉구하는 운동으로 승화되었다. 전 세계 무슬림에 의해 조성된 기금을 가지고 헤자즈 철도(Hejaz Railway) 건설을 추진한 것도 바로 이 같은 운동 방향에서 비롯된 기획이었다.[15]

15 그간 학계에서는 헤자즈 철도 건설을 두고 압둘하미드 2세의 "사적인 정치 권력"을 담보하기 위한 하나의 방편이었을 뿐 근대화와는 무관했다고 해석 (Ochsenwald, William. 1980. *The Hijaz Railroad*. Charlottesville, Va.: University Press of Virginia.)하거나 아라비아 반도에 대한 술탄의 권위를 강화시킬 목적으로 이 기획이 추진되었다(M. Landau, Jacob. 1971. *The Hejaz*

이처럼 밖으로는 유럽 열강의 제국주의적 야욕이 노골화되고 안으로는 민족주의 운동이 고조되면서 제국이 처한 위기로부터 나라의 운명을 구하고자 압둘하미드 2세는 다방면으로 노력을 기울였다. 하지만 이 같은 노력들이 무색할 정도로 발칸 지역을 비롯한 제국 영토 각지에서는 권위적인 오스만 중앙정부에 대한 불만을 표출하는 각종 저항운동이 빠르게 확산되었고, 이를 발판 삼은 서구의 개입도 갈수록 잦아졌다. 1894년에는 아르메니아, 크레타 등지에서 오스만제국의 통치에 반발하는 반란이 일어났으며, 이를 진압하던 중 1897년 그리스-투르크 전쟁이 발발하자 서구 열강들의 동방문제 개입이 다시 본격화되었다. 또 이 무렵 발생한 아르메니아 학살 문제가 오스만제국에 대한 국제적인 이미지를 손상시키는 지속적인 요인으로 자리 잡으면서 압둘하미드 2세에게는 "대(大)암살자", "붉은 술탄", "벼락 맞을 압둘"이라는 별칭이 붙게 되었다. 결국 압둘하미드 2세의 전제적 통치에 반대하며 1908년 쿠데타를 일으킨 "연합진보위원회"(İttihat ve Terakki Cemiyeti)에 의해 제2차 헌정이 재개되면서 이슬람주의 노선은 뒷전으로 밀려나게 되었다.

Railway and the Muslim Pilgrimage: A Case of Ottoman Political Propagand. Detroit: Wayne State University Press: 13)는 주장이 대세였다. 하지만 근래에는 헤자즈 철도 건설 기획을 다른 측면에서 해석하려는 입장들이 여럿 등장하고 있다. 예를 들면 지중해와 아라비아 반도를 연계한 이 철도 노선이 완성되면서 영국 관할 하의 수에즈 운하에 대한 오스만제국의 의존도는 감소되었을 뿐만 아니라 인도양 세계로의 진출을 통해 무슬림이 다수인 지역을 지배하고 있던 영국의 헤게모니에 도전하고 성도(聖都, 메카와 메디나)의 보호자이자 이슬람 세계의 칼리프로서 권위를 세우는 데도 큰 도움이 되었다는 것이다. 또한 이 철도 사업으로 오랫동안 "유럽의 환자"로 불렸던 오스만제국은 자신의 재량과 자율성을 입증할 기회도 얻을 수 있었다.

IV 나가며

19세기 내내 공식적인 전쟁만 10차례를 치렀던 오스만과 러시아의 관계는 우호적이었던 때보다는 경쟁과 갈등의 시기에 있을 때가 훨씬 많았다. 결정적으로 러시아가 발칸반도에서 특히 그리스와 세르비아에서, 오스만으로부터의 해방을 돕는다는 명분 아래 정교회 기독교도들과 슬라브인들의 후견인 역할을 자처하면서부터 양국의 관계는 악화 일로를 걷게 되었다. 이처럼 많은 시간을 길항관계에 있었던 두 나라의 역사를 고려했을 때, 게다가 미국 vs 중국·러시아의 대결이 갈수록 확대되고 이를 '신냉전'이라고 부르는 이들이 늘고 있는 지금, 최근 터키가 보여주고 있는 친러 행보는 낯선 풍경이 아닐 수 없다. 하지만 위에서 살펴본 바와 같이 압둘하미드 2세의 대러 정책을 상기한다면 이는 또 얼마든지 예측 가능한 현실 외교의 한 측면이다. 두 나라의 정상은 시리아 문제 및 흑해 해저 가스관 건설 등 군사, 정보, 경제 분야에서 그 어느 때보다 친밀한 협력의 시대를 열어 가고 있다. 소연방 붕괴와 냉전의 종말로 유라시아 지역에서는 냉전 시대의 "평화"가 역내 국가들 간의 경쟁과 강대국들 간의 "거대 게임(Great Games)"으로 대체될 것이라는 비관적 예측과는 달리, "가상의 화해"로 불리는 전반적인 협력관계가 러시아와 터키 사이에서 꾸준히 구축되고 있는 것이다(Sezer 2000).

그러한 가운데 '이슬람주의'를 내세우며 유럽 제국주의 열강에 당당히 맞섰던 오스만 술탄 압둘하미드 2세와 그의 대(對)러시아 외교정책이 새삼 다시 조명되고 있다. 이러한 추세는 미국 및 유럽 중심의 외교 정책에서 벗어나 동쪽으로 눈을 돌리고, 동시에 그간 세속주의 공화주의자들에 의해 폄하되어 온 과거—특히 이슬람의 역사적 위상과 오스만제국의 역사—를 재인식하고자 하는 전반적인 터키의 사회 분위기와도 밀접한 관계가 있다. 지금도 학계에서는 압둘하미드 2세의 외교정책과 이슬람주의적 지향을 두고 설왕설래가 있지만, 1877-1878년의 러-터 전쟁이 발단이 된 그의 정책 선회, 즉 러시아와 영국을 견제하고 제국 내 민족주의 저항 운동에 맞서는 동력으로 '이슬람주의'를 채택한 것은 제국의 생존적 위기 상황을 자력으로 극복하고 강대국으로서의 위상을 되찾기 위한 최선의 전략이자 합리적인 처세술이었다는 평이 대세이다. 그러한 측면에서 '근대적'이지만 '서구적'이지 않은 오스만 문화의 창달을 원했던 압둘하미드 2세의 치세는, 탄지마트 개혁의 한계를 극복하고 서구 지향적이었던 개혁 정책들을 토착적이고 실용적인 방향으로 이끌며, 오스만제국이 근대적인 국가로 거듭날 수 있는 토대를 제공한 시기로 평가될 수 있을 것이다(이은정 2010, 71).

일반적으로 강한 국가는 군사, 정치, 경제적인 힘을 보유하고 있을 뿐만 아니라 외교적인 측면에서도 건실한 면모를 보여준다. 양축이 균형을 이룰 때 가장 이상적인 국가로서 힘을 행사할 수 있기 때문이다. 600여 년이라는 긴 역사를 자랑하는 오스만제국도 군사적으로 강했던 첫 3세기 동안은 외교 문제에 그다지 큰 공을 들이지 않았다. 반면 상설외교가 시작되는 마지막 125년 동안 오스만제국의 군사력은 약화되었으나 외교적 전략은 정교해지고 치밀해졌다. 이것이 이집트를 침략하기 직전 오스만제국의 최대 기대수명을 25년으로 잡았던 나폴레옹의 예상과는 달리, 그 다섯 배가 넘는 시간 동안 오스만제국이 버틸 수 있었던 저력이었다 (Kürkçüoğlu 2004, 147). 그리고 그 누구보다도 이러한 저력을 현실 정치로 옮겨 보여준 이가 바로, 뛰어난 외교적 감각을 발휘하여 러-터 관계를 전략적으로 이용한 술탄 압둘하미드 2세였다.

참고문헌

김동원. 2007. "1526-1540년 헝가리 왕위계승경쟁과 오스만투르크의 대응전략." 『역사와 경계』 64: 241-66.

김상현. 2013. "19세기 러시아제국의 형성과 러시아성 담론." 『러시아제국과 소비에트: 이념, 종교, 혁명』 서울: 민속원.

김용구. 2006. 『세계외교사』 서울대학교출판부.

_____. 2010. "터키의 범투르크주의 신외교노선과 중앙아시아, 러시아와의 유라시아 연대." 『중소연구』 34, 1.

김지석. 2019. "시대의 담론① '개화'라는 과제." 『한겨레』 2019/01/15.

김현수. 2006. "동방문제와 영국정치 1876~1878 -글래드스턴과 디즈레일리의 외교정책을 중심으로-." 『사학지』 38권: 177-98.

박용희. 2012. "유럽과 이슬람사회-식민 지배에서 재스민 혁명까지: 오스만 제국을 바라보는 독일의 시선 -"동방문제(Die orientalische Frage)" 인식과 팽창의 판타지-." 『서양사론』 113: 12-41.

세이디, 쉴레이만. 2012. 곽영환 역. 『터키 민족 2천 년사』 애플미디어.

오종진. 2007. "소연방 해체 후 터키의 대중앙아시아 정책 변화 연구-범투르크주의 사상을 중심으로-." 『중동문제연구』 6: 63-97.

윤성제. 2016. "19세기 후반 오스만제국 이슬람주의의 대외적 배경: 러시아와의 관계를 중심으로." 『서울대 동양사학과논집』 40: 123-44.

양승조. 2016. "19세기 전반 제정 러시아이 중앙아시아 진출과 부하라 아미르국의 중앙집권화." 『숭실사학』 36: 267-305.

이은정. 2010. "19세기 오스만제국의 위기와 '이슬람적 근대화'." 『서양사연구』 42: 72-108.

_____. 2013. "'다종교. 다민족. 다문화'적인 오스만제국의 통치전략." 『역사학보』 217: 155-184.

이병한. 2016. "유라시아 견문: 신오스만주의-읽어버린 시간을 찾아서." 『프레시안』, 11월 23일. http://www.pressian.com/news/article.html?no=144758&ref=nav_search#09T0(검색일자 2018/02/23).

_____. 2017. "유라시아 견문: 카잔-러시아제국과 이슬람 문명." 『프레시안』, 12월 31일. http://www.pressian.com/news/article.html?no=181220#09T0)(검색일자 2018/02/23).

임명묵. 2018. "왜 에르도안이었나: 1. 오스만 제국의 쇠퇴와 근대화." 『슬로우 뉴스』, 6월 28일. http://slownews.kr/70079(검색일자 2018/12/10).

정재원. 2013. "비중심부 식민지 민족의 자유주의, 민족주의 운동의 혼재와 사회주의로의 진화: 중앙아시아에서의 타타르 개혁 운동의 탄생과 종말." 『러시아제국과 소비에트: 이념, 종교, 혁명』 민속원.

장문석. 2007. 『민족주의 길들이기』 지식의 풍경.

최성권. 2011. "서방의 침투와 오스만의 개혁." 『중동의 재조명』 한울아카데미.
_____. 2000. "중동국제정치의 설명적 대안의 모색-동방문제의 구조를 중심으로-."
『한국중동학회논집』 제21호: 69-102.
쿼터트, 도널드. 2008. 이은정 역. 『오스만 제국사: 적응과 변화의 긴 여정,
1700~1922』 사계절.

Akçam, Taner. 2013. "The Young Turks and the Plans for the Ethnic
Homogenization of Anatolia." In *Shatterzone of Empires: Coexistence and
Violence in the German, Habsburg, Russian, and Ottoman Borderlands*,
edited by Omer Bartov and Eric D. Weitz. Bloomington: Indiana University
Press: 258-273.

Abdul-Hamid. 1914. *Avant la débâcle de la Turqie: Pensées et souvenirs de l'ex
Sultan Abdul-Hamid*. Paris; Neuchatel: Attinger Frères.

Arı, Bülent. 2004. "Early Ottoman Diplomacy: Ad Hoc Period." *Ottoman
Diplomacy: Conventional or Unconventional?* Palgrave.

Asad, Talal. 2004. *Formations of the Secular: Christianity, Islam, Modernity.*
Stanford: Stanford University Press.

Badem, Candan. 2010. *The Ottoman Crimean War (1853-1856).* Leiden: Brill.

Bahdıroğlu, Yavuz. 2009. "II. Abdülhamit." *Resimli Osmanlı Tarihi.* Nesil
Yayıncılık.

Chowdhury, Rashed. 2011. "Pan-Islamism and Modernisation During the Reign
of Sultan Abdulhamid II, 1876-1909." Ph. D. Dissertation. Montreal: McGill
University.

Demirağ, Yelda. 1995. "Pan-Ideologies in the Ottoman Empire Against the
West: From Pan-Ottomanism to Pan-Turkism." *The Turkish Yearbook of
International Relations.* vol. 36, Ankara.

Deringil, Selim. 1991. "Legitimacy Structures in the Ottoman State: The Reign of
Abdfilhamid II (1876-1909)." *International Journal of Middle East Studies*
23.

Eliot, Sir Charles. 1908. *Turkey in Europe.* London: Edward Arnold.

Erken, Ali. 2013. "Re-Imagining the Ottoman Past in Turkish Politics: Past and
Present." *Insight Turkey.* 15(3).

Finkel, Caroline. 2006. *Osman's Dream: The Story of the Ottoman Empire, 1300-
1923.* New York: Basic Books.

Gülseven, Aslı Yiğit. 2017. "Rethinking Russian pan-Slavism in the Ottoman
Balkans: N.P. Ignatiev and the Slavic Benevolent Committee (1856 – 1877)."
Middle Eastern Studies 53(3).

Hartmann, Elke. 2013. "The Central State in the Borderlands: Ottoman Eastern
Anatolia in the Late Nineteenth Century." In *Shatterzone of Empires:*

Coexistence and Violence in the German, Habsburg, Russian and Ottoman Borderland, edited by Omer Bartov and Eric D. Weitz. Indiana UP.

Hülagü, M. Metin. 2010. *The Hejaz Railway: The Construction of a New Hope*. New York: Blue Dome Press.

Karpat, Kemal. 1978. "Ottoman Population Records and the Census of 1881/2-1893." *International Journal of Middle East Studies* 9(3).

Kozelsky, Mara. 2014. "The Crimean War and the Tatar Exodus." In *Russian-Ottoman Borderlands: the Eastern Question Reconsidered*, edited by Lucien J. Frary and Mara Kozelsky. Wisconsin: The University of Wisconsin Press.

Kürkçüoğlu, Ömer. 2004. "The Adoption and Use of Permanent Diplomacy" In *Ottoman Diplomacy: Conventional or Unconventional?*, edited by A. Nuri Yurdusev. Palgrave.

Lewis, Bernard, 1955, "Review of Boris Mouravieff, L'Alliance russo-turque au milieu des guerres napoléoniennes (Neuchâtel: Editions de la Baconniere, 1954)." *The Slavonic and East European Review*. 34(82).

Midhat Paşa. 1997. *Midhat Paşa'nın Hatıraları(Tabsıra-i İbret)*, Osman Selim Kocahanoğlu (ed.). vol.1, Istanbul: Temel.

Öncü, Edip. 2003. "The Beginning s of Ottoman-German Partnership: Diplomatic and Military Relations Between Germany and the Ottoman Empire Before the First World War." A Master's Thesis. Ankara: Bilkent University.

Roberts, Andrew. 2012. "Imperial Confrontation or Regional Cooperation?: Bulgarian Migration and Ottoman-Russian Relation in the Black Sea Region, 1768-1830s." *Turkish Historical Review*. 3.

Reid, Basil A. 2000. *Crisis of the Ottoman Empire: Prelude to Collapse, 1839-1878*. Franz Steiner Verlag.

Rieber, Alfred J. 2014. *The Struggle for the Eurasian Borderlands: From the Rise of Early Modern Empires to the End of the First World War*. Cambridge UP.

Sezer, Duygy. 2000, "Turkish-Russian Relations in the 1990s: From Adversity to Virtual Rapprochement." In *Changing Dynamics of Turkish Foreign Policy*, edited by Alan Makavosky and Sabri Sayari. Washington DC: Institute of Near East Policy.

Shaw, Stanford J. 1978. "The Ottoman Census System and Population, 1831-1914." *International Journal of Middle East Studies*. 9(3).

Smiley, Will. 2010. "Book Review." *Turkish Historical Review* 1.

Şakir, Ziya. 1994. *Sultan Hamit ve Mikado*, Boğazıcı Yayınları.

Taki, Vicor. 2011. "Orientalism on the Margins: The Ottoman Empire under Russian Eyes." *Kritika: Explorations in Russian and Eurasian History* 12(2).

Vovchenko, Denis. 2016. *Containing Balkan Nationalism: Imperial Russia and*

Ottoman Christians, 1856-1914. Oxford University Press.

Weitz, Eric D. 2013. "Germany and the Ottoman Borderlands: The Entwining of Imperial Aspirations, Revolution, and Ethnic Violence." In *Shatterzone of Empires*, edited by Omer Bartov and Eric D. Weitz. Indiana University Press.

Williams, Brian Glyn. 2000. "Hijra and Forced Migration from Nineteenth-century Russia to the Ottoman Empire: A critical analysis of the Great Crimean Tatar Emigration of 1860-1861." *Cahiers du Monde Russe,* 41(1).

Worringer, Renée. 2004. "'Sick Man of Europe' or 'Japan of the Near East?': Constructing Ottoman Modernity in the Hamidian and Young Turk Eras." *International Journal of Middle East Studies* 36(2): 207-230.

필자 소개

이은정 Lee, Eunjung

서울대학교 서양사학과(Department of Western History, Seoul National University) 강사
한국외국어대학교 동양어대 터키어과 졸업, 터키 국립 앙카라대학교 역사학과 석사,
서울대학교 서양사학과 박사

논저 "16-17세기 오스만 황실 여성의 사회적 위상과 공적 역할: 오스만 황태후의 역할을 중심으로" "'다종교 · 다민족 · 다문화'적인 오스만제국의 통치 전략," "'아타튀르크': 다시 돌아보는 리더십"

이메일 merveturk@daum.net

제2장

'내년에는 예루살렘에서'

— 러시아제국의 시온주의 운동과 유대인 귀환, 1882-1914

'Next Year in Jerusalem': The Zionist Movement and the
Aliyah in Russia, 1882-1914.

최아영 | 서울대학교 아시아연구소 중앙아시아센터 객원연구원

러시아 유대인들은 19세기 말 유대 계몽운동인 하

스칼라를 접하였고, 동시에 1881년 대규모 포그롬을 경험하게 되었다. 하스칼라와 포그롬은 러시아 유대인들로 하여금 러시아인과의 공존을 포기하고 시온에 새로운 조국을 만들고자 하는 열망을 불러일으켰다. 이렇게 19세기 말 러시아 유대인 사회는 히밧 찌온을 중심으로 초기 시온주의인 친팔레스타인 운동을 시작하게 되었다. 1882년 히밧 찌온의 리더 중 하나였던 레프 핀스커는 『자력해방』에서 디아스포라 유대인들이 겪는 고난을 극복하는 유일한 길은 유대인들도 자신만의 민족국가를 세우는 것이라고 주장했다. 핀스커의 『자력해방』은 헤르츨의 『유대국가』보다 14년 앞서는 것으로 사실상 세계 최초의 시온주의 선언이라고 볼 수 있다.

헤르츨의 정치적 시온주의와 조우한 러시아 시온주의자들은 세계시온주의 운동에 가장 적극적으로 참여했지만 시간이 흐를수록 서유럽의 시온주의자들과 충돌하는 양상을 보였다. 러시아의 시온주의자들은 국가 수립 이전에라도 유대인들을 팔레스타인(에레츠 이스라엘)으로 이주시키고 유대 민족부흥을 이루는 것을 가장 시급한 과제라고 여겼다. 반면 헤르츨은 먼저 외교적인 방법으로 유대국가 수립에 대한 국제사회의 동의를 얻는 것을 유대국가 수립을 향한 첫 단계라고 보았다.

1882년부터 1914년까지 이루어진 1차, 2차 알리야의 결과 약 7만 명의 제정러시아의 유대인들이 팔레스타인으로 이주하여 농경정착지를 이루게 되었다. '포알레이 시온'과 같은 사회주의적 시온주의를 따르던 사람들이 2차 알리야의 다수를 이루었다. 이들은 사유재산을 부정하고 협동조합을 기초로 유대인 농경정착지를 이루었고, 이것은 키부츠 운동의 출발점이 되었다. 2차 알리야 시기 이주한 러시아의 사회주의적 시온주의자들은 키부츠, 자경단 등을 조직하면서 이후 이스라엘 건국의 중심세력이 되었다.

Russian Jewry experienced the *Haskala* — the Jewish enlight-enment movement at the end of the 19th century and at the same time suffered from brutal pogroms in 1881. These two factors forced the Jews of Russia to abandon their last hope of coexistence with the Russians and they began to think on the idea of building their own state. The early Zionist movement in Russia was headed by *Hibbat Zion*. In 1882, Lev Pinsker, one of the leaders of *Hibbat Zion* in his pamphlet entitled "Auto-Emancipation" stated that the only way to get rid of such suffering and persecution of Jews is to create their own Jewish state. The "Auto-Emancipation" written 14 years earlier than Hertzl's "The Jewish State" is the first Zionist declaration in the world.

Russian Zionist groups responded to Herzl's political Zionism posi-tively and actively participated in the works of the World Zionist Congress, but the two parties were not without conflict. Russian Zionists considered the most urgent task as the resettlement of Jews to Palestine(Eretz Israel) on the basis of the Jewish national revival even before the creation of the state of Israel. But Herzl envisioned that diplomatic efforts to gain a inter-national support was the first and primary step to create the Jewish state.

From 1882 to 1914 approximately 70,000 Jews migrated to Palestine and created agricultural settlements. The socialist Zionists, such as Poale Zion made up the majority of the second Aliyah(1904-1914). They did not recognize private property and created agricultural settlements on the ba-sis of a cooperative. This was the beginning of the Kibbutz movement. Socialist Zionists who moved to Palestine during the second Aliyah created

Kibbutzim and organized self-defense corps. Such actions enabled them

to play a significant role in the creation of the State of Israel.

KEYWORDS 시온주의 Zionism, 유대민족주의 Jewish nationalism, 러시아 유대인 Russian Jews, 이스라엘 Israel, 알리야 Aliyah

I 들어가는 글

AD 70년부터 1948년 이스라엘이 건국될 때까지 약 1900년간 세계 각국에서 이산의 삶을 살았던 디아스포라 유대인들은 매년 봄 유월절이 되면 '내년에는 예루살렘에서'(L'shanah Haba'ah B'Yerushalayim')라는 말로 만찬을 끝내는 풍습을 지켜왔다. 내년에는 고토(故土) 예루살렘으로 돌아가서 유월절을 맞이하자는 염원이 담긴 말이었다. 이는 유대인들의 종교와 역사에서 특별한 공간으로 존재하는 '시온'이라고 불렀던 예루살렘 그리고 이스라엘 땅과 유대인들 간의 강한 연계를 보여주는 것이었다. 이후 19세기 후반 유대인들의 국가 건설과 귀환이주를 촉발한 흐름이 '시온주의'라는 명칭을 가지게 된 것도 이러한 맥락에서 유래했다.

유대인들은 이스라엘이 건국되기 이전인 19세기 말부터 시온주의의 기치 아래 당시 팔레스타인으로 이주하여 유대국가 수립의 기초를 놓았다. 1948년 건국 당시부터 시온주의를 기초로 '유대인의 국가'(Jewish State)를 천명했던 이스라엘에게 있어 전 세계에 거주하는 유대인 디아스포라들의 귀환은 지금까지도 중요한 국가 정책 중 하나이다. 시온주의 운동으로 촉발된 최초의 유대인 귀환이주가 이루어졌던 1882년부터 현재까지 이스라엘 국가와 "유대기구"(Jewish Agency for Israel)[1]는 세계 각 지역의 유대인 공동체

---

1   유대기구(Jewish Agency for Israel)는 1929년에 설립된 시온주의 기구로 이스라엘이 건국되기 이전부터 해외 유대인 디아스포라의 이스라엘 귀환을 조직하고 지원하면서 사실상 정부의 역할을 수행했다. 1948년 이스라엘 국가 수립 이후에도 유대인 디아스포라 공동체를 지원하고 귀환 이주를 장려하며 이주민들에 대한 히브리어 교육 등을 담당하고 있다. 1989년부터 구소련 국가 중 유대인이 다수 거

를 지원하면서 다양한 홍보와 지원정책을 통해서 디아스포라 유대인들의 귀환 이주를 독려하고 있다.

현재 이스라엘 사회를 구성하는 유대인 이주자 그룹 중에서도 가장 규모가 큰 것은 바로 러시아어를 사용하는 구소련 출신 유대인들이다. 1989년부터 본격적으로 시작된 구소련 유대인들의 이스라엘 귀환 이주는 소련 붕괴와 함께 정점을 찍은 이후 현재까지 지속되고 있다. 그 결과 구소련 국가에서 이주한 유대인들은 이스라엘로 귀환한 전체 유대인 이주자의 약 40%, 이스라엘 인구의 약 20%를 이루면서 이스라엘에서 태어난 유대인들 다음으로 가장 큰 커뮤니티를 이루고 있다(최아영 2015, 298). 이스라엘에서는 이전에 경험하지 못했던 최초의 대규모 디아스포라의 귀환인 1990년대 구소련 유대인의 유입을 '대(大) 알리야(Aliyah)'[2]라고 칭하면서 다른 지역 디아스포라의 귀환과 구별하고 있다.

한편 이것은 러시아 유대인들이 이스라엘로 향한 최초의 행렬은 아니었다. 이스라엘 국가가 수립되기 전인 1882년에 이루어진 최초의 유대인 귀환 이주의 물꼬를 튼 사람들은 바로 친(親)팔레스타인주의(Палестинофильство)[3]라고 불렸던 시온주의에 투신했던 러시아의 유대인들이었기 때문이다. 이와 함께 팔레스타인의 농지를 개간하여 최초의 키부츠(kibbutz)를 만들고, 이스라엘 건

주하고 있는 도시에 지부를 설립하여 활동하고 있다.

2   알리야(Aliyah)는 히브리어로 '올라가다'는 의미를 가진 단어로 유대인들의 이스라엘 귀환을 일컫는 용어로 사용되고 있다.

3   '친팔레스타인주의'라는 용어를 비롯해서 이 글에서 사용된 '팔레스타인'은 현재의 팔레스타인이 아닌 이스라엘 국가 수립 이전인 19세기 말 오스만제국의 지배 하에 있던 팔레스타인 지역을 지칭한다.

국에 핵심적인 역할을 감당하면서 이스라엘의 정치 리더십으로 활동했던 시온주의자들의 상당수가 러시아 출신의 유대인들이었다.[4]

정치적 시온주의의 이상을 처음 꿈꾸었던 사람은 오스트리아-헝가리제국 출신 유대인 기자였던 테오도어 헤르츨(Theodor Herzl)이었고, 그의 책 『유대국가』(Der Judenstaat)는 유대국가 수립의 정당성과 그것을 어떻게 이루어야 하는지를 설명한 정치적 시온주의의 기틀을 세운 저작이라고 평가된다. 그러나 헤르츨이 『유대국가』를 저술하기 14년 전인 1882년에 러시아 남부 도시 오데사에 거주했던 유대인 의사 레프 핀스커(Л.С.Пинскер)는 『자력해방』(Автоэмансипация)이라는 소책자에서 이미 유대인이 유대인 '무리'가 아닌 유대 '민족'으로 존재해야 하는 이유와 유대국가 수립의 절실함을 설파했다. 핀스커는 사실상 헤르츨보다 먼저 시온주의 운동을 주창하며 유대국가 수립을 호소한 것이다.

19세기 말 20세기 초 세계시온주의를 조직적인 측면에서 이끈 것은 헤르츨과 서유럽 시온주의자들이었지만, 대다수 서유럽 유대인 사회는 헤르츨의 시온주의를 낭만적인 몽상이라고 여겼다. 한편 1897년 헤르츨이 스위스 바젤에서 소집한 제1차 시온주의 총회에 가장 열렬한 지지를 보내면서 적극적으로 참여했던 사람들은 다름 아닌 러시아 유대인 시온주의자들이었다. 바젤에서

---

4   초대 대통령 하임 바이츠만은 현 벨라루스 출신이고, 2, 3, 4대 대통령인 이츠하크 벤츠비, 잘만 샤자르, 에브라임 캇지르도 각각 현재 우크라이나와 벨라루스 태생의 유대인들이었다. 이스라엘 초대 총리 벤구리온은 러시아가 통치했던 폴란드 폴론스크 태생이며, 2, 3대 총리였던 모세 샤레트, 레비 에슈콜은 우크라이나에서 태어나고 자랐다. 모세 샤레트 총리의 아버지는 1882년 러시아에서 포그롬을 피해 팔레스타인으로 이주한 최초의 청년 알리야 단체인 '빌루'(БИЛУ)의 일원이었다.

최초의 시온주의 총회가 열리기 13년 전인 1884년에 이미 러시아 시온주의자들은 폴란드의 카토비체(Katowice)에서 최초의 시온주의 기구인 〈히밧 찌온〉(Хиббат Цион)을 만들었고, 이에 고양된 러시아제국의 유대인 청년들은 팔레스타인 이주를 실행에 옮겼다. 1881년 러시아제국의 남부 지역에서 유대인 학살 사건인 포그롬(Погром)이 발생했고, 이듬해 5월 알렉산드르 3세의 정부가 유대인의 권리를 더욱 제한하는 내용의 '임시규정'(Временные правила)을 발표했다. 이러한 상황에서 이주는 19세기 말 유대인들에게 있어 사실상 생존을 위한 절실한 대안이 되었다.

이처럼 19세기 말 러시아 유대인 사회에서 자생적으로 발생했던 초기 시온주의 운동인 친팔레스타인 운동은 헤르츨이 주도한 정치적 시온주의 운동에 실질적인 동력을 제공했다. 이렇듯 러시아의 초기 시온주의 운동은 세계 시온주의 운동에서 가지는 위상이 적지 않았음에도 불구하고 헤르츨의 정치적 시온주의 운동에 비해서 충분한 연구가 이루어지지 못했다.

이러한 인식하에서 이 글은 19세기 말엽 러시아제국에서 서유럽보다 먼저 시온주의가 출현했던 배경과 원인을 분석하고, 러시아의 시온주의 운동이 헤르츨의 정치적 시온주의 운동과 비교했을 때 어떤 대별되는 특성이 있었고, 어떠한 양상으로 분화되어 전개되었는지를 분석할 것이다.

한편 시온주의는 본질상 귀환이주를 수반한다. 세계로 흩어진 유대인 디아스포라가 1948년 이스라엘 건국 이전까지 이스라엘로 귀환하는 과정은 대략 6단계로 나누어진다.[5] 이 글에서는 우크라이나 하리코프(Харьков)의 유대인 대학생들로 구성된 시온주의 단체가 주도했던 팔레스타인으로의 이주로 시작된 1차 알리야(1882-1903)와 1903년 키시네프(Кишнев)에서 포그롬이 발생한 이후와 1905년 제1차 러시아 혁명기에 이루어진 2차 알리야(1904-1914)를 촉발한 원인과 과정을 살펴볼 것이다.

1차, 2차 알리야 운동이 일어났던 1882년에서 1914년을 연구 대상 시기로 삼은 것은 바로 이 시기에 러시아 유대인들이 세계 시온주의 운동에서 주도적인 활동을 했고, 이 시기 팔레스타인으로의 이주는 주로 제정 러시아의 유대인들에 의해 행해졌기 때문이다. 1882년부터 1914년까지 팔레스타인에 형성된 유대인 이주자들의 주요 정착지 40곳은 러시아에서 이주한 유대인들에 의해서 개척되었다(Schechtman 1972, 106). 또한 제1차 세계대전 발발 이후에는 시온주의 운동 본부가 있었던 독일과 팔레스타인을 통치하던 오스만제국이 러시아를 비롯한 연합국들의 적국이 되면서 러시아 유대인의 팔레스타인 이주는 사실상 중단되었고, 1차대전기와 그 이후의 세계 시온주의 운동은 1917년 밸푸어 선언(Balfour Declaration) 이후 영국에 의해 주도되는 시기를 맞게 되기 때문이다. 또한 1917년 러시아에 볼셰비키 정부가 세워지면서 러시아의

5   1차 알리야(1882-1903)는 러시아 남부 지역 포그롬에 의해 촉발되었고, 2차 알리야(1904-1914)는 키시네프 포그롬과 1905년 10월 선언이 촉발한 러시아 유대인들의 이주로 이루어졌다. 3차 알리야(1919-1923)는 영국이 팔레스타인을 위임통치하는 기간에 주로 동유럽 유대인들에 의해 이루어졌고, 4차 알리야(1924-1929)에는 폴란드, 헝가리의 반유대주의로 인해 이 지역 유대인들의 이주가 주를 이루었다. 5차 알리야(1929-1939) 시기 영국의 팔레스타인 이주 제한으로 알리야의 규모는 작았지만 나치 정권 수립 이후 독일과 오스트리아 유대인들이 주로 이주했다. 6차 알리야(1933-1948)는 나치의 유대인 학살 기간에 하가나(Haganah)에 의해 영국 정부의 팔레스타인 유대인 유입 금지를 어기고 이루어진 유럽 유대인들의 팔레스타인 이주로 구분된다.

시온주의 운동은 금지되는 시기로 접어들었기 때문이기도 하다.

II 하스칼라(Haskalah)와 포그롬(Pogrom): 19세기 말 러시아 유대인 사회의 초상(肖像)

1897년 러시아에서 실시된 인구조사 결과에 따르면 당시 러시아 제국에 거주하던 유대인의 수는 약 522만 명으로 유럽에서 가장 큰 규모였다.[6] 프로이센, 오스트리아, 러시아가 1772년, 1793년, 1795년 3차에 걸쳐 폴란드-리투아니아 연방(Речь Посполитая)을 분할함에 따라 러시아의 영토로 편입된 옛 폴란드 지역의 유대인들이 러시아 서부와 남서부에 주로 거주하게 된 이래 유대인 인구가 꾸준히 증가한 결과였다. 전통적으로 상업과 수공업에 종사하던 이 지역의 유대인들이 러시아로 유입되자 차르 정부는 이들이 낙후되었던 러시아 상공업을 발전시킬 수 있을 것이라는 기대 속에 초기에는 폴란드에서 누렸던 유대인들의 사회-경제적 권리를 상당부분 인정했다. 예카테리나 2세는 유대인들이 도시민 계층(мещанство)에 등록하도록 허가했고, 유대인들은 기독교인들과 법적으로는 동등한 신분을 가지면서 전통적인 자치체제를 유지할 수 있었다(Энгельс 2018, 18).

그러나 유대인 상인들이 러시아의 대도시인 모스크바와 페테

6   1897년 인구조사에서는 각 민족별 인구 통계 자료가 부재하기 때문에, 종교별 통계자료에 따라 유대교를 믿는 인구수를 기준으로 추정한 것이다. http://www.demoscope.ru/weekly/ssp/rus_rel_97.php (검색일: 2019. 1. 15).

르부르크에 진출하면서 러시아 상인 계층의 불만이 증가하자 정부의 유대인 정책은 이들을 러시아인과 분리하여 경계하는 방향으로 선회하게 된다. 또한 정교회를 믿는 러시아인들과는 전혀 다른 이질적인 종교와 생활 풍속을 가진 유대인에 대한 거부감도 이러한 결정에 영향을 미쳤다. 예카테리나 2세는 유럽 러시아의 서부, 남서부 지역의 15개 현(губерния)을 포함하는 지역을 유대인 거주 한정지역(Черта оседлости, The Pale of Settlement)으로 규정해서 이 지역에서만 유대인들이 거주할 수 있도록 허가했다. 1804년 알렉산드르 1세는 이러한 제도를 최종적으로 법제화했다. 일종의 거대한 게토(Ghetto)가 러시아에 형성된 것이었다. 이로써 유대인들은 1860년대 알렉산드르 2세의 개혁 이전까지 모스크바와 페테르부르크 등 러시아의 대도시와 중앙 지역에 출입하거나 거주할 수 없게 되었고, 페일(Pale) 내부에서만 거주가 허용되었다.

러시아제국법에 따라 유대인들은 무슬림과 마찬가지로 문화적 배경이 러시아인과 다른 이민족(инородцы)으로 구분되어 정치, 경제, 교육 등 삶의 여러 분야에서 제한을 받게 되었다.[7] 당시 제국에서 가장 복잡한 층위를 가진 모순적인 법 중 하나가 바로 유대인에 관한 법이었는데 1885년 당시 러시아 유대인의 지위와 삶을 규정하는 법 조항의 수는 626개에 달했다(Солженицын 2001,

---

7   남성들의 할례가 종교적 의무인 유대인들에 대해 차르 정부는 앞으로 군복무를 해야 할 남성들의 신체에 상처를 내는 행위인 할례에 대한 대가로 할례세를 부과했다. 1845년 니콜라이 1세는 유대인의 전통의상 착용을 법으로 금지시켰고, 머리에 유대인 전통 의상인 키파(Kippah)를 착용하는 경우 키파세를 부과했다. 또한 유대인 소년들을 예비 군사훈련에 소집하여 정교회 개종을 강요했던 칸토니스트 제도도 존재했다. 칸토니스트 제도는 알렉산드르 2세에 의해 폐지되었다.

그림 2-1. 유대인 거주 한정지역(The Pale of Settlement)
출처: European Jewish Congress, https://eurojewcong.org.

208).

1897년 당시 러시아에 거주하는 유대인 522만 중에서 약 490만 명이 페일에 살고 있었다(Гительман 2008, 49). 차르 정부가 추진한 유대인의 개종을 통한 동화정책에도 불구하고 페일에 사는 유대인들의 대부분은 러시아어가 아닌 동유럽 유대인들의 언어인 이디시(Yiddish)를 사용했고, 나름의 교육제도와 행정, 재판 등을 담당하는 자치기구인 '카할'(Kahal)을 운용하면서 러시아인들과 거의 동화되지 않았다.

그러나 이러한 상황은 1860년대 알렉산드르 2세가 농노해방과 더불어 유대인들에게도 부분적이나마 거주 이전의 자유를 허용하면서 달라졌다. 이 시기 1급 길드에 준하는 재산을 가진 유대인 상인과 수공업자, 그리고 대학을 졸업한 유대인들과 같이 러시아에 '유용한' 유대인들은 페일을 벗어나 대도시에 거주하는 것이 허락되었다. 이로써 페테르부르크, 모스크바에서 유대인 공동체의 규모가 커지고 대학에 입학하는 유대인들의 수가 급격하게 늘어나게 되었다. 지금까지 각종 법과 규칙에 의해 정교도인 러시아인보다 열등한 계층으로 여겨졌던 유대인들이 이제 러시아인들이 일구어 놓은 대도시에서 상업, 무역 분야의 경쟁자로 떠오르게 된 것이다. 이러한 상황에서 러시아인과 유대인 사이에 긴장이 축적되었고, 이러한 긴장은 유대인에 대한 물리적인 폭력, 즉 포그롬으로 표출되었다.

포그롬(погром)은 '약탈하다, 파괴하다'라는 의미를 가진 러시아어 동사(громить)에서 파생된 것으로 개인에 대한 폭력, 절도 및 살해, 재산 파괴, 방화를 목적으로 유대인들에게 가해지는 폭력행위라고 정의된다(Краткая еврейская энциклопедия 1992). 18세기 말부터 러시아에 유대인들이 거주하면서 크고 작은 포그롬은 일상적으로 발생했다. 그러나 1881년 4월 알렉산드르 2세의 암살범으로 유대인이 지목되면서 러시아제국의 남부와 남서부 지역에서 연속적으로 발생한 포그롬은 유대인의 부분적인 '해방'의 시기에 발생했다는 점에서 러시아 유대인 사회에 충격을 가져왔다. 이 사건은 결국 유대인들로 하여금 러시아인들과 공존을 포기하고, 미국, 유럽을 향한 이주를 선택하게 했으며, 이와 함께 팔레스타인으로의 이주를 모색케 한 시온주의를 태동시켰다는 점에서 러시아 유대인 사회 내부 변화에 매우 중요한 전환점이 되었다(최아영 2012, 178-179).

한편 지금까지 시온주의는 반유대주의에 근거한 포그롬이 추동한 현상으로만 주로 해석되어 왔다. 그러나 포그롬만으로 19세기 말 러시아에서 시온주의가 발생한 원인을 충분히 설명할 수 없다. 포그롬은 비단 19세기 말의 현상만은 아니었고, 18세기 말 폴란드 분할의 결과로 유대인들이 러시아에 거주하기 시작한 때부터 일상적으로 발생했기 때문이다. 물론 1881년에 발생한 포그롬이 전례 없이 규모가 크고, 조직적으로 행해졌기 때문에 시온주의의 발생에 직접적으로 불을 붙인 것은 사실이다. 그렇지만 이러한 외부의 추동요인과 함께 19세기 중반부터 러시아 유대인 사회가 경험한 내적인 변화를 살펴볼 필요가 있다. 지금까지 가부장적 질서와 전통에 따라 살아왔던 페일에서의 삶에서 벗어나서 당시 유대인들에게는 금기였던 '비유대인의 세계'가 일구어 놓은 세속 학문과 지식을 습득하고도 유대인으로 남을 수 있음을 증명하려 했던 유대 계몽주의 운동인 하스칼라(Haskalah, הלכשה) 운동이 없었다면 포그롬 이후 러시아를 떠나려는 유대인 이주의 흐름 중 하나의 갈래가 '시온'으로 향하지는 않았을 것이다.

'하스칼라'는 히브리어로 '계몽' 또는 '지성'을 의미하며 18세기 유럽 계몽주의에 영향을 받아 독일의 유대철학자 모세 멘델손(Moses Mendelssohn)이 이념적 기초를 놓은 유대인 계몽운동이었다. 유대 계몽주의자들은 이디시가 아닌 거주국의 언어를 적극적으로 사용했고, 토라(Torah)[8]와 탈무드 외에 세속학문을 접하고 연구했다. 그러나 동시에 유대인을 유대인으로 존재할 수 있게 해주었던 유대교에 충실했고, 유대문화의 뿌리인 히브리어의 부활을 꾀하는 헤브라이즘(Hebraism)에 초점을 맞추었다는 점에서 동화주의자들과는 본질적으로 달랐다. 하스칼라가 거부한 것은 게토의 언어인 이디시와 게토에 스스로 고립되기를 자청한 유대교였지 유대인의 신앙 자체는 아니었기 때문이었다.

하스칼라 운동은 19세기 중반부터 갈리치아(Galicia)[9]와 쾨니히스베르크(Königsberg)의 유대 상인들이 오데사와 발트해 지역을 왕래하면서 러시아에 전파되었다(Залкин 2012). 러시아에 유대인 계몽운동이 전파될 당시는 알렉산드르 2세의 유대인에 대한 상대적인 유화정책의 결과로 유대인들에게 한정적이나마 거주이전의 자유가 주어진 시기였다. 따라서 페일을 벗어난 유대인들이 러시아어를 적극적으로 사용하기 시작했고, 러시아인의 학교에서 자녀들을 교육시키면서 그 어떤 때보다 러시아의 유대인들이 러시아인들의 사회로 스며들기 시작한 시기였다. 한편 1860년에 오데사에서 창간된 히브리어 신문인 '하-멜리츠'(Ха-Мелиц)가 수도 페테르부르크에서도 발행되고, 페레츠 스몰렌스킨(Peretz Smolenskin)을 비롯한 계몽된 유대인 지성들은 히브리어로 집필한 소설을 발표하는 등 러시아 유대인 사회에 히브리어를 바탕으

---

8 토라(Torah)는 유대교에서 가장 중요하게 여기는 율법서인 유대인 성경의 첫 5편, 즉 창세기, 출애굽기, 레위기, 민수기, 신명기를 아우르는 용어이다.
9 갈리치아(Galicia)는 18세기 말 폴란드 분할 결과 오스트리아-헝가리제국이 차지한 지역으로 현재 우크라이나 서부 지방인 르보프, 테르노필, 이바노-프랑크와 크라쿠프를 비롯한 폴란드 남동부 일부 지역을 포함한다.

로 한 유대인의 문화적 전통에 대한 관심이 고조되면서 유대 민족주의가 더욱 고양되었다.

이와 함께 시온주의와 하스칼라의 연관성은 시온주의자들 가운데 하스칼라 운동의 대척점에 있었던 정통파 유대교 랍비를 비롯한 정통파 유대인인 하시딤(Hasidim)들이 소수였다는 점에서 확인된다. 정통파 유대교 지도자들은 "메시아가 오면 우리를 시온으로 데려가실 텐데 사람이 서둘러 하나님의 일을 그릇되게 한다"라며 시온주의자들을 비난했다. 따라서 러시아의 시온주의는 서유럽의 시온주의와 마찬가지로 태생적으로 종교적 영향에서 자유로웠고, 본질적으로 근대적이며 세속적인 성격을 가졌다.

러시아 시온주의가 태동한 도시 오데사는 바로 러시아에서 하스칼라 운동이 가장 자유롭게 유대인들에게 전파되었던 공간이었다. 1794년 흑해 연안에 만들어진 오데사는 러시아가 오스만제국으로부터 정복하여 '노보라시야'(Новороссия)란 이름으로 부른 흑해 연안 지역의 경제적 중심지였다. 19세기 중반 오데사는 대규모 곡물항으로 성장하면서 러시아에서 세 번째로 큰 도시가 되었다. 오데사는 많은 민족들이 함께 거주하는 코스모폴리탄의 분위기가 강한 도시로서 그 안에서 유대인, 러시아인, 그리스인 등 다양한 민족들이 공존했던 공간이었다(Klier 1992, 15).

오데사가 초기 러시아 시온주의 운동의 중심지가 될 수 있었던 것은 이 지역이 페일에 속해 있었지만, 외국인들의 왕래가 잦은 국제적인 수출항이었던 관계로 유대인의 신앙과 정신을 지키면서도 유럽이 꽃피웠던 학문과 지식을 습득하는 것을 조화롭게 공존시키기를 모색했던 서유럽의 유대 계몽운동이 이 도시에 자연스럽게 전해질 수 있었기 때문이었다. 이러한 연유로 정통파 유대교 지도자들은 오데사를 증오하면서 경건한 유대인들은 그곳에 출입하지 말도록 경고하기도 했다(Johnson 2005, 34). 오데사가 러시아의 도시로 세워질 당시 유대인이 전체 인구의 10%를 차지했고, 1900년대에 유대인이 도시 인구의 30%에 달한 적도 있었지만, 반유대주의적 정서는 페일의 다른 지역에 비해서 심각하지 않았다. 따라서 오데사는 러시아의 그 어떤 지역보다 유대인으로 살면서도 자유롭게 새로운 사상을 접할 수 있었던 공간이었다. 그러나 이 자유로운 도시 오데사에서 벌어진 포그롬(1876)과 알렉산드르 2세 암살 이후 러시아 남부 지역에서 촉발된 포그롬(1881-1882)은 이곳에서 성장하면서 스스로를 계몽된 유대인이자 '러시아의 아들'이라 여겼던 오데사의 유대인 의사 레프 핀스커를 '시온'으로 향하게 만들었다.

III 러시아 시온주의 운동의 태동과 전개

1. 러시아 시온주의의 태동과 1차 알리야 운동(1882-1903)

1) 레프 핀스커의 『자력해방』과 히밧 찌온(Хиббат Цион)
레프 핀스커는 1821년 러시아제국의 볼히니야 현(Волынская губерния)에서 태어났다. 유대인으로서는 최초로 오데사의 노보라시야대학교의 법학부를 졸업했지만, 당시 러시아에서 유대인은 법조인으로 활동하는 것이 허용되지 않았기 때문에 다시 모스크바 대학교 의학부를 졸업하고 의사가 되었다. 하스칼라의 신봉자였던 레프 핀스커는 러시아어로 발간되는 유대인 신문인 '여명'(Рассвет)을 창간하여 편집장으로 활동하기도 했다. 1856년 크림전쟁에 군의관으로 참전할 만큼 러시아에 대한 애국심도 지대했다. 그러나 1881년에 발생한 유대인 학살 사건은 유대인으로 러시아인과 함께 공존할 수 있다고 믿었던 핀스커의 신념에 일대 전환을 가져왔다.

알렉산드르 2세가 인민주의자들에 의해 암살된 후 즉위한 알렉산드르 3세는 유대인에 대해 다시 강경한 정책으로 돌아섰다. 당시 러시아 정부는 유대인 포그롬에 대해서 양면적인 태도를 가지고 있었다. 한편으로는, 격앙된 농민과 노동자들의 분노와 불만을 포그롬을 통해 유대인들에게 돌리게 함으로써 혁명의 기운을 잠재울 수 있다고 여겼다. 동시에 그 어떤 형태의 농민과 노동자들의 봉기도 정권에 대한 위협이 될 수 있기 때문에 러시아 정부는 이를 차단하고자 했다. 여기에 정교회로 개종을 통해 유대인의 동화를 유인하는 정책이 19세기 말에 이르기까지 사실상 실효를 거두지 못했기 때문에 유대인들의 러시아에 대한 충성심은 늘 의심을 받을 수밖에 없었다.

포그롬이 발생한 후 1882년 5월 3일 당시 러시아의 내무대신이었던 이그나티예프(Н.П.Игнатьев)가 '임시규정'을 발표한 후 러시아 유대인들의 삶의 여건은 더욱 열악해졌다. 이 규정에 따라서 유대인은 농촌에 거주할 수 없고, 페일 내부에 있는 도시와 슈테틀(shtetl)에서만 거주해야 했다. 일요일과 기독교인의 축일에 유대인들은 장사를 할 수 없었으며 유대인의 이름으로 부동산 거래도 할 수 없게 되었다. '임시규정'이 촉발한 페일 내부의 비정상적인 인구밀집과 과도한 생존 경쟁으로 인해 유대인들의 삶은 극도로 열악해지기 시작했다(최아영 2012, 196-197).

1881년 포그롬이 발생한 이후 더욱 강경해진 차르 정부의 유대인에 대한 정책과 또다시 발생할지도 모르는 포그롬의 공포를 피하기 위해서 러시아 유대인들은 해외로 이주하기 시작했다. 이 주의 방향은 대부분 미국과 서유럽으로 향했다. 1881년에 미국으로 떠난 유대인이 8,193명이었다면 이듬해는 2배가 넘는 17,497명이 이주했다. 1881년부터 1900년까지 약 60만 명의 유대인이 미국으로 떠났다(Кандель 2014, 512).

이러한 상황에서 1882년 9월 핀스커는 러시아 정부의 검열을 피하고자 러시아어가 아닌 독일어로『자력해방! 동포를 향한 한 러시아 유대인의 호소』(*Autoemanzipation!Mahnruf an seine Stammesgenossen von einem russischen Juden*)라는 제목의 소책자를 출판했다. 이 소책자에서 핀스커는 유대인들의 가장 큰 문제는 유대인들이 '유대인'으로 불릴 뿐 '유대민족'으로 인정되지 않았던 점이라고 주장한다. 지금까지 유대인들이 다른 민족들과 같이 살기 위해서 경솔하게 자신의 정체성을 희생시켰지만, 그 누구도 그들을 같은 사회의 동등한 일원으로 받아들여주지 않았다는 것이다. 그리고 유대인은 AD 70년 이후 국가를 상실하고 이산의 삶을 살기 시작한 때부터 영혼만 살아 있고 실체는 없는 '혼령의 민족'이기 때문에 살아 있는 사람이라면 절대로 '유령'과 함께 살고 싶어 하지 않으므로 반유대주의와 유대인 혐오는 유대인이 존재하는 곳이라면 절대로 사라지지 않을 '불치병'으로 보았다.

여기서 주목할 것은 핀스커가 이 소책자를 포그롬으로 고통 받는 러시아와 동유럽 유대인들만을 대상으로 쓰지 않았다는 사실이다. 핀스커가 이 책을 썼을 당시 서유럽의 유대인들은 이미 법적으로는 다른 유럽인들과 동등한 시민적 권리를 가지고 있었다. 서유럽 유대인들의 동화가 급속하게 이루어지면서 독일 유대인들은 "모세의 율법을 따르는 독일인"으로 분류되었다. 이런 상황에서 핀스커는 유대인의 법적 해방(emancipation)은 금세기에 서유럽 유대인들이 얻은 가장 큰 성과이지만, 법적 해방이 곧 사회적 해방이 아니기 때문에 유대인의 실제적 상황은 더 나아지지 않았음을 지적한다. 따라서 시민적으로 동등해지는 것만으로는 부족하며 다른 민족처럼 국가를 가지지 않는 한 다른 모든 민족들과 평등해질 것이라는 소망을 버려야 할 것이라고 주장했다.[10] 이런 의미에서 핀스커의 『자력해방』은 러시아 유대인뿐 아니라 사실상 유럽 모든 유대인들의 상황을 아우르는 역사상 최초의 시온주의 선언이라고 볼 수 있을 것이다.

핀스커는 14년 후 테오도어 헤르츨이 쓰게 될 『유대국가』의 주된 내용, 즉 타 민족으로부터 유대인이 '민족'으로 인정받아야 한다는 것, 반유대주의의 불변성, 유대인 문제의 해결은 오로지 국가를 세우는 것이라는 것을 이미 『자력해방』에서 설파했다. 『유대국가』가 출판된 1896년 2월까지 헤르츨은 핀스커의 저작에 대해 알지 못한 상태였고, 자신의 책이 세상에 나오기 불과 며칠 전에야 핀스커의 소책자를 읽어보았다. 헤르츨은 "『자력해방』이라는 책

10   http://www.balandin.net/Pinsker.htm (검색일: 2018년 10월 1일)

은 너무나 놀랍도록 나의 의견과 동일하고, 일치하는 것이 많았다. 내가 『유대국가』를 쓰기 전에 이 책을 읽었더라면 아마 난 이 책을 쓰지 않았을 것이다"라고 일기에 적었다(Maop 1977, 40).

『자력해방』을 집필한 후 핀스커는 1880년대 초 '시온에 대한 사랑'이라는 뜻을 가진 친팔레스타인 단체인 '히밧 찌온'에서 러시아 초기 시온주의 운동을 이끄는 구심점이 되었다. 초기 시온주의 운동은 친팔레스타인 운동이라는 명칭으로도 전개되었다.[11] 당시 히밧 찌온은 주로 자유주의적 성향을 지닌 유대인 지식인층을 중심으로 오데사에서 형성되어 페일의 리투아니아, 벨라루스뿐만 아니라 페테르부르크와 비엔나에도 생겨났다. 초창기 히밧 찌온의 구성원들은 대학생, 기업가부터 종교인에 이르기까지 워낙 다양했고, 많은 지역에 산재되어 활동했기 때문에 하나의 조직과 집행부를 가진 조직력 있는 단체로 존재하지 못했다.

1884년 11월 폴란드 카토비체에서 열린 히밧 찌온 1차 총회에서 핀스커가 중앙위원장으로 선출되면서 다양한 분파로 산재되어 있던 러시아 초기 시온주의 운동이 유대인의 농업 정착지를 조성한다는 하나의 목표와 강령을 가진 유대민족운동으로 체계화될 수 있었다. 핀스커는 『자력해방』에서 유대인들의 미래의 국가가 될 지역이 반드시 팔레스타인이 되어야 한다고 주장하지는 않았지만, 히밧 찌온은 곧 유대인들이 농경 정착지를 개척할 유일한 지역은

---

11   "시온주의"라는 용어는 1895년 오스트리아의 유대 민족주의자인 나단 번바움 (Nathan Birnbaum)이 처음 사용했다. 그는 핀스커의 소책자의 이름을 따라서 〈자력해방〉이라는 독일어로 쓰인 유대 잡지를 발행하기도 했다. 이런 의미에서 보면 러시아의 '친팔레스타인주의'가 시온주의의 모태가 되었다고 할 수 있다.

'에레츠 이스라엘'(Eretz Israel)[12]이 될 것이라고 천명했다. 히밧 찌온은 팔레스타인으로 이주해서 농경지를 개간하고 히브리어를 민족어로 사용하며 반드시 농업에 종사한다는 목표를 가졌다. 이들이 농업을 강조한 이유는 러시아에서 유대인들이 농업에 종사할 수 없었기 때문에 얻게 된 '남의 빵을 먹고 사는 기생민족'이라는 오명을 벗기를 원했고, 농업을 통해서만 땅에 정착할 수 있다고 여겼기 때문이었다.

2) 1차 알리야 운동(1882-1903)

앞서 언급했듯이 이스라엘이 건국될 때까지 유대인 귀환이주, 즉 알리야 운동은 6개의 시기로 나누어볼 수 있다. 1882년부터 1948년 건국 시기까지 팔레스타인으로 이주한 유대인의 수는 약 52만 명이다.[13] 러시아 남부 지역에서 포그롬이 시작된 1881년부터 1912년까지 약 190만 명의 유대인들이 러시아를 떠났는데 그중 84%가 미국으로 향했고, 8.5%는 영국 그리고 2% 정도가 팔레스타인으로 이주했다(Gitelman 1998, 138). 이 중에서 1882년에서부터 1903년까지의 1차 알리야 시기에 에레츠 이스라엘로 이주한 유대인들은 25,000명에 불과하다. 실제 이주가 집중적으로 일어난 시기도 1882-1884년, 1890-1891년이었다. 1881년에 일어난 포그롬과 1891년 모스크바에 거주하는 유대인들이 대거 추방당하는

---

12 에레츠 이스라엘이란 '이스라엘 땅'이라는 의미를 가진 히브리어이며, 유대인들은 이스라엘 건국 이전까지 팔레스타인을 에레츠 이스라엘이라고 불렀다. 현재도 디아스포라 유대인들이 이스라엘을 부를 때 사용하는 표현이다.

13 Электронная еврейская энциклопедия, https://eleven.co.il/zionism/ precursors-emergence/10140/ (검색일: 2019. 1. 20).

사건이 벌어지자 매주 수백 명의 유대인들이 팔레스타인으로 이주했기 때문이었다(Кандель 2014, 509). 이렇게 1차 알리야의 수치가 보여주듯이 당시 러시아 유대인들에게 팔레스타인은 안락한 삶을 보장해주는 매력적인 이주지는 아니었다. 그럼에도 불구하고 여전히 소수였지만 유대인들은 팔레스타인으로의 이주를 중단하지 않았다.

1881년에 시작된 포그롬이 계속되었던 1882년 1월 우크라이나의 하리코프에서 유대인 교사의 아들이었던 이스라엘 벨킨드(Исраэль Белкинд)와 유대인 청년 30명은 팔레스타인으로 이주하기를 결정했다. 이들은 스스로를 '빌루'(БИЛУ)라고 불렀는데 빌루란 "야곱 족속아 오라 (우리가 여호와의 빛에 행하자)"라는 구약성경 이사야서 2장 5절의 히브리어 첫 글자를 따서 만든 것이었다. 빌루의 이상과 함께 하기를 원했던 유대인 청년들이 하리코프뿐아니라 러시아의 여러 지역에서 생겨났다. 빌루의 목표는 에레츠 이스라엘에 정착해서 히브리어를 민족어로 삼아서 전파하고, 농사를 지을 수 있는 땅을 준비해서 앞으로 오게 될 유대인 이주자들이 정착할 수 있는 기반을 만드는 것이었다. 빌루는 6개월 동안 3천명의 유대인 청년들을 팔레스타인으로 이주시킬 계획을 가지고 있었다(Brenner 2005, 97). 이들은 사유재산을 인정하지 않고, 공동체 생활을 하며 빈부와 계급의 차이가 없는 평등한 유대인들의 공동체를 일구기를 원했다.

1882년 6월 30일 오데사를 출발한 빌루의 회원 13명이 팔레스타인의 자파(Jaffa) 항에 당도했다. 한편 이들이 도착한 오스만제국의 변경에 있는 팔레스타인은 극도로 황폐해서 농업을 시작하기에 적합하지 않은 공간이었다. 게다가 이곳에서 농업 개간지를 만들어 유대인의 국가로 만들려는 꿈을 가지고 당도한 유대인 청년들은 실제로 농사를 지어본 경험조차 없었다. 농경지를 개간할 수 있는 재원도 경제적인 후원도 부족한 상태였다.

빌루를 비롯해서 1차 알리야 시기 팔레스타인으로 이주한 유대인 이주자들을 실질적으로 후원한 사람은 당시 팔레스타인에서 농경정착지 개간 사업을 하던 로스차일드(E. Rothschild)와 독일의 유대인 은행가 모리스 드 허쉬(Maurice de Hirsch) 남작이었다. 1차 알리야 운동으로 팔레스타인에 정착한 유대인들의 상당수는 사실상 로스차일드가 고용한 노동자나 다름없었다. 시간이 지나면서 척박한 환경, 물 부족, 말라리아와 같은 질병을 견디지 못한 빌루의 상당수가 러시아로 다시 돌아가기도 했다. 이렇게 1차 알리야 운동은 조직력을 가지지 못했고, 대부분 즉흥적으로 이루어졌다. 또한 이주와 현지에서 땅을 구입하는 등 정착에 필요한 재정을 히밧 찌온이나 러시아 유대인 사회의 모금으로 형성된 기금보다는 로스차일드와 같은 서유럽의 유대인 자선가들에게 의존할 수밖에 없었다. 히밧 찌온은 팔레스타인에 도착한 러시아 유대인들이 일자리를 찾거나 최소한의 초기 정착을 위한 환경도 만들어주기 어려운 형편이었다. 또한 유대인 이주와 함께 급격히 상승한 팔레스타인의 토지 가격 문제도 해결하지 못했다. 친팔레스타인 운동 자체도 이주 후 정착지에서 유대교 계율에 따른 삶을 요구하는 정통파 유대인들과 세속주의자들 간의 갈등으로 인해 내부의 균열을 겪어야 했다.

그럼에도 1차 알리야 시기 이주한 러시아의 유대인 청년들은

1882년 텔아비브 남쪽에 위치한 리숀 레지온(Rishon LeZion)과 1884년에 중부에 위치한 게데라(Gedera) 등 약 20개의 농업 정착지를 개척했다.

이들 농업 정착지 외에도 당시 팔레스타인에는 유대인들의 거주지가 작은 규모이지만 예루살렘, 헤브론 등 4개 도시에 존재했었다. 이곳에는 '성지'(聖地)를 지키기 위한 종교적인 목적을 가지고 이주한 정통파 유대인 종교인들이 거주하고 있었는데, 이들은 디아스포라 유대인 공동체들이 보내는 자금으로 생활하면서 별다른 경제활동을 하지 않았다.

이렇듯 1차 알리야 시기 이주한 러시아의 유대인들은 기존의 유대교에 기초한 전통적인 종교 중심의 공동체와는 달리 도시가 아닌 농촌에서 육체노동을 중심으로 팔레스타인에 최초로 세속적인 형태의 농업 정착지를 만들었다. 이렇게 1차 알리야는 유대인들이 자립적인 경제활동을 할 수 있는 기초를 마련함으로써 농업정착촌 개발을 통한 유대국가 수립이라는 러시아 친팔레스타인주의가 추구했던 목표의 첫 단계를 실현했다는 점에서 의의를 가진다

이렇게 1차 알리야 시기 유대인의 이주가 규모는 작았지만 중단되지 않고 이어질 수 있었던 것에는 유럽, 미국 유대인 자선가들이 이들을 후원했던 까닭도 있었지만, 보다 근본적인 이유는 당시 차르 정부가 러시아의 시온주의 단체들의 활동을 불법화하지 않고, 유대인의 해외이주를 금지하지 않았기 때문이었다.

알렉산드르 3세의 반동정책이 시작되면서 사회주의 운동을 비롯한 모든 유대인들의 정치활동은 금지되었지만 러시아를 떠나는 것을 전제로 하는 시온주의 운동만큼은 차르 정부의 허가를 받을

수 있었다. 알렉산드르 3세의 정부가 시온주의를 불법화시키지 않고 러시아 유대인들의 해외이주를 막지 않았다는 것은 정부가 유대인들의 이주를 러시아 내부의 유대인 문제를 해결하기 위한 하나의 방편으로 인식하고 있음을 보여준다. 당시 제국법에 따르면 해외로 이주한 사람들의 재입국이 금지되기 때문에 이주는 사실상 추방이나 다름없었다(Полное собрание законов Российской империи 1835). 알렉산드르 3세 시기 보수주의 정책의 기초를 세운 포베도노스체프(К.П.Победоносцев)도 러시아에서 유대인 문제는 "유대인의 3분의 1이 죽고, 3분의 1이 기독교로 개종하여 동화되고, 3분의 1이 영원히 러시아를 떠나면 해결될 것"이라고 했던 것에서도 알 수 있다(Гительман 2008, 27).

이러한 상황에서 히밧 찌온은 1890년부터 국가로부터 정식으로 활동을 허가받고 '오데사 위원회'라고도 불린 '시리아와 팔레스타인의 유대인 농부와 수공업자 지원 협회'(Общество вспомоществования евреям-земледельцам и ремесленникам в Сирии и Палестине)란 명칭을 가지고 활동하게 되었다.

한편 당시 러시아의 유대인들이 러시아를 떠나는 것에는 법적 제한이 없었지만, 팔레스타인을 통치하던 오스만제국의 압둘하미드 2세는 늘어나는 러시아 출신 유대인 이주민들의 유입에 제한 조치를 취하기 시작했다. 1882년 오데사 주재 오스만제국의 외교관은 "정부는 오스만제국의 어느 지역에도 이주를 허용하지만 팔레스타인은 여기서 제외된다"고 밝혔다. 오스만제국 정부는 러시아, 루마니아, 불가리아 유대인에 대해 제국의 허가가 있는 경우에만 입국을 허용했고, 나머지는 송환시켰다(Кандель 2003, 86). 오스만제국 정부의 이와 같은 제한 정책으로 인해 사실상 오데사 위원회의 활동은 중단된 것이나 다름없었다.

여기에 더해 1891년 유대인식민연합회(The Jewish Colonization Association)을 설립하여 유대인들의 해외 이주를 돕고자 했던 허쉬 남작은 오스만제국 정부가 유대인들의 팔레스타인 이주를 제한하자 대신 아르헨티나에 러시아 유대인들을 이주시켰다. 그는 아르헨티나에 땅을 매입하여 농경 정착지를 만들었던 것이다. 그 결과 '시온'으로 향했던 이주의 흐름이 나뉘게 되었다. 이처럼 히밧 찌온 운동이 심각한 위기와 정체에 봉착했을 무렵 1895년에 러시아 유대인 사회는 테오도어 헤르츨에 대한 소식을 듣게 되었다.

3) 러시아와 서유럽 시온주의 운동의 조우

1894년 프랑스에서 발생한 드레퓌스(A. Dreyfus) 사건을 취재하면서 헤르츨은 이 사건을 통해 유럽에서 가장 먼저 유대인의 시민권을 인정한 프랑스에서조차 여전히 존재하고 있는 뿌리 깊은 반유대주의를 목도하고 『유대국가』를 집필한다. 그의 저서는 곧 러시아어로 번역되어 히밧 찌온을 비롯한 러시아 유대인 사회에 전파되었고, 많은 유대인들이 헤르츨의 이상에 환호했다. 그러나 히밧 찌온의 원로들은 헤르츨의 초청에 따라 1차 시온주의 총회에 참석하는 것에 대해서는 신중한 태도를 보였다. 러시아에서 히밧 찌온으로 대표되는 시온주의 단체가 차르 정부의 허가를 받을 수 있었던 유일한 이유는 이들의 목표가 유대인들을 러시아 밖으로 이주시키는 것이고, 정치적인 활동에는 가담하지 않는다는 이유에서였다. 그러나 울분에 찬 감정적 어조가 주를 이루었던 핀스커의 『자력해방』보다 헤르츨의 『유대국가』가 상상하고 계획하는 유대인의 '국가' 수립은 훨씬 구체적이고 정치적인 성격을 보였기 때문에 유대인의 정치활동이 금지된 러시아의 유대인들은 이 행사에 참석하는 것에 대해 신중할 수밖에 없었다.

그럼에도 불구하고 1897년 스위스 바젤에서 열린 1차 시온주의 총회 참석자의 4분의 1은 러시아의 유대인들이었다. 1차 시온주의 총회 이전에 러시아에는 23개의 시온주의 단체가 있었는데, 총회 이후 그 수는 373개로 급증했다. 당시 전 세계에는 913개의 시온주의 단체가 활동하고 있었는데 그 중 러시아의 시온주의 단체의 비율이 41%나 되었다(Maop 1977, 71). 시온주의 중앙위원회 구성원의 3분의 1도 러시아 출신이었고, 러시아에서 세계시온주의 기구로 들어오는 기부금들은 다른 지역 기부금을 모두 합한 것보다 많았다(Гольдштейн 2012, 316). 이것은 구심점과 추진력이 부족했던 당시 러시아의 시온주의자들이 헤르츨의 유대국가 수립 계획과 그의 외교적 노력에 얼마나 큰 기대를 가지고 있었는지를 보여주고 있으며, 러시아 유대인 사회가 19세기 말 세계 시온주의 운동의 실질적인 동력을 제공했음을 드러내주고 있다.

그러나 시간이 흐름에 따라 러시아 시온주의자들은 19세기 말 러시아 유대인 사회가 처한 절박한 현실에서 '헤르츨식'의 정치적 시온주의가 이들을 구원할 수 없다는 인식을 하기 시작했다. 헤르츨과 러시아 시온주의자들 사이에서 발생한 대립과 충돌의 가장 큰 원인은 아이러니하게도 양 진영의 시온주의자들이 모두 지향했던 시온주의의 가장 핵심적인 부분인 유대인 이주의 문제였다. 헤르츨은 팔레스타인을 통치하는 오스만제국, 그리고 국제적 영향력이 컸던 영국 정부와의 외교적 교섭을 통해 유대인들의 주권 국가를 먼저 수립한 이후 이 지역으로 유대인을 이주시킬 계획을 가졌다. 반면에 러시아 및 동유럽 시온주의자들은 국가 수립 이전에 이미 팔레스타인 지역으로의 유대인 이주를 감행했다. 따라서 헤르츨과 러시아 시온주의자들 사이의 의견 대립은 불가피한 것이었다.[14] 헤르츨은 히밧 찌온이 외교적 노력을 하지 않으면서 시온주의를 팔레스타인으로 불법 이주를 부추기는 지하운동으로 몰아간다고 비난했다(Conforti 2010, 207).

국가의 형태를 이루기 전에 우선 팔레스타인으로 유대인들을 이주시키는 것을 가장 중요한 목표로 설정했던 히밧 찌온과 국제 사회의 승인에 따라 획득한 정치적, 법적 기반 없이 무작정 러시아 유대인들을 팔레스타인으로 이주시키는 것을 비판했던 헤르츨의 인식 차이는 당시 서유럽과 러시아 및 동유럽 유대인들이 처한 환경이 달랐다는 점에서 그 원인을 찾아 볼 수 있을 것이다.

헤르츨의 고향인 오스트리아–헝가리제국의 유대인들은 1867년에 법적 해방을 맞았고, 로마의 유대인도 1870년, 프러시아의 유대인들은 1812년에 각각 해방을 맞이했다. 한편 친팔레스타인 운동이 이루어질 당시 러시아의 유대인들은 신분상의 평등은 물론 거주 이전의 자유조차 누리지 못했을 뿐만 아니라, 600개가 넘는 유대인에 대한 법률 조항들이 이들의 권리를 제한하면서 여전히 유대인은 러시아인과 동등하지 않은 열등한 존재임을 늘 상기시켜 주는 상황에서 살고 있었다. 이제 서유럽에서 반유대주의는 노골

---

14   헤르츨이 1897년 1차 시온주의 총회를 소집했을 때 팔레스타인에는 이미 19개 유대인 정착촌이 있었다(Brenner 2005, 91).

적인 폭력으로 표출되지 않았지만, 러시아의 유대인들은 포그롬이라는 물리적인 폭력이 지속적으로 발생하는 가운데 생명과 재산을 스스로 지켜내야 하는 상황이었다.

이와 함께 헤르츨과 러시아의 시온주의자들이 충돌한 지점은 바로 '시온'은 과연 어느 곳이어야 하는가의 문제였다. 상기한 것처럼 러시아 유대인들은 역사적으로나 정서적으로 연결된 에레츠 이스라엘이 아닌 다른 공간에 유대인의 국가를 세우는 것은 무의미하다는 주장을 굽히지 않았던 반면 헤르츨은 유대국가가 세워져야 하는 곳이 반드시 팔레스타인이어야 할 필요는 없다고 주장했다. 결국 이러한 입장 차이는 1903년 6차 시온주의 총회 당시 헤르츨이 영국 정부와 함께 마련한 우간다에 유대국가를 세우는 '우간다'안을 채택해 줄 것을 요청했을 때 극명하게 표출되었다. 이 시기부터 러시아의 시온주의자들은 헤르츨의 '유토피아'적 유대국가 수립에 대한 신뢰를 접으면서 정치적 시온주의와 선을 긋고, 국가 수립과 상관없이 유대인들을 팔레스타인으로 이주시키는 것에 전념할 것을 선언했다.

마지막으로, 러시아와 서유럽 시온주의자들의 의견이 상충된 지점은 향후 세워지게 될 유대국가의 정체성에 대한 문제였다. 헤르츨을 비롯한 서유럽의 시온주의자들은 미래의 유대국가는 유럽 국가들이 가진 가장 좋은 장점들을 모아놓은 선진 유럽식 국가가 될 것을 꿈꾸었다. 헤르츨은 "일부 시온주의자들은 유대인들을 농부로 만들고자 하는 기이한 오류에 사로잡혀 있다. 과연 지적인 능력이 있는 유대인에게 낡은 유형의 농부가 되라고 요구해야 할 것인가?"라며 농경 정착지를 만드는 것에 반대했다(Herzl

2012, 39). 이것은 팔레스타인에 농경 정착지를 세워서 이를 토대로 국가를 수립하고자 했던 러시아 시온주의자들의 행보와 대치되는 것이었다.

또한 헤르츨은 앞으로 세워질 유대국가의 국어가 반드시 히브리어일 필요는 없다고 여겼을 만큼 유대국가가 러시아 유대인들이 추구하는 것처럼 선명한 유대 민족주의적 색채를 띠는 것에 대해 부담을 가졌다. 이에 대해 1차 시온주의 총회에 참석하고 난 후 러시아의 시온주의자 아하드 하암(Ахад-ха-Ам)은 유대인의 민족 정체성이 살아 있지 않은 유대국가는 존재 자체가 무의미하며 먼저 유대인들이 자신의 역사와 문화를 배우고 깊이 이해하는 것이야말로 유대국가 수립의 선결조건이라고 주장했다.

이와 같이 레프 핀스커와 아하드 하암으로 대표되는 러시아의 시온주의 진영과 헤르츨의 정치적 시온주의 진영은 유럽에서 만연한 반유대주의와 유대인에 대한 물리적, 정신적 폭력에서 해방되는 유일한 길은 유대인의 국가를 세우는 것이라는 데 대해서는 동일한 신념을 가졌다. 그렇지만 국가를 이루는 방법, 즉 유대인들의 이주 과정과 미래 유대국가의 정체성 문제에 대해서는 서로 다른 시각을 견지했다. 러시아 시온주의자들은 국가 수립 이전에라도 시급하게 이주를 추진하고, 팔레스타인에 유대어, 유대식 교육과 유대문화에 기초한 유대민족국가를 수립해야 함을 보다 중요시했던 반면 서유럽의 자유주의 토양에서 시온주의를 구상했던 헤르츨은 미래의 유대국가가 보다 보편적인 성격을 가지기를 원했다. "유럽의 시온주의자들은 이스라엘에 구원을 가져오지 못한다. 이스라엘의 구원은 '외교관'이 아닌 '예언자들'을 통해 이루어질 것이다"

(Ha'am 1953, Conforti 2010에서 재인용)라는 아하드 하암의 주장은
당시 헤르츨과 러시아 시온주의자들 사이에 존재했던 유대국가에
대한 인식의 차이를 선명하게 웅변해주고 있다.

19세기 말 러시아의 시온주의 진영은 헤르츨의 정치적 시온
주의를 접한 이후 정치적 견해와 종교에 대한 태도에 따라 다양
한 분파로 분화되었다. 소수였지만 헤르츨을 옹호하는 정치적 시
온주의, 헤르츨식 시온주의를 혹독하게 비판하면서 유대인들의 민
족문화를 먼저 발전시켜야 한다고 주장했던 아하드 하암으로 대변
되는 문화적 시온주의(духовный сионизм), 그리고 시온으로 이
주하는 것이 메시아의 도래를 앞당긴다고 믿었던 종교적 시온주의
(Мизрахи)에 이르기까지 러시아의 시온주의는 계속 그 스펙트럼
을 확장했다. 그중에서도 주목할 만한 것은 시온주의와 사회주의
의 만남이었다. 2차 알리야라 불리는 유대인의 팔레스타인 이주를
이끌었던 그룹은 바로 이러한 사회주의 사상을 신봉했던 러시아의
청년 시온주의자들이었다.

2. 시온주의와 사회주의의 결합과 2차 알리야 운동(1904-1914)

1) 사회주의적 시온주의의 출현

시온주의와 함께 19세기 중후반 러시아의 유대인 사회에는 다양한
스펙트럼의 사상적 그룹이 공존했다. 유대 역사가 세몬 두브노프
(С.М.Дубнов)가 주창한 자치주의 운동, 분트(БУНД)[15]를 주축으

---

15 분트(БУНД)는 '리투아니아, 폴란드, 러시아 전유대인 노동자동맹'의 약자이며
    1897년에 러시아제국의 빌나(현재의 빌니우스)에서 설립된 유대인 사회주의 정

로 하는 사회주의, 그리고 시온주의 등이 러시아 유대인들 앞에 놓인 선택지였다.

주목할 것은 19세기 말부터 상당수의 유대인 청년들이 사회주의 운동에 투신하기 시작했다는 사실이다. 1884년에서 1890년까지 혁명 활동에 가담했다는 죄목으로 4307명이 체포되었는데 그중 579명(13.4%)이 유대인이었다. 1901년~1902년에는 이 비율이 29.1%까지 증가했다(Кандель 2014, 668).

유대인 청년들이 혁명에 가담하게 된 것은 무엇보다도 알렉산드르 2세 통치시기에 유대인들이 페일을 벗어나 페테르부르크, 키예프, 모스크바 등 러시아의 대도시에 있는 대학에서 교육을 받기 시작했다는 것과 관련이 있다. 유대인 사회주의를 주도했던 세력은 노동자들이 아니라 교육을 받은 중산층 인텔리겐치아들이었다(Жаботинский 1906, 5). 이들은 당시 혁명 운동의 산실이었던 대학에서 인민주의 등 혁명사상을 접하면서 러시아 혁명가들과 연대하기 시작했다. 또한 1886년부터 유대인 대학 입학 정원을 축소한 입학 쿼터제(Процентная норма)[16]가 시행되면서 유대인 청년들이 독일, 프랑스 등 해외 대학에서 유학을 하면서 사회주의 사상을 접하기도 했다.

유대인 청년 혁명가들은 러시아제국이 안고 있었던 정치적,

당으로 유대인 노동자계급의 해방을 목표로 활동했다. 러시아의 분트는 1921년에 해산되었다.

16 입학쿼터제에 따라 페일 내 김나지움과 대학교의 유대인 정원은 전체의 10%, 페일 외부의 지역에 있는 대학에서는 5%, 페테르부르크 소재 대학교에서는 3%로 축소되었다. 그 결과 유대인 청년들이 러시아에서 대학교육을 받을 수 있는 기회가 급격하게 줄어들었다.

경제적 모순과 전제정의 압제로부터 러시아의 인민을 해방시킬 수 있다면 유대인들도 자연스럽게 함께 해방될 수 있을 것이라고 믿었다. 그러나 1881년 발생한 포그롬은 러시아 혁명가와의 연대에 대한 신념을 흔들어 놓았다. 동지로 여겼던 러시아 인민주의자들이 유대인을 향한 폭력과 학살에 대해 침묵하거나 심지어는 포그롬을 러시아 인민들이 혁명을 위한 투쟁을 '연습'하는 사건이라고 여겼기 때문이었다. 이에 일련의 젊은 유대인 사회주의자들은 러시아 유대인들의 열악한 삶의 문제는 더 이상 러시아 혁명가들이 해결해줄 수 있는 문제가 아니며 유대인들이 자주적으로 해결해야 하는 개별적인 과업이라는 것을 인식하기 시작했다.

1897년에 결성된 최초의 유대인 사회주의 정당인 분트 (БУНД)를 중심으로 한 유대인 사회주의 운동에서 주목할 만한 것은 이들이 유대인 노동자 문제의 특수성을 자각하고 있었다는 점이었다. 이러한 유대인들의 특수성으로 인해 유대인들의 사회주의는 그 실행 과정에서 민족주의적 성격을 가지게 되었다. 유대인 노동자들의 특수성이라는 것은 러시아의 다른 민족들과 달리 유대인 노동자들의 다수는 러시아어가 아닌 이디시어를 사용했고, 농업과 같은 노동을 통한 생산 활동이 아닌 상업, 수공업, 중개업 등에 극도로 집중된 비정상적 경제활동을 하고 있다는 사실에서 기인했다. 페일에 거주해야 하는 유대인들은 주로 소규모 상업에 종사하고 있어서 소상공인들이 인구에 비해 지나치게 많은 현상이 벌어졌고, 이에 따라 생존경쟁도 매우 심각해서 상점을 소유하고 있는 자본가들도 노동자들과 그리 다를 바 없는 빈곤한 삶을 사는 경우가 많았다. 따라서 프롤레타리아와 부르주아의 대립과 같은

마르크스주의를 있는 그대로 유대인 노동자의 현실에 적용하기에
는 어려움이 많았다. 이와 함께 러시아의 자본가와 노동자 모두 뿌
리 깊은 해묵은 반유대주의에서 자유롭지 않았다. 이와 관련해서
멘셰비키(Меньшевики)를 이끌었던 마르토프(Ю.О.Мартов)는
"스스로가 상당히 열등한 민족이라는 것을 묵인한 노동자 계급은
상당히 열등한 계급이라는 것에 맞서서 일어날 수 없을 것이다. 따
라서 유대인 인민들의 민족적 수동성은 유대인의 계급의식을 성장
시키는 데 장애물이었다"고 평가하며 민족의식과 계급의식의 성장
은 밀접한 관계가 있음을 주장하기도 했다(고가영 2012, 213).

따라서 유대인의 문제를 해결하기 위해서는 유대인 스스로 열
등감을 떨치고 일어나 민족부흥에 나서고, 그것을 바탕으로 민족
자치를 이루어야 한다는 것이었다. 바로 이것이 사회주의와 시온
주의를 만나게 한 접점이었다. 다만 분트는 사회주의에 기초한 유
대민족부흥과 민족자치를 러시아에서 이루고자 했고, 사회주의적
시온주의는 그것을 새로운 '조국'에서 이루려 했다는 점이 달랐다.

러시아 시온주의 그룹에 사회주의 분파가 나타난 것은 19세
기 말 사회주의적 시온주의 성향을 가졌던 정당으로 '시온의 노동
자들'이란 의미를 지닌 '포알레이 시온'(Poale Zion)의 등장과 관
련이 있다. 포알레이 시온은 마르크스주의를 신봉하는 좌익과 비
마르크스주의를 주창하는 우익 계열 등 다양한 계통의 사회주의적
성향을 가지는 시온주의자들로 이루어졌다. 훗날 이스라엘 초대
수상으로 선출된 다비드 벤구리온(David Ben-Gurion)은 포알레이
시온의 비마르크스주의 계열 출신이었다. 러시아 사회민주노동당
(РСДРП)에서 활동했던 보로호프(Д.Б.Борохов)는 유대인 노동

자 문제에 관심을 기울이게 되면서 1906년에 포알레이-시온 계열의 '유대사회민주노동당'(Еврейская социал-демократическая рабочая партия)을 세웠다. 보로호프는 유대인들이 디아스포라로 존재하면서 농업 생산 활동에서 배제당하고 있는 현실을 타개하기 위해서는 유대인만의 민족경제를 발전시킬 수 있는 새로운 영토를 개척해야 한다고 주장했다. 새로운 영토에 정착해서 유대인의 민족경제가 일구어지고 자본가 계층이 형성되면 유대인 프롤레타리아의 계급투쟁의 기초가 만들어지게 된다는 것이 마르크스주의자였던 보로호프의 신념이었다(КЕЭ 1976).

한편 계급투쟁을 강조했던 보로호프의 견해와는 달리 보다 온건하고 점진적인 사회주의 국가 건설을 옹호하는 사회주의적 시온주의 그룹이 있었는데 나흐만 시르킨(Н.Сыркин)은 이러한 흐름의 이념적 기초를 놓았다. 시르킨은 이미 1897년에 열렸던 1차 시온주의 총회에서 미래에 세워질 유대국가는 사유재산을 부정하고 사회적 평등에 기반을 둔 사회주의 국가가 되어야 함을 설파했다. 시르킨은 보로호프의 계급투쟁을 통한 유대인 프롤레타리아의 해방론은 도시도 자본가도 형성되지 않은 에레츠 이스라엘의 현실에는 맞지 않는다고 여겼다. 그러므로 계급투쟁에 집중하기보다는 협동조합 체제에 기초한 농업 정착지를 만들어 유대인들을 생산적인 노동으로 이끌면서 점진적으로 사회주의를 유대국가에 안착시킬 것을 주장했다(Гольдштейн 2012).

시르킨과 보로호프로 대표되는 러시아제국의 사회주의적 시온주의자들은 서로 다른 관점으로 미래의 유대 사회주의 국가를 꿈꾸었지만, 유대인 노동자뿐만 아니라 모든 유대인들이 먼저 민족으로 부활해야 하는 공간은 러시아가 아닌 새로운 '시온'이어야 한다는 것에는 의견을 같이 했다. 서로 경쟁했으나 배척하지 않았던 이 두 개의 사회주의적 시온주의 그룹은 1904년부터 시작된 2차 알리야의 물결에 동력을 제공했으며, 향후 팔레스타인에 사회주의적 시온주의 정당이 형성될 수 있는 초석을 마련했다.

2) 2차 알리야운동(1904-1914)

제2차 알리야가 일어났던 1904년에 1914년까지 10년 동안 러시아는 러일전쟁에서의 패전, '피의 일요일' 사건과 니콜라이 2세가 의회(두마) 개설을 약속한 '10월 선언' 등 급격한 정치적인 격랑을 경험했다. 또한 시온주의 운동도 내부적인 변화를 겪었는데 1903년 헤르츨이 영국 정부와 내놓은 '우간다안'으로 인해 러시아와 서방 시온주의 진영이 분열을 겪었고, 이듬해 헤르츨이 급작스럽게 사망하는 일이 발생했다.

무엇보다 이 시기 알리야를 직접적으로 촉발했던 최초의 사건은 1903년 4월 베사라비아의 수도 키시네프에서 발생한 포그롬이었다. 흑해 연안에 위치한 키시네프는 주로 포도 재배를 하던 조용한 소도시였으나 20세기 초 산업화가 진행되면서 유대인 인구 유입이 급증했다. 1903년 포그롬이 일어날 당시 키시네프 인구의 30%가 유대인이었는데, 그 지역 상인의 90%가 유대인이어서 원주민인 몰도바인들은 경제적으로 유대인들에게 의존할 수밖에 없는 상황이었다.

키시네프 포그롬은 19세기 말 20세기 초 러시아에서 발생한 포그롬의 전형적인 역학을 보여준다. 산업화와 도시화가 진행되면서 농촌에서 도시로의 인구 유입이 증가한 결과 러시아인과 유대인 간의 일자리 경쟁이 치열해지면서 경제-사회적 긴장이 고조되었다. 따라서 포그롬의 도화선이 될 만한 사건이 발생하면 걷잡을 수 없는 폭력과 약탈이 연속적으로 나타나게 되었다.

키시네프 포그롬의 경우 도화선이 되었던 사건은 한 기독교인 소년의 죽음이었다. 러시아를 비롯한 유럽에서 존재했던 유대인과 관련된 오래된 미신 중 하나는 유대인들이 그리스도를 죽임으로써 받게 된 하나님의 저주를 풀기 위해 유월절에 먹는 빵을 만들 때 기독교인들의 피를 섞는다는 것이었다. 키시네프의 보수 언론들은 이것은 유대인이 벌인 살인 사건이며 차르의 정부를 무너뜨리려는 유대인들을 응징해야 한다고 노골적으로 포그롬을 선동했다. 이틀 동안 지속된 포그롬의 결과 45명의 유대인들이 사망하고 1,500개의 상점과 가옥이 약탈당했다(Гительман 2008). 키시네프에서 발생한 포그롬은 호멜(Гомель) 등 인근 유대인 거주 지역으로 확산되어 1903년과 1904년에 걸쳐 43건의 포그롬이 발생했다(Lambroza 1992, 218).

1881년에 발생했던 포그롬 당시와는 달리 1903년에는 유대인들이 스스로를 지키는 자경단을 조직했으나 포그롬을 막기에는 역부족이었다. 유대인 자경단의 대부분은 사회주의적 성향을 지닌 유대인 청년들이었는데, 이들 중 상당수가 포그롬 이후 팔레스타인으로 이주하여 그곳의 농경 정착민들을 보호하는 조직을 구성했다.

한편 이 시기 가장 잔혹했던 포그롬은 1905년 니콜라이 2세의 '10월 선언' 직후 오데사를 비롯한 러시아의 남서부 도시에서 발생했다. '러시아민족동맹'(Союз русского народа)을 비롯한 전제정을 옹호하던 우익단체들은 유대인이야말로 10월 선언을 초래한 장본인이자 차르의 정치적인 적대세력이라고 믿었다. 1903년 당시 수감된 정치범의 약 30%가 유대인이었다는 사실은 이러한 극우세력들의 공공연한 믿음을 뒷받침해주었다(Budnitskii 2008, 330). 러시아민족동맹은 1905년 10월 선언 이후 정치권에서 현재의 상황을 조성하는 데 영향을 미친 인물들의 명단을 작성하여 발표했는데 대다수가 유대인 또는 러시아 정교로 개종한 유대인들이었다(박원용 2009, 136-137).

유대인들은 니콜라이 2세의 10월 선언을 러시아 유대인들의 시민적, 정치적 해방의 신호탄으로 여기며 이를 환영했지만, 이들의 환호성은 곧 이어진 포그롬 속으로 사라졌다. '검은 백인단'(Чёрная сотня)을 비롯한 극우세력들과 이에 동조하는 세력들은 이른바 '애국시위대'라는 이름으로 10월부터 6주 동안 690건의 포그롬을 일으켰다. 결과 유대인 876명이 사망했고, 7,000-8,000명이 부상당했다(Asher 1995, 129).

포그롬 이후 유대인에 대한 차르 정부의 억압정책이 강화되는 패턴은 이 시기에도 반복되어서 1907년 정부는 노동시온주의를 포함하여 모든 사회주의 계열의 유대인 단체를 불법단체로 규정했다(Agranovskii 2012). 그 결과 사회주의적 시온주의자들의 팔레스타인 이주는 더욱 증가했다. 1904년부터 1914년까지 대략 2만 명에서 3만 명의 유대인들이 에레츠 이스라엘로 이주했다(Френкель 2008, 472).

차르 정부가 의회를 해산시키고 다시 보수화의 길을 걷자 일부 유대인 청년 사회주의자들 사이에서 러시아에서 실패한 사회주의 국가 건설이라는 이상을 에레츠 이스라엘에서 실현하고자 하는 움직임이 일어났다. 1905년 스스로를 '개척자'(He-Halutz)라고 명명했던 유대인 청년들은 1차 알리야를 이룬 '빌루'를 계승한다는 정체성을 가지고 있었다. 이들은 팔레스타인으로 이주한 후 1905년에 시온주의 노동당인 '젊은 노동자'(Hapo'el Hatza'ir)와 1906년 포알레이 시온을 조직했다. 이 중 '젊은 노동자' 당은 시르킨의 점진적 사회주의 건설 구상을 계승했다.

사회주의 사상을 지닌 유대인 청년들에 의해 이루어진 2차 알리야 운동은 히브리어 문화를 발전시키고, 농경정착지를 개척하면서 사회주의적 농업공동체를 추구했다는 점에서 1차 알리야 운동과 공통점을 가진다. 한편 1차 알리야 운동과 구별되는 점은 2차 알리야 시기 이주한 유대인들은 이주한 후 자경단, 학교 등을 만들 수 있을 정도의 조직력을 가졌다는 점과 농경 정착지를 개간하는 일에 아랍인 노동자들을 더 이상 고용하지 않는 것을 원칙으로 했다는 사실이었다. 이들은 아랍인의 노동력을 사용한다는 것은 디아스포라 시기와 마찬가지로 타인에게 자신의 운명을 맡기는 것이기 때문에 오로지 유대인의 노동력만으로 농경지를 개척해야 한다고 주장했다. 2차 알리야를 통해 이주한 유대인들은 아랍인들에게 합법적인 방법으로 토지를 매입하면서 농업공동체를 만들어 나갔다. 1910년 갈릴리 호수 남쪽에 최초의 키부츠인 드가니야(Degania)가 조성되었고, 텔아비브(Tel Aviv)도 건설되었다.

한편 알리야를 주도한 사회주의 성향의 시온주의자들이 일반적인 사회주의자들과 달랐던 점은 이들이 종교적 색채를 띠지 않는 세속국가 건설을 추구했지만, 유대교와 이를 기초로 형성된 유대민족문화를 강력하게 배격하지는 않았다는 점이었다. 이들 중 다수는 유대인의 전통과 종교가 잘 유지되었던 페일에서 탈무드와 토라를 배우며 성장했다. 최초의 알리야를 행했던 '빌루'가 그 명칭을 구약성경에서 가져온 것도 그와 같은 맥락에서 비롯된 것이다. 이러한 현상은 계급 간의 불평등을 해소하기에 앞서 먼저 자신의 땅에서 뿌리를 내린 '민족'으로 존재하는 것을 급선무로 여겼던 유대인 시온주의자들의 현실에서 비롯된 것이라고 볼 수 있다.

IV 맺는 글

유대인들은 2차 성전이 함락된 AD 70년부터 이스라엘 건국까지 세계 각지에 흩어져 살던 상태를 '갈루트'(Galut: 추방)라고 부른다. 디아스포라의 삶을 국가의 정치적 독립과 종교적 중심지를 상실하고, 결국은 성전으로 상징되는 하나님의 임재마저 사라진 벌을 받는 상태로 여겼던 유대인들의 역사인식에서 비롯된 것이다. 매년 유월절이 돌아오면 '내년에는 예루살렘에서'를 외쳤지만 1900년이 넘는 시간 동안 예루살렘은 유대인들에게 허락되지 않았다.

19세기 말 러시아에서 시온주의가 발생하게 된 것은 서유럽에서 유대인 계몽운동인 하스칼라가 전파되어 세속적인 유대인이 출현하게 된 것과 국민국가를 추구하던 서유럽의 민족주의의 영향으로 '유대국가'를 상상하게 된 것과 관련이 있다. 그리고 당시 러시아가 안고 있던 정치-경제적 모순은 유대인에 대한 포그롬으로 표출되는 경우가 빈발했고, 이러한 현실은 서유럽에서는 유대인들에게조차 '몽상'으로 인식되었던 시온주의를 '실체'로 만들었던 팔레스타인으로의 유대인 이주, 즉 알리야를 추동하는 힘이 되었다.

'시온'에 유대인들의 국가를 세운다는 목표는 하나였지만, 그 유대국가가 가지게 될 정치적 지향, 지리적 공간, 문화적 배경은 서로 다르게 상상되었기에 러시아의 시온주의 운동은 매우 다양한 분파로 분화되어 발전했다. 그중에서도 사회주의적 시온주의는 1882년부터 1914년까지 러시아 유대인들의 1차, 2차 팔레스타인 이주를 주도하는 역할을 했다. 사적 재산의 부정, 사회적 평등과 히브리어 전파라는 사회주의적 시온주의의 원칙 아래 농경 정착지 및 농업공동체 개척에 필요한 토지를 구매하는 자금과 기반 조성을 위한 자본은 유대민족기금 등 이념적 성향의 차이를 넘어선 유대인들의 모금을 통해 공급되었다.

한편 팔레스타인으로 이주한 러시아의 시온주의자들은 사실상 그 문화적 뿌리를 러시아에 두고 있었다. 이들은 이산을 상징하는 언어인 이디시를 배격하고, 문어로만 존재했던 히브리어를 국어로 만들어 전파시키고자 전력했으나 히브리어가 일상에서 활용되기까지는 일정 시간을 필요로 했다. 따라서 이들은 서로 러시아어로 소통하고 러시아어로 쓰인 책을 읽었다. 또한 러시아 유대인 시온주의자들은 러시아의 인민주의에 고무되었고, 멘셰비키 계열의 사회주의에 환호했다. 톨스토이의 농민운동으로부터 영향을 받기도 했다. 이렇게 이들은 러시아에서 체득한 사회사상을 에레츠 이스라엘에서 실험해보고자 했던 것이다.

이와 함께 시온주의는 1948년 이스라엘 국가 수립 이후 이스라엘과 소련 그리고 현재 이스라엘과 러시아 연방의 관계를 설명해주는 중요한 키워드로 작동하고 있다. 시온주의에 입각해서 이스라엘 국가가 수립되었을 당시 가장 먼저 이스라엘을 국가로 공식적으로 승인한 나라는 소련이었다. 초대 수상 벤구리온을 포함해서 이스라엘 건국 세력들의 상당수가 러시아제국 출신의 사회주의적 시온주의자였기 때문에 중동에서 사회주의 국가가 수립됨으로써 이 지역에서 소련의 영향력이 커질 것을 기대했기 때문이었다. 그러나 이스라엘 대외정책의 방향추가 미국으로 기울게 되면서 이어지는 중동전쟁에서 소련은 이집트와 아랍 국가를 지원하고 이스라엘과는 국교를 단절하게 되었다. 이때부터 소련에서 시온주의는 제국주의와 동일시되었고, 소련 정부는 자국의 유대인들을 향해 노골적인 반유대주의적 정책을 펼쳤다.

그러나 구소련 붕괴 직전인 1989년부터 1990년대 중반까지 약 100만 명의 구소련 지역 유대인들이 이스라엘로 이주한 것은 이스라엘 국가의 시온주의 역사상 전무후무한 귀환 사건으로 기록되었다. 그 결과 이스라엘의 인구 지형이 급속히 바뀌어 전체 인구의 약 20%가 러시아어를 사용하게 되었다. 러시아를 비롯한 구소련 지역으로부터의 이주는 현재까지도 이어지고 있다.

20세기 현대사를 반추해보면 이스라엘에게 있어 소련은 제2차 세계대전 시기 아우슈비츠를 해방시킨 붉은 군대의 나라이며[17]

17 2017년 이스라엘 국회는 서유럽에서 기념하는 제2차 세계대전 전승 기념일인 5월 8일이 아닌 구소련 지역에서 기념하는 5월 9일을 '나치 독일에 대한 승전 기념

동시에 유대인들에 대한 정치적 탄압이 심했던 국가라는 이중적인 이미지를 가지고 있다. 그러나 현재 이스라엘은 팔레스타인인들과 아랍인들에게 둘러싸여 있기에 자국의 안보를 위해서는 이스라엘 내에 유대인 인구를 늘려야할 필요성에 직면해 있다. 이에 이스라엘은 시온주의를 국가의 핵심적인 정책으로 삼고 있다. 따라서 '잠재적 귀환자'들이 가장 많이 거주하는 나라인 러시아는 이스라엘에게 있어 여전히 중요한 국가라 할 수 있다.

일'이라는 명칭으로 이스라엘의 국경일로 확정하는 법을 채택했다.

참고문헌

고가영. 2012. "러시아 혁명기 유대인 사회주의 운동: 분트의 활동을 중심으로." 『역사와 문화』 23: 203-234.

박원용. 2009. "러시아 전제정의 구원투수 - 러시아 민족동맹의 형성과 전략을 중심으로." 『동북아문화연구』 19: 121-143.

최아영. 2012. "러시아제국의 반유대주의: 1880년대 초 남부지역 포그롬을 중심으로." 『역사와 문화』 23: 173-202.

_____. 2015. "이스라엘의 구소련 유대인 이주자들의 문화정체성 연구 - 1990년대 이주한 뉴커머들의 언어 사용과 종교 수용을 중심으로." 『비교문화연구』 38: 297-329.

브레너, 미하엘. 2005. 강경아 역. 『다윗의 방패 - 시온주의의 역사』 서울: 들녘.

존슨, 폴. 2005. 김한성 역. 『유대인의 역사』 서울: 살림.

헤르츠, 테오도르. 2012. 이신철 역. 『유대국가』 서울: 도서출판 b.

Agranovskii, Genrikh. 2012. "Jewish socialist parties during the 1905 Russian Revolution." *East European Jewish Affairs*, Vol. 42, No. 1(April), 69 - 78.

Asher, Abraham. 1995. "Anti-Jewish Pogroms, 1905-1907." in Yaacov Ro'i (ed.), *Jews and Jewish Life in Russia and the Soviet Union*, London and New York: Routledge.

Budnitskii, Oleg. 2008. "The Jews and revolution: Russian perspectives, 1881 - 1918." *East European Jewish Affairs*, Vol. 38, No. 3(December), 321 - 334.

Conforti, Yitzhak. 2010. "East and West in Jewish nationalism: conflicting types in the Zionist vision." *Nations and Nationalism*, 16 (2), 201 - 219.

Gitelman, Zvi. 1998. "Native Land, Promised Land, Golden Land: Jewish Emigration from Russia and Ukraine." *Harvard Ukrainian Studies*, 22, 128-163.

Ha'am, Ahad. 1953. *Kol kitvei Ahad Ha'am [Writings of Ahad Ha'am]* (3rd edn), Tel Aviv, Jerusalem: Dvir.

Klier, John D. 1992. "The Pogrom paradigm in Russian History." *Pogroms: Anti-Jewish Violence in Modern Russian History*, John D. Klier and Shlomo Lambroza, eds, New York, NY: Cambridge University Press, 1992.

Lambroza, Shlomo. 1992. "The Pogroms of 1903-1906." *Anti-Jewish Violence in Modern Russian History*, John D. Klier and Shlomo Lambroza, eds, 13-38, New York, NY: Cambridge University Press.

Schechtman, J. B. 1972. "The USSR, Zionism, and Israel." in L. Kochan, (ed.), *The Jews in Soviet Russia since 1917*, Oxford University Press.

Гительман, Цви. 2008. *Беспокойный век: евреи России и Советского Союза с*

1881 г.до наших дней. Москва:Новое литературное обозрение.

Гольдштейн, Йоси. 2012. *Развитие сионисткого движения в России в 1881-1917гг.История еврейского народа в России.Т.2.От разделов Польши до падения Российской империи,1772-1917.* под редакцией Ильи Лурье. Москва:Гешарим.

Добсон, Б. И. 2008. *Кибуцы,* Москва:Крафт+.

Дубнов, С. М. 2002. *Новейшая история еврейского народа.* Москва: Гешарим.

Жаботинский, В. 1906. *БУНД и Сионизм,* Одесса:Кадима.

Залкин Мордехай. 2012. "Еврейское просвещение в Российской империи". *История еврейского народа в России.От разделов Польши до падения Российской империи.1772-1917.* под редакцией Ильи Лурье. Москва:Мост культуры.

Кандель, Феликс. 2003. *Земля под ногами.Из истории заселения и освоения Эрец Исраэль.* Киев, Иерусалим:Гешарим.

_____. 2014. *Евреи России.Времена и события.История евреев Российской империи.* Москва:Мосты культуры.

Краткая еврейская энциклопедия. 1976. Т. 1. Иерусалим: Общество по исследованию еврейских общин.

_____. 1992. Т. 6. Иерусалим: Общество по исследованию еврейских общин.

Маор, Ицхак. 1977. *Сионисткое движение в России,* Иерусалим: Библиотека Алии.

Полное собрание законов Российской империи. 1835. Собрание второе. Т. 10. Отделение первое. http://nlr.ru/e-res/law_r/content.html

Солженицин, А. И. 2001. *Двести лет вместе (1775-1995).* часть 1. Москва: Русский путь.

Френкель Йонатан, 2008. *Пророчество и политика.Социализм,национализм и русское еврейство 1862-1917.* Москва: Мосты культуры

Энгельс. А. 2018. *Черта.К 100-летию отмены черты оседлости в Российской империи.* Москва: Точка.

Автоэмансипация. http://www.balandin.net/Pinsker.htm (검색일: 2018. 10. 1).

Перепись населения. http://www.demoscope.ru/weekly/ssp/rus_rel_97.php (검색일: 2018. 12. 15).

Электронная еврейская энциклопедия, https://eleven.co.il/zionism/precursors-emergence/10140/ (검색일: 2019. 1. 20).

필자 소개

최아영 Choi, A-Young

서울대학교 아시아연구소 중앙아시아센터(Center for Eurasian and Central Asian Studies, Seoul National University) 객원연구원
한국외국어대학교 노어과 졸업, 한국외국어대학교 통번역대학원 석사,
모스크바국립대학교 민족학(인류학) 박사

논저 "이스라엘의 구소련 유대인 이주자들의 문화정체성 연구: 1990년대 이주한 뉴커머들의 언어 사용과 종교 수용을 중심으로", "러시아제국의 반유대주의: 1880년대 초 남부 지역 포그롬을 중심으로," "중앙아시아 고려인 청년 세대의 전통문화 인식 연구: '한국' 요소가 미친 영향 분석을 중심으로"

이메일 cool3039@hanmail.net

제3장

아르메니아 민족국가 형성과 러시아, 1828-1991

Nation-State Building in Armenia and Russia's Role, 1828-1991

강윤희 | 국민대학교 유라시아학과 교수

아르메니아는 1991년 소련 붕괴와 더불어 독립을 이룬 구소련 연방공화국 15개

중 하나였다. 흑해와 카스피해 사이 남카프카스 산맥의 고원지대에 놓여 있는 아르메니아는 19세기 초 러시아의 카프카스 진출 이후 줄곧 러시아의 지배를 받아왔다. 아르메니아는 1918-1920년간 러시아 혁명 및 내전 기간 동안 일시적으로 독립을 이룬 바 있었으나, 1920년 소비에트로의 권력 이양 이후 소련의 일원으로서 모스크바의 통제 하에 있었다. 1991년 소련이 붕괴되었을 때 아르메니아사회주의공화국은 아르메니아공화국으로 독립을 이루었다. 따라서 현재와 같은 형태로 아르메니아 민족국가가 형성된 것에는 러시아와의 관계가 결정적으로 중요했다.

본 논문에서는 아르메니아 민족국가 형성에 미친 러시아의 역할과 영향을 조명해보고자 한다. 즉 러시아제국의 카프카스 정책, 그리고 소비에트 정권의 소수민족 정책이 아르메니아 민족주의 운동을 억압하는 역할을 했지만, 다른 한편으로 러시아는 아르메니아라는 행정 구역을 자신의 제국 안에 내포함으로써 아르메니아 국가형성에 필요했던 최소한의 영토와 민족 결집의 구심점을 제공하였음을 밝히고자 한다. 이러한 연구는 아르메니아인이 러시아에 대해 가지는 양가적 감정을 이해하는 데 도움을 줄 것이다.

Armenia is one of the fifteen Union Republics that became independent during the dissolution of the Soviet Union in 1991. Armenia, which lies on the high plateau of the Southern Caucasus Mountains, had been dominated by Russia since the beginning of the 19th century. The First Republic of Armenia was established in 1918 when Armenians declared their independence in the turmoil of the Russian Revolution and ensuing Civil War. However, the republic only lasted for over two years, until the transfer of its power to the Soviet in 1920. The Soviet Armenia, one of the founding members of the Soviet Union in 1922, had been under Moscow's control until Armenia regained its independence in 1991. The Republic of Armenia, as it exists today, owes a great deal to the Armenian Soviet Socialist Republic, especially in terms of territory and population. Therefore, Russia's role and influence were crucial to the formation of Armenian nation-state.

This study examines the role and influence of Russia in the formation of Armenian nation-state by focusing on Russian Empire's Caucasus policy and Soviet regime's indigenization policy. It argues that both the Russian Empire and the Soviet Union tried to suppress the Armenian nationalist movement, only to find that this policy greatly aggravated its relations with Armenians. On the other hand, Russia made it possible for Armenia to survive and build its own nation-state by embracing a part of Armenian territory in its own empire. This study will help us understand Armenians' ambivalent feelings towards Russia.

KEYWORDS 아르메니아 민족주의 Armenian nationalism, 아르메니아공화국 Republic of Armenia, 민족국가 형성 nation-state building, 러시아제국 카프카스 정책 Russian Empire's Caucasus policy, 소비에트 정권 토착화 정책 indigenization policy of Soviet regime, 아르메니아사회주의공화국 Armenian Soviet Socialist Republic

I 서론

아르메니아인들은 오래전부터 아르메니아 고원 지역에 살아왔지만, 이 지역이 동과 서의 교차로에 위치해 있었기 때문에 아르메니아인들은 끊임없이 외부 세력의 공격과 지배를 받았다. 따라서 아르메니아인들은 오랫동안 자신들의 국가가 없이 로마/비잔틴, 페르시아, 오스만투르크, 러시아 등 주변 제국 속에 편입되어 타 민족의 지배하에 살아 왔다. 그러나 아르메니아인들은 아르메니아인으로서의 민족정체성을 유지하고 있었고, 19세기 후반부터는 당시 유럽 대부분의 지역에서 그러했던 것처럼 민족주의의 발흥을 경험하였다. 그러나 영토, 민족, 통치주체를 일치시켜서 통일 아르메니아 국가를 이루고자 하였던 아르메니아 민족주의 운동은 계속적인 실패를 맛보았다. 19세기 후반~20세기 초반에 아르메니아인이 거주하던 지역은 오스만제국과 러시아제국의 영토였으니, 이들 제국과의 관계, 그리고 이들 제국과 유럽의 타 강대국과의 역학관계 등이 모두 아르메니아 국가 형성 가능성에 복잡한 영향을 끼쳤기 때문이다.

근대에 들어서서 아르메니아인들이 최초로 독립국가를 수립한 것은 1918년의 일이었다. 러시아 혁명과 그 뒤를 이은 내전의 여파로 러시아제국령이던 카프카스 지역에서 아르메니아공화국이 수립된 것이다. 그러나 아르메니아공화국은 터키공화국의 공격과 볼셰비키 적군의 공격 하에서 풍전등화와 같은 위기에 처했고, 결국 1920년 11월 소비에트로 권력을 이양함으로써 막을 내렸다. 이후 아르메니아는 소련의 일원으로서 모스크바의 통제 하에 있었는데, 1991년 소련 붕괴 시 현재의 아르메니아공화국으로 독립을 하였다. 따라서 현재와 같은 형태의 아르메니아 민족국가가 형성된 것에는 러시아와의 관계가 결정적으로 중요했다.

본 논문이 아르메니아에 초점을 맞추는 이유는, 아르메니아가 러시아제국, 혹은 소련으로부터 독립한 여러 민족들 중에서 다음과 같은 점에서 독특하기 때문이다. 첫째, 아르메니아인은 고유의 문자와 언어, 기독교 신앙에 기반한 뚜렷한 민족정체성을 가진 민족으로서 자체의 긴 역사를 가지고 있었다.[1] 따라서 아르메니아는 '고대' 민족이라 할 수 있으며, 벨로루시나 몰다비아와 같이 민족정체성이 최근에 들어서 만들어진 경우와는 크게 다르다. 이것은 아르메니아인들이 자신들의 민족정체성에 기반하여 민족국가 형성의 열망을 강하게 분출할 수 있다는 것을 의미한다. 그러나 다른 한편, 아르메니아는 1375년 실리시아 왕국의 몰락 이후 자신들의 국가를 상실한 지 오래되었기에, 러시아로의 병합 직전까지 자신들의 정치적 독립체(political entity)를 가지고 있었던 폴란드나 그루지아와는 대별된다(Kappeler 2001, 214-215). 이것은 러시아의 아르메니아 병합 및 통치가 아르메니아의 독립을 빼앗아간 것

1 　아르메니아인들은 인도–유럽어족에 속하는 고유의 언어를 가지고 있고, 405년 경부터 독자적인 아르메니아 문자를 사용하였다. 또한 아르메니아는 301년 기독교를 국교로 받아들임으로써 세계 최초의 기독교 국가가 되었다. 아르메니아인들이 최초의 고대국가로 간주하는 우라르트(Urartu) 왕국(BC870-585)부터 예르반드(Yervanduni) 왕조(BC585-189), 아르타시야드(Artaxiad) 왕조 및 아르사시드(Arsacid) 왕조 치하의 아르메니아 왕국(BC189-AD428)에 이르기까지의 아르메니아 고대사, 그리고 바그라티드(Bagratid) 왕조 치하의 아르메니아 왕국(884-1045) 및 실리시아 왕국(1075-1375) 등 아르메니아의 중세사에 대해서는 Bournoutian(2012, 5-105) 참조. 이 외에 간략한 요약본으로는 Orbelyan(2016, 15-35)를, 비교적 상세한 내용은 Hovannisian(1997a) 참조.

으로 간주되기보다는, 기존의 타 민족의 지배를 러시아의 지배로 대체하는 것으로 간주된다는 것을 의미한다. 또한 상당수의 아르메니아인들이 오스만제국 치하에서도 살고 있었기 때문에, 러시아의 지배는 오스만의 지배와 늘 비교되었다.

둘째, 아르메니아인들은 전 세계에 수많은 디아스포라 인구를 가지고 있는 민족이다.[2] 아르메니아인들의 이주 역사는 실로 길었다. 아르메니아인들은, 마치 유대인처럼, 자신들의 국가 없이 타민족의 지배를 받으며 세계 여러 곳에 흩어져 살아왔기 때문이다. 그러나 본 논문이 다루고자 하는 19세기에 가장 많은 수의 아르메니아인이 거주하던 곳은 아르메니아 고원을 장악한 오스만제국, 그리고 페르시아제국을 몰아내고 카프카스로 진출한 러시아제국이었다. 따라서 아르메니아인들의 민족국가 형성을 향한 열망은 복잡한 양상을 띨 수밖에 없었다.

한편 근대에 일어난 이주는 주로 오스만제국 안에서 일어난 아르메니아인 대학살에 의해 촉발되었다.[3] 1894-1896년의 대학살, 1915-1917년의 대학살 등으로 인해, 수많은 아르메니아인들이 러시아령으로 이주하거나, 미국, 프랑스, 레바논, 시리아, 이란, 그리

---

2 현재도 3백만 명의 아르메니아인이 아르메니아공화국에 거주하는 것에 반해, 해외에 거주하는 아르메니아인은 7백만 명에 달한다. "Armenian Diaspora," https://en.wikipedia.org/wiki/Armenian_diaspora (검색일: 2018.12.5.).
3 1894-1896년간 학살당한 아르메니아인의 수는 대략 30만 명으로 추정된다. 한편 제1차 세계대전 와중에 오스만군과 정부에 의해 보다 조직적으로 학살당한 아르메니아인의 수는 약 백만 명으로 추정된다. 정확한 피해자 수는 현재 터키와 아르메니아 간에 논쟁 중인 이슈이다. 한편 터키는 현재까지 아르메니아 대학살 사실을 인정하지 않고 있으며, 학살이 일어나게 된 원인에 대해서도 아르메니아인들의 테러 및 反오스만 활동 탓으로 돌리고 있다.

스, 캐나다, 아르헨티나 등지로 흩어졌다. 그 결과 아르메니아인들은 현재 러시아, 터키, 이란, 이집트, 에티오피아, 시리아, 레바논, 팔레스타인, 이스라엘, 그리스, 불가리아뿐 아니라 프랑스, 미국, 캐나다 등의 서유럽 및 북미 지역에서도 디아스포라 공동체를 이루고 살고 있다.[4]

다른 한편 아르메니아인은 러시아 안에서도 현재의 아르메니아공화국 지역에 주로 살았던 것이 아니라 러시아 내 여러 지역, 특히 카프카스의 트빌리시나 바쿠와 같은 도시에 흩어져 살고 있었다. 이것은 아르메니아인들이 밀집해서 사는 지역이 없다는 것을 의미했고, 따라서 아르메니아 민족국가 형성이 복잡한 구도를 가질 수 있다는 것을 의미했다.

셋째, 아르메니아인이 "조국" 혹은 "아르메니아 지역"으로 간주하는 곳은 현재의 아르메니아공화국의 영토와는 상당한 차이가 있다. 아르메니아인이 대대로 거주했던 곳이라고 간주되는 아르메니아 고원은 동 아나톨리아에 위치하며 현재의 터키 영토이다. 문제는 이 지역의 지정학적 위치로 인하여 아르메니아 독립국가 형성이 쉽지 않았다는 점이다. 즉 아르메니아 영토는 19세기에는 오스만제국, 페르시아제국, 러시아제국에 둘러싸여 있거나 이들의 지배를 받았고, 20세기에는 주로 터키와 소련 사이에 분할되어 있었다. 따라서 아르메니아가 자신들의 영토라고 생각하는 지역을 회복하는 것은 아르메니아인들의 노력만으로는 불가능한 일이었다. 이처럼 민족국가 형성의 가장 중요한 요소라 할 수 있는 영토

---

4   아르메니아 디아스포라의 역사와 각 국가별 공동체에 대해서는 Dekmejian (1997, 414-435) 참조.

라는 차원에서 보면, 아르메니아인들은 매우 불리한 위치에 있었다. 여기에 더하여, 카프카스 지역 내부에서도 복잡한 인구 구성으로 인해 영토분쟁의 요소가 내재되어 있다. 이것은 1991년 아르메니아 독립 이후 아르메니아가 주변국인 아르제르바이잔과 나고르-카라바흐 및 나히체반 지역 문제로 현재까지도 적대적 관계에 있는 것에서도 잘 드러난다.

이처럼 아르메니아는 인구, 영토라는 측면에서 민족국가 형성에 매우 불리한 상황에 놓여 있었지만, 20세기 초반에 일시적으로, 그리고 1991년 이후 현재까지 아르메니아공화국으로 독립을 이루었다. 이것은 앞서 언급한 바와 같이 러시아와의 관계 속에서 가능해진 것이었다. 따라서 본 연구에서는 예레반 등 소위 아르메니아 지역이 러시아에 병합된 1828년부터 소련의 붕괴와 더불어 아르메니아공화국이 독립하게 된 1991년까지 아르메니아와 러시아의 관계를 다루고자 한다. 러시아제국 및 소련의 카프카스 혹은 아르메니아 정책은 무엇이었으며, 아르메니아인들은 러시아의 지배를 어떤 시각으로 받아들였는지, 그리고 러시아의 지배가 아르메니아 민족주의 발전 및 민족국가 형성에 어떤 영향을 끼쳤는지를 규명하고자 한다.

한편 본 논문에서는 지면 관계상 오스만제국의 아르메니아 문제나 아르메니아인 대학살 등을 자세히 다루지 않는다.[5] 다

---

5   유럽 열강이 동방 문제의 일환으로 다루었던 아르메니아 문제에 대해서는 강윤희 (2018); Hovannisian(1997b) 참조. 아르메니아 학살 문제는 현재도 아르메니아와 터키 간에 역사 논쟁이 진행 중인 이슈이며, 방대한 연구가 진행되었다. 아르메니아와 터키 양 측의 입장을 잘 정리해서 보여주는 연구로는 Lewy(2005)가 있으며, 이 외의 대표적인 연구로는 Hovannisian(2003), (2017);

만 이것이 러시아령 카프카스에서의 아르메니아 민족주의 발전
에 큰 영향을 미쳤다는 점을 지적하고자 한다. 또한 아르메니아
민족주의 단체와 그 세부적인 논의, 그리고 러시아 혁명과 내전
기간 동안 일시적으로 독립을 이루었던 아르메니아공화국(1918-
1920)에 대해서도 기존 연구가 있기에 본 논문에서는 자세히 다루
지 않는다.[6]

II 러시아제국의 카프카스 정책과 아르메니아 민족주의 형성

19세기 초 러시아제국이 카프카스 지역으로 남하할 당시, 아르메
니아인이 거주하던 지역은 동으로는 페르시아, 서로는 오스만제국
의 영토였다. 예레반, 나히체반과 같은 동쪽 지역은 페르시아의 치
하에 놓여 있었고, 카르스, 에르주룸, 반 호수 주변 지역은 오스만
제국의 통치 하에 있었다. 1801년 이후 러시아제국이 페르시아 및
오스만제국과의 수차례에 걸친 전투 끝에 카프카스 지역을 점령하
게 됨에 따라 아르메니아인이 거주하던 땅의 일부가 러시아제국의
지배 하로 들어가게 되었다. 러시아는 1827-1828년 러시아-페르
시아 전쟁에서 예치미아진, 예레반을 점령하였고, 1828-1829년 오
스만투르크와의 전쟁에서는 아할칼락, 아할츠카를, 그리고 1877-

Bloxham(2007);Suny, Göçek and Naimark(2011); Suny(2015) 등이 있다.
6   강윤희(2017) 참조. 아르메니아공화국에 대한 상세한 연구는 Hovannisian
(1971)(1982)(1996a) 참조.

1878년 러시아-투르크 전쟁 후에는 카르스, 아르다한을 추가적으로 병합하였다. 결과적으로 카프카스 및 아르메니아 고원의 북동쪽 지역의 아르메니아인들은 러시아제국의 지배하에 들어갔다.

1. 러시아제국의 카프카스 정책과 아르메니아인

러시아제국이 18세기 표트르 대제 시기부터 끊임없이 확장됨에 따라, 러시아제국은 다수의 비러시아계 소수민족들을 자국의 영토 안에 보유한 전형적인 다민족 제국이 되었다. 흥미롭게도, 러시아인들은 러시아제국이 서구의 제국주의와는 달랐다고 믿는 경향이 있다. 즉 러시아제국의 영토 병합은 피지배 민족의 동의하에 이루어졌으며, 이들 피지배 소수민족들은 러시아의 지배에 대해 일반적으로 수용적인 태도를 취했으며, 이들은 러시아와의 유대로 인해 혜택을 받았다는 것이다(Light 1995, 41-42). 이러한 견해에 대해서는 다양한 비판이 가능하겠지만, 본 논문에서 다루는 아르메니아인의 경우에는 위의 견해가 전적으로 틀렸다고 할 수 없는 부분이 있다. 물론 아르메니아인과 러시아제국의 관계도 19세기에서 20세기로 넘어가는 백여 년의 긴 시간 동안 변화를 겪었고, 따라서 단순히 도식적으로 아르메니아인은 러시아제국과 우호적인 관계에 있었다고 말할 수는 없다.

그러나 19세기 전반기 러시아의 카프카스 점령 시기를 살펴보면, 아르메니아인이 러시아제국의 카프카스 진출을 환영하였던 것은 분명한 사실이다. 오스만제국이나 페르시아제국 치하에 살던 아르메니아인에게, 러시아제국은 "선진적 문명과 사회,"

"이슬람에 대한 기독교도의 옹호자," "해방의 희망"을 의미했다 (Hovannisian 1967, 7). 실제로 러시아의 카프카스 병합 이전에 아르메니아인들은 무슬림 지배자로부터 이 지역을 구해줄 것을 러시아 차르에게 청원한 바 있다(Hovannisian 1967, 7).[7] 러시아에 병합되는 시점까지도 왕국을 유지하고 있었던 그루지아의 경우와 달리,[8] 조국을 상실한 지 오래되었던 아르메니아인들은 러시아군의 도착을 환영하였고 러시아의 보호 하에 아르메니아 자치 지역을 형성하리라고 기대감에 부풀어 있었다. 따라서 아르메니아 지도층 인사들, 성직자들, 상인들, 농부들이 공개적으로, 혹은 비밀리에 러시아군의 카프카스 정복을 도왔다. 아르메니아인들은 러시아에게 지역 정보를 제공하거나, 의용군을 조직하거나, 편의를 제공했고, 전투에 함께 참여하기도 했다(Bournoutian 1998, 464-465). 특히 1828-1929년 러시아-투르크 전쟁 시에는 많은 아르메니아 자원병이 전투에 참여했다. 이러한 내용은 다양한 러시아 문서에서 확인된다.[9]

그러나 러시아의 카프카스 점령 이후 니콜라이 1세 시기(1825-1855)의 카프카스 정책은 다분히 보수적인 것이었다. 러시아는 카프카스를 적대적 국가들에 둘러싸인 군사 요충지로 파악했고, 따라서 군인들이 카프카스를 통치하게 했다. 1826-1928년 러시아-페르시아 전쟁 및 1828-1929년의 러시아-투르크 전쟁 이후, 카프카스를 통치한 자는 파스케비치(И.Паскевич) 총사령관이었

---

7   러시아 차르들이 아르메니아인의 운명에 진정으로 관심이 있었는지는 의문스럽지만, 이들이 러시아의 영토 확장 기회를 환영한 것은 사실이다.
8   따라서 러시아의 보호를 요청한 그루지아 기오르기 왕의 청원에도 불구하고, 그루지아인 모두가 러시아의 지배를 순순히 받아들였던 것은 아니다.
9   관련 문서는 Bournoutian(1998) 466-467쪽의 각주 참조.

다. 그는 카프카스 지역을 러시아의 식민지로 간주하였고 이 지역의 주민들을 러시아화하려 했다(Bournoutian 1998, 455). 따라서 이 시기의 러시아 카프카스 정책은 카프카스 민족들을 러시아화시키고 카프카스를 러시아제국의 중앙집권적 행정 체계 안에 끌어들이는 것이었다. 그의 정책에 가장 크게 반발한 것은 그루지아 귀족들이었다. 반면에 아르메니아인들의 반발은 크지 않았고 아르메니아인들은 대체적으로 친러시아 성향을 띠었다.

이 시기의 아르메니아인 관련 정책으로는 다음의 두 가지가 중요했다. 첫째는 니콜라이 1세가 아르메니아인들이 희망했던 자치주 형성을 허용하지 않은 것이다. 니콜라이 1세가 아르메니아인들의 민족주의 성향을 의심하였고, 아르메니아인이 스스로 자치행정을 하는 것을 탐탁지 않게 여겼기 때문이다. 대신 1828년 페르시아로부터 빼앗은 예레반과 나히체반 칸국 지역을 합쳐서 아르메니아 주(область)가 만들어졌다. 그나마 아르메니아 주는 1840년 행정개편에서는 없어졌다. 이후 러시아 정부는 지역별 카프카스 민족 구성과 일치하지 않게 행정구역을 여러 차례 개편했다.

둘째는 1836년 러시아 정부와 아르메니아 교회와의 관계를 명시한 규정(положение)의 채택이다.[10] 여기서 아르메니아 교회의 문제는 단순히 종교적 차원의 문제를 넘어선다. 아르메니아인들은 자체적인 정치체나 귀족층을 가지고 있지 않았고 카프카스 여러 지역에 흩어져 살고 있었기 때문에, 아르메니아 교회는 아르메니아인들의 구심점 역할을 했으며 아르메니아인을 대변했다. 따

---

10 해당 규정의 러시아 문서를 영어로 번역한 것은 Bournoutian(1998, 350-368)에 수록되어 있다.

라서 위의 규정은 아르메니아인과 러시아의 관계를 규정한 것이라고도 볼 수 있다. 규정에 따르면, 아르메니아 교회의 최고 수장인 카톨리코스는 러시아 차르에게 충성을 맹세해야 했고, 차르는 카톨리코스 후보 2명 중 한 명을 선택할 수 있는 권한을 가졌다. 또한 러시아 정부는 교회의 운영과 자산을 감독할 권한을 가졌다. 따라서 이 규정은 아르메니아 교회가 러시아 차르 지배 하에 존재한다는 것을 명확히 했다.

그러나 다른 한편 러시아 정교회에 복속된 그루지아 정교회와 비교해 보면, 이러한 규정은 아르메니아인에게 호의적인 조치였다고 평가할 수 있다. 아르메니아 교회는 러시아 정교회에 복속되지 않았기 때문에 나름의 자율성을 유지할 수 있었기 때문이다. 아르메니아 교회는 재산을 유지할 수 있었고, 성직자들은 세금을 면제받았다(Bournoutian 2012, 279-280). 이로 인해 아르메니아 교회는 이후로도 계속 아르메니아 민족의 구심점으로 남게 되었다.

한편 니콜라스 1세의 초기 카프카스 정책이 카프카스 거주 민족들의 반발을 사는 등 효과적이지 않자, 니콜라스 1세 통치 후반에 가서 카프카스 정책은 지역의 상황을 고려하는 보다 유연한 정책으로 바뀌었다. 특히 초대 카프카스 총독(1845-1854)이었던 M. 보론초프(Михаил Семёнович Воронцов)는 카프카스 지역 민족들의 요구를 수용함으로써 이들의 러시아제국에 대한 충성심을 높이는 정책을 취했다.[11] 특히 보론초프는 아르메니아 상인과 장인에게 특혜를 주었는데, 이것은 아르메니아인들의 상업적 재

---

11   보다 자세한 내용은 Rhinelander(1996) 참조.

능을 활용하려는 의도에서 나온 것이었다. 아르메니아 상인들은
군복무 면제, 세금 감면이나 특정 세금 면제 등의 혜택을 받았다
(Bournoutian 2012, 279-282).

알렉산드르 2세(1855-1881) 치하의 카프카스 정책은 대체로
아르메니아인에게 호의적인 것이었다. 크림 전쟁의 패배 이후 국
내 개혁에 착수하였던 알렉산드르 2세는 카프카스 지역에 대해서
도 보다 자유롭고 통제가 완화된 정책을 썼다. 1856년 알렉산드
르 2세는 바랴틴스키(Александр Барятинский) 공을 카프카스
총독(1856-1862)으로 임명했는데, 그는 카프카스를 러시아제국의
식민정책의 표본으로 만들려 했으며 농노제 해방을 추진하는 등
현대화를 추구하였다(허승철 편역 2016, 115).[12] 그의 후임 미하일
(Михаил Николаевич) 대공 시절(1863-1882)에도 아르메니아인
을 포함한 카프카스 제 민족은 상대적으로 자유롭게 지낼 수 있었
다. 특히 아르메니아인들은 러시아의 군사력과 외교력을 이용하여
오스만투르크의 아르메니아인 문제를 해결하고자 했기 때문에, 러
시아제국에 매우 협조적인 태도를 취하였다.[13]

그러나 1881년 이후 아르메니아인과 러시아제국의 우호적
관계는 눈에 띄게 악화되었다. 알렉산드르 2세의 암살 이후 황제
의 자리에 오른 알렉산드르 3세(1881-1894), 그리고 그 뒤를 이

---

12 농노제 해방은 지주 세력이었던 그루지아 귀족들, 그리고 아제르바이잔 지주들에
    게 큰 영향을 미쳤다. 아르메니아인들은 상대적으로 큰 영향을 받지 않았다.
13 1877-1878년 러시아-투르크 전쟁 시 아르메니아인들은 러시아 카프카스군에 합
    류하는 등 적극적으로 러시아제국에 협조하였다. 러시아제국은 1878년 러시아와
    오스만투르크 간의 산스테파노 조약에 아르메니아 관련 조항을 최초로 명시하는
    등 아르메니아 문제에 관심을 보였다. 자세한 내용은 강윤희(2018, 18-24) 참조.

은 니콜라이 2세(1894-1917)가 보수 반동 정치를 펼쳤기 때문이다. 소수민족 정책에서도 러시아어의 공용화, 러시아 역사와 문화 교육 강제 등을 내용으로 하는 러시아화 정책이 시행되었는데(Riasanovsky 2000, 394), 폴란드에 이어 카프카스 지역에서도 이러한 정책이 1885년부터 시작되었다. 한편 1880년대부터 러시아 내부뿐 아니라 제국 주변부의 소수민족 지역에서 민족주의 운동, 혹은 혁명 운동이 일어나기 시작하자 러시아 정부는 이를 억압하려 했다. 아르메니아인들 사이에서도 1880년대에 민족주의 혹은 사회주의 성향의 다양한 정치운동이 일어나자 카프카스 행정부는 이를 의심의 눈으로 바라보기 시작하였다.

이러한 맥락에서 카프카스 총독 돈두코프-코르사코프(A.M. Дондуков-Корсаков) 공은 1885년 아르메니아 교회가 개설하였던 학교들을 강제로 폐쇄하였고 이를 러시아어 학교로 대체했다. 아르메니아 학교를 통해서 아르메니아 민족의식이 고취되고 있고 혁명적 사상이 전파된다는 이유에서였다. 아르메니아인들은 이러한 조치에 대해 크게 반발하였고, 학생 교육이 계속 이루어지도록 비밀리에 수업을 운영하였다. 러시아 정부는 일 년 뒤에 학교 폐쇄 결정을 번복하였지만, 다수의 선생들이 쫓겨났고 이후로도 선생들에 대한 국가 감독이 강화되었다(Suny 1997a, 129-130). 또한 학교 커리큘럼은 러시아화되었다(Bournoutian 1998, 469).

보다 심각한 갈등은 1903년 아르메니아 교회 재산을 몰수하기로 결정한 정책으로 인해 야기되었다.[14] 민족주의적 성향을 억압

---

14   자세한 내용은 Hovannisian(1967, 17-21) 참조.

하려는 니콜라이 2세는 카프카스 총독이었던 골리친(Григорий Голицын) 공의 조언을 받아들여 이러한 조치를 취했다. 이것은 앞서 언급한 바 있는 1836년의 규정을 뒤집는 것이었고, 아르메니아 교회를 무력화시키는 조치였다. 따라서 아르메니아 성직자뿐 아니라 아르메니아인들 대부분이 이 조치에 대해 강력하게 반발하였다. 아르메니아 교회에 대해 부정적인 생각을 가지고 있던 아르메니아 젊은 세대, 특히 교육 받은 식자층조차도 아르메니아 교회 수호에 앞장서게 되었다. 결국 니콜라이 2세는 1905년 이러한 조치를 철회하였는데, 이것은 1905년 발발한 혁명으로 인해 정치적 위기에 처한 니콜라이 2세가 위기를 모면하기 위해 취한 유화적 제스처 중 하나였다. 그러나 아르메니아 교회 재산 몰수 시도는 러시아제국 정부와 아르메니아인 사이에 심각한 균열을 가져왔는데, 이때 이후로 아르메니아 민족주의 세력은 오스만투르크뿐 아니라 러시아제국을 적대 세력으로 간주하게 되었다. 이처럼 1880년대부터 러시아 정부가 보수화되고 아르메니아인을 억압하기 시작하자, 아르메니아인들은 점차 러시아 정부, 차르에 대해서도 반감을 가지게 되었다.

2. 러시아제국 치하의 아르메니아 민족주의 발흥

앞서 언급하였듯이, 러시아제국 정부나 카프카스 행정부는 아르메니아 민족주의의 발흥을 환영하지 않았다. 그러나 러시아의 카프카스 지배는 아르메니아 민족주의 발흥에 필요한 주요 사회 경제적 조건들을 제공해 주었다. 무엇보다 먼저, 러시아의 지배 하에서 아르메니아인들이 카프카스에 집중되기 시작하였다. 러시아 문서 자료들이 보여주듯이, 아르메니아인들은 카프카스의 어느 민족보다 더 자주 이주했다. 19세기 내내 이들은 카프카스 내에서, 혹은 카프카스 너머 러시아제국 내에서 이주했다. 또한 다수의 아르메니아인이 주변 이슬람제국으로부터 이주해 들어왔다. 정치, 경제적 이유로 인해 때론 자발적으로, 때론 강제적으로 이주해 온 아르메니아인들로 인해 카프카스 내 아르메니아인의 수는 급속도로 증가하였다. 1836년 인구조사 당시 세금부과 가능한 남성 인구로 아르메니아인은 14만 7천 명으로 집계되었다.[15] 한편 19세기 중반에 56만 명이었던 아르메니아인은 1917년 당시에는 178만 명으로 증가하였다(Suny 1997a, 121).

둘째, 아르메니아인들은 카프카스의 특정 지역에 밀집되기 시작하였다. 앞서 언급하였듯이, 러시아 병합 당시 아르메니아인은 러시아제국 내에서뿐만 아니라 카프카스 내에서도 특정 지역에 밀집해서 살고 있지 않았다.[16] 인구 밀집 여부로 놓고 보자면, 그루지아인이 가장 유리한 입장에 있었고, 아르메니아인이 가장 불리한 입장에 놓여 있었다. 예컨대 1828-1832년 당시 아르메니아 주라 불린 지역에서 아르메니아인은 전체 인구의 20%에도 미치지 못하였다(Bournoutian 1998, 478).[17] 이후 여러 차례에 걸쳐 행정구

---

15 1836년 당시 세금이 부과될 수 있는 카프카스 남성 인구는 총 68만 명에 달하였고, 이 중 그루지아인이 21만 3천 명, 이메레티안이 8만 명 정도에 달해 가장 큰 비중을 차지했다(Bournoutian 1998, 479).

16 아르메니아 중산층은 대개 도시에 거주하면서 상업에 종사하였다. 따라서 농촌 지역인 예레반 지역이 아니라 카프카스의 산업 및 상업의 중심지였던 바쿠와 트빌리시 등에 주로 거주했다.

17 예레반 지역의 경우에 아르메니아인은 20%에 달하였고, 나히체반의 경우 16%에

역이 개편되었지만, 대체적으로 아르메니아 이주민들은 주로 예레 반 및 나히체반 지역에 정착하기 시작했다.[18] 그 결과 예레반 지방 (губерния)에서 아르메니아인은 1897년에는 지역 주민의 53%, 1916년에는 60%에 달하게 되었다(Hovannisian 1967, 13). 이 외에도 로리, 아할칼락과 같은, 그루지아와 아르메니아 사이의 산악 지역에도 아르메니아 이주민들이 다수 정착하였다(Bournoutian 1998, 477). 아직까지 배타적으로 아르메니아인만 거주하는 카프카스 지역은 없었지만, 상대적으로 아르메니아인들이 밀집해서 사는 지역이 생겨나기 시작한 것이다. 이 지역들은 후일 아르메니아 민족 결집의 구심점이 될 것이었다.

셋째, 러시아제국에 편입된 이후, 카프카스 민족들 중에서는 아르메니아인들이 가장 두드러지게 경제적 혜택을 입었다. 전통적으로 상업이나 공예에 능했던 아르메니아인들은 페르시아와 러시아제국 간의 중간 무역 등을 통해 부를 축적할 수 있었다. 또한 19세기 후반과 20세기 초반에 러시아의 산업화와 발맞추어 카프카스에서도 산업화가 일어나자, 아르메니아 부르주아들은 섬유 제조, 담배, 석유 산업에 진출할 수 있었다. 특히 바쿠의 유전 개발이 본격화된 이후에는 아르메니아인들이 석유 자본가로 자리 잡았는데, 아르메니아 자본가들은 1900년경 바쿠 지역 석유 회사의 3분의 1을 소유하였다(Suny 1997a, 125).[19] 지주로서 혜택을 누리던 그루지

불과했다.
18 19세기에 다수의 오스만 아르메니아인을 포함하여 페르시아 거주 아르메니아인 등이 러시아령 아르메니아 지역으로 이주했다.
19 반면에 아르메니아 지역 산업화에서의 아르메니아인의 역할은 상대적으로 미미했다. 1887년 최초의 와인 양조장이, 그리고 1990년에는 코냑 공장이 세워졌다.

아 귀족들과 무슬림 지주들이 농노해방 이후 점차 몰락해갔던 것
에 반해, 아르메니아인은 카프카스의 소위 중산층을 이루면서 경
제적 지위가 더 높아졌다. 물론 모든 아르메니아인이 부를 축적했
던 것은 아니고, 농촌지역에는 가난한 농민들도 많았다. 그러나 카
프카스의 부유층 중에 아르메니아인이 압도적으로 많았던 것은 사
실이다.[20]

넷째, 교육의 확대와 아르메니아 인텔리겐치아 층의 형성을
들 수 있다.[21] 19세기 이전의 아르메니아의 교육은 교회에 의해 이
루어졌고, 그 주된 목적은 성직에 종사할 성직자를 길러내는 것이
었다. 그러나 러시아로의 병합 이후 정부가 운영하는 최초의 학교
들이 카프카스에 세워졌다. 또한 아르메니아인들이 세운 학교들이
나타나기 시작하였으니, 1813년에는 예치미아진에 최초의 아르메
니아 신학교가, 1823년에는 아르메니아 교회가 운영하는 고등학
교가 수립되었다(Suny 1997a, 117). 또한 1850년에는 아르메니아
어로 교육하는 최초의 초등학교가 수립되었는데, 1885년에 이르

또한 구리 광산과 제련소가 세워졌다. 그러나 구리 광산은 프랑스 자본의 회사가
운영하였고, 아르메니아인은 노동자로 고용되었을 뿐이다. 따라서 아르메니아 지
역의 자본주의 발달에 있어서 아르메니아인은 사소한 역할에 그치고 있다(Suny
1997a, 124-125).

20　가장 부유한 집안으로는 석유 산업의 아르주마노프家, 아베티시얀家, 만타세프家,
가죽 산업의 아델하노프家, 상업 분야의 투마니안츠家, 케보르코프家, 아베티소프
家, 피토예프家, 담배 산업의 에기아자로프家, 테르-아사투로프家, 보자르잔츠家,
엔피아잔츠家 등을 들 수 있다. 이들 아르메니아 부유층은 자신들의 이름을 아르
메니아식이 아니라 러시아식으로 바꾸었다(Suny 1997a, 126).

21　자세한 내용은 Suny(1997a, 117-118) 참조. 호스킹도 아르메니아 및 그루지아
민족주의 발전에 러시아제국의 교육 체계가 미친 영향을 강조하고 있다(Hosking
2001, 340).

면 그 수가 270개에 달했다. 이것은 교육받은 식자층의 확대를 가져왔다. 특히 부유한 아르메니아인 자제들은 카프카스에서 고등교육을 마친 후, 상트페테르부르크나 모스크바 등의 러시아 대학교로 진학하거나 베를린, 제네바 등의 유럽 대학교로 유학을 가기도 했다. 이들은 러시아 및 독일 민족주의의 영향을 받았고 아르메니아 민족주의를 이끄는 중추 세력이 되었다.

위와 같은 조건들 속에서 아르메니아인의 민족적 자각과 결집이 이루어지면서 아르메니아 민족주의가 대두하게 되었다. 대부분의 유럽 민족주의가 그랬던 것처럼 아르메니아 민족주의도 낭만적 민족주의로부터 시작되었다.[22] 1840년대부터 아르메니아 언어, 문학 등을 강조하는 낭만적 민족주의가 생겨났으며, 아르메니아어로 된 문학 작품, 신문 발행 등이 이루어졌다. 이 시기의 대표적인 인물로는 예레반 방언으로 최초의 소설을 쓴 아보뱐(Хачатур А.Абовян), 급진적 민족주의자이자 시인이었던 날반댠(Микаел Налбандян) 등을 들 수 있다. 이처럼 러시아제국 하에서 아르메니아인들은 민족문화 부흥의 계기를 가졌고, 이것은 아르메니아인의 민족적 자긍심을 높이는 데 기여하였다.

한편 19세기 후반에 가서 아르메니아 민족주의는 정치적 민족주의 운동의 형태를 띠기 시작하였다. 1880년대에 들어서서 러시아제국의 중심 지역에서뿐 아니라 제국의 변경인 소수민족 지역에서도 혁명 운동이 활발해졌는데, 카프카스도 예외가 아니었다. 아르메니아인들도 1880년대부터 정치적 혁명운동의 발전을 경험하

---

22   자세한 내용은 Suny(1997a, 118-120); Payaslian(2007, 117-120) 참조.

게 되는데, 카프카스 지역에서는 다슈나크라 불리는 아르메니아혁명연합(ARF)(1890년 설립)이 조직되었다. 이 외에도 해외에서 설립된 여러 정당이 카프카스 지역의 아르메니아인에게 영향을 끼쳤는데, 대표적으로 제네바에서 설립된 사회주의 계열의 훈차키안혁명당(1887년 설립)을 들 수 있다.[23] 이들 혁명 운동들은 독일 및 러시아의 영향을 받아 사회주의 색채를 띠면서도 동시에 민족문제에 천착하는 민족주의 성향을 강하게 띠었다(Minassian 1996).

아르메니아 혁명 운동들이 민족주의 성격을 띠게 된 것은 오스만제국 내 아르메니아인 문제로 기인한 바가 크다. 러시아제국령 아르메니아인의 시각에서 보면, 오스만제국의 아르메니아인들이 무슬림 지배 하에서 심한 차별과 착취를 받고 있었기 때문에 민족의 문제에 관심을 가지지 않을 수 없었던 것이다. 특히 1877-1878년 러시아-투르크 전쟁이 발발하자, 러시아령 아르메니아인들은 러시아의 군사력을 이용한 동 아나톨리아 아르메니아인의 해방을 기대했다. 그러나 이것이 영국 등의 유럽 열강의 개입으로 좌절되고 오스만 정부가 베를린 조약에서 약속한 아르메니아인 관련 개혁을 실행하지 않자,[24] 아르메니아인들은 자신들의 힘으로 아르메니아 문제를 풀어야 한다는 자각을 가지게 되었다. 이로 인해 오스만제국과 러시아제국 양 쪽에서 아르메니아 민족주의가 급속히 발전했고, 아르메니아인들은 점차 과격해졌다.[25]

---

23 각 정당에 대한 자세한 내용은 강윤희(2017, 10-11); Libaridian(1996) 참조.
24 자세한 내용은 강윤희(2018, 1-48) 참조.
25 1880년대부터 러시아령 아르메니아인들이 오스만제국의 아르메니아인을 돕기 위해 국경을 넘는 일이 빈번해졌고, 방어적 목적의 무장 가능성 및 오스만투르크 정부를 향한 테러 등 무력 사용이 논의되었고 실제 실행되기도 했다.

이를 반영하듯, 1880-1890년대에 만들어진 거의 모든 정치단체나 정당들은 아르메니아 민족의 문제를 최우선 과제로 설정하였다. 표면적으로는 사회주의를 표방하였던 다슈나크당조차도 민족의 문제를 계급의 문제보다 중요하게 간주하였다.[26] 흥미롭게도, 19세기 말까지만 해도 카프카스의 아르메니아 민족주의 운동은 러시아제국이 아니라 오스만제국을 겨냥하는 것이었다. 그러나 러시아제국의 입장에서는 아르메니아 민족주의 발흥이 가져올 국내적 파장, 또한 오스만제국 및 유럽 타 제국과의 외교적 관계 악화 가능성 때문에 1880년 이후의 카프카스 지역에서의 아르메니아 민족주의의 발흥을 반기지 않았다. 이에 앞서 언급한 바와 같이 러시아 정부는 아르메니아 민족주의를 억압하려는 다양한 조치들을 취하게 되는데, 이것은 아르메니아인들의 러시아제국에 대한 반감만 높이게 만들었다. 특히 1903년 러시아 정부의 아르메니아 교회 재산 몰수 시도는 카프카스 지역에서 아르메니아인에 의한 러시아 관료 및 '배신자'에 대한 일련의 테러를 촉발하였다.[27]

다른 한편 19세기 후반에 러시아에서 나타났던 다양한 사상과 혁명 운동은 아르메니아인들의 정치 운동에 깊은 영향을 주었다. 주지하다시피, 러시아는 1870년대부터 시작하여 인민주의 운

---

26 훈차크당만이 전통 사회주의 노선에 따라 계급 투쟁을 더 중요시 여겼다. 그러나 카프카스 지역에서 훈차크당의 영향력은 미미하였고 다슈나크당의 영향력이 압도적으로 컸다.

27 1903년 훈차크당원에 의한 골리친 공 암살 시도로부터 시작하여 1905년까지 일련의 테러가 자행되었다(Minassian 1996, 167). 특히 다슈나크당은 1904년 테러에 착수하는 한편 러시아 행정 보이콧 운동을 실시하였다. 같은 해 다슈나크당은 러시아 전제정 전복 및 민족 자결을 당대회에서 승인하였다(Minassian 1996, 175).

동의 발달, 혁명 운동으로서의 테러의 확산, 사회주의 사상의 유입 등을 경험하였다. 이것은 이후 자유주의, 인민주의, 사회주의 등의 다양한 사조의 혁명 운동으로 발전하였고, 각각의 세력은 입헌민주당, 사회혁명당, 사회민주당으로 결집되었다. 아르메니아인들도 러시아 내의 이러한 흐름과 다양한 사조에 깊은 영향을 받았다. 1870년대는 아르메니아 인텔리겐치아들이 러시아 인민주의의 영향을 많이 받았으나, 1881년 알렉산더 2세의 암살 이후 이들은 러시아 인민주의 운동으로부터 돌아서서 아르메니아 민족의 문제에 초점을 맞추기 시작하였다(Minassian 1996, 154-157). 한편 19세기 말엽 카프카스 지역에서 산업화가 진행되고 노동자 계층이 형성되자, 사회주의의 영향이 점차 커지게 되었다. 이에 카프카스의 아르메니아 정치 운동들은 실질적이든 표면적으로든 사회주의를 표방하는 특성을 보이게 되었다(Minassian 1996).

　요약하자면, 의도하든 의도하지 않았든, 러시아제국의 카프카스 점령은 아르메니아 민족주의가 태동할 수 있는 객관적 환경을 만들어 주었다. 러시아 정부는 1880년 이후 보수적인 정책으로 아르메니아 민족주의를 억압하려 했지만 실패하였고, 러시아 사회의 다양한 혁명 사상은 아르메니아 민족주의의 내용과 성격을 규정하는 데 깊은 영향을 주었다.

III 소련의 소수민족 정책과 아르메니아 민족주의의 재현

1. 아르메니아공화국의 소비에트화

서론에서 언급한 바와 같이, 아르메니아인은 러시아 내전 기간 중 잠시 동안 아르메니아공화국으로 독립을 이루었다. 아르메니아 민족국가 탄생과 관련해서 아르메니아공화국이 가지는 중요성은 매우 컸다. 아르메니아공화국은 1375년 실리시아왕국 패망 후 500여 년 만에 아르메니아인이 수립한 최초의 독립국가였기 때문이다. 그러나 아르메니아인들은 공화국의 독립을 유지할 준비가 되어 있지 않았다. 공화국의 독립 자체가 러시아 혁명의 혼란 속에 급작스럽게 이루어진 것이었기 때문이다. 아르메니아공화국은 내부적으로는 경제 파탄, 외부적으로는 오스만투르크, 그 뒤를 이은 터키공화국의 공격에 직면하여 풍전등화와 같은 위태로운 상황에 놓여 있었다. 결국 1920년 11월 소련 적군에게 권력을 이양함으로써 아르메니아공화국은 막을 내렸다.

민족국가 형성이라는 측면에서 아르메니아공화국의 몇 가지 주요 특징을 다음과 같이 정리해볼 수 있다. 첫째, 아르메니아공화국은 카프카스의 다른 국가들과는 달리 강한 민족주의적 성향을 보였다. 예컨대 멘셰비키가 장악했던 그루지아공화국과 달리, 다슈나크당이 지배했던 아르메니아공화국은 사회주의적 성격보다는 민족주의적 성격이 강했다. 둘째, 아르메니아공화국의 수립과 더불어 티플리스에 근거를 두었던 다슈나크의 주요 인사들이 예레반으로 옮겨옴으로써, 예레반이 진정한 의미의 아르메니아인들의 정치적 중심지로 떠올랐다. 셋째, 아르메니아공화국은 구 아르메니아 주, 즉 예레반과 나히체반 지역을 주된 영토로 하여 수립되었는데, 앞서 언급한 대로 아르메니아인이 무슬림 혹은 그루지아인과 섞여 살고 있던 곳이 많아서 카프카스 안에서도 영토 분쟁이 일어났다.

한편 아르메니아공화국은 오스만제국 내의 아르메니아인 거주 지역을 포함한 거대한 통일 아르메니아국가를 이루고자 외교적 노력을 기울였으나, 1차 세계대전의 전후 처리 과정에서 승전국 어느 국가의 적극적인 지지와 보호도 받지 못하여 통일국가의 꿈을 달성할 수 없었다.[28] 뿐만 아니라 아르메니아공화국은 1차 세계대전과 러시아 내전 가운데 독립을 달성하였기에, 양 전쟁의 진행 과정에 따라 그 운명이 크게 영향을 받았다. 특히 오스만제국(후일 터키공화국)과 러시아제국(후일 소련) 사이에 끼어 있는 지정학적 위치로 인해 아르메니아공화국은 카프카스의 다른 어느 국가보다 더 큰 생존 위협에 노출되어 있었다. 결국 아르메니아공화국은 터키공화국의 공격 앞에서 소비에트 적군에게 권력을 이양함으로써 다시금 러시아의 영향권 하에 들어가게 되었다.[29]

1920년 12월 2일 아르메니아공화국은 아르메니아소비에트사회주의공화국(이하 아르메니아SSR)이 되었고, 이후 소비에트화

28 1차 세계대전 전후 처리 과정에서의 아르메니아 문제에 관한 상세한 기술은 Hovannisian(1982), (1996a) 참조.

29 1918년 여름부터 계속되었던 러시아 내전에서 볼셰비키당의 적군이 승기를 잡자, 1920년 적군 11군은 공산당 중앙위원회 산하 카프카스특별국의 지도 하에 카프카스 지역으로 진출하였다. 이에 1920년 4월 28일 아제르바이잔이, 11월 29일 아르메니아가, 그리고 마지막으로 1921년 2월 25일 그루지아가 소비에트공화국으로 선포되었다.

가 진행되었다. 그 후 약 2년간 아르메니아SSR은, 권력 이양에 관한 협상 시 합의되었던 대로, 상당한 자치권을 가지고 있었다. 아르메니아SSR은 페르시아, 터키뿐 아니라 카프카스 및 타 지역의 소비에트공화국과 영사 관계를 가지고 있었고, 자체적인 화폐도 보유했다(Walker 1980, 339). 그러나 1922년 12월 아르메니아SSR이 카프카스의 다른 SSR과 더불어 하나의 행정구역, 즉 자카프카스소비에트사회주의공화국(Закавказская Советская Социалистическая Республика)으로 만들어졌을 때, 이러한 독립성은 사라졌다. 자카프카스SSR은 러시아, 우크라이나, 벨라루시와 함께 1922년 12월 30일 소비에트사회주의공화국연방, 즉 소련을 세웠다. 따라서 아르메니아SSR은 자카프카스SSR, 그리고 그 위의 소련 하에 들어가게 됨으로써 독립국가로서의 성격을 완전히 상실하였고, 트빌리시, 혹은 모스크바의 상위 권력의 지시와 감독을 받았다. 한편 1936년 소위 스탈린 헌법이 제정되었을 때, 자카프카스SSR은 해체되었고 카프카스의 3개 지역은 각기 독자적인 SSR로 분리되었다. 이후 아르메니아는 소련 붕괴 시점까지 연방공화국으로서의 지위를 유지했다.

아르메니아공화국의 소비에트로의 권력 이양 직후 해결해야 할 가장 급선무는 아르메니아의 영토 확정, 즉 국경선 확정 문제였다. 특히 터키공화국과 아르메니아 간의 국경선 설정이 가장 시급했는데, 이것은 러시아와 터키 간의 외교적 협상에 의해 결정되었다.[30] 1921년 3월 터키와 소비에트러시아 간에 모스크바 조약이 맺

30 제1차 세계대전의 전후 처리 과정에서 오스만투르크와 승전국은 1920년 8월 세브르 조약을 맺었지만, 세브르 조약은 실행되지 않았다. 술탄 정부를 전복시키고

어졌을 때, 러시아 측은 카르스 지역과 수르말루 지역이 터키의 고유한 영토임을 인정하였고, 터키와 아르메니아 간의 국경은 아라흐강과 아흐리안강으로 정해졌다. 한편 터키는 나히체반 지역을 돌려주는 것에 합의했지만, 이 지역이 아르메니아가 아니라 소비에트 아제르바이잔 땅이어야 하며 제3자에게 넘겨줄 수 없다는 것을 조약에 명시하였다. 이후 1921년 10월 소비에트러시아의 보호하에 맺어진 터키와 남카프카스소비에트공화국 간의 카르스 조약은 모스크바 조약의 내용을 그대로 인정하는 것이었다.[31]

결과적으로 아르메니아의 영토는 크게 축소되었다.[32] 아르메니아인이 성지처럼 여기던 아라랏 산은 터키의 영토가 되었고, 러시아제국 시절부터 아르메니아인의 영토로 간주되었던 나히체반은 아제르바이잔의 영토가 되었다. 이처럼 아르메니아인에게 불리한, 그리고 소비에트 러시아에게도 불리한 국경선 조정이 일어난 것은, 전쟁과 혁명 등으로 어려운 상황에 처해 있던 공산당 지도부가 터키공화국에 대해 영토를 양보함으로써 카프카스에서 터키와의 전쟁을 회피하고자 했기 때문이다.

한편 소련 시기 동안 카프카스 지역 내부의 행정구역은 대체

터키를 공화국으로 만든 무스타파 케말은 굴욕적인 세브르 조약을 인정하지 않고 아르메니아공화국에 대한 군사적 공격을 감행함으로써 터키의 동부 국경선, 즉 터키와 아르메니아 간의 국경선을 조정하고자 했다.

31 영국, 프랑스 등의 승전국과 오스만제국 간의 세브르 조약(1920년 9월), 아르메니아공화국과 터키 간의 알렉산드로폴 조약(1920년 11월), 터키와 남카프카스소비에트공화국 간의 카르스 조약(1921년 10월) 등 아르메니아 영토와 관련된 조약들의 원본은 Burdett, ed.(1998, 613-691)에 수록되어 있다.

32 60만 평방킬로미터였던 아르메니아공화국의 영토는 29만 6천 평방킬로미터로 축소되었다.

적으로 아르메니아보다는, 그루지아 아제르바이잔에게 더 유리하게 설정되었다. 자카프카스SSR 행정부를 이끌었던 것은 그루지아인들이었고, 스탈린을 위시하여 오르조니키제, 베리아 등 그루지아 출신 볼셰비키들이 모스크바의 공산당 권력 핵심부에 자리 잡고 있었기 때문이었다. 한편 모스크바는 아제르바이잔에 대해서는 터키공화국과의 관계 때문에, 또한 아제르바이잔의 석유 자원 때문에 유화적인 태도를 취하였다. 결국 앞서 언급한 대로, 나히체반뿐만 아니라 아르메니아인이 대다수를 이루는 카라바흐 지역도 아제르바이잔의 영토가 되었다. 아르메니아 공산주의자들은 카라바흐를 아제르바이잔의 행정구역에 두기로 한 1921년 7월의 결정에 대해 반발하였지만, 당시 이들은 아르메니아의 역사적 영토에 대한 주장보다는 카프카스 민족 간의 화합과 경제 회복이 더 중요하다고 생각했기에 모스크바의 결정을 결국 수용하였다(Suny 1997b, 353).

이처럼 소련 정부의 친터키, 친아제르바이잔 정책으로 인해 아르메니아인에게 불리한 영토 조정이 이루어졌고, 그로 말미암아 후일 아르메니아와 아제르바이잔 간에 영토 분쟁이 일어날 수 있는 불씨가 남게 되었다. 그러나 다른 한편, 소련 정부에 의해 아르메니아SSR이 독립된 행정단위로 유지된 것은, 그나마 크게 축소된 영토일지라도 아르메니아라는 이름이 지도상에나마 남아 있을 수 있는 가능성을 열어준 것도 사실이다. 1920-1921년 상황에서 아르메니아 영토가 터키공화국에 병합되었더라면, 아르메니아SSR도, 그리고 오늘날의 아르메니아공화국도 존재하지 않았을 것이기 때문이다.

따라서 아르메니아의 소비에트화에 대한 아르메니아인들의 입장은 외세의 지배에 대한 반감, 혹은 사회주의에 대한 반감이라는 단순한 도식으로는 설명하기 어려운 것이었다. 특히 1918-1920년의 아르메니아공화국이 직면해야 했던 경제 파탄, 외세(터키)의 침공, 카프카스 주변국과의 영토 갈등 등의 제반 문제들을 고려해 볼 때, 아르메니아의 소비에트화는 이러한 문제들로부터 벗어날 수 있는, 혹은 이런 문제들을 극복할 수 있는 하나의 대안으로 간주될 수 있는 여지가 충분히 있었다. 이것이 다슈나크당 인사들을 제외한 대부분의 아르메니아인들이 소련의 울타리 안에 아르메니아가 존속하게 된 것에 대해 완전히 부정적이지는 않았던 이유이기도 하다.[33] 아르메니아 지역이 터키공화국에 병합되었더라면, 아르메니아는 지도에서 완전히 사라지고 아르메니아인들의 신체적 안전이 심각하게 위협을 당했을 것이라고 이들은 판단했기 때문이다.

소비에트화가 진행되던 초기의 혼란을 지나 아르메니아 지역이 소련 체제 안에서 안정을 되찾자 아르메니아인들은 대체적으로 자신들에게 주어진 현실을 받아들였다. 아르메니아가 소련 체제 안에서 모스크바의 통제 하에 있었음에도 불구하고, 아르메니아가 소련의 구성 공화국으로서 하나의 행정단위로 존속하게 된 것에 대해 대체로 긍정적으로 평가하였다. 특히 1920년대의 NEP 정책 하에서 혁명 및 전쟁으로 인해 피폐해졌던 아르메니아 경제가

---

33 소비에트화가 진행되면서, 아르메니아공화국을 이끌었던 다수의 다슈나크당 인사들이 체포되거나 추방당했다. 소비에트 권력에 대한 다슈나크당의 마지막 저항이 1921년 장게주르 지역에서 있었지만 소련군에 의해 진압되었다. 이후 다슈나크당은 해외의 아르메니아 디아스포라 집단에 큰 영향력을 미치면서 반소비에트 세력의 핵심을 이루게 되었다.

회복되고 민족문화가 꽃을 피웠기에 아르메니아인들의 소비에트 체제에 대한 반감은 상대적으로 크지 않았다. 한편 1928년 스탈린의 권력 장악 이후 NEP 시기의 상대적으로 자유로웠던 분위기가 사라지고 중앙집권적 행정명령체제가 자리 잡게 되지만 이에 대한 아르메니아인들의 저항은 크지 않았다. 또한 1930년대의 농업집단화와 대숙청으로 아르메니아인들도 피해를 받았지만, 소비에트 정권에 대한 조직적이고 노골적인 저항은 나타나지 않았다.

해외에 거주하는 디아스포라 아르메니아인들의 소비에트 정권에 대한 입장에서도 비슷한 경향이 나타났다. 디아스포라 아르메니아인들에게 영향력이 컸던 정치조직은 민족주의적 성격의 다슈나크당, 사회주의 계열의 훈차크당, 그리고 자유주의 계열의 람카바르(Ramkavar)당이었는데, 이 중 영향력이 가장 컸던 다슈나크당은 반소 입장을 분명히 한 반면, 훈차크당과 람카바르당은 친소 입장이었다. 후자의 두 당은 현실적으로 아르메니아가 소련 안에 있는 것이 가장 좋은 방안이라는 데 입장을 같이 했다. 흥미로운 것은, 다슈나크당조차도 소련이 아르메니아의 안전을 보장하고 있다는 점을 현실적으로 인정하였다는 것이다. 예컨대 1938년 다슈나크당과 람카바르당 대표들이 카이로에서 맺은 협정에 따르면, 양 당은 당시 존재하던 형태 그대로의 아르메니아, 즉 아르메니아 SSR이, 정권의 성격과 상관없이, 아르메니아 존재의 핵을 이룬다는 점에 동의했다. 또한 다슈나크당은 소련의 해체를 목적으로 하는 활동을 하지 않기로 약속했다. 즉 소련 내부의 무질서를 야기하거나 정권을 전복하기 위한 시도를 하지 않기로 한 것이다(Walker 1980, 355). 이처럼 아르메니아SSR는 아르메니아 존속을 위해서 대단히 중요한 것으로 간주되었다.

이러한 태도는 제2차 세계대전 시 아르메니아인들이 독일의 침공에 맞서서 소련의 전쟁 노력에 큰 기여를 했다는 점에서도 드러난다. 아르메니아SSR은, 우크라니아와는 달리, 독일군의 직접적인 침공이나 지배를 받지 않았다. 그러나 30만에서 50만에 달하는 아르메니아인이 소련군으로 참전하였고, 3만 2천 명이 훈장을 받았고, 백여 명의 아르메니아 군인들이 소련 영웅 훈장을 받았다. 또한 이사코프(Исаков) 해군제독을 포함하여, 아르메니아 출신 소련 장군들은 약 50명에 달하였다. 한편 해외에서는 약 2만 명의 아르메니아인이 미군으로 참전하였다. 또한 소련 아르메니아인들이 사순치 다비드(Сасунцы Давид)라는 이름의 전차군단을 조직했을 때, 미국, 레바논, 시리아, 이집트, 이란의 아르메니아인들은 재정적 지원을 아끼지 않았다(Walker 1980, 355-356).[34]

한편 아르메니아 교회 및 전 세계에 퍼져 있던 아르메니아인들은 제2차 세계대전 이후 승전국이었던 소련이 터키와 소련 사이의 국경선 문제를 재조정하기를 희망했을 때 이를 전폭적으로 지지하였다(Suny 1997b, 367-368). 당시 소련은 1878년-1921년간 러시아제국 및 아르메니아공화국의 영토였던 카르스와 아르다한을 병합하기를 원했었다.[35] 람카바르당, 훈차크당뿐만 아니라 소련 정부에 반대하는 입장이었던 다슈나크당조차도 이러한 영토 회복 요

---

34 반면에, 다슈나크당의 일부 인사들이 극우 성향을 보이며 독일에 협조한 것도 사실이다. 특히 독일 점령 지역에서 아르메니아 출신 장군들이 아르메니아 군인들을 이끌고 소련에 대항하여 싸우기도 했다.

35 1945-1948년간 터키령 아르메니아에 대한 소련의 영토 주장에 관한 영국 외교문서는 Burdett, ed.(1998, 995-1059) 참조.

구에 지지를 보냈다. 또한 유럽과 미국에 거주하는 아르메니아인들은 카르스 및 아르다한에 대한 소련 정부의 요구를 받아들이도록 자국 정부에 영향력을 행사하고자 했다. 터키공화국의 반발과 서유럽 및 미국의 반대로 이러한 영토 조정은 이루어지지 않았지만, 카프카스 안팎의 아르메니아인들의 태도를 통해 이들의 소련에 대한 입장을 다시금 확인할 수 있다.

이 모든 사실들은 아르메니아인들이 사회주의자, 혹은 공산주의자가 아니더라도 소련 안에 존재하는 소비에트 아르메니아로 인하여 소련을 지지하거나 최소한 반소비에트 입장을 누그러뜨리는 노력을 했다는 것을 보여준다. 이것은 500년 이상 국가 없이 타민족의 지배 하에 있었던 아르메니아인들이 얼마나 절실하게 "조국"의 존재를 원하였는지를 보여준다. 특히나 오스만투르크 지배 하에서 민족 대학살의 끔찍한 경험을 했던 아르메니아인들에게는 정권의 성격이 중요한 것이 아니라 조국의 존재 자체가 중요했던 것이다(Walker 1980, 353).[36]

2. 소련의 소수민족 정책과 아르메니아사회주의공화국

1921년 아르메니아의 소비에트화 이후, NEP 시기에는 러시아 내부에서 진행된 것과 마찬가지로 아르메니아SSR에서도 주요 산업의 국유화 및 볼셰비키의 정치적 권력 독점이 진행되었다. 이후 1928년 스탈린이 소련 공산당 권력을 장악하게 되자, 모스크바를

---

36 이것은 오스만제국 출신 다슈나크당 인사들이 러시아제국 출신 인사들보다 더 적극적으로 소련을 지지했다는 점에서도 드러난다.

중심으로 하는 중앙집권적 위계질서가 세워졌고 아르메니아SSR의 자율성은 거의 상실되었다. 한편 1930년대의 산업화 및 농업집산화는 아르메니아SSR의 산업 및 농촌 풍경을 바꾸어 놓았다. 더불어 1930년대의 대숙청은 아르메니아SSR의 권력 구조에도 영향을 미쳤으니, 소비에트 아르메니아의 초기 15년간 아르메니아를 이끌었던 지도자들이 대부분 체포, 처형되었고, 스탈린 혹은 베리아의 후원을 받는 인사들이 아르메니아의 권력을 장악하였다(Suny 1997b, 362-363). 스탈린 사후 후르쇼프의 집권(1956-1964)과 함께 소련의 해빙과 개혁이 일어나자 아르메니아도 그 영향을 받았다. 일례를 들자면, 1957년 경제개혁의 일환으로 소브나르호즈(지역간 경제 협의회)가 창설되자 아르메니아는 지역 경제 문제에 대해 보다 큰 주도권을 발휘할 수 있었다. 한편 1970년대의 브레즈네프 시기에 모스크바의 중앙권력이 보수화되고 개혁보다는 현상유지 정책을 취하게 되자, 아르메니아의 정치권력도 보수화되었고 지역 수준의 부패가 만연되었다. 이처럼 소련 체제에 편입된 아르메니아SSR은 정치적, 경제적 자율성을 상실하고, 모스크바에서 이루어진 정책결정 방향과 정치권력의 변동에 따라 크게 영향을 받았다.

그러나 소련 체제 하에서 연방공화국으로서의 아르메니아SSR의 민족적 특성이 완전히 사라진 것은 아니었다. 이것은 소련 공산당이 1921년 10차 당대회에서 채택한 토착화(коренизация) 정책에 크게 기인한다. 토착화 정책은 비러시아계 소수민족 지역에서 적용된 정책으로서 소련 붕괴 시점까지 계속적으로 유지된 중요한 정책이었다. 이에 따르면, 각 지역의 해당 민족 대표가 자신들의 공화국을 운영하도록 규정되었다. 또한 지역행정, 경제기관, 학술기관, 문화예술기관, 신문 등이 지역의 토착 언어로 운영되고, 민족대표가 각 기관의 행정을 이끌고, 민족언어와 민족문화는 국가의 지원 하에 양성될 것이었다. 공산당은 이러한 정책을 취함으로써 러시아의 제국주의적 지배를 반복하는 것을 회피하고자 했고, 중앙과 주변(지방) 사이의 사회적, 인종적 불평등을 제거하고자 했다. 그러나 공산당의 이러한 숭고한 의도에도 불구하고, 현실에서는 이것이 완벽하게 실현되는 경우는 거의 없었다(Suny 1997b, 355-356). 또한 소련의 기본적인 정치 구조나 경제 체제에 관한 한 어떠한 변이도 허용하지 않았다. 그럼에도 불구하고, 소련을 러시아제국과 차별화하고자 했던 공산당의 토착화 정책은 비러시아계 민족들에게 자치행정 및 민족문화 육성의 기회를 제공했다는 점에서 그 의미가 매우 컸다.

무엇보다 먼저, 소련 정부의 토착화 정책에 의해 아르메니아 SSR 내에서는 명목적으로나마 아르메니아인에 의한 통치가 이루어졌다. 물론 이것은 아르메니아인이 자율, 혹은 자치를 달성했다는 의미는 아니다. 주지하듯이, 소련은 강력한 중앙집권적 정치체계를 이루고 있었고, 정치, 경제, 이념의 측면에서 어떠한 지역적 변이도 허용하지 않았다. 그러나 각 지역의 최고 권력자에 해당하는 공산당 제1서기의 자리는 관행적으로 늘 그 지역 소수민족 대표가 맡았는데, 아르메니아SSR의 경우에도 아르메니아인이 이 자리를 차지했다.[37] 물론 이들 공산당 제1서기들은 아르메니아인, 혹

---

37 1920-1991년간 아르메니아 공산당 중앙위원회 제1서기 직을 맡았던 자는 알리하냔(Г.С.Алиханян, 1920-1921)부터 사르키샨(А.Г.Саркисян, 1991)에 이르기까지 총 16명이었다. 이들 모두는 아르메니아인이었다. "Армянская

은 아르메니아 공산당원이 선출하는 것이 아니라 모스크바에 의해 지명되었다. 따라서 모스크바 중앙권력의 지지를 받는 자만이 제1 서기의 자리에 오를 수 있었다. 모스크바 중앙에서 권력의 변화가 생기면 아르메니아 공산당 내에서도 이것이 그대로 반영되곤 했다.[38] 한편 아르메니아 인민위원회 의장, 최고회의 상무회 의장과 같은 아르메니아 정부의 수장도 모두 아르메니아인이 맡았다.[39]

한편, 토착화 정책으로 말미암아 아르메니아SSR에서는 아르메니아어 교육이 널리 확산되었다. 아르메니아의 경우 1920년대의 상대적으로 자유로운 분위기 속에서 아르메니아어를 지역행정, 교육, 문화, 과학의 공식 언어로 사용하였고, 소위 "문화혁명"을 경험하였다. 1921년 문맹퇴치 운동의 일환으로 16세에서 50세에 달하는 아르메니아인 중 문맹, 반문맹인 자들을 위한 아르메니아어 교육이 이루어졌고, 읽고 쓰는 것을 배울 수 있는 소규모 모

Советская Социалистическая Республика," https://ru.wikipedia.org/wiki/Армянская_Советская_Социалистическая_Республика(검색일: 2018. 12. 23). 반면에 아르메니아 공산당 제2서기의 자리는 늘 러시아인이 맡았다.

38 일례로 스탈린의 통치 하에서는 스탈린에게 충성하는 자만이 권력을 쥘 수 있었는데, 스탈린주의자였던 아루튜노프(Г.А.Арутюнов)가 1937년부터 1953년까지 아르메니아 공산당 제1서기였다. 반면에 스탈린 사후에는 제1서기가 토브마샨(С.А.Товмасян)으로 교체되었다. 그런가하면, 소련 공산당 지도부 내 권력의 교체가 적었던 브레즈네프 시기에는 데미르챤(К.С.Демирчян)이 1974년부터 1988년에 이르기까지 15년 가까이 아르메니아 공산당을 이끌었다.

39 1921년 아르메니아군사혁명위원회를 이끌었던 카시얀(С.И.Касьян)으로부터 시작해서 1990-1991년 아르메니아최고회의 상무회 의장이었던 테르-페트로샨(Л.А.Тер-Петросян)에 이르기까지 아르메니아SSR의 모든 정부 수장은 아르메니아인이었다. "Армянская Советская Социалистическая Республика," https://ru.wikipedia.org/wiki/Армянская_Советская_Социалистическая_Республика(검색일: 2018. 12. 23).

임이 전 아르메니아SSR에 생겨났다.[40] 한편 1924-1925년에는 농민들 자제를 위한 7년 과정의 초급학교가 도입되었다. 사범학교도 설립되었고, 1926년 예레반국립대학교에 첫 졸업자가 배출되었다. 주목할 점은 당시 아르메니아SSR의 거의 모든 교육이 아르메니아어로 이루어졌다는 점이다. 이 외에도 음악, 영화 등 다양한 예술 분야와 과학 분야에서 발전이 이루어지기 시작했다(Suny 1997b, 356-357).

그러나 1930년대에 들어서서 토착화 정책이 약화되면서 러시아어 교육의 중요성이 다시 강조되기 시작하였다. 1938년 러시아어 교육이 모든 소비에트 학생들에게 의무가 되었다. 스탈린의 정책은 러시아어를 전 소비에트의 공통어로 삼되, 개별 공화국에서는 각기 민족어를 사용하는 것을 허용하는 것이었다.[41] 아르메니아의 경우 1930년대 말엽 77.7%의 학생들이 아르메니아어로만 교육을 받았고, 2.8%의 학생들만이 러시아어를 배웠다. 그러나 1938년 이후 러시아어 교육을 받는 학생들의 비중이 계속적으로 증가하였다. 아르메니아인들은 러시아어와 아르메니아어를 모두 배웠으나, 아르메니아SSR 안에서는 이후로도 계속적으로 아르메니아어 사용이 선호되었다.[42] 1978년 소련 당국이 그루지아와 아르메니아 헌법에서 각각의 지역 언어를 공식 언어로 규정한 조항을 제

40 그 결과 1940년에 이르러서는 아르메니아의 모든 성인들이 읽고 쓸 수 있게 되었다.
41 소련 내에서 러시아어는 모든 고등교육 기관의 공식 교육 언어였다. 그러나 카프카스 3국은 여기에서 예외였다. 또한 모든 지역에서 지역 언어가 키릴문자로 표기되도록 강제되었는데, 여기서도 카프카스 3국은 예외였다(Hosking 2001, 432).
42 물론 교육 받은 아르메니아인 중에서는 자식들을 러시아어 학교에 보내는 경우가 있었는데, 이는 러시아어의 숙달이 소련 내에서 더 높은 승진을 가능케 해주었기 때문이다.

거하는 것을 고려한 적도 있었으나, 카프카스인, 특히 그루지아인들의 저항에 부딪쳐 실행되지 않았다(Suny 1997b, 375). 결국 그루지아어와 아르메니아어는 각각의 지역에서 계속 공식 언어로 남게 되었다. 그 결과 1979년 당시 99.4%의 아르메니아인이 아르메니아어를 모국어로 사용하고 있었고, 아르메니아SSR에 사는 쿠르드인이나 아제리인조차도 아르메니아어를 공통 언어로 사용하였다. 따라서 러시아어 교육의 의무화에도 불구하고 아르메니아어는 아르메니아SSR에서 러시아화의 위협을 심각하게 받지 않았다.

반면에 아르메니아 민족정체성의 핵심이라 할 수 있는 아르메니아사도교회는 소련 치하에서 크게 박해를 받았다. 소련 시기에 공식적으로는 종교의 자유가 허용되었지만, 실질적으로는 공산당 정부가 무신론을 설파하는 프로파간다를 적극적으로 시행하였기 때문이다. 따라서 아르메니아 교회와 소련 정권의 관계는 매우 껄끄러운 것이었다. 1920년대 초기에 아르메니아 교회 카톨리코스는 무신론 정권인 볼셰비키 정권을 인정하는 것을 거부했다. 한편 소련 정권은 여러 교회를 폐쇄하였고 세반호수에 위치한 수도원을 예술가를 위한 휴식처로 만들었다. 또한 교회가 운영하는 학교를 모두 폐쇄하였고, 종교 교육은 가정에서만 이루어질 수 있었다. 당시 아르메니아 농민 대다수는 여전히 종교적이었기에, 이러한 반종교 캠페인은 아르메니아인들에게 큰 충격이었다. 1920년대 중반 아르메니아 교회와 국가 간의 관계가 다소 개선되는 조짐이 있었지만,[43] 그 이후에도 교회에 대한 공격이 계속되었고 더 많은 교

43 예치미아진에서 모스크바로 이송되었던 중세 사본들이 아르메니아로 돌려보내졌고, 1927년에는 아르메니아 교회의 카톨리코스가 소비에트 정권을 아르메니아의

회들이 폐쇄되었다(Suny 1997b, 357-358).

한편 소련 정권은 제2차 세계대전이 발발하자 파시스트 독일과의 전쟁에서 모든 가능한 자원을 다 동원하기 위해 종교에 대해 유화적인 태도를 취했다. 아르메니아 교회에 대해서도 마찬가지였다. 1938년 카톨리코스 무라트베캽(Хорен I Мурадбегян)의 사망 이후 소련 정부는 후임 카톨리코스 선출을 허용하지 않음으로써, 소련 정부와 아르메니아 교회는 긴장관계에 있었다. 그러나 전쟁이 발발하자, 소련 정부는 아르메니아 교회에 대해 유화적인 정책을 취하기 시작했다. 아르메니아의 폐쇄되었던 교회가 다시 열렸고, 시베리아로 유배되었던 성직자들이 아르메니아로 돌아왔다. 아르메니아 교회는 신학교를 열 수 있게 되었고, 자체 출판도 허용되었다. 유럽에서의 전쟁이 끝나자 아르메니아 교회는 게오보르그 6세(Геopr VI)를 새로운 카톨리코스로 선출하였는데, 그는 그의 전임자들과는 달리 소련 정부와의 관계를 잘 유지하였다(Suny 1997b, 366-367). 전쟁 이후 스탈린은 다시 교회에 대한 억압을 시작하였지만, 예치미아진의 아르메니아 교회는 소련 붕괴 시까지도 명맥을 유지할 수 있었다. 그러나 소련 정권 하에서 민족의 구심점으로서의 아르메니아 교회의 중요성은 크게 약화되었다.

한편 소련 체제 하에서 아르메니아의 사회, 경제적 조건은 크게 변모하였다. 우선, 아르메니아SSR의 존재는 이 지역으로의 아르메니아 인구의 집중을 가능하게 하였다. 소련 시기에도 정치·경제적 이유로 인하여 아르메니아인들의 소련으로의, 특히 아르메니

합법 정부로 인정하였다.

아SSR 지역으로의 유입이 계속적으로 일어났다. 물론 아르메니아 혹은 소련 타 지역에서의 아르메니아인의 해외 유출도 있었지만, 전반적으로 유입이 유출보다 더 많았다. 1920년대에 아르메니아의 소비에트화 이후 다슈나크당 인사들을 포함하여 소비에트화에 반대하는 아르메니아인들이 대거 아르메니아를 떠났다. 반면에 티플리스나 바쿠 등에 거주하던 아르메니아인들은 그 지역에서의 그들의 특권적 지위가 상실되자 아르메니아SSR로 이주해 들어왔다. 또한 1915년 오스만투르크의 대학살 이후 여러 지역으로 흩어졌던 난민들, 그리고 제1차 세계대전 및 러시아 내전 등의 혼란을 피해 외부로 나갔던 아르메니아인들이 이 지역으로 유입되었다. 한편 그리스, 중동, 프랑스 등에 거주하던 아르메니아인들도 아르메니아SSR로 들어왔다(Suny 1997b, 356).

이에 더하여 제2차 세계대전 종전 후, 약 10만 명에 달하는 아르메니아인들이 중동이나 그리스에서 "고국"으로 돌아왔다. 이들은 대부분 터키령 아르메니아 고원 지대나 실리시아에 살던 아르메니아인의 후손이었다. 그러나 이들 외부에서 들어온 아르메니아인들은 냉전 시기에 소련 정부의 의심을 받아 수용소에 감금되기도 했다. 따라서 이들 중 상당수는 1950년대 말과 1960년대에 미국 및 유럽으로 다시 이주해 나갔다(Suny 1997b, 357-368). 그러나 다른 한편, 1950-1970년대에 아르메니아의 경제적, 사회적 상황이 개선되자, 터키, 페르시아, 레바논에 거주하던 아르메니아인들은 아르메니아SSR로 이주해 들어왔다(Walker 1991, 63). 결과적으로 아르메니아SSR의 인구는 아래의 표에서도 볼 수 있듯이 소련 시기에 계속적으로 증가하였다.

표 3-1. 아르메니아SSR 및 예레반 인구

아르메니아SSR 인구		예레반 인구	
연도	인구	연도	인구
1940	1,320,000	1917	34,000
1959	1,763,000	1926	65,000
1966	2,239,000	1939	204,000
1970	2,492,000	1970	767,000
1979	3,031,000	1979	1,019,000
1985	3,317,000	1985	1,148,000

출처: Walker(1991, 63).

소련 시기의 인구 변동과 관련해서 주목할 점은 아르메니아
SSR으로의 아르메니아인의 인구집중이다. 러시아제국 시절 아르
메니아 주에서의 아르메니아인의 비중은 겨우 50-60%에 불과하
였지만, 1979년에 이르러서는 아르메니아인들은 해당 지역 인구
의 90%에 달함으로써 명실상부하게 인종적 다수를 이루게 되었다
(Suny 1997b, 375). 아르메니아SSR에 거주하는 소수민족으로는 러
시아인, 아제르바이잔인(혹은 아제리 타타르인), 그리고 쿠르드인 및
아시리아인들이 있었다. 그 중 20만 명에 달하던 아제리인 중 절반
은 1989년과 1990년 사이의 민족 분규 시 아르메니아를 떠났고,
같은 시기에 아제르바이잔에 살던 아르메니아인이 아르메니아로
유입됨으로써 아르메니아인의 비중은 더 높아졌다.

이처럼 아르메니아SSR 내 아르메니아인의 인구 비중이 눈에
띄게 증가하였지만, 소련에 거주하는 모든 아르메니아인들이 아르

메니아SSR에 거주한 것은 아니다. 1979년 기준으로 소련 전체 아르메니아인 중 약 65.5%만이 아르메니아SSR에 거주하는 것으로 나타났다(Suny 1997b, 375). 교육 받은 아르메니아인 중에서는 보다 나은 직업 선택의 가능성과 자식들의 장래를 위해서 아르메니아를 떠나 소련 내 타 지역으로 이주하는 경우가 적지 않았기 때문이다.

한편 소련 시기에 산업화, 도시화가 진전되면서, 아르메니아의 인구구조도 크게 변모하였다. 19세기에 아르메니아 지역이 대체로 농촌 지역이었고 대부분의 아르메니아인이 농부였던 것에 반하여, 20세기 말에 이르면 아르메니아 인구의 상당수는 도시에 살면서 산업에 종사하였다. 예컨대 1920년 아르메니아 인구의 80%는 농민이었으나, 1970년대 말에 이르면 농민은 20%에 불과했다(Suny 1997b, 372-373). 한편 아르메니아SSR의 수도인 예레반으로의 인구 집중이 심화되었는데, 〈표 3-1〉에서 볼 수 있듯이 1970년대 후반에 이르러 예레반은 아르메니아SSR 인구의 3분의 1을 수용했다.

경제적인 측면에서도, 아르메니아SSR은 이전 시기의 아르메니아공화국과는 매우 다르게 변모하였다. 전체적으로 보자면, 아르메니아가 소련 시기를 거치면서 경제 안정과 산업 발전을 경험한 것은 부인할 수 없는 사실이다. 1918-1920년 아르메니아공화국 시절에 경험한 바와 같이, 아르메니아의 경제구조는 자체적인 생존이나 산업 발전을 이루기 어려운 것이었다. 아르메니아 내 영토도 부족한데다가 산업 발전 정도도 매우 낮았기 때문이다. 아르메니아의 경제는 소련으로의 통합으로 인해 유지될 수 있었다. 즉 아르메니아의 산업 발전은 모스크바의 투자 없이는 이루어지지 않앞을 것이고, 아르메니아의 생산품은 방대한 소련 시장이 없었다면 판매처를 찾기 어려웠을 것이다. 동시에 아르메니아인들은 우크라이나 및 다른 소비에트 공화국으로부터의 밀 수입에 크게 의존하였다(Walker 1991, 64).

아르메니아 경제 구조의 급격한 변화는 1930년대 스탈린의 산업화, 농업 집산화의 추진으로 인해 가능해진 것이었다. 소농 경제에 기반을 두었던 아르메니아의 농촌은 다른 소련 지역에서와 마찬가지로 대규모 집단농장으로 변하였다. 소규모 와인 및 코냑 산업, 구리 채굴업 외에 주목할 만한 산업이 없었던 아르메니아에 기계 산업이 발전하면서 산업생산량이 증가하기 시작하였다. 특히 1950년 이후 아르메니아의 산업생산량이 증대하기 시작하였는데, 1978년까지 아르메니아의 평균 산업생산량은 9.9%씩 증가하였다. 이것은 소련 평균, 그리고 아제르바이잔이나 그루지아 평균보다 높은 것이었다. 그러나 1인당 기준으로 보자면, 아르메니아는 소련 평균보다 더디게 성장하였다. 아르메니아는 모든 지표에서 볼 때 소련 평균보다 가난한 공화국이었다. 그러나 아르메니아SSR은 주변의 터키나 페르시아와 같은 무슬림 국가보다 훨씬 부유했다(Suny 1997b, 373). 따라서 아르메니아는 소련으로의 병합으로 경제적으로 피해를 입었다기보다는 혜택을 받았다고 할 수 있다.

그러나 다른 한편, 소련 경제가 시장경제가 아니라 계획경제 체제였던 점은 아르메니아인 상인들에게 치명적인 타격을 주었다. 전통적으로 상업에 능했던 아르메니아인들은 더 이상 러시아와 기타 해외 지역 간의 중계 무역으로 부를 축적할 수 없었다. 소련 시절 해외무역은 전적으로 정부의 독점 영역이었고, 소련 내부에도 정상적인 시장이 존재하지 않았기 때문이다. 따라서 제정 러시아 시절에 존재했던 바와 같은 아르메니아 거상들은 더 이상 존재하지 않게 되었다.

3. 아르메니아 민족주의 운동의 발흥과 소련의 대응

앞서 살펴보았듯이, 아르메니아SSR은 소련 시기를 거치면서 정치, 경제, 사회 모든 측면에서 큰 변화를 거쳤다. 특히 아르메니아SSR은 인구 구성면에서 좀 더 아르메니아답게 변모하였으니, 아르메니아인들이 절대다수를 이루는 보다 동질적인 사회가 되었다. 또한 아르메니아어 교육의 확산으로 아르메니아 역사 및 문화 유산에 대해 자각이 더 커졌다. 그러나 아르메니아의 민족적 열망을 표현하거나 민족주의적 성향을 보이는 것은 소련 당국에 의해 철저히 봉쇄되었다. 즉 소련 시스템을 비난하거나, 아르메니아인이 독립함으로써 더 잘 살 수 있다고 주장하는 것은 엄격히 금지되었다.

이것은 국경을 초월한 노동자의 연대를 주장하며 국제주의적 성격을 띠었던 소련 공산주의 이념과 관계가 있었다. 당시 소련에서는 민족주의를 부르주아적인 발상이라고 보았기 때문에 민족주의는 사회주의와 양립할 수 없다고 보았다. 따라서 민족주의는 억압되어야 하며 민족주의적 성향은 비난받아야 하는 것이었다. 아르메니아SSR에서도 "부르주아 민족주의"는 철저히 억압되었고, "부르주아 민족주의자"라는 낙인은 생명의 위협을 받을 정도로 위험한 것이었다. 특히 1930년대의 대숙청 기간에는 아르메니아의 저명한 문인이나 정치가들이 민족주의 성향을 보였다는 이유로 체포, 처형되었다.

그러나 스탈린 사후 모스크바 중앙의 통제가 다소 약화된 가운데 아르메니아인들의 민족적 열망이 표현되기 시작하였다. 최초의 주목할 만한 사건은 1965년 4월 예레반에서 발생한 아르메니아인 대학살 50주년을 기념하는 시위였다. 이 시위에서 아르메니아인들은 터키령 아르메니아 고원의 아르메니아SSR로의 통일을 요구하였다. 소위 아르메니아 문제가 이처럼 대중적으로 다시 거론된 것은 아르메니아의 소비에트화 이후 처음이었다. 다행히도 모스크바와 예레반의 공산당 정권은 아르메니아인의 시위를 억압하기 위해 강압적인 조치를 취하지는 않았다. 오히려 당시 아르메니아 공산당 제1서기였던 자로뱐(Я.Н.Заробян)은 아르메니아 민족 감성에 유화적인 태도를 취함으로써 아르메니아인의 지지를 얻었다. 그러나 소련 지도부는 이듬해 아르메니아 공산당 제1서기를 "지역 민족주의적" 정서가 대중적으로 표출되는 것을 막아야 한다고 주장한 "믿을 만한" 코치냔(А.Е.Кочинян)으로 교체하였다 (Payaslian 2007, 184-185). 흥미로운 것은 코치냔 하에서도 1967년 11월 대학살 추모관 치체르나카베르드(Цицернакаберд)의 건축이 허가되었고, 1968년에는 1918년의 사르다라바드 전투를 추모하는 기념관이 건설되었다는 사실이다.[44] 이것은 아르메니아인의 민족적 감정이 소련 혹은 러시아에 반하여 표출된 것이 아니라 터

---

44 사르다라바드 전투는 1918년 아르메니아군이 아르메니아공화국을 침공한 오스만 투르크 군의 공격을 막아낸 전투를 말한다. 이 전투에서 아르메니아군이 패배하였더라면 투르크군은 사르다라바드에서 멀리 떨어지지 않은 예레반까지 점령하였을 것이다. 따라서 이 전투의 승리는 아르메니아 민족의 생존에 있어서 너무나 중요한 것이었다.

키에 반하는 것이었기에 가능했다. 소비에트 정부는 소련의 통합을 해치지 않는 선에서 아르메니아 민족주의가 표현되는 것에 대해서 비교적 관용적인 태도를 취했다. 또한 아르메니아인 대학살을 기념하는 것이 해외에 있는 아르메니아 디아스포라 집단에 대한 소련의 영향력을 확대하는 데 기여할 것으로 기대되었기 때문이다.[45]

한편 1965년에는 카라바흐 지역을 아르메니아SSR로 돌려줄 것을 요구하는 청원서가 모스크바에 제출되기도 했다. 이 청원서를 제출한 자는 저명한 소설가 울루바뱐(Б.Улубабян)을 포함한 13인의 아르메니아 지식인들이었다. 또한 1966년에는 아르메니아의 통일, 카라바흐 문제의 해결 등을 원하는 청원서가 다시 제출되었다. 그러나 모스크바와 예레반의 공산 정권은 이 문제를 협상하기를 거부하였고, 이로 인해 1968년에는 카라바흐 지역 스테파나케르트(Степанакерт)에서 아르메니아인과 아르제바이잔인 간의 충돌이 일어나기도 했다.

아르메니아인 대학살 50주년을 계기로 표출되었던 아르메니아인들의 민족적 열망은 1968년 이후 수그러들었지만 완전히 사라진 것은 아니었다. 1970년대 브레즈네프 시기에 들어서서, 아르메니아인들은 카라바흐 문제 해결을 요구하면서 계속적으로 청원을 제출했다. 따라서 1974년 아르메니아 공산당 제1서기가 된 데미르챤(К.С.Демирчян)은 부패 근절, 경제 활성화뿐 아니라 민족주의 통제라는 아르메니아 지역의 문제를 해결해야 했다. 카라

---

45 "Цицернакаберд." https://ru.wikipedia.org/wiki/Цицернакаберд (검색일: 2019. 1. 8).

바흐 영토에 대한 아르메니아의 요구를 억압하는 것은 아제르바이잔 공산당 지도부에게도 중요한 관심사였다. 아제르바이잔 공산당 간부는 1975년 카라바흐 지역위원회에서의 연설에서 카라바흐 운동에 참여한 아르메니아 지식인들을 "민족주의적" 정서를 가지고 있다고 비난하였고, 이들이 주장하는 카라바흐 지역의 아르메니아로의 통일 요구는 "다슈나크적 프로파간다"라고 폄하하였다 (Payaslian 2007, 185). 그럼에도 불구하고 아르메니아인들은 계속적으로 관련된 청원을 제출하였으나, 이 모든 노력은 허사로 돌아갔다.

한편 공산당은 지하 아르메니아 민족운동 조직을 완전히 뿌리 뽑지 못하였다. 1966년 카티칸(С.Затикян) 등 일부 아르메니아 지식인들은 비밀리에 민족통일당(Национальная объединённая партия)을 조직하였는데, 이 당은 아르메니아의 역사적 영토, 즉 카라바흐, 나히체반, 터키령 아르메니아의 현 아르메니아로의 통일을 주장하였다. 1968년 민족통일당 지도부가 체포되었음에도 불구하고, 이 당은 1987년까지 비밀리에 활동을 계속하였다. 민족통일당과 관련해서 주목할 점은 이 당이 반소 분리주의 성향을 보였다는 사실이다. 즉 이 당은 아르메니아인 대학살의 결과 극복뿐 아니라 소비에트 아르메니아의 독립, 그리고 민주주의 확립을 주된 목표로 내걸었다.[46] 이를 반영하듯, 1974년 이 당의 일원이었던 조흐라뱐(Р.Зограбян)이 소련 전체주의 지배에 항의하기 위해 예레반 중앙에 있는 레닌 광장에서 레닌 초상화를 불태우는 시위를

---

46 "National United Party (Armenia)," https://en.wikipedia.org/wiki/ National_United_Party_(Armenia) (검색일: 2019. 1. 8).

했다. 시위 당시 그는 소련 정부의 반아르메니아적 정책에 대해, 그리고 아르메니아 애국자 및 반체제 인사에 대한 억압에 항의한 다고 밝혔다. 이 시위 이후 민족통일당의 당원들이 전격 체포되었 다. 한편 이 당은 1977년 1월 모스크바 지하철역 폭탄테러를 감행 했고, 소련 비밀경찰에 의하면 같은 집단이 모스크바 쿠르스크 기 차역에서 두 번째 폭탄 테러를 준비 중이었다고 한다(Suny 1997b, 377 ; Payaslian 2007, 186).

민족통일당의 강령과 시위 내용에서 볼 수 있듯이, 아르메니 아 민족운동은 1970년대에 들어서 반체제 운동의 성격을 띠기 시 작하였다. 그러나 이들 민족통일당이 아르메니아인들 사이에서 폭 넓은 지지를 받았던 것은 아니다. 1970년대의 소련 반체제운동이 대부분 그러했듯이, 이 운동은 소수의 지식인층의 저항에 불과했 다. 그럼에도 불구하고, 이처럼 민족주의적 불씨가 완전히 꺼지지 않았다는 것은 후일 보다 유리한 환경이 만들어졌을 때 불씨가 다 시 살아날 가능성이 있다는 것을 의미했다.

1985년 고르바초프가 등장하여 소련 체제의 개혁과 개방을 추진하기 시작하자 이러한 기회가 찾아왔다. 당시 표면적으로는 소련 내 민족주의 문제가 모두 해결된 것처럼 보였고, 따라서 개혁 초기에만 해도 민족주의가 소련 붕괴의 주요 원인이 되리라고 예 측한 사람은 거의 없었다. 그러나 1988년 소련 최초의 민족분규가 발생하였으니, 바로 카르바흐 지역을 둘러싼 아르메니아와 아제르 바이잔 간의 갈등이었다.

앞서 언급했듯이, 1988년 이전에도 카라바흐 문제를 해결해 줄 것을 요구하는 아르메니아인들의 청원은 계속 있었다. 1987년에도 아르메니아의 정치지도자와 지식인들이 카라바흐의 아르메니아로의 병합을 요구하는 청원을 제출했지만, 이전의 여러 청원의 경우와 마찬가지로 중앙 정부는 이에 답하지 않았다. 결국 1988년 카라바흐 지역에서 민족 분규가 발생했다. 이 사건은 2월 20일 카라바흐 인민대의원회의 소비에트가 투표를 통해 카라바흐의 아르메니아로의 통일을 선언하면서 시작되었다. 예레반에서는 이를 지지하는 대규모 시위가 계속 되었지만, 예레반의 공산당 지도부, 그리고 모스크바의 중앙 권력은 카라바흐 소비에트의 결정에 대응을 하지 않았다. 한편 아제르바이잔인들은 2월 21일 카라바흐 가드루트 마을의 아르메니아인을 공격하였고, 이후 숨가이트, 발라드자리, 키로바바드 등에서 3일간의 아르메니아인 학살이 일어났다.

카라바흐 지역에서 유혈 사태가 발생하였지만 중앙 정부의 대응은 미온적이었고 뒤늦었다. 모스크바의 공산당 중앙위원회는 3월 말에 가서야 카라바흐 위원회가 불법적으로 활동하였다고 선언하고 양 공화국 간 경계를 재조정하는 것을 재차 거부했다. 공산당의 입장에서는 아르메니아의 요구가 받아들여질 경우, 소련 안의 여러 지역에서 이와 유사한 요구가 도미노처럼 분출될 것을 우려했다(Payaslian 2007, 191).

결국 예레반의 카라바흐 위원회와 스테파나케르트의 크렁크 위원회는 그 해 5월부터 모스크바로부터 더 큰 자율성을 요구하는 민족운동을 펼치기 시작하였다. 5월 28일에는 1918년 아르메니아공화국의 독립 70주년을 기념하는 대중 시위가 벌어졌고, 약 5만 명의 아르메니아인들이 아르메니아공화국의 국기였던 삼색기를 들고 시위를 했다. 이들은 5월 28일을 국경일로 제정할 것을 요구했다. 이것은 분명 소련 체제 안에서 중앙정부에 청원을 함으로써 영토 문제를 해결하려던 이전의 태도와는 완전히 다른 것이었다. 고르바초프가 지적하였듯이, "반사회주의, 반소비에트, 반러시아" 성격을 띠기 시작한 것이었다. 카라바흐 문제를 해결할 수 있는 방안을 제시하지 못하고 19차 전당대회가 끝나자, 아르메니아인 시위자들은 예레반 근처 즈바르트노트 공항에서 소련군과 충돌하기도 했다. 반소비에트 정서가 고조된 가운데, 카라바흐 위원회는 9월 명시적으로 독립을 요구하는 대중 시위를 벌였다. 예레반의 공산당 지도부, 그리고 모스크바의 중앙 권력이 카라바흐 문제를 해결하지 못하고 시간을 지체하는 가운데, 아르메니아인들 사이에서는 소련 정부에 대한 반감이 높아졌고 공산당의 정치적 정통성이 잠식되기 시작하였다. 1988년 말에 이르러서는, 아르메니아SSR과 카라바흐의 아르메니아인들 모두 민족의 독립만이 아르메니아인이 직면한 모든 문제—정치, 경제, 사회, 환경 문제—를 해결할 수 있는 유일한 방안이라고 확신하게 되었다(Payaslian 2007, 191-192).

이처럼 아르메니아 민족운동이 급진화되자, 소련 정부는 1988년 12월 계엄령을 선포하고 카라바흐 위원회의 주요 인사를 체포하였다. 1989년 1월 소련 최고소비에트는 카라바흐 지역을 여전히 아제르바이잔SSR에 남겨두되 모스크바의 직접적인 행정 통치 하에 두기로 결정했다. 이러한 조치는 아제르바이잔의 공격으로부터 아르메니아인을 보호하고 차별을 없애기 위한 것이었지만, 아르메니아인들을 만족시킬 수 없었다. 아르메니아의 시위가 계속되는 가운데, 소련 정부는 아르메니아에게 양보하는 조치를 취했다. 그 해 5월 카라바흐 위원회 인사들이 풀려나고 계엄령이 해제되었다. 또한 5월 28일을 국경일로 삼고 아르메니아공화국의 삼색기를 사용하는 것이 허용되었다. 그러나 이미 아르메니아인들은 이 정도의 유화정책에 만족할 수 없었다. 카라바흐 지역에서는 시위가 계속 되었고, 1989년 8월 카라바흐의 아르메니아인들은 아르메니아민족협의회를 조직하고 카라바흐의 아제르바이잔SSR로부터의 탈퇴 및 아르메니아SSR로의 통합을 선포하였다(Payaslian 2007, 192-193). 이에 모스크바는 11월 28일 카라바흐를 사포노프(B.Сафонов) 장군이 통치하는 군사행정 하에 두기로 결정하였는데, 사포노프 장군이 아제르바이잔에게 우호적인 인사였기 때문에 아르메니아들의 반대는 매우 컸다. 예레반과 스테파나케르트에서 다시금 시위의 물결이 일어났다. 결국 12월 1일 아르메니아 최고소비에트는 카라바흐의 병합을 선언하였고, 소련 헌법 6조의 무효화, 그리고 아르메니아SSR의 아르메니아공화국으로의 개명을 선포하였다(Payaslian 2007, 193).

1988-1989년 사이에 아르메니아SSR의 상황이 급변하자 해외의 아르메니아 디아스포라 집단들은 이 상황에 어떻게 반응해야 할지 몰라 당황했다. 1988년 불과 1년 만에 소련 내 아르메니아인들이 카라바흐 문제 해결 요구를 넘어서서 더 큰 자율, 그리고 독립을 요구할 정도로 급진화되자, 오히려 아르메니아 디아스포라 단체들은 보수적인 태도를 보이기도 했다. 1988년 10월에는 소련 정부에 반대하던 다슈나크당을 포함하여 훈차크당, 람카바르당이 소비에트 아르메니아가 소련으로부터 탈퇴하지 않도록 촉구하는 선언문을 냈다. 아르메니아의 소련으로부터의 이탈이 다시금 터키

의 위협 하에 아르메니아를 노출시킬 것이기 때문에, 다슈나크당은 소련의 보호가 터키의 범투르크주의로부터 아르메니아를 지켜줄 것이라고 믿었다. 그러나 이러한 태도는 아르메니아 내부에서 일어나고 있는 변화를 제대로 감지하지 못하고 민주화와 독립을 추구하고 있는 아르메니아 민족운동의 성격을 제대로 파악하지 못했기 때문에 나타난 것이었다(Payaslian 2007, 192).

그러나 1989년에 이르러서는, 디아스포라 단체들이 아르메니아SSR를 돕기 위해 적극적으로 나섰다. 특히 1988년 12월 아르메니아SSR 북부 지역에서 대규모 지진이 발생하자 아르메니아 디아스포라 동포들은 지진 생존자를 돕고 피해 지역을 복구하기 위해 인도주의적 지원을 아끼지 않았다. 이와 더불어 디아스포라 집단을 대변했던 다슈나크당, 훈차크당, 람카바르당은 그들 간의 이견을 극복하고 아르메니아SSR의 독립을 적극 지원하기로 입장을 바꾸었다.

아르메니아의 완전한 독립까지는 이후로도 2년여의 시간이 더 걸렸다. 1990년에 들어서서 아르메니아 외에도 여러 연방공화국 지역에서 민족주의적 열망이 표출되면서 소련으로부터의 독립이 거론되었다. 1989년부터 시작된 이러한 움직임은 특히 발트 3국과 그루지아에서 강했다. 아르메니아의 민족주의도 이제 카라바흐 문제 해결에만 한정되지 않았다. 1990년부터 아르메니아는 소련으로부터의 이탈과 자체 독립을 향해 계속적으로 움직였다. 1990년 1월에는 아르메니아 최고소비에트가 아르메니아 법이 소련 연방법에 대해 우위에 있다고 선언하였고, 소련법을 거부할 수 있는 권한을 가지고 있다고 선언했다. 이에 더하여 1990년에는 공산당 권력의 잠식이 뚜렷하게 드러났다. 그 해 4월 개혁 요구의 수용 및 카라바흐 문제 해결에 실패하였던 하루튜냔(С.Г.Арутюнян)이 아르메니아 공산당 제1서기직에서 물러났다. 한편 고르바초프의 페레스트로이카(개혁) 정책의 일환으로 1990년 5월 복수 후보에 대한 자유선거가 아르메니아에서 치러졌는데, 공산당 후보 외에 아르메니아 민족운동 계열의 후보들이 다수 당선되었다. 이것은 공산당 권력의 잠식이 일어나고 있다는 것을 극명하게 보여주는 것이었다. 또한 아르메니아 민족운동을 이끌었던 페트로샨(Левон Тер Петросян)이 아르메니아 최고소비에트 의장으로 선출되었다. 이러한 선거 결과는 아르메니아 민족운동이 소련 정권에 대해 더욱 폭넓게 저항할 수 있는 정치적 근거를 제공했다. 8월 페트로샨이 이끄는 아르메니아 정부는 소련으로부터 탈퇴하겠다는 의사를 밝혔고, 정치 경제 자유화를 도입하였다(Payaslian 2007, 196-197).

아르메니아를 위시한 여러 연방공화국이 소련으로부터 탈퇴 움직임을 보이자, 고르바초프는 신연방법을 제정하여 이들 공화국을 느슨한 형태로나마 소련의 틀 안에 묶어 두려고 했다. 신연방법은 군사, 외교 영역은 연방의 권한으로 두되, 정치, 경제, 문화, 교육 등의 제 영역에서는 연방공화국의 권한을 대폭 확대하는 것을 상정했다. 그러나 1991년 8월 고르바초프의 신연방법에 반대하며 소련을 기존의 형태로 유지하고자 했던 보수파들이 일으킨 쿠데타가 실패로 끝나게 되자, 고르바초프의 신연방법은 더 이상 고려할 만한 대안이 아니게 되었다. 1991년 9월 아르메니아의 독립 여부를 묻는 주민투표가 실시되었을 때, 대다수의 아르메니아인들은 독립을 찬성하였고, 아르메니아 의회는 아르메니아를 주권을 가진 독립 국가로 선포하였다. 또한 10월에는 페트로샨이 83%의 지지로 아르메니아공화국의 초대 대통령으로 선출되었다. 결국 그 해 12월 소련이 공식적으로 해체되자 아르메니아공화국은 명실상부하게 완전한 독립국이 되었다.

IV 결론

앞서 살펴보았듯이, 아르메니아 민족국가 형성에 미친 러시아/소련의 영향은 다음과 같이 요약될 수 있다. 첫째, 아르메니아는 '고대' 민족이었지만 1375년 실리시아 왕국이 패망한 후 오랫동안 타민족의 지배를 받았다. 따라서 러시아제국의 카프카스 점령으로 아르메니아인들이 러시아의 지배를 받게 되었을 때, 이들은 이것을 자민족에 대한 억압이라기보다는 무슬림 지배로부터의 해방이라 간주했다. 1920년 말 아르메니아공화국이 볼셰비키 적군에게 권력을 이양했을 때에도, 이것은 아르메니아인의 입장에서는 터키공화국의 공격과 지배로부터 벗어날 수 있는 대안으로 간주되었다. 따라서 러시아 지배에 대한 아르메니아인들의 태도는, 피지배 민족이 지배 민족에게 가지는 적대감이라는 도식으로는 설명할 수 없는 복잡한 것이었다.

둘째, 러시아 혹은 소련의 지배는 아르메니아인에 대해 늘 호의적인 것은 아니었지만, 타 제국의 지배, 특히 오스만투르크의 지배에 비해서는 억압이나 착취의 정도가 강하지 않았다. 특히나 오스만제국 하에서 1915년 아르메니아인 대학살의 비극을 경험했던 아르메니아인들의 입장에서 보면, 러시아제국, 후일 소련 안에 아르메니아인 지역이 존재했던 것은 아르메니아 민족이 존속할 수 있는 최소한의 영토 확보를 보장하는 것이었다. 수 세기 동안 전 세계로 흩어졌던 아르메니아인들은 카프카스 내 아르메니아 지역이 존재하였기에 이 지역으로 다시금 모여들 수 있었다. 특히 아르메니아공화국 및 소련 시절의 아르메니아SSR의 영토에 해당하는, 예레반을 중심으로 한 아르메니아 지역으로의 아르메니아인의 집중은 1991년 아르메니아 민족국가 탄생에 결정적으로 중요한 요소였다.

셋째, 러시아제국이나 소련이 아르메니아 민족주의에 항상 관대했던 것은 아니다. 다민족 제국의 특성상 소수민족의 민족주의 발흥은 체제 유지에 치명적일 수 있기 때문이다. 러시아제국의 경우 1880년 이후 러시아 정권이 보수화됨에 따라 강제적인 러시아화 정책으로 아르메니아인과의 갈등이 유발되었고, 소련의 경우에는 반민족주의적 성향의 공산주의 이념과 정책으로 말미암아 아르메니아 민족주의의 표현이 금지되었다. 그러나, 아이러니하게도, 러시아제국 치하에서, 그리고 소련 안에서, 전반적인 교육의 확산과 경제 수준의 향상으로 말미암아 아르메니아 민족주의가 발전할 수 있는 사회경제적 조건이 만들어진 것도 사실이다. 특히 소련의 소수민족에 대한 토착화 정책은 아르메니아SSR 안에서 아르메니아어 교육을 가능하게 했을 뿐 아니라 명목적으로나마 아르메니아인에 의한 지역 통치가 가능하게 했다. 이러한 경험은 1991년 아르메니아의 독립에 중요한 영향을 미쳤다고 할 수 있다. 그러나 다른 한편, 카라바흐 사태가 보여주듯이, 소련 시절의 카프카스 정책은 아르메니아 독립 이후의 영토 갈등 요소를 내포하고 있었다.

아르메니아는 오랜 좌절과 실패 끝에 1991년 드디어 독립을 달성하였지만, 아르메니아 민족국가 형성의 과업은 아직도 진행 중이라 할 수 있다. 아제르바이잔과의 카라바흐, 나히체반 지역에 대한 영토 갈등이 해결되지 않았기 때문이다. 또한 아르메니아인 대학살 인정 문제를 둘러싸고 터키공화국과도 역사 논쟁이 계속되고 있다. 따라서 1918-1920년 당시에 그러했던 것처럼, 아르메니아공화국은 또다시 적대적인 국가에 둘러싸여 있다. 그렇기에 아르메니아에게 있어서 러시아와의 우호적 관계 유지는 더없이 중요한 것이다. 이것이 친서구 입장을 보이며 러시아로부터 멀어져가고 싶어 하는 조지아공화국과 달리, 그리고 친터키 외교노선을 표방하는 아제르바이잔과 달리, 아르메니아가 러시아와 가까울 수밖에 없는 이유이다.

참고문헌

강윤희. 2017. "러시아제국 주변부에서의 혁명: 아르메니아 민족주의와 단명한 아르메니아공화국."『러시아연구』 27(2): 1-36.

_____. 2018. "아르메니아 문제와 유럽 외교: 1877-78 러시아-투르크 전쟁과 베를린 회의를 중심으로."『러시아연구』 28(2): 1-48.

김영술. 2010. "아르메니아인 제노사이드 인정문제와 국제관계: 디아스포라 정치의 관점에서."『민주주의와 인권』 10(2): 417-456.

_____. 2015. "아르메니아인 대학살을 어떻게 볼 것인가."『내일을 여는 역사』 60: 220-232.

김혜진. 2009. "아르메니아 디아스포라의 형성과 모국과의 관계에 대한 연구." 『슬라브학보』 24(4): 343-370.

_____. 2010. "러시아 내 아르메니아 디아스포라의 형성과 특징."『슬라브학보』 25(2): 1-27.

허승철 편역. 2016.『조지아의 역사』 서울: 문예림.

Anderson, Barbara A. and Brian D. Silver. 1996. "Population Redistribution and the Ethnic Balance in Transcaucasia." In *Transcaucasia, Nationalism and Social Change: Essays in the History of Armenia, Azerbaijan, and Georgia*, edited by Ronald Grigor Suny, 481-506. Ann Arbor: University of Michigan Press.

Bloxham, Donald. 2007. *The Great Game of Genocide: Imperialism, Nationalism, and the Destruction of the Ottoman Armenians*. Oxford: Oxford University Press.

Bournoutian, George A. 1996. "The Ethnic Composition and the Socio-Economic Condition of Eastern Armenia in the First Half of the Nineteenth Century." In *Transcaucasia, Nationalism and Social Change: Essays in the History of Armenia, Azerbaijan, and Georgia*, edited by Ronald Grigor Suny, 69-86. Ann Arbor: University of Michigan Press.

_____. 1998. *Russia and the Armenians of Transcaucasia, 1797-1889: A Documentary Record*. Costa Mesa: Mazda.

_____. 2012. *A Concise History of the Armenian People*. Costa Mesa: Mazda.

Burdett, Anita L. P., ed. 1998. *Armenia: Political and Ethnic Boundaries 1878-1948*. Chippenham: Antony Rowe.

Dekmejian, R. Hrair. 1997. "The Armenian Diaspora." In *The Armenian People from Ancient to Modern Times*, Vol. II, edited by Richard G. Hovannisian, 413-443. New York: St. Martin's Press.

Dudwick, Nora. 1996. "Nagorno-Karabakh and the Politics of Sovereignty." In

    Transcaucasia, Nationalism and Social Change: Essays in the History of Armenia, Azerbaijan, and Georgia, edited by Ronald Grigor Suny, 427-440. Ann Arbor: University of Michigan Press.

Forsyth, James. 2013. *The Caucasus: A History.* Cambridge: Cambridge University Press.

Gunter, Michael M. 2011. *Armenian History and the Question of Genocide.* New York: Palgrave Macmillan.

Hosking, Geoffrey. 2001. *Russia and the Russians: A History.* Cambridge, MA: The Belknap Press of Harvard University Press.

Hovannisian, Richard G. 1967. *Armenia on the Road to Independence, 1918.* Berkeley: University of California Press.

_____. 1971. *The Republic of Armenia.* Vol. I, *The First Year, 1918-1919.* Berkeley: University of California Press.

_____. 1982. *The Republic of Armenia.* Vol. II, *From Versailles to London, 1919-1920.* Berkeley: University of California Press.

_____. 1996a. *The Republic of Armenia.* Vol. III, *From London to Sèvres, February–August 1920.* Berkeley: University of California Press.

_____. 1996b. "Caucasian Armenia between Imperial and Soviet Rule: The Interlude of National Independence." In *Transcaucasia, Nationalism and Social Change: Essays in the History of Armenia, Azerbaijan, and Georgia*, edited by Ronald Grigor Suny, 261-294. Ann Arbor: University of Michigan Press.

_____., ed. 1997a. *The Armenian People from Ancient to Modern Times,* Vol. I-II. New York: St. Martin's Press.

_____. 1997b. "The Armenian Question in the Ottoman Empire, 1876-1914." In *The Armenian People from Ancient to Modern Times*, Vol. II, edited by Richard G. Hovannisian, 203-238. New York: St. Martin's Press.

_____. 2003. *Looking Backward, Moving Forward: Confronting the Armenian Genocide.* New Brunswick, NJ: Transaction.

_____. 2017. *The Armenian Genocide: Wartime Radicalization or Premeditated Continuum.* London: Routledge.

Kappeler, Andreas. 2001. *The Russian Empire: A Multiethnic History.* London: Longman.

Kazemzadeh, Firuz. 1974. "Russian Penetration of the Caucasus." In *Russian Imperialism from Ivan the Great to the Revolution*, edited by Taras Hunczak, 239-263. New Brunswick: Rutgers University Press.

Khachikyan, Armen. 2010. *History of Armenia: A Brief Review.* Yerevan: Edit Print.

Lewy, Guenter. 2005. *The Armenian Massacres in Ottoman Turkey: A Disputed*

    Genocide. Salt Lake City: The University of Utah Press.

Libaridian, Gerard J. 1996. "Revolution and Liberation in the 1892 and 1907 Programs of the Dashnaktsutiun." In *Transcaucasia, Nationalism and Social Change: Essays in the History of Armenia, Azerbaijan, and Georgia*, edited by Ronald Grigor Suny, 187-198. Ann Arbor: University of Michigan Press.

Light, Margot. 1995. "Russia and Transcaucasia." in *Transcaucasian Boundaries*, edited by John F. R. Wright, Suzanne Goldenberg, and Richard Schofield. New York: St. Martin's Press.

Minassian, Anahide Ter. 1996. "Nationalism and Socialism in the Armenian Revolutionary Movement (1887-1912)." In *Transcaucasia, Nationalism and Social Change: Essays in the History of Armenia, Azerbaijan, and Georgia*, edited by Ronald Grigor Suny, 141-186. Ann Arbor: University of Michigan Press.

Orbelyan, Zaruhi. 2016. *The Guidebook of Armenia: History, Nature, Religion, Places of Interest*. Yerevan.

Payaslian, Simon. 2007. *The History of Armenia: From the Origins to the Present*. New York: Palgrave Macmillan.

Rhinelander, L. H. 1996. "Viceroy Vorontsov's Administration of the Caucasus." In *Transcaucasia, Nationalism and Social Change: Essays in the History of Armenia, Azerbaijan, and Georgia*, edited by Ronald Grigor Suny, 87-104. Ann Arbor: University of Michigan Press.

Riasanovsky, Nicholas V. 2000. *A History of Russia*. 6th ed. Oxford: Oxford University Press.

Saroyan, Mark. 1996. "Beyond the Nation-State: Culture and Ethnic Politics in Soviet Transcaucasia." In *Transcaucasia, Nationalism and Social Change: Essays in the History of Armenia, Azerbaijan, and Georgia*, edited by Ronald Grigor Suny, 401-426. Ann Arbor: University of Michigan Press.

Schroeder, Gertrude E. 1996. "Transcaucasia since Stalin: The Economic Dimension." In *Transcaucasia, Nationalism and Social Change: Essays in the History of Armenia, Azerbaijan, and Georgia*, edited by Ronald Grigor Suny, 461-479. Ann Arbor: University of Michigan Press.

Suny, Ronald Grigor. 1993. *Looking toward Ararat: Armenia in Modern History*. Bloomington: Indiana University Press.

_____. 1996a. "On the Road to Independence: Cultural Cohesion and Ethnic Revival In a Multinational Society." In *Transcaucasia, Nationalism and Social Change: Essays in the History of Armenia, Azerbaijan, and Georgia*, edited by Ronald Grigor Suny, 377-400. Ann Arbor: University of Michigan Press.

_____. 1997a. "Eastern Armenians under Tsarist Rule." In *The Armenian People from Ancient to Modern Times*, Vol. II, edited by Richard G. Hovannisian, 109-137. New York: St. Martin's Press.

_____. 1997b. "Soviet Armenia." In *The Armenian People from Ancient to Modern Times*, Vol. II, edited by Richard G. Hovannisian, 347-387. New York: St. Martin's Press.

_____. 2015. *"They Can Live in the Desert but Nowhere Else": A History of the Armenian Genocide*. Princeton: Princeton University Press.

Suny, Ronald Grigor, Fatma Müge Göçek and Norman M. Naimark. 2011. *A Question of Genocide: Armenians and Turks at the End of the Ottoman Empire*. Oxford: Oxford University Press.

Walker, Christopher J. 1980. *Armenia: The Survival of a Nation*. London: Croom Helm.

Walker, Christopher J., ed. 1991. *Armenia and Karabagh: The Struggle for Unity*. London: Minority Rights Group.

"Armenian Diaspora," https://en.wikipedia.org/wiki/Armenian_diaspora (검색일: 2018. 12. 5).

"National United Party (Armenia)," https://en.wikipedia.org/wiki/National_United_Party_(Armenia) (검색일: 2019. 1. 8).

"Армянская Советская Социалистическая Республика," https://ru.wikipedia.org/wiki/Армянская_Советская_Социалистическая_Республика (검색일: 2018. 12. 23).

"Цицернакаберд," https://ru.wikipedia.org/wiki/Цицернакаберд (검색일: 2019. 1. 8).

필자 소개

강윤희 Kang, Yoonhee

국민대학교 유라시아학과(Department of Eurasian Studies, Kookmin University)
교수
서울대학교 외교학과 졸업, 영국 글라스고우대학교 정치학박사

논저 "러시아제국 주변부에서의 혁명: 아르메니아 민족주의와 단명한 아르메니아공화국", "아르메니아 문제와 유럽 강대국 외교: 1877-78 러시아-투르크 전쟁과 베를린 회의를 중심으로", 『1972 한반도와 주변 4강 2014』(공저)

이메일 yhkang@kookmin.ac.kr

제4장

소비에트 정권의 중앙아시아 이슬람 정책의 변천과 그 영향

Changes in Soviet Regime's Islamic Policy in Central Asia and its Effects

김태연 | 서울대학교 노어노문학과 강사

소비에트

정권의 중앙아시아 이슬람 정책은 이 지역을 소비에트 국가와 사회로 통합하려는 원대한 목표의 일부로 입안되고 실행되었다. 전전 시기에 소비에트 정권은 중앙아시아 지역에서 이슬람의 사회적·제도적 권위를 해체하려는 노력을 기울였고, 정책의 억압적 성격이 점차 강화됨에 따라 이러한 노력은 일정한 성과를 거두기도 했지만, 이 지역 주민들의 삶과 의식의 일부였던 이슬람을 철폐하지는 못했다. 전후 시기 소비에트 정권의 이슬람 정책은 제도화를 통한 국가의 이슬람 관리로 방향을 전환했는데, 그 결과 한편으로는 국가의 통제와 지원을 받는 공식 이슬람 구조가 만들어졌고, 다른 한편으로는 공식 이슬람의 틀과 범위에 포함되지 않는 비공식 이슬람 현상이 존재하게 되었다. 소연방 해체 이후의 달라진 현실에서도 중앙아시아 지역 정권들은 이슬람을 통제할 필요와 욕구를 가졌기 때문에 공식 이슬람 제도는 과거처럼 유지된 반면에, 정권에 대한 도전 혹은 위협 요인이 될 수 있는 급진적 혹은 정치적 이슬람이 포스트소비에트 중앙아시아 지역에서 새로운 양상의 비공식 이슬람으로 대두되었다.

The policy of the Soviet regime towards Islam in Central Asia was formulated and implemented as a part of its grand goals of integrating this region into the Soviet state and society. The Soviet regime in the prewar period made an effort to destroy social and institutional authority of Islam in the Central Asian region. As the repressive nature of the regime's policy increasingly strengthened, regime's effort attained a degree of outcome, but did not abolish Islam that was a part of life and consciousness of the people in Central Asia. The Soviet regime in the postwar period reoriented its policy towards Islam to the state control over Islam through institutionalization. As a result, on the one hand, the structures of official Islam under the control of and with the support of the state were established, on the other hand, a phenomenon of unofficial Islam that is not included in the framework and scope of official Islam came to exist. In changed realities after the breakup of the Soviet Union the institutions of official Islam were retained as in the past because post-Soviet regimes in Central Asia had a need and desire to take control of Islam, while radical or political Islam that can pose a challenge or a threat to the regime emerged as a new type of unofficial Islam in the post-Soviet Central Asian region.

KEYWORDS 소비에트연방 Soviet Union, 중앙아시아 Central Asia, 소비에트 이슬람 정책 Soviet policy towards Islam, 공식 이슬람 official Islam, 비공식 이슬람 unofficial Islam

I 들어가며

포스트소비에트 중앙아시아 5개국은 모두 무슬림이 인구의 압도적 다수를 차지하는 나라들이지만,[1] 국가와 종교를 분리하는 세속국가 원칙을 표방하고 있다. 이러한 규범적 지향과는 별개로 혹은 모순되게도 실제 현실에서 이 지역 권위주의 국가들은 종교문제에 깊숙이 개입하여 이슬람을 비롯한 종교를 관리·통제하는 데 많은 노력을 기울이고 있다. 한편 이들 국가들에서 이슬람은 공식 이슬람과 비공식 이슬람으로 이원화되어[2] 존재하면서 국가의 간섭과 규제, 때로는 극심한 억압의 대상이 되고 있다. 흥미로운 점은 이러한 포스트소비에트 중앙아시아 지역 이슬람의 존재 양상이 소비에트 시기로부터 연원하여 이어지고 있는 산물이라는 점이다. 즉 소비에트연방으로부터 중앙아시아 공화국들이 독립한 지 30년이 가까워지고 있음에도 불구하고, 아직도 이들 국가들에서 이슬람은 소비에트 시기에 형성된 어떤 인식 혹은 관행의 자장을 완전히 벗어나지 못한 상태에 있는 것이다.

이 글의 문제의식은 바로 이러한 점에서 출발한다. 즉 이 글은, 중앙아시아 국가들이 탈소비에트 이행에 착수한 이후로 상당한 시간이 흘렀고, 그 이행의 과정과 노력에서 이슬람에 부여된 의

---

1   2010년 중앙아시아 5개국 무슬림 인구 비율은 카자흐스탄에서 70.4%, 키르기스스탄에서 88%, 타지키스탄에서 96.7%, 투르크메니스탄에서 93%, 우즈베키스탄에서 96.7%로 추산되었다(Pew Research Center 2015, 238, 239, 243, 244).

2   포스트소비에트 중앙아시아에서 국가의 통제와 지원을 받는 공식 이슬람과 대립되는 비공식 이슬람은 급진적 혹은 정치적 이슬람이다. 소비에트 시기의 비공식 이슬람은 이러한 유형의 이슬람이 아니었는데, 이에 대해서는 아래에서 논의될 것이다.

미와 역할이 막중한 것이었는데도,[3] 왜 현재에도 중앙아시아 지역에서 이슬람과 관련된 현실은 과거 소비에트 시기의 그것과 유사한 모습을 보이고 있는지에 대한 질문을 시발점으로 하는 것이다. 이러한 문제에 대한 답을 구하기 위한 실마리로서 이 글은 소비에트 정권의 중앙아시아 이슬람 정책이 시대적 조건에 따라 어떠한 방향과 성격으로 변화했고, 그 영향으로 이 지역에서 이슬람이 어떠한 양상으로 존재하게 되었는지에 대한 논의를 진행할 것이다. 바꾸어 말하면, 이 글의 목적은 중앙아시아 지역에서 소비에트 정권이 실행한 이슬람 정책의 변천과 그 사회정치적 영향을 규명하는 것이다.

이슬람 정책을 포함하여 중앙아시아 지역에서 실시한 소비에트 정권의 정책에 대한 기존연구는 주로 정권이 가한 억압의 강화 혹은 완화, 이와 관련하여 정권이 거둔 성과 혹은 그 한계를 설명·평가하는 데 치중하는 경향을 보였다.[4] 또한 소비에트 중앙아시아 이슬람에 대한 기존연구에는 소비에트 무슬림을 소비에트 정권의 공격의 대상으로, 따라서 그 정책에 대해 적대적인 태도를 취한 이들로 묘사하는 흐름이 있다고 지적되기도 한다(Tasar 2017,

---

3   이는 이슬람이 러시아와 구별되는 중앙아시아 국가와 사회, 민족과 개인의 정체성을 구성하는 핵심적인 요인들 중 하나라는 점에서 기인한다. 이러한 점과 관련하여 소연방 해체를 전후하여 중앙아시아 국가들에서 공통적으로 나타난 현상이 소위 이슬람 부흥인데, 이에 대한 상세한 내용은 오원교(2008) 참조.

4   예를 들면 소비에트 중앙아시아는 '소비에트 실험이 실패한 가장 비극적인 사례'였다거나 소비에트 반(反)이슬람 캠페인은 '완전한 실패' 혹은 '명백한 실패'로 끝났다는 평가를 내리는 연구가 있는가 하면(Haghayeghi 1995, 37; Rakowska-Harmstone 1991: ix), 이와 반대로 포스트소비에트 초기 중앙아시아 엘리트 및 대중의 정치적 반응은 소비에트 정책이 '상당한 성공'을 거두었음을 입증한다는 주장을 찾을 수도 있다(Shahrani 1993, 123-124).

3-4). 한편으로는 이러한 동향의 연구가 소비에트 시기에 형성된 중앙정부와 중앙아시아 지역 간의 관계 혹은 영향의 방향과 성격과 결과를 드러내 보여주는 데 기여하는 것이 사실이다. 그렇지만 다른 한편으로 이러한 선행연구에서는 억압의 강화 혹은 완화, 억압적 정책의 성공 혹은 실패의 시각으로는 포착되지 않는, 소비에트 정권이 정책적 노력을 기울이는 과정에서 수반된 의도치 않은, 그러나 정권이 의도한 목적의 실현과 관련하여 중요한 의미를 갖는 현실의 변화와 그 의미 및 영향에 대해서는 충분한 논의가 이루어지지 않은 것 또한 사실이다. 이 글은 바로 이처럼 기존연구에서 간과된 지점이라고 할 수 있는 소비에트 이슬람 정책의 구성적 성격과 작용에 주목하여 이를 조명하려는 연구의 성격을 갖는다.

한편 소비에트 정권의 중앙아시아 이슬람 정책을 살펴보는 과정에서 이 글이 전제로 하는 것은, 이 지역에서 수행한 소비에트 정권의 제반 정책이 이슬람을 비롯한 이 지역 고유문화 혹은 관행의 억압 그 자체를 목적으로 하는 협소한 인식 틀에 의해 추동된 것이 아니었다는 점이다.[5] 소비에트 정권의 중앙아시아 이

---

5   레닌은 다른 영역에서와 마찬가지로 종교정책에서도 이후에 당이 따르게 될 모범을 보인 혹은 택하게 될 전략의 기틀을 마련한 인물이었다는 점에서 그의 종교관은 중앙아시아 이슬람 정책을 포함한 소비에트 종교정책이 입안·실행되는 과정에서 중대한 위상과 무게를 갖는다. 원칙적으로 그는 억압이 오히려 종교를 야기할 것이라는 마르크스의 견해에 동의했고, 종교의 사회적 원인으로서 자본주의 철폐를 주요 목표로 간주했으며, 국가와 종교의 완전한 분리를 주장했다. 그러나 소비에트 초기 혁명과 내전의 압박으로 인해 종교를 대하는 그의 태도는 매우 강경해졌고, 이에 따라 그는 폭력적인 반(反)종교 캠페인을 옹호한 '전투적 유물론자'였다고 논의되는데, 그럼에도 불구하고 '현실 정치인(practical politician)'으로서 그는 이슬람을 포함한 종교에 대한 직접적인 공격과 이념적 교육·교화를 모두 요구하는 '양면전략(two-pronged strategy)'을 추구했다(최일봉 2004, 243-

슬람 정책은 이 지역 대중이 종교에 기반하지 않는 완전히 새로운 생활·사고방식을 수용하도록 만듦으로써 이 지역을 소비에트 국가로 통합시키려는 원대한 목적과 장기적인 관점에 따라 형성된 것이었으며,[6] 그렇기 때문에 특정한 시대적·지역적 조건과 국면에 따라 상이한 특징을 나타내기도 하였다(Keller 2001a, 312; Rakowska-Harmstone 1983, 24). 다시 말하면, 소비에트 정권이 계급과 국가와 민족이 그러할 것처럼 결국에는 종교 역시 폐지 혹은 소멸될 것이라고 간주하여 이를 위해 많은 노력을 기울이긴 했지만, 이것이 소비에트 정부의 종교정책이 종교의 억압 그 자체를 목적으로 하여 오로지 이를 실천한 행동으로서만 이해될 수 있음을 의미하지는 않는다. 따라서 소비에트 정권의 중앙아시아 이슬람 정책에 접근하는 관점 혹은 방법에 있어서 이 글은 국가 억압의 강화 혹은 완화라는 현상적(現象的) 측면에 초점을 맞추기보다는 소비에트 국가·사회·민족 건설이라는 원대했던 정권의 목표를 이루기 위한 수단 혹은 전술의 측면에 주안점을 두어 그 변화의 양상과 영향을 밝히고자 한다.

244; Haghayeghi 1995, 13-15; Keller 1992, 26-28; Keller 2001a, 314).

6   1917년 10월 혁명 이후 볼셰비키는 소비에트 국가 수립, 소비에트 사회 건설, 소비에트 인간 주조라는 삼중의 목표를 추구했으며, 종교는 이러한 "사회공학의 주요 장애물"로 간주되었다(Rorlich 1991, 186). 이러한 맥락에서 중앙아시아 지역에서 소비에트 정권이 주도하여 "무슬림 사회를 뒤흔든 일련의 극단적인 행동들"은 "궁극적으로는 중앙정부가 소비에트 사회의 모든 층위를 도시 지향적 사회주의 프롤레타리아 사회로 개조하려는 거대한 작업인 전체 '문화혁명'의 맥락 내에서 이해되어야 한다"(Keller 1992, 39).

II 전전 시기: 이슬람의 제도적·사회적 권위 해체

소비에트 정권의 중앙아시아 이슬람 정책은 이미 1941년 독소전쟁 발발 이전에 몇 단계 변화의 국면을 거쳤다고 논의되기도 하지만,[7] 1917년 소비에트 정부 수립 후부터 1941년 독소전쟁 발발 전까지 중앙아시아 지역에서 이슬람과 관련하여 정권이 취한 일련의 행동은 이 지역 이슬람의 제도적·사회적 권위 해체라는 목표를 관철시키기 위해 추진한 정책으로 이해될 수도 있다. 즉 전전 시기 소비에트 정권의 중앙아시아 이슬람 정책은 이 지역을 새로운 소비에트 국가와 사회의 구성원으로 편입시키기 위한 방법으로 이 지역 무슬림들의 삶에서 관행과 규범의 준거를 제공하며 사법적·교육적 기능을 수행하는 기구였던 이슬람의 권위를 박탈하려한 다양한 방식의 노력이었다고 할 수 있는 것이다. 전전 시기 중앙아시아 지역에서 이슬람의 제도적·사회적 권위를 해체하려 시도했던 소비에트 정권의 정책은 다음과 같은 과정으로 진행된다.

1917년 10월 혁명 이후 소비에트 중앙정부가 중앙아시아 지역을 통제할 수 있게 된 것은 1919년에 즈음해서이다.[8] 즉 바

---

7 예를 들면 소비에트 국가의 초기 중앙아시아 이슬람 정책은 ① 1921-1927년 '토착화(коренизация)' 시기 ② 1927-1941년 '맹공(assault)' 시기로 구분될 수 있는 변화의 국면을 겪었다는 주장을 찾을 수 있다(Rakowska-Harmstone 1983, 24-32). 또한 소비에트 초기 국가와 이슬람 간의 관계는 ① 혁명 직후 볼셰비키가 이슬람의 영향력을 고려하여 그 혁명적 이론으로서의 가능성을 탐색한 시기 ② 1920-1923년 정치적 갈등의 격화와 관련된 이슬람 탄압의 시기 ③ 1923-1924년에서 1929-1930년까지 소비에트 권력과 이슬람이 다시 타협을 모색한 시기 ④ 1930년대 전체주의 체제 수립에 따른 이슬람 탄압의 절정기로 세분될 수 있다고 논의되기도 한다(Polonskaya and Malashenko 1994, 78).

8 현재 주로 중앙아시아 남부 지역에 해당하는 제정러시아 투르케스탄 변강

로 이해 10월부터 러시아공화국(РСФСР) 정부가 투르크위원회
(Турккомиссия: Комиссия по делам Туркестана)를 구성·파견
하면서 중앙아시아 지역을 본격적으로 통치할 수 있게 된 것이다
(Keller 1992, 30; Keller 2001b, 32, 35-36).[9] 그런데 이 지역에서 시
행된 초기 소비에트 이슬람 정책의 특징은, 이것이 혁명 이후 이
지역 무슬림들 사이에서 생겨나기 시작한 불만을 진정시키고[10] 이
들을 혁명의 대의에 동참시키기 위해,[11] 말하자면 유화정책의 모습

(Туркестанский край) 영토를 기반으로 하여 투르케스탄소비에트공화국
(ТСР: Туркестанская Советская Республика)이 1918년 4월 소비에
트 러시아의 일부로 수립되지만, 혁명 직후의 내전과 기근 등의 혼란한 상황으
로 인해 이 지역에서 소비에트 중앙정부의 통치력이 확고해진 시기는 1919년 이
후부터이다. 1920년 8월에는 투르케스탄공화국(ТСР) 북쪽, 즉 현재 주로 카
자흐스탄 북부 지역에 해당하는 제정러시아 스텝 총독부(Степное генерал-
губернаторство) 영토를 중심으로 하여 키르기스 자치공화국(Киргизская
АССР)이 현재 독립국이 된 카자흐스탄의 전신(前身) 혹은 모체(母體)로 수립된
다.

9   1920년 여름 투르크위원회는 러시아공산당 중앙위원회(ЦК РКП(б)) 산하
투르크국(Туркбюро: Туркестанское бюро)으로 재편되어 활동을 이어가
며, 1922년 5월 투르크국은 다시 중앙아국(Средазбюро: Среднеазиатское
бюро)으로 재편되어 중앙당 기구와 지역 공산당 사이에서 매개체 역할을 수행
한다(Keller 2001b, 59-60).

10   10월 혁명 직후 중앙아시아 지역에 대한 소비에트 중앙정부의 지배가 확립되지
않은 상황에서 사회혁명당 좌파, 멘셰비키, 볼셰비키 등 러시아인 혁명세력 연합
으로 구성되어 중앙정부의 의견을 거부하고 독자적인 결정을 내리기도 했던 타
슈켄트 소비에트는 1917년 11월 코칸드(Коканд)에 수립된 무슬림 자치정부를
1918년 2월 무력으로 궤멸시키고 무슬림 법정을 금지하며 와크프(waqf) 토지를
몰수하는 등 '자유롭게' 반(反)무슬림 정책을 실시하여 혁명에 대한 무슬림의 환
멸, 적개심, 반러 감정을 불러일으켰다(Haghayeghi 1995, 17; Keller 1992, 29-
32; Keller 2001b, 31-32, 36-37; Rakowska-Harmstone 1983, 10-11).

11   혁명과 내전이 끝난 뒤 볼셰비키는 중앙아시아 무슬림들에게 정치적 독립과 종교
적 자유를 약속함으로써 이들의 마음을 사로잡으려 했다(Froese 2005, 480). 볼
셰비키가 일찍이 무슬림의 혁명적 잠재력을 인식하여 이를 고취·활용하려 했음
은 "자신의 민족적 삶을 자유롭고 거리낌 없이 건설하시오 […] 이 혁명과 혁명의

을 나타냈다는 점이다.[12] 예를 들면 1919년 투르케스탄소비에트공화국(TCP: Туркестанская Советская Республика)에서 무슬림들이 함께 모여 기도하는 날인 금요일이 공휴일로 지정되고, 이전에 타슈켄트 소비에트가 몰수했던 와크프(waqf)[13] 토지가 1922년 국가의 관리와 감독을 받는 조건이 붙긴 했지만 모스크에 반환되고, 이슬람 학교가 합법화되며, 투르케스탄 일부 지역에서이긴 했지만 무슬림 법정이 공식화되기까지 한다(최소영 2000, 815; Keller 1992, 31-32; Keller 2001b, 40-42; Rakowska-Harmstone 1983, 26; Ubiria 2016, 181).[14] 볼셰비키 권력 혹은 러시아 통치를 확립하기 위해 분전하는 시기였던 1920년대 초(Keller 2001b, 36) 혁명과 내전을 막 치러낸 소비에트 정권은 중앙아시아 지역에서 공격적인 반(反)이슬람 캠페인을 전개할 수 있는 상황에 있지도 않았고

전권을 위임받은 정부를 지지해주시오"라고 호소하며 1917년 11월 20일 "러시아와 동방의 모든 노동자 무슬림들에게" 발표한 격문을 통해 알 수 있다. 이 문서의 전문은 http://islamperspectives.org/rpi/files/original/92d6591b77818e5458cb388011c2e7b1.jpg(검색일: 2019. 1. 11)에서 확인할 수 있다.

12 1920년에는 심지어 스탈린조차 소비에트 국가에서 이슬람의 폐지는 '간접적이고 보다 신중한 방식으로' 이루어져야 한다고 강조했다(Ubiria 2016, 181).

13 와크프란 무슬림 사회에서 모스크, 학교, 병원 등 종교적 목적이나 공익, 자선을 위해 기증된 자산 혹은 기금, 이를 운영하는 기관 혹은 재단을 의미한다.

14 말하자면 무슬림 법정과 소비에트 세속 법정의 이중 법정 체계가 용인된 것인데, 이는 소비에트 법정을 수립할 재원이 없었고, 중앙아시아 무슬림의 반러·반소 무장 저항 바스마치(Basmachi) 운동의 세력은 강해지는 반면에 당은 제대로 기능하지 못하는 가운데 더 이상 이 지역 무슬림의 적개심을 불러일으킬 수 없었던 상황의 필요에 소비에트 정부가 굴복한 결정이라고 논의된다(Keller 2001b, 38). 무슬림 법정은 1920년 호레즘 인민소비에트공화국(Хорезмская НСР)과 부하라 인민소비에트공화국(Бухарская НСР)이 수립될 때부터 이미 그 유지를 보장받은 바 있다(Keller 2001b, 44, 46). 무슬림 법정에는 이슬람 종교법에 의거한 샤리아(shari'a) 법정과 무슬림 관습법에 의거한 아다트(adat) 법정이 포함된다.

(Froese 2005, 480; Ubiria 2016, 180) 또한 그럴 수 있는 역량을 지니지도 못했기 때문에[15] 이 시기에는 정권이 이슬람에 대해 관대한 태도를 취하는 것으로 보일 수 있는 정책이 실행된 것이다.

그러나 내전이 끝날 무렵 이내 소비에트 정부는 다양한 영역에서 주로 법제 활동을 통해 중앙아시아 이슬람의 제도적·사회적 기반을 약화시키는 정책에 본격적으로 착수한다. 예를 들면 1922년 말부터 투르케스탄에서 무슬림 법정의 관할 업무와 재정적 기반을 축소시키는 법적 조치가 점차 확대되기 시작하고,[16] 1925년부터는 우즈베키스탄, 키르기스스탄, 투르크메니스탄에서 토지개혁의 일환으로 역시 일련의 법령 발포를 통해 와크프의 점진적 몰수가 재개된다.[17] 소비에트 정권은 이처럼 중앙아시아 이슬람의 법적·재정적 권한을 박탈하는 조치와 더불어 대중의 의식에서 이슬람의 권위를 약화시키기 위한 세속 교육 및 무신론 선전 활동도 전개한다. 1918년 초대 헌법에서[18] 이미 종교와 국가의 분리

---

15   이 시기 레닌은 중앙아시아 지역에서 자신의 반(反)이슬람 정책을 수행할 수 있을 정도로 충분히 훈련된 인력을 보유하고 있지 못했다고 논의된다(Haghayeghi 1995, 15).

16   1922년에 6개월도 되지 않아 허용에서 제한으로 법령이 개정되는 등 특히 샤리아 법정 문제에 있어서 소비에트 정권의 태도와 행동은 매우 비일관적이었다(Polonskaya and Malashenko 1994, 90-91). 결국 1927년 9월 소연방 중앙집행위원회(ЦИК СССР) 법령에 따라 중앙아시아 지역에서 모든 샤리아 및 아다트 법정의 법적·공식적 지위가 폐지된다(Haghayeghi 1995, 20; Keller 1992, 31-32; Rakowska-Harmstone 1983, 26). 이러한 과정이 진행된 결과 완전한 통계는 아니지만 우즈베키스탄에서 무슬림 법정의 수가 1922년 220개에서 1927년 7개로 급격하게 줄어들며, 1928년에는 마지막 샤리아 법정이 문을 닫는다(Keller 2001b, 148, 151; Bennigsen and Lemercier-Quelquejay 1979, 155).

17   결국 1930년에 이르면 와크프 제도는 별다른 저항 없이 해체된다(Haghayeghi 1995, 20; Keller 1992, 32).

18   이 헌법의 전문은 http://debs.indstate.edu/r969r87_1919.pdf(검색일: 2019. 1.

뿐만 아니라 종교와 교육의 분리 원칙 또한 표방한 소비에트 정권에게 학교교육 개혁은 우선순위를 갖는 영역이었다. 이에 따라 혁명 전에는 중앙아시아 지역에서 약 8천 개의 이슬람 초중등 교육기관이 운영되고 있었지만, 1928년에 이르면 이들은 모두 폐쇄된다(Bennigsen and Lemercier-Quelquejay 1979, 153; Froese 2005, 488; Haghayeghi 1995, 21; Keller 1992, 33; Keller 2001b, 40; Rakowska-Harmstone 1983, 26). 또한 같은 헌법에서 소비에트 정권이 반(反)종교 선전의 자유를 보장하고 당·국가 관료기구를 통해 막대한 노력과 자금을 투입할 정도로 선전 활동은 반이슬람 정책을 실행하는 과정에서 주요한 수단으로 활용된다(Keller 2001b, 99). 예를 들면 1926년에는 우즈베키스탄에서 무신론자동맹(Союз безбожников)[19] 지부가 설립되어 중앙아시아 지역에서 반이슬람 선전 운동이 시작된다.[20] 그러나 1920년대 소비에트 정권이 주도한 반이슬람 선전 활동은 중앙아시아 지역 현지에서 매우 서툴고 무계획적으로 진행되어[21] 대중 사이에서 이슬람의 영향력을 약화

25)에서 확인할 수 있다.

19 무신론자동맹은 1924년 8월 결성된 '무신론자'지(紙)지지자협회(ОДГБ)가 당의 승인을 얻어 재편된 조직으로 1929년 단체명을 전투적무신론자동맹(Союз воинствующих безбожников)으로 개칭하는데, 1941년 독소전쟁이 시작된 이후 이 단체는 정권의 전시 동원 노력의 일환으로 해산된다(Haghayeghi 1995, 28; Keller 2001b, 99; Ro'i 2000, 36).

20 이때 우즈베키스탄 계몽인민위원(нарком просвещения)이 중앙당의 지시를 받아 반이슬람 선전 활동의 세부 지침을 마련했다는 점은(Keller 2001a, 321-322; Keller 2001b, 156-157), 중앙아시아 지역에서 계몽 혹은 홍보 활동을 통해 이슬람의 권위를 해체하려는 시도가 중앙정부 차원에서 기획된 행위였음을 말해 준다.

21 예를 들면 1920년대 우즈베키스탄과 투르크메니스탄의 반이슬람 선전 활동가들 가운데 러시아인들은 이슬람을 비롯한 중앙아시아 현지 언어나 관습에 대해 아

시키는 데에는 실패한다(Haghayeghi 1995, 22; Keller 2001b, 100).

이렇듯 소비에트 권력이 공고화됨에 따라 중앙아시아 이슬람을 대하는 정권의 태도가 달라져 일련의 억압적 정책이 적용되기 시작한 것은 이 지역 공동체와 문화적 행위 및 관계에서 일종의 지침 혹은 규범 역할을 하던 이슬람의 제도적·사회적 권위를 약화·해체시키려는 정권의 의도가 실행에 옮겨진 결과이다. 소비에트 정권은 중앙아시아 이슬람을 자신의 근대화 및 민족정체성 건설 노력에 대한 위험 혹은 도전 요인으로 간주했기 때문에 정권이 이 지역 이슬람에 대해 억압적 조치를 실행하는 것은 말하자면 시간문제였던 것이다(Ubiria 2016, 181). 그러나 이러한 조치들이 개별 지방 차원에서 언제나 원활하게 혹은 체계적으로 진행된 것은 아니어서(Keller 1992, 31-34)[22] 이미 1920년대 중반에 이르러 스탈린은 중앙아시아 지역에서는 무슬림 당원들이 당의 뜻을 따를 것이라고 신뢰할 수 없으며 이들의 지역적 영향력이 너무 커졌다는 인식을 갖게 된다(Rakowska-Harmstone 1983, 29). 이러한 점과 관

는 것이 거의 없었고, 현지인들은 러시아어를 이해하지 못했기 때문에 당의 지침이 효과적으로 이행되지 못하는 경우가 빈번했다(Keller 2001b, 155-156, 161-162).

22 중앙아시아 지역에서 이슬람을 포함한 현지 관습과 언어 등에 대한 러시아인의 무지와 현지인들의 '정치적 무지(political illiteracy)'가 결합하여 심지어는 현지인 당 관료들 사이에서조차 종교적·전통적 지도자와 관행의 권위가 지속되는 등(Keller 1992, 36-38) 공식적으로는 1927년에 이르면 중앙아시아 지역에 대한 중앙정부의 지배가 확고해짐에도 불구하고, 실제로는 "지방 차원에서 소비에트의 통제가 매우 허약했다."(Keller 1992, 39) 중앙아시아 무슬림의 일상과 관습을 변화시키고 규제하기 위해 취해진 소비에트 당국의 법적 조치에 대응하여 우즈베크 남성들 사이에서 광범위하게 실행된 불복종 행위의 몇몇 사례들에 대해서는 기계형(2011, 359-360) 참조.

련하여 내전 이후부터 스탈린 집권 이전까지 중앙아시아 지역은 소비에트 정치·사회제도가 수립되지만 동시에 이슬람 제도의 영향력 또한 지속되어 '모호함(ambiguity)'으로 특징지을 수 있다고 논의되기도 한다(Keller 2001b, 105).

이에 스탈린이 사실상 당을 통제하게 되는 무렵인 1927년은 중앙아시아에서 '과거와의 거대하고 폭력적인 단절'이 시작되면서 소비에트 정권의 중앙아시아 이슬람 정책에서도 분수령이 된 해이다(Keller 2001b, xv, 106). 즉 1928-1929년부터 소비에트 정부는 자신과 협력하거나 자신을 지지한 온건파 혹은 개혁파 이슬람 성직자에 대해서도 비관용적인 태도와 정책을 취하기 시작한 것이다(Keller 1992, 43-44; Keller 2001b, 110-139). 이에 1920년대 말 이후로 소비에트 정권의 중앙아시아 이슬람 정책은 '맹공(assault)'의 시기로 접어든다(Rakowska-Harmstone 1983, 29-32).[23] 이러한 현상(現象)의 변화는 이전까지 비교적 관용적이었던 소비에트 정권의 중앙아시아 이슬람 정책이 1920년대 말부터 억압으로 급변한 결과로 보일 수 있지만, 중앙아시아 지역의 사회주의 체제 편입이라는 큰 틀에서의 정권의 목표의 관점에서 해석하면, 이는 이 목적 실현을 위한 하부 과제로서 이 지역 이슬람의 제도적·사회적 권위를 해체하기 위한 강경한 수단의 도입, 즉 부분적인 전술 수정으로 풀이될 수도 있다. 즉 정책의 상위 목표를 고려할 때, 1920년대와

23 이처럼 1920년대 후반 소비에트 정권의 중앙아시아 이슬람 정책이 변화된 배경으로는 이미 1920년대 중반부터 바스마치 운동이 소강 혹은 약화 국면에 들어서고 중앙아시아 지역에서 소비에트 권력의 침투가 진전됨에 따라 소비에트 정부가 자신감을 갖고 반이슬람 억압 정책을 노골적으로 진행시켜 나갈 수 있게 되었다는 점이 논의된다(최소영 2000, 815-816, 822; Ubiria 2016, 181).

1930년대 소비에트 정권의 중앙아시아 이슬람 정책은 유화 혹은 관용에서 폭력적 억압으로 급격한 단절이 이루어졌다기보다는 이슬람의 권위를 침식하는 노선으로서의 연속성 혹은 일관성을 나냈다고 할 수 있는 것이다.

1920년대 말에 들어서 소비에트 정권이 중앙아시아 이슬람에 대해 주도·실행한 일련의 억압적 대응에서 매우 상징적인 사건은 1927년 3월 8일 국제 여성의 날에 우즈베키스탄 주요 도시를 중심으로 개시된 무슬림 여성의 베일 벗기 후줌(hujum) 운동이다. 당시 정권은 후줌 운동에 여성해방의 의미와 가치를 부여했고 여성 노동력 동원·활용이라는 경제적 관점에서 이 운동을 정당화하기도 했지만(기계형 2011, 348), 이 운동이 이슬람 성직자의 권위나 권리에 반대하는 구호가 지배적이었던 지방 소비에트 선거 캠페인과 동시에 진행되었다는 점은(Keller 1992, 35, 39), 이슬람 및 그 성직자의 제도적·사회적 권위 약화 또한 이 운동이 의도한 목적 중 하나로 포함될 수 있음을 말해준다. 그러나 특히 전통의 구속력이 강했던 우즈베크 및 타지크 사회와 남성들이 후줌 운동에 대해 폭력적인 반격(backlash)을 가하고[24] 여성들도 이 운동에 대해 공적인 참여와 사적인 저항이라는 이중적인 태도를 취하면서(기계형 2011, 354-358) 이 운동은 소비에트 통치에 대한 무슬림 사회의 지지에 심각한 손상을 입힌 가운데 2년 반 만에 중단됨으로써 애초에 의도·기대된 결과를 거두지는 못하게 된다(Rakowska-Harmstone 1983, 30).[25]

24　예를 들면 완전한 통계는 아니지만 1927-1929년 사이에 우즈베키스탄에서 2,000여 명의 여성이 많은 경우 가족에 의해 살해당했다(기계형 2011, 330-331).

25　후줌 캠페인이 당시에 중앙아시아 지역 무슬림 남성 및 사회의 반격과 여성들의

1929년에는 소비에트 헌법 조항이 수정되어 종교단체의 선전·선교의 권리가 폐지되고, 1929년과 1930년에는 각각 종교법과 초등교육법이 제정되어 종교단체·활동에 대한 정부의 감독과 통제가 강화되고 세속 초등교육이 의무화되는데(Haghayeghi 1995, 23-24; Keller 1992, 44-45), 이로써 교육 영역에서 종교의 영향력을 차단하기 위한 법적 조치가 완료된다. 이와 더불어 전전(戰前) 스탈린 시기에는 반종교 선전 운동이 다시 활발하고 광범위하게 재개되는데, 이에 따라 한편으로 1932년 우즈베키스탄에서 전투적무신론자동맹(Союз воинствующих безбожников) 회원수가 90,000명에 이를 정도로 급증하지만, 다른 한편으로 이러한 양적 팽창은 단기적인 것이어서 1940년 이 조직의 중앙아시아 지역 회원수는 27,000명으로 감소한다(Haghayeghi 1995, 24-25). 또한 전투적무신론자동맹은 소비에트 학교를 반종교 선전 활동의 장소로 활용하려는 시도를 하지만, 1934년 전투적무신론자동맹과 1936년 내무인민위원회(НКВД)가 우즈베키스탄 학교교육에서 여전히 이슬람이 근절되지 않았다는 불만을 제기한 데서 알 수 있듯이, 1930년대 중반에도 중앙아시아 지역에서 반이슬람 선전 운동은 그다지 성공적이지 못했다(Keller 2001a, 322-323).

이뿐만 아니라 스탈린 시기에는 중앙아시아 지역에서 정권

이중적인 반응 속에서 운동으로서 오래 지속되지 못했다는 점에서뿐만 아니라 이 운동이 궁극적인 목표로 삼았던 사회주의 사회 건설을 위한 이 지역 여성해방을 온전하게 실현하지는 못했다는 점에서도 이 운동은 그 한계를 노정했다고 할 수 있다. 그렇지만 다른 한편으로는 운동이 종료된 이후로도 소비에트 통치가 계속됨에 따라 결국 중앙아시아 지역 여성들이 베일을 착용하지 않게 되었고 교육과 고용 등의 공적 영역에서 이들의 참여가 증대되었다는 점에서는 이 운동이 일정한 성과를 거두었다고 논의될 수도 있다.

의 승인을 받아 모스크, 이슬람 성직자, 일반 무슬림 신자들에 대해 강도 높은 물리적 억압과 폭력이 가해진다. 그 결과 1917년에는 중앙아시아 지역에 20,000개 이상의 모스크가 운영되고 있었던 것으로 추산되지만, 1935년에는 우즈베키스탄의 모스크 수가 60개밖에 기록되지 않았고, 1927-1939년 사이에 우즈베키스탄에서 10,000-14,000여 명의 이슬람 성직자가 민족주의, 스파이, 사보타주 등의 혐의로 체포·살해·추방되어 그 수가 68-73% 감소했으며,[26] 일반 무슬림들도 종교의식을 실천했다는 이유로 물리적 억압이나 형사적 제재를 받아야 했다(Haghayeghi 1995, 26; Keller 2001a, 331-332; Keller 2001b, 241; Rakowska-Harmstone 1983, 29; Rashid 2001, 46-47).

한편 1924-1936년 중앙아시아 지역 경계 획정을 포함하여[27]

[26] 이처럼 1920년대 말 이후 정권이 가한 극심한 탄압의 결과로 1936년 1월 우즈베키스탄 주요 도시에서는 등록된 이슬람 성직자가 한 명도 집계되지 않을 정도로 이슬람 성직자는 양적으로 위축되었을 뿐만 아니라, 이들의 계급적 지위와 위신이 훼손되기까지 하였다(Keller 2001b, 230; Khalid 2007, 81). 1920년대 말부터 중앙아시아 지역에서는 보수적인 이슬람 성직자뿐만 아니라 현지인 무슬림 당·국가 고위 관료들도 다양한 혐의로 해임·체포·처형되기 시작하며, 이는 1937-1938년 스탈린 대숙청 시기에 절정에 달한다(Fowkes and Gökay 2009, 14-15; Haghayeghi 1995, 25-26; Ubiria 2016, 182).

[27] 다양한 자연조건과 민족집단과 생활방식이 혼재하는 공간이었던 중앙아시아 지역을 민족영토 혹은 행정단위로 구획하기란 결코 쉽지 않은 과제였기 때문에 이는 1924-1936년 동안에 여러 차례에 걸쳐 경계와 명칭과 지위가 변경되는 복잡한 과정을 통해 이루어진다. 1924년 10월 투르케스탄공화국(TCP)의 후신 투르케스탄 자치공화국(Туркестанская АССР), 부하라 공화국(Бухарская ССР), 호레즘 공화국(Хорезмская ССР)이 해체되면서 이들이 위치해 있던 중앙아시아 남부 지역은 우즈베크 연방공화국(Узбекская ССР)과 투르크멘 연방공화국(Туркменская ССР)으로 재편되는데, 이때까지만 해도 현재의 타지키스탄은 우즈베크 공화국 내의 자치공화국(АССР) 지위에, 현재의 카자흐스탄과 키르기스스탄은 각각 러시아공화국(РСФСР) 내의 자치공화국과 자치주(AO) 지위에

소비에트 전역에서 민족(ethnicity)의 제도화가 적용·진행됨과 동시에 중앙아시아 이슬람에 대해서는 그 제도적·사회적 권위를 해체하려는 노력이 기울여졌다는 점은 이 지역 이슬람에 대해 소비에트 정권이 가졌던 인식의 중요한 특징을 보여준다. 소비에트 민족정책의 핵심이기도 했던 민족의 제도화란 소비에트 정부가 사회주의 체제 수립이라는 궁극적인 목적을 실현하기 위한 현실적 단계 혹은 과정으로서 우선은 근대적 민족 범주에 따른 국가와 사회의 재구성이 필요하다고 간주하여 영토, 교육, 문화 등의 영역을 중심으로 일부 민족들에게 제도적·공식적 권한과 자원을 (차등적으로 혹은 위계적으로) 배분하여 이들 공동체의 근대적 발전을 진척시킨 정책을 말한다. 이러한 소비에트 정권의 민족의 제도화 정책이 중앙아시아 지역에서 실시·적용된 결과 이 지역은 제정러시아 시기는 물론이거니와 소비에트 초기와도 전혀 다른 원칙과 형태로 만들어진 구성단위들로 재편되고(〈그림 4-1〉 참조), 그 영향은 현재 포스트소비에트 시기에까지 미치게 된다.[28] 그런데 이처럼 소비에

머물러 있었다. 그러다가 타지키스탄은 1929년에, 카자흐스탄과 키르기스스탄은 1936년에 연방공화국(CCP)으로 그 지위가 승격되면서 소비에트 중앙아시아 지역 경계 획정은 완료된다.

28   1924-1936년 소비에트 정권이 민족의 제도화를 통해 중앙아시아 지역의 경계를 편성함으로써 기존의 정치적 단위를 대신하여 민족 원칙에 따른 새로운 정치적 단위인 5개 연방공화국(CCP)이 만들어졌고, 소연방이 해체되자 이들 5개 연방공화국이 모두 독립국가가 되어 현재에 이르고 있으며, 민족은 지금도 이 지역 국가·사회·개인 정체성의 중요한 표지(標識) 중 하나이다. 이 시기 소비에트 정권이 중앙아시아 지역의 경계를 획정하는 원칙으로 다름 아닌 민족에 주목한 이유는 역사발전이 '낙후된' 혹은 '지체된' 곳으로 여겨진 중앙아시아 지역의 봉건적·전근대적 현실에서 장기적으로 사회주의 건설을 위한 물적 토대를 마련하기 위해서는 우선 민족적 형식을 갖춘 정치적 단위의 수립을 통해 '민족해방'이 실현되어야 했기 때문이라고 논의된다(구자정 2012, 205-208).

1922년 소비에트 중앙아시아   1924-1936년 경계 획정 이후 중앙아시아

그림 4-1. 소비에트 중앙아시아 경계 획정

출처: 위키피디아

트 정권이 민족에 우선순위와 제도적 권한을 부여하던 바로 그 시기에 중앙아시아 사회에서 이슬람이 보유하고 있던 기존의 권위를 약화·해체시키는 정책을 폈다는 점은, 이 지역에서 정권이 이슬람을 민족 혹은 민족정체성으로부터 분리시키려는 의도를 가지고 있었음을 말해준다(Keller 2001a, 325-326, 330). 즉 소비에트 정권은 종교가, 예컨대 중앙아시아 지역에서는 이슬람이 대중에게 규범적·제도적 영향력을 행사하지 못하도록 국가와 교육으로부터 뿐만 아니라 민족과 사회로부터도 배제·분리되어야 한다는 인식틀에 입각하여 이 지역 이슬람 정책을 입안하고 실행한 것이다.

그러나 소비에트 정권이 1920년대 말부터는 물리적 혹은 폭력적 억압 수단까지 사용하면서 중앙아시아 이슬람의 제도적·사회적 권위를 해체하려는 노력은 의도 혹은 기대했던 만큼의 성과를 거두지는 못한다. 이는, 위에서 논의된 바와 같이, 중앙아시아 지역에서 후줌 운동과 반이슬람 선전 활동이 만족할 만한 성과를 올리지 못했다는 점에서뿐만 아니라, 이슬람이 이 지역 사람들의 삶과 의식, 일상과 관행에서 여전히 비공식적인 준거점으로서 권위와 신망을 유지해 나갔다는 점에서도 그러하다. 예를 들면 공식적으로는 중앙아시아 전역에서 다수의 모스크가 폐쇄되었지만, 종종 사용이 금지되거나 폐쇄된 모스크나 묘지 등이 비공식 모스크로 활용되었고,[29] 이슬람 성직자에 대한 탄압으로 공식 성직자가 줄어들면서 비공식 성직자 수가 공식 성직자 수를 크게 압도하게 되었는데,[30] 이들 비공식 성직자의 다수는 이슬람 교리를 잘 알지 못했음에도 불구하고 일상적 차원에서는 무슬림들의 정신적 필요를 충족시켜주었다(Froese 2005, 492-494). 또한 소비에트 정권의 중앙아시아 이슬람 정책에 대해 중앙아시아 무슬림들은 명령에 대한 일상적 몰이해, 회피, 무시, 불복종 등 '무정형의 저항(amorphous resistance)'으로 대응했고, 결과적으로 당이 이슬람의 공적인 면모에 심각한 타격을 가하긴 하지만, 중앙아시아의 문화적 핵심으로서 이슬람을 축출하지는 못했다(Keller 2001b, xv-xvi). 즉 전전 시기 소비에트 정권의 중앙아시아 이슬람 정책은 시간이 지남에 따라 점점 그 억압적 성격을 강화해 나가면서 이슬람의 공식적·제도적 기반과 외형적 규모를 상당 정도 축소시켰고, 이를 통해 이슬람 철폐를 향한 한 걸음은 내디뎠지만, 이 지역 대중이

---

29 1936년 1월 우즈베키스탄과 키르기스스탄에서 공식 기도실(house of prayer) 수는 686개, 비공식 기도실 수는 2,588개로 집계되었다(Keller 2001b, 220-223). 저자는 기도실과 모스크 두 용어를 혼용하고 있는데, 저자가 위에서 제시한 수치는 이맘(imam)이 주재하는 예배가 진행되는 모스크와 그렇지 않은 기도실을 모두 합하여 집계한 것으로 보인다.

30 1936년 1월 우즈베키스탄과 키르기스스탄 비도시 지역에서 공식 성직자 수는 108명, 비공식 성직자 수는 2,075명으로 집계되었다(Keller 2001b, 227-230).

이슬람에 부여하는 의미와 가치 및 이슬람에 귀의하려는 심성과 행태까지 뿌리 뽑지는 못했다. 이러한 점에서 이 시기 소비에트 정권의 중앙아시아 이슬람 정책이 의도·목표한 이슬람의 권위와 영향력 약화 및 해체가 온전하게 실현되었다고는 할 수 없다.

이러한 결과는 중앙아시아 지역에서 이전 차르 정부의 관료들처럼 러시아 공산당 관료들도 동일한 실수를 반복했다는 점으로 설명되는데, 그것은 이들 모두 이슬람을 신중하게 그리고 깊이 있게 고려·연구하지 않았다는 것이다.[31] 이러한 무지의 결과로 중앙아시아 이슬람 정책을 진행하는 과정에서 소비에트 정권은 두 가지 실책을 범하는데, 그 첫 번째는 중앙아시아 무슬림에게 법, 종교, 사회적 관습의 관계는 매우 복잡하고 긴밀하게 뒤얽혀 있으며, 중앙아시아 지역 전통에서 성스러운 것과 세속적인 것, 종교적인 것과 민족적인 것은 구분되지 않는다는 점을 이해하지 못했다는 것이다. 정권의 두 번째 실책은 중앙아시아 이슬람이 러시아정교회처럼 위계적으로 구조화되어 있을 것이라는 전제하에 행동했다는 것이다(Keller 1992, 35-36 ; Keller 2001a, 326).[32] 이에 따라 소

31 볼셰비키가 중앙아시아 이슬람을 이해하지 못했던 혹은 이해하지 않으려 했던 이유의 하나로는 이들이 중앙아시아 주민에 대해 가졌던 인종주의적 혹은 오리엔탈리즘적 태도를 들 수 있는데, 예를 들면 소비에트 초기 현지 당 관료가 지역 주민을 '우매하고 교양 없는 무리'라고 일컬은 경우와 볼셰비키 지도자 지노비예프(Григорий Зиновьев)가 '문명화의 횃불을 든 만형'으로서 소비에트 정권이 낙후한 중앙아시아인을 계몽·근대화·문명화시켜야 한다고 발언한 경우가 있다(Keller 1992, 35 ; Shahrani 1993, 128).

32 즉 소비에트 정권은 중앙아시아 이슬람이 경제적·법률적·교육적 권위와 영향력을 갖는 이슬람 성직자를 정점으로 하는 위계적 구조를 가지고 있을 것이라고 가정하여 이들 성직자 및 이들의 권위의 기반이 되는 가시적이고 공적인 시설과 제도를 파괴하는 방식을 통해 이슬람의 사회적 권위를 해체하려 하였다.

비에트 정권은 위계적 제도화의 단위로 설정된 민족으로부터 종교를 분리시키는 원칙과 정책을 집행하여 중앙아시아 이슬람의 공식적·제도적 토대를 무너뜨리고 세속 교육 및 반이슬람 선전 활동을 펼침으로써 이슬람에 대한 대중적 지지와 신뢰를 약화시킬 수 있을 것이라고 생각했지만, 이러한 정책으로 이 지역 무슬림들의 생활방식 및 정체성과 밀착되어 있던 이슬람의 사회적·비공식적 권위까지 해체할 수는 없었다.

III 전후 시기: 제도화를 통한 국가의 이슬람 관리

1941년 6월 독일이 소련을 침공하면서, 즉 소비에트 국가의 생존이 위협을 받게 되면서 정권의 종교정책의 일부로서 중앙아시아 이슬람 정책의 방향과 내용은 크게 달라진다. 독소전쟁의 발발로 인해 그 이후 소비에트 정권의 중앙아시아 이슬람 정책에서 '중대한 결정'이 내려지고 '질적인 전환'이 일어난 것인데(Haghayeghi 1995, 23, 26: Rakowska-Harmstone 1983, 33), 이는 단순히 정책의 실행이 억압의 완화를 낳았다는 점에서뿐만 아니라 정책의 기본 방향이 이슬람의 제도적·사회적 권위 해체에서 제도화를 통한 국가의 이슬람 관리로 변경되었다는 점에서도 그러하다.[33] 이처럼

33   이러한 전시의 정책 변화는 소비에트 정권이 종교의 철폐 혹은 소멸이라는 궁극적인 지향을 변경·포기해서가 아니라 억압적 수단으로도 교육과 선전을 통해서도 없애기 힘든 종교의 영향력을 제한·통제하려는 열망과 신앙을 가진 이들의 정치적 지지를 확보할 필요에 의해 추동된 것이라고 논의된다(Rakowska-Harmstone 1983, 41).

중앙아시아 이슬람을 대하는 소비에트 국가의 접근법에서 '새로운 페이지'가 넘겨진(Tasar 2017, 15) 결과로 나타난, 이전 시기와 가장 뚜렷하게 구분되는 현상이 바로 이슬람 및 관련 활동을 관리하기 위한 공식 기구의 설립이다.

스탈린 정권이 공식 이슬람 기구 설치로 대표될 수 있는 이슬람 유화정책으로 노선을 선회한 이유는 무엇보다도 단기적으로는 독일의 침공으로 부족해진 군 병력 충원을 비롯하여 전쟁 수행을 위한 인적·물적 자원 동원의 필요성이 대두되었고(고가영 2017, 14-15; Haghayeghi 1995, 23),[34] 보다 장기적으로는 독일에 부역한 혐의로 강제 추방된 무슬림 민족들의 불만을 회유정책으로 달래고 나아가 소연방 내 무슬림 주민들에 대한 철저한 감시와 통제를 도모했기 때문이다(Bennigsen and Lemercier-Quelquejay 1979, 148; Khalid 2007, 78-79). 또한 전쟁 발발 이전에 이미 다양한 종교 지도자들이 소비에트 정권을 지지하기로 방침을 바꿈에 따라 정권은 이들과 관계를 맺고 국가-종교 관계를 정상화하여 종교 활동을 규제할 기구를 창설할 필요를 느끼고 있었다(Ro'i 2000, 14-15).

이러한 대내외적 상황의 변화 및 정권의 의도와 필요에 따라 1943-1944년 소연방에 서로 독립적인 4개의 무슬림종무원(ДУМ: Духовное управление мусульман)이 재편·신설되는데,[35] 그중 하나가 1943년 10월 타슈켄트에 설립된 중앙아시아무

---

34 2차 대전 중에 전쟁 동원의 필요성에 따라 무슬림을 회유하려는 노력을 기울인 것은, 즉 이슬람의 도구화·정치화를 시도한 것은 비단 소련뿐만이 아니라 영국, 미국, 독일, 일본 등 주요 교전국들도 마찬가지였다(Tasar 2017, 75-76).

35 이는 유럽·시베리아무슬림종무원(ДУМ Европейской части СССР и Сибири), 북카프카스무슬림종무원(ДУМ Северного Кавказа), 자카프카

슬림종무원(САДУМ: ДУМ Средней Азии и Казахстана)이다.
메드레세(medrese)를[36] 운영하고 종교 저널을 발간할 권한이 부
여된 유일한 무슬림종무원이었던 중앙아시아무슬림종무원은 4
개 무슬림종무원 중에서 가장 크고 가장 활동적이며 영향력도 가
장 강한 기구였다(Koçak 2018, 106, 108, 110; Ro'i 2000, 114). 전
시에 160만 명의 무슬림 징집병 가운데 거의 절반이 독일 편으로
이탈했고 전쟁 이후 약 60만 명의 중앙아시아 무슬림이 반역 행
위로 체포·추방되었다는 점에서 전시에 중앙아시아무슬림종무원
이 전개한 선전·충원 활동이 성공적인 것이었다고 평가되기는 힘
들어 보인다(Haghayeghi 1995, 27). 그렇지만 전쟁이 끝난 뒤에
도 중앙아시아무슬림종무원은 존속되어 활동을 이어 나가는데, 이
는 중동 등 제3세계 무슬림 국가들과의 우호적 관계 형성 혹은 이
들에 대한 영향력 확대라는 소비에트 정권의 대외정책 목표를 실
현하기 위한 이슬람 관용정책의 일환으로 설명될 수 있다(고가영
2017, 21-22; Haghayeghi 1995, 23; Khalid 2007, 110-111). 전후 시
기에 중앙아시아무슬림종무원이 관할하게 되는 업무는 이슬람 성
직자 등록, 모스크와 이슬람 교육기관 및 출판물 관리·통제, 메카
(Mecca) 성지 순례 조직·관리 등(고가영 2017, 21-25; Bennigsen
and Lemercier-Quelquejay 1979, 150, 153-155; Haghayeghi 1995,

스무슬림종무원(ДУМ Закавказья), 그리고 중앙아시아무슬림종무원(ДУМ
Средней Азии и Казахстана)이다. 이 중에서 유럽·시베리아무슬림종무원은
그 기원이 1789년 예카테리나 여제가 설립한 이슬람 기구로 거슬러 올라가는 기
존의 중앙무슬림종무원(ЦДУМ)이 재편된 기관이고, 다른 세 종무원은 전시에
신설된 이슬람 기구이다.
36   메드레세는 이슬람 중등교육기관으로서 그 주요 역할은 이슬람 성직자를 양
성·배출하는 일이다.

27-28) 비록 제한적인 범위와 권한 내에서이긴 하지만 전전 시기에는 불가능했던 다양한 이슬람 관련 활동을 관리·감독하는 일이다.

한편 1944년 5월에는 소연방 내각 산하에 종교교단문제회의(СДРК: Совет по делам религиозных культов)가 설립된다.[37] 이 기구는 러시아정교회 이외의 여러 종교 현황을 중앙정부에 보고하고 그 지시를 받아 실행하거나 하급기관에 전달하는 등의 역할을 수행하는데, 그 활동에는 4개 무슬림종무원을 관리·감독하는 임무도 포함되었다(Haghayeghi 1995, 26; Ro'i 2000, 16-17, 19). 또한 종교교단문제회의는 모스크 등록 절차도 진행하여 1949년 1월 소연방 전역에서 등록된 모스크 수는 416개에 이르게 되는데, 이는 1989년까지 전후 소비에트 시기 동안 가장 높은 수치이다(Ro'i 2000, 60). 그리고 1950년대까지 소비에트 이슬람 정책을 실행한 주요 기관이자 신자들의 법적인 권리에 대한 존중을 의미하는 종교에 대한 온건노선을 대표·옹호하는 기구였던 종교교단문제회의는 중앙아시아무슬림종무원을 보호·지지하고 이와 긴밀한 협력관계를 발전시킨다(Tasar 2017, 78-79, 85, 110-111).[38] 그 결과 이미 1950년대 초에 종교교단문제회의와 중앙아시아무슬림종무원은 '확고한 동맹관계'를 맺게 되고(Tasar 2017, 116), 이로써 포스트소비에

---

37 종교교단문제회의는 1943년 설립된 러시아정교회문제회의(СДРПЦ: Совет по делам Русской православной церкви)와 통합되어 1965년 12월 종교문제회의(СДР: Совет по делам религий)로 재편된다.

38 그 이유는 설립 당시 종교교단문제회의에 부여된 책임이 종교 및 종교인에 대한 정보를 수집하고 정부와 종교 지도자들을 연결시키는 것이었는데, 이를 이행하는 과정에서 이슬람 성직자를 감시하는 일과 이들의 지지를 확보하는 일의 경계가 모호해졌기 때문이며, 이에 종교교단문제회의는 중앙아시아무슬림종무원이 강력한 기구가 될 것을 요구하기까지 하였다(Tasar 2017, 111-112).

트 중앙아시아 국가들에서도 나타나게 되는 공식 이슬람의 제도적·조직적 기틀과 구조, 존재와 관계의 양상이 만들어진다.

이처럼 세속 정부의 주도로 만들어져 그 관리와 통제, 일정한 법적·제도적 보호를 받는 대가로 세속 정부에 정치적 지지와 충성을 바치는 공조·협력관계를 통해 존재·활동한 소비에트 공식 이슬람 및 이를 대표하는 중앙아시아무슬림종무원에 대해서는 양면적인 평가가 내려질 수 있다. 한편으로 소비에트 공식 이슬람과 무슬림종무원은 이슬람과 무슬림에 대한 정권의 감시 및 통제 수단으로서 무슬림 대중의 이해를 대변하기보다는 이들에게 정권의 입장을 선전·선동하는 대변인 역할에 충실한(오원교 2008, 357-358; Bennigsen and Lemercier-Quelquejay 1979, 156; Khalid 2007, 110; Rakowska-Harmstone 1983, 41) 도구적 존재였을 뿐이라는 비판적·부정적 평가를 피할 수 없다. 실제로 중앙아시아무슬림종무원은 종교교단문제회의/종교문제회의를 통해 KGB의 감시를 받았고,[39] 육체노동에 종사하는 무슬림에게는 라마단(Ramadan) 금식이 의무적인 것이 아니라거나 성지 숭배·순례 등의 관행이 비(非)이슬람적인 것이라거나 여성이 공적 영역에 참여할 권리를 갖는다는 등의 파트와(fatwa)를 발표하면서(Khalid 2007, 111; Rakowska-Harmstone 1983, 41; Ro'i 2000, 140-144; Tasar 2017, 221-222)[40]

39 이처럼 안보기관 및 다른 관료기구가 종교교단문제회의/종교문제회의의 정책결정을 침범하는 일이 잦았기 때문에 종교교단문제회의/종교문제회의는 종교정책을 입안하는 데 있어서 아주 작은 역할만을 수행한 '이차적 행위자'였다고 평가되기도 한다(Koçak 2018, 114).
40 파트와는 이슬람 최고 성직자 무프티(mufti)가 발표하는, 법적·행정적 구속력은 없지만 종교적 권위는 인정받는 이슬람 법적인 의견 혹은 결정을 말한다.

소비에트 규범과 가치에 철저하게 순응·복종하는 태도를 보였다. 1957-1982년 2대 중앙아시아무슬림종무원장을 지낸 바바한(Зияуддинхан Бабахан)은[41] 이슬람이 소련에서의 사회주의 건설을 적극적으로 지지한다고 발언하는 등 정권에 대한 절대적인 충성을 인정받아 소비에트 명예훈장과 민족우호훈장을 서훈받기도 하였다(Ubiria 2016, 183). 또한 중앙아시아무슬림종무원은 국내에서 이슬람 관련 국제회의를 주관하기도 하고 그 성직자들이 해외에서 열리는 국제회의에 참석하기도 했는데, 이러한 공식 이슬람 기구 및 인물들의 대외활동은[42] 소련 내 종교의 자유 선전, 무슬림 국가들에 대한 소련의 영향력 확대, 소련 대외정책에 대한 국제사회의 지지 동원 같은 소비에트 정권의 대외정책 목표에 충실히 복무하는 것이었다(Bennigsen and Lemercier-Quelquejay 1979, 156; Rakowska-Harmstone 1983, 71-73). 이러한 가운데 중앙아시아 지역의 막대한 무슬림 인구수에 비해 중앙아시아무슬림종무원이 관할하는 등록된 모스크 및 이슬람 성직자 수는 극도로 부족했다는 점은[43] 공식 이슬람이 책임지고 관리할 수 있는 활동 혹은 영역의

---

41   1943-1989년 전후 소비에트 시기 대부분 동안 중앙아시아무슬림종무원장 직은 3대에 걸쳐 바바한 가문 출신 인물들이 맡았다.

42   1960년대에 중앙아시아무슬림종무원은 50개국 이상에서 무슬림 조직들과 상호교류관계를 맺었는데, 이는 러시아정교회를 능가하는 외교적 활약이었다(Tasar 2017, 219).

43   1926-1965년 사이에 중앙아시아 지역 무슬림 인구수는 1,067만 명에서 1,600만 명으로 약 50%나 증가하지만, 1952년 중앙아시아무슬림종무원이 관할하는 등록된 모스크 수는 150개밖에 되지 않았고, 1945-1970년 사이에 미리 아랍(Мири Араб) 메드레세를 졸업한 학생 수는 85명에 불과했으며, 1979-1980년 알-부하리 이슬람 신학교(Исламский институт им.имама аль-Бухари)에 등록된 학생 수 또한 36명뿐이었다(고가영 2017, 24; Froese 2005, 477; Ro'i 2000,

범위가 매우 한정된 것이었음을 말해준다.

다른 한편으로 중앙아시아무슬림종무원에 참여한 이슬람 성직자들의 의도와 종무원 활동의 의미에 주안점을 두는 시각에서는 공식 이슬람에 대해 다른 평가가 내려질 수도 있다. 즉 1930년대의 테러 및 이슬람 탄압을 견뎌낸 이슬람 성직자들이 공식 이슬람에 가담한 것은 외형적으로라도 이슬람 교육의 전통이 유지되도록 하고 지역 사회에 종교적 영향력·지도력을 행사하여 사회적 관행이나 의식이 이슬람적인 성격을 지니도록 하려는 열망과 기대에 의해 추동된 행위라는 것이다(Khalid 2007, 110-111). 중앙아시아무슬림종무원은 와크프도, 샤리아 법정도 운영하지 못했고 세금을 징수할 권한도 없었지만, 종무원이 운영한 두 이슬람 교육기관은 다른 무슬림 국가들의 그것에 견줄 만한 높은 수준의 교육을 제공했다고 알려져 있으며, 종무원은 해외의 종교 교육기관에 유학생을 파견하는 등 외부 무슬림 세계와 접촉할 수 있는 값진 기회를 얻기도 하였다(Bennigsen and Lemercier-Quelquejay 1979, 154; Khalid 2007, 110; Rakowska-Harmstone 1983, 42). 이러한 공식 이슬람의 활동이 비록 명목적·형식적·종속적 성격을 갖는 것이었다

162, 164). 1952년 소연방에 등록된 모스크 총수가 351개였고, 4개 무슬림종무원 가운데 중앙아시아무슬림종무원이 관할하는 등록된 모스크 수의 비중이 가장 크기는 했지만(고가영 2017, 24), 이는 1917년 중앙아시아 지역에서 20,000개 이상의 모스크가 운영되고 있었다는 점을 고려하면 혁명 전의 1/10에도 미치지 못하는 수준이었다. 1928년 소련에서 이슬람 초중등교육기관이 모두 폐쇄된 이후 1945년 운영이 재개된 우즈베키스탄 부하라의 미리 아랍 메드레세는 전후 소비에트 시기 상당 기간 동안 소련에서 유일한 이슬람 중등교육기관으로서 주로 이맘을 배출하는 역할을 맡았고, 1971년 타슈켄트에 설립된 알-부하리 이슬람 신학교는 이슬람 고등교육기관으로서 이슬람 성직자 및 관리자를 배출하는 기능을 담당했다.

고 하더라도 멀지 않은 과거에 극심한 억압이 가해졌던 소비에트 시기를 배경으로 하여 진행된 것이었다는 점을 고려하면 엄중하고 가혹한 정치적 조건에서 확보할 수 있는 일종의 마지노선인 이슬람의 공적·합법적 존재에 대한 정권의 인정에 기여했다는 현실적 의미를 가진다고 할 수 있다. 이러한 점에서 공식 이슬람과 소비에트 정권 간의 협력관계가 지속된 중앙아시아 지역 종교 현실은 확실히 정권보다 무슬림에게 더 유리한 것이었고, 이러한 존재의 양상에 힘입어 이슬람은 생존을 보장받을 수 있었다고 평가되기도 한다(Bennigsen and Lemercier-Quelquejay 1979, 157).

신비주의·금욕주의 이슬람 종파 수피즘(Sufism)에 기반한 비공식 이슬람은 소비에트 정권이 제도화를 통해 관리·통제한 공식 이슬람과 분리된 혹은 이와 대립된 것으로 보일 수 있지만 그보다는 공식 이슬람에 수반되었다고 혹은 어떤 의미에서는 이를 보완했다고 할 수 있는 현상이다(Bennigsen and Lemercier-Quelquejay 1978, 155, 157; Khalid 2007, 112). 비공식 이슬람 관행 혹은 현상에는 소비에트 정권과 공식 이슬람 제도와 법적 절차·과정에 의해 인정·허용된 범위를 벗어나는 이슬람 활동, 즉 비등록 모스크의 운영, 비등록 이슬람 성직자의 종교 활동, 무슬림 대중의 비공식적인 이슬람 교육 모임, 기도와 종교의식 실행 등의 종교적 실천, 성지 순례 등이 포함된다. 양적인 면에서 이러한 소비에트 비공식 이슬람은 전체 이슬람 활동과 실천의 작은 일부밖에 차지하지 못했던 공식 이슬람을 압도했으며(Khalid 2007, 112; Ro'i 2000, 287),[44]

44   예를 들면 비록 불완전한 통계이긴 하지만, 전후 소비에트 시기에 전국에서 등록되지 않은 모스크 수는 등록된 모스크 수보다 2배 이상, 비등록 이슬람 성직자 수

중앙아시아는 이러한 비공식 이슬람 관행 혹은 현상이 사회적으로 매우 만연한 지역이었다. 전후 소비에트 시기 중앙아시아 지역에서 비공식 이슬람이 대중적으로 널리 실행되는 관행이었음은, 아래에서 논의될 흐루쇼프 정권의 반종교 캠페인 시기에 당국의 비등록 모스크 폐쇄 조치가 강화됨에도 불구하고 중앙아시아 지역에서 비등록 무슬림 집단 수는 오히려 증가하는 등 소비에트 말기까지도 비등록 모스크·이슬람 성직자·무슬림 집단을 근절하려는 정권의 노력이 그다지 효과적이지 않았다는 점, 키르기스스탄 오쉬에 위치한 술라이만 산이 세 번 방문하면 메카 순례를 대신할 수 있다고 여겨져 1950년대에 10만 명의 중앙아시아 무슬림 순례자들이 찾을 정도로 이들 사이에서 인기 있는 성지였다는 점(Ro'i 2000, 308-311, 314-324, 371-372) 등을 통해 알 수 있다. 소비에트 시기의 비공식 이슬람이 '병행 이슬람(parallel Islam)'으로도 불렸던 것은 이처럼 비공식 이슬람이 공식 이슬람과 나란히 혹은 더불어 존재했다는 점에서이다.[45]

그런데 기실 중앙아시아 지역에서 비공식 이슬람은 이에 대한 논의가 본격적으로 생산되기 시작한 1960년대에 처음으로 불거진 현상이 아니다. 이미 혁명 이전 시기에도 중앙아시아 지역에서 여러 이슬람 관행은 정규 모스크 밖에서 수행되고 있었고, 전전

는 등록된 성직자 수보다 시기와 지역에 따라 3-6배 이상 많았다(Ro'i 2000, 85-90). 또한 소비에트 말기인 1980년대 중반 소연방에서 등록된 무슬림 공동체 수는 총 751개였던 데 반해, 비등록 무슬림 공동체 수는 적어도 1,800개 이상이었을 것으로 추정되었다(Rorlich 1991, 188).

45 따라서 소비에트 이슬람의 높은 활동성·탄력성(resilience)에서 비공식 이슬람이 수행한 역할을 고려하지 않고는 소비에트 이슬람에 관한 완성도 높은 논의가 가능하지 않다(Rorlich 1991, 188).

시기 소비에트 정권의 억압적 이슬람 정책 시행 이후에도 이 지역 사람들은 사적인 영역으로 물러나 종교적 실천을 이어나가고 있었다(Rakowska-Harmstone 1983, 44). 다시 말하면, 소비에트 정권이 제도화된 공식 이슬람을 통해 이슬람을 관리·통제하려는 시도를 함에 따라 결과적으로 그 틀에 담기지 않는 비공식 이슬람 현상이 눈에 띄고 거슬리기 시작하여 공식 이슬람의 대립쌍으로 부각되어서 그렇지 중앙아시아 지역에서 비공식 이슬람 관행 혹은 활동은 이미 오래 전부터 존재해오던 종교적 실천 방식인 것이다. 이러한 점과 관련하여 종교 현실은 중앙이나 지방에서 결정된 정책의 산물인 것만은 아니어서 종교를 일상생활의 일부로 간주하여 이를 멀리하려 하지 않았던 일반 대중의 태도로부터 영향을 받기도 하는 것이라는 논의는(Ro'i 2000, 54) 중앙아시아 비공식 이슬람 현상을 이해하는 데 있어서 핵심적인 지점을 짚어준다.

소비에트 중앙아시아 비공식 이슬람의 또 다른 특징은 역설적이게도 이것이 공식 이슬람과 밀접한 혹은 복잡한 관계에 있었다는 점이다. 예를 들면 중앙아시아무슬림종무원은 공개적·공식적으로는 아니지만 비공식 이슬람 단체들과 조직적 관계를 유지하며 사실상 이들의 활동을 지도하기까지 하면서 그 대가로 이들로부터 보호비를 받았다거나, 허가받지 않은 이슬람 성직자들의 활동을 용인해주었다거나, 통상적인 절차와 허가를 거치지 않고 모스크를 개원시켰다는 비난을 종종 받았다(Rakowska-Harmstone 1983, 43; Ro'i 2000, 135-139).[46] 또한 공식 이슬람은 비공식 이슬람을 묵인함

---

46 공식 이슬람과 비공식 이슬람의 이러한 성격의 관계로 인해 심지어는 이 둘 사이에 경계를 긋기가 어렵다고 논의되기까지 한다(Koçak 2018, 116). 그러나 공식

으로써 이슬람의 반동적·착취적 성격을 감출 뿐만 아니라 이슬람을 민족적인 것과 동일시한다는 비판을 받기도 하였다(Rakowska-Harmstone 1983, 43). 2절에서 서술하였듯이, 소비에트 정권은 종교와 민족의 분리 및 민족의 제도화 원칙에 입각하여 중앙아시아 지역 경계획정을 포함한 전체 연방국가 건설을 진행했다. 따라서 만일 중앙아시아 지역에서 공식 이슬람과 비공식 이슬람의 관계가 우호적 공존의 양상으로 형성되어 이슬람이 근대적 가치를 표상하는 민족 혹은 민족정체성을 구성하는 요소로 인식된다면 이는 소비에트 민족정책의 근간을 뒤흔들 수도 있는 문제였다. 이러한 점들로 인해 국내적으로 공식 이슬람은 '당의 골칫거리'였다고 논의되기도 하는데, 이러한 평가는 위에서 살펴본 바대로 공식 이슬람과 비공식 이슬람의 관계가 말하자면 '회색지대'의 성격을 띠었다는 데에서 기인하는 것이다(Rakowska-Harmstone 1983, 42-44).

소비에트 정권이 공식 이슬람이라는 형태와 방식으로 이슬람을 제도화하여 관리·통제하려는 노력을 기울였음에도 불구하고, 비공식 이슬람 관행 및 활동이 중앙아시아 지역의 특징적인 사회·종교현상이 될 수 있었던 배경과 요인으로는 다음과 같은 것들이 있다. 첫째, 중앙아시아 이슬람이 가진 고유한 역사적·종교적 특징이다. 중앙아시아 지역에서 이슬람은 신념·교리체계라기보다

이슬람과 비공식 이슬람이 언제나 공생관계를 유지한 것은 아니어서 공식 이슬람은 비공식 이슬람 활동을 승인함으로써 정권 내에서 자신의 입지가 위태로워질 수 있다거나 비공식 이슬람 성직자의 높은 인기 때문에 자신의 종교적 패권이 위협받을 수 있다고 여겨질 때에는 비공식 이슬람에 대해 적대적인 태도를 취했다(Ro'i 2000, 139-140). 예를 들면 1952년 중앙아시아무슬림종무원은 수피즘을 강한 어조로 비난했고, 그 이후로 수피 교단(tariqa)은 종무원 권력구조에서 어떠한 역할도 하지 못하게 된다(Tasar 2017, 156-157).

는 생활방식 혹은 '지역 사회 내에서 관계를 규정하는 기제'로 존재해왔다. 이로 인해 이 지역 주민들에게 이슬람을 버리는 행위는 가족, 민족집단, 전통으로부터의 단절 혹은 고립을 의미했고, 소비에트 정권은 이처럼 이 지역 사회와 개인의 의식 속에 깊이 뿌리 내린 이슬람을 근절은 물론 통제하는 데에도 어려움을 겪을 수밖에 없었다(Ro'i 2000, 54-55, 429).[47] 예를 들면 러시아정교회와 달리 이슬람은 기도·예배 행위를 위한 일정한 공간도, 종교의식을 집행할 인물의 선정·임명도 요구하지 않기 때문에 이슬람 종교행사는 야외·묘지·개인주택 등 다양한 장소에서 수행될 수 있었고, 또한 무슬림이라면 누구나 이슬람 종교의식을 집행할 수 있었다(Khalid 2007, 112; Ro'i 2000, 300). 이처럼 중앙아시아 지역에서 이슬람은 사람들의 일상적인 관습, 행위, 관계, 의식, 가치 등과 긴밀하게 결부된 종교이자 삶과 문화의 일부였기 때문에 비공식 이슬람은 오래 전부터 이 지역 이슬람의 자연스러운 발현 양상이었다.

둘째, 위에서 언급되었듯이, 등록된 모스크와 이슬람 성직자 등 공식 이슬람에 의해 인정된 이슬람 시설과 인력은 중앙아시아 무슬림 인구의 종교적·정신적 필요 혹은 수요를 충족시키기에는 너무나 부족했고, 이러한 상황에서 비공식 이슬람의 대두는 불가피한 혹은 자명한 현상이었다(Bennigsen and Lemercier-Quelquejay 1978, 154, 157; Bennigsen and Lemercier-Quelquejay

---

47 혹은 이슬람 역사 혹은 전통 그 자체에서 공식 이슬람의 존재가 예외적인 현상이고 반대로 비공식 이슬람이 일반적인 현상이었기 때문에 법적인 권한을 갖는 공식 이슬람 기구를 만들려는 몇몇 근대국가의 시도는 무슬림 사회에 잘 맞지 않았다고 논의되기도 한다(Khalid 2007, 112).

1979, 155; Koçak 2018, 116; Ro'i 2000, 287). 역시 언급되었듯이, 이슬람은 중앙아시아 지역 주민들의 일상, 관습, 문화, 전통과 중첩되는 접점이 매우 넓고 깊게 형성된 종교였기 때문에 이 지역 무슬림들의 종교적 요구는 이들의 삶과 생애의 광범한 영역과 과정에 걸쳐 표출될 수밖에 없었는데, 제도화된 공식 이슬람이 때로는 정권의 규제와 승인을 받아가며 때로는 정권과 협력하면서 이러한 요구를 모두 수용할 수는 없었던 것이다.

이처럼 전후 소비에트 시기 이후 소연방이 붕괴될 때까지 중앙아시아 지역에서 이슬람은 공식 이슬람과 비공식 이슬람으로 이원화된 양상으로 존재하게 되는데, 그렇다고 해서 전후 시기 소비에트 정권의 중앙아시아 이슬람 정책이 아무런 변화 없이 단선적으로 진행된 것만은 아니다.[48] 즉 전후 시기 소비에트 정권의 중앙아시아 이슬람 정책이 공식 이슬람의 제도화를 통해 법적인 공간 내에서 이슬람을 관리·통제하려 시도한 일종의 온건한 방식과 방향으로만 전개된 것은 아니다. 예를 들면 전쟁이 끝난 1947-1954년 스탈린 집권 말기의 소비에트 정권은 전쟁으로 인해 자유로워진 종교의 활성화에 불안해져서는 1920-1930년대의 억압적 조치를 사용하거나 공식적 지시를 내리는 방식을 통해서는 아니지만 모든 종교의 새로운 기도실 개원을 중단시키고 행정 절차와 지역 상황을 보아가며 기존의 기도실을 폐쇄시키거나 종교단체의 등록을 철회시키는 과정을 진행시킨다(Ro'i 2000, 10, 34-35).[49] 또한 전

---

48 이러한 점과 관련하여 전전 시기에나 전후 시기에나 소비에트 종교정책은 불명료한 혹은 혼란스러운 것이었다고 논의된다(Ro'i 2000, 15).
49 1948년 중반부터 1953년까지 소연방에서 새로운 모스크가 개원되지 못했다는 점

쟁에서의 승리가 가시화되는 1944년 9월 반종교 선전 활동의 재개를 지시한 공산당 중앙위원회(ЦК ВКП(б)) 법령에 따라 1947년 전연방정치과학지식보급협회(《Знание》:Всесоюзное общество по распространению политических и научных знаний)가 설립되어 중앙아시아 지역을 포함한 전국에서 강연, 영화, 포스터 등 다양한 선전 기술을 활용하여 무신론 선전 캠페인을 전개한다(Haghayeghi 1995, 28; Ro'i 2000, 36-37). 국가의 생존과 직결된 전시 동원의 필요성 유무는 중앙아시아 이슬람 정책을 포함하여 전시 및 전쟁 직후 시기 소비에트 정권의 종교정책에서 근본적인 기조 변화뿐만 아니라 부분적인 혹은 전술적인 노선 수정을 야기하는 데에도 중요한 영향을 미친 요인이었음을 알 수 있다.

흐루쇼프 정권이 들어선 이후 1958-1964년에는 종교 활동에 대한 억압적 조치를 동반한 반종교 캠페인이 전개되면서 일련의 반종교 법률 제·개정, 법령·결의안 발포, 반종교 선전 활동 확대·강화, 비등록 기도실·모스크·성지 폐쇄, 비공식 성직자 처벌·해임 등의 조치가 실행된다(Haghayeghi 1995, 32-33; Ro'i 2000, 10, 41-47, 205-214; Tasar 2017, 194-241). 반종교 캠페인의 원인과 동기가 아직 완전히 밝혀진 것은 아니지만, 공산주의 건설이라는 흐루쇼프의 이념적·이상적 목표와 열정, 이에 따른 정권 내 대(對)종교 강경파의 우세는 반종교 캠페인을 견인한 요인들로 논의될 수 있다(Khalid 2007, 79; Ro'i 2000, 41; Tasar 2017, 194, 240). 한편 이 시기에 중앙아시아무슬림종무원은 정권의 반종교 캠페인

이(Ro'i 2000, 199) 이 시기에 종교에 대해 다시 다소 경직된 정권의 태도를 말해준다.

에 적극적으로 협력하고 국제무대에서 왕성한 활동을 벌임으로써 자신의 유용성을 증명하는데, 이에 따라 이 시기에도 소비에트 공식 이슬람을 구성하는 주요한 두 기구인 중앙아시아무슬림종무원과 종교교단문제회의 간의 동맹관계는 유지될 수 있게 된다(Tasar 2017, 214-225, 240). 다시 말하면, 정권의 반종교 캠페인이 벌어졌다고 해서 전후 시기에 만들어진 소비에트 공식 이슬람 구조가 와해된 것은 아니다. 또한 이 시기의 억압 정책이 종종 무계획적이고 산발적으로 집행되었다는 점과 관련하여 반종교 캠페인은 소비에트 종교 현실을 거의 변화시키지도 못한다(Haghayeghi 1995, 33; Tasar 2017, 199). 이러한 점들과 관련하여 중앙아시아 지역에서 이슬람은 공식 이슬람과 비공식 이슬람으로 분화되어 공존하는 기존의 존재의 양상을 이어나갈 수 있게 된다.

1964년 10월 흐루쇼프의 실각 이후에는 그의 과도했던 반종교 캠페인에 대한 비판이 제기되면서 강경한 반종교 정책이 폐기되었고, 그 결과 브레즈네프 정권의 종교정책의 기조는 이전 시기보다 완화된 태도를 나타내는 가운데[50] 전체적으로 이 시기에는 종교를 다루는 법률이나 사고에서 새로운 점이 거의 없었다고 논의

50 예를 들면 모스크 및 이슬람 성직자의 등록을 확대할 것을 주장한 종교문제회의의 노선이 이 시기 소비에트 정권의 공식 이슬람 정책으로 채택되지는 않음에도 불구하고, 1970년에서 1983년 사이에 소연방 전역에서 등록된 이슬람 성직자 수가 2배 가까이 증가하여 약 1,000명에 이르게 되는데, 이는 1983년 등록된 모스크 수 374개보다 2.5배 이상 많은 수치이다(Ro'i 2000, 66-67, 216). 또한 1977년 소위 브레즈네프 헌법은 "반종교 선전의 자유"라는 문구를 "무신론 선전의 자유"로 변경하는데, 이러한 헌법 용어의 변화가 대부분의 신자들에게 유의미한 것은 아니었다고 하더라도 이를 통해 소비에트 정권은 종교를 대하는 자신의 태도가 호전적·전투적 성격을 띠지 않을 것임을 공식화했다(Haghayeghi 1995, 35; Rorlich 1991, 186).

된다(Haghayeghi 1995, 33-35; Ro'i 2000, 48, 50). 이에 따라 소비에트 말기까지도 정권이 비공식 이슬람, 특히 수피즘을 인정·용인하지 않고 이에 대한 비방을 멈추지 않음에도 불구하고(Rorlich 1991, 203), 소비에트 시기가 끝날 때까지도 비공식 이슬람 관행은 중앙아시아 지역에서 이슬람이 존재하고 실천되는 하나의 방식 혹은 양상으로 온존하게 된다(Akiner 2003, 97-98).

IV 나오며

전전 시기 소비에트 정권의 중앙아시아 이슬람 정책은 이 지역을 소비에트 사회에 통합시키려는 장기적·거시적 목표의 일부로서 이 지역 이슬람의 제도적·사회적 권위를 해체시켜 이 지역을 세속·근대사회로 변모시키려는 의도에 따라 진행되었다. 소비에트 초기 정세 변화에 따라 정권의 중앙아시아 이슬람 정책 역시 일관성 없는 것으로 보일 수 있을 정도로 달라지는데, 그 경향성은 시간이 흐름에 따라 정책의 억압적 성격이 점차 강화되는 것이었고, 1930년대에는 정책의 반이슬람적 공격성이 절정에 이른다. 이러한 '맹공' 정책의 결과로 중앙아시아 이슬람은 이 지역 관습 혹은 전통과 유사한 것이 되고 공적인 담론은 탈이슬람화되지만, 그렇다고 해서 중앙아시아 지역에서 이슬람이 사라져버린 것은 결코 아니었고, 이슬람은 사람들의 정체성의 표지가 되어 무슬림이 된다는 것은 이 지역의 문화적 규범과 전통을 따른다는 것을 의미하게 된다(Khalid 2007, 82-83). 아직 비공식 이슬람으로 명명되지 않앉을 뿐이지 전전 시기에 이미 소비에트 정권의 억압적 이슬람 정책으로 인해 중앙아시아 지역에서 이슬람은 비공식적이고 사적인 영역과 활동에서 존재의 공간과 양상을 찾아내어 존립을 이어 나간 것이다.

독소전쟁 발발로 말미암아 생겨난 전시 동원 및 국가적 생존의 필요성은 소비에트 정권의 이슬람 정책에 근본적인 변화를 일으켜 정권은 정책 기조를 제도화를 통한 국가의 이슬람 관리로 재조정한다. 이러한 정책 변화의 결과로 만들어진 기구가 중앙아시아무슬림종무원인데, 이 종교기구는 세속국가에 협력·충성하는 대가로 법적인 보호와 통제를 받기도 하고, 또한 자신이 세속국가의 이슬람 및 무슬림 관리와 통제를 대행하는 역할을 수행하기도 한다. 전전 시기 소비에트 정권의 이슬람 정책이 중앙아시아 이슬람 현실에 일정한 변화와 의도치 않은 결과를 동시에 발생시켰듯이, 전후 시기 정권의 이슬람 정책 역시 마찬가지이다. 중앙아시아무슬림종무원으로 대표되는 공식 이슬람 기구를 통해 이슬람 관리와 통제의 법적·제도적 틀과 기제와 공간이 마련된 반면에, 특히 수피즘과 연관된 비공식 이슬람 관행 및 활동이 그 외부에서 상존하게 된 현상이 바로 그것이다. 공식 이슬람과 비공식 이슬람의 미묘한 관계 및 그 이원화된 병존은 전후 시기 정권의 이슬람 정책이 다소 수정되는 가운데에도 소비에트 시기가 종료될 때까지 계속된다.

1985년 3월 집권한 고르바초프에게 이슬람은 자신의 개혁 프로그램의 걸림돌로 여겨진 곤란한 문제였고, 따라서 집권 초기에는 비공식 이슬람 성직자 체포·처벌 등의 강압적 조치가 취해지기도 했지만, 개혁·개방 정책의 지지 세력이 필요해지는 상황 등으로 인해 1988년경부터는 국가-종교 관계가 개선되기 시작하고, 정권은 심지어 비공식 이슬람 활동에 대해서도 관용적인 태도를 나타내기 시작한다(Akiner 2003, 98-99; Haghayeghi 1995, 55-66; Louw 2007, 23-24). 소연방에 종교적 자유화의 분위기가 조성된 것인데, 이러한 시대적·사회적 변화를 배경으로 하여 중앙아시아 지역에 거세게 불기 시작한 바람이 바로 이슬람 부흥이다. 중앙아시아 지역에서 민족 전통이자 문화적 유산으로서의 이슬람에 대한 대중적 관심이 폭발적으로 증가하면서 다양한 방식으로 이슬람 시설·교육·관행 등을 복원하고 활성화하려는 노력과 움직임을 일어나기 시작한 것이다.[51]

이러한 상황에서 대체로 소비에트 말기 혹은 포스트소비에트 초기에 집권하여 포스트소비에트 시기에도 상당 기간 권력을 보유하게 되는 중앙아시아 5개 공화국/국가 정권은[52] 이슬람에 대해 이

---

51 소비에트 말기부터 시작되는 중앙아시아 이슬람 부흥의 전개, 양상, 의미 등에 대한 상세한 내용은 오원교(2008, 349-369); Haghayeghi(1995, 85-99); Khalid(2007, 117-125, 131-136) 참조. 한편 이슬람 부흥이 중앙아시아 전역에서 일어난 현상이긴 하지만, 비교적 발달된 종교적 인프라와 환경이 갖춰져 있었던 우즈베키스탄과 타지키스탄에서의 이슬람 부흥과 그렇지 못했던 카자흐스탄과 키르기스스탄에서의 이슬람 부흥은 적어도 그 초기에는 규모나 정도 면에서 현격한 차이를 나타냈다(김태연 2017, 41; Omelicheva 2010, 176-177).

52 1989년 6월 카자흐 공화국(Казахская ССР) 최고 지도자로 임명된 나자르바예프(Нурсултан Назарбаев)는 2019년 3월 자진 사임할 때까지 포스트소비에트 카자흐스탄에서도 대통령으로서 권력을 쥐고 있었다. 역시 1989년 6월 우즈베크 공화국(Узбекская ССР) 최고 지도자로 임명된 카리모프(Ислам Каримов)는 2016년 9월 사망할 때까지 포스트소비에트 우즈베키스탄에서도 대통령으로서 권력을 놓지 않았다. 1985년 12월 투르크멘 공화국(Туркменская ССР) 최고 지도자로 임명된 니야조프(Сапармурат Ниязов) 역시 2006년 12월 사망할 때까지 포스트소비에트 투르크메니스탄에서도 대통령으로서 권력을 쥐고 있었다. 1990년 10월 키르기스 공화국(Киргизская ССР) 대통령으로

중적인 태도를 취한다. 한편으로 이들은 중앙아시아 지역 이슬람 부흥의 흐름에 편승하여 민족 유산의 일부로서의 이슬람은 적극적으로 수용·지지하는 모습을 보이지만,[53] 다른 한편으로 특히 독립 이후 자신들이 주장하는 '잘못된' 이슬람에 대해서는 단호한 반대·적대의 입장을 드러내는 것이다(오원교 2008, 355-356; Khalid 2007, 131-133). 그리고 바로 이러한 이슬람에 대한 중앙아시아 지역 정권의 이분법적 접근과 밀접하게 관련되어 형성되는 현상이 이슬람의 이원화된 존재 양상인데, 이는 전후 소비에트 시기의 그것과 유사한 점과 다른 점을 모두 갖는다.

소비에트 말기 및 포스트소비에트 초기 중앙아시아 공화국/국가 정권은 자신의 정치적 정당성을 인정받고 새로운 민족정체성을 확립하기 위한 수단이자 표상으로 이슬람을 내세우지 않을 수 없었지만, 동시에 전후 시기 소비에트 정권이 그러했던 것처럼 이들 또한 제도화를 통한 이슬람 관리·통제에 착수했다. 그 결과 기존의 중앙아시아무슬림종무원은 1990-1996년에 걸쳐 서로 독립적인 5개 공화국/국가 무슬림종무원으로 해체·재편되었다(오원교 2008, 358-359). 이러한 조직 개편 과정에서 새로운 무슬림종무원

선출된 아카예프(Аскар Акаев)는 포스트소비에트 키르기스스탄에서도 대통령으로서 권력을 놓지 않고 있다가 2005년 3월 튤립혁명으로 대통령직에서 축출되었다. 한편 내전 중이던 1992년 11월 타지키스탄 최고소비에트(Верховный Совет) 의장으로 선출된 라흐모노프(Эмомали Рахмонов)는 1994년 11월 이후 현재에도 타지키스탄 대통령으로서 정권을 유지하고 있다.

53 이는 중앙아시아 5개 공화국/국가 최고 지도자들이 소비에트 중앙정부로부터 임명되거나 소비에트 공화국 의회에서 선출되는 방식으로 집권했기 때문에 이들의 대중적 정당성이 취약한 상황에서 이슬람을 표방하고 전유하는 행위가 이슬람 부흥이 전개되고 있던 사회적 환경에서는 대중의 지지를 확보하는 효과적인 방법이었다는 점으로 설명될 수 있다.

들은 정권과의 관계를 재정립할 열린 기회의 공간을 갖기도 했지만, 권위주의적인 중앙아시아 공화국/국가 정권의 압력으로 그 공간이 이내 닫혀져버림에 따라 이들 포스트소비에트 중앙아시아 국가들의 무슬림종무원은 소비에트 중앙아시아무슬림종무원과 동일한 기능을 수행하면서 각국 공식 이슬람을 대표하는 기구가 되었다(오원교 2008, 359-360; Akiner 2003, 103-104).[54] 소비에트 정권은 이슬람 철폐 혹은 소멸이라는, 포스트소비에트 중앙아시아 국가들은 이슬람 보호 혹은 옹호라는 상반되는 정책적 지향을 실행에 옮겼음에도 불구하고, 이 지역에서 공식 이슬람 기구는 세속 정권에 대한 복종이라는 시대를 관통하는 연속성을 나타내고 있는 것인데, 이는 제도화를 통한 국가의 이슬람 관리·통제 시도라는 소비에트 유산의 산물로 이해될 수 있다.

포스트소비에트 중앙아시아 국가들의 이슬람 정책과 공식 이슬람이 소비에트 시기의 그것과 공통점만을 갖는 것은 물론 아니다. 소비에트 및 포스트소비에트 정권의 중앙아시아 이슬람 정책에서 두드러진 차이점으로 나타나는 것은 바로 소비에트 시기에는 중앙아시아 수피 교단(tariqa)이 정권이 전개한 반이슬람 캠페인의 주요 대상이었다면, 포스트소비에트 시기에는 정권이 민족건설 작업의 일환으로 수피 전통을 포섭하려는 노력을 적극적으로 기울이고 있다는 점이다(Louw 2007, 42-61). 예를 들면 우즈베키스탄 카리모프(Ислам Каримов) 대통령이 낙쉬반디야(Naqshbandiyya) 수피 교단 창시자 낙쉬반드(Bahauddin Naqshband)의 영묘를 보

---

54 즉 포스트소비에트 중앙아시아 지역에서 이슬람 활동에 대한 제도적 통제는 소비에트 모델을 답습하고 있는 것이다(Akiner 2003, 103).

수·정돈하는 사업을 직접 조직하여 1993년 그 기념단지 개관식에 참석한 경우와, 카자흐스탄 정부가 또 다른 수피 교단 야사위야 (Yasawiyya) 창시자 야사위(Ahmed Yasawi)의 영묘 재건 사업을 주도하고 1993년을 그의 해로 지정한 경우(Haghayeghi 1995, 160: Khalid 2007, 120: Louw 2007, 43, 49-50, 55) 등이 포스트소비에트 시기 들어 정권의 이슬람 정책이 크게 달라졌음을 입증해준다. 포스트소비에트 중앙아시아 국가들의 이슬람 정책과 공식 이슬람이 관여하는 활동에 소비에트 시기에는 공식 이슬람의 외부 영역으로서 비공식 이슬람에 속했던 수피즘 성지 관리 업무가 포함된 것이고, 이러한 점에서 포스트소비에트 중앙아시아 공식 이슬람은 외연이 확장되는 변화를 겪었다고 할 수 있게 되었다.

이처럼 포스트소비에트 중앙아시아 공식 이슬람의 범위 혹은 내용이 이전 소비에트 시기와 달라짐에 따라 이와 관련하여 비공식 이슬람도 이전 시기와 다르게 정의되는 변화가 나타난다. 그것은 포스트소비에트 중앙아시아 5개국 정권이 공통적으로 공식 이슬람 혹은 이슬람 그 자체의 대립물 혹은 적으로 급진적 혹은 정치적 이슬람을 지목하고 있다는 점이다. 즉 포스트소비에트 시기 들어 중앙아시아 지역에서 급진적 혹은 정치적 이슬람은 소비에트 시기의 비공식 이슬람의 자리를 대신한 것이고, 이를 달리 표현하면, 포스트소비에트 중앙아시아 지역에서 급진적 혹은 정치적 이슬람은 새로운 비공식 이슬람이 되었다고 할 수 있다.[55] 소연방 해체를 전후하여 중앙아시아 지역에 급진 이슬람이 출현하게 된 것은 이념적 공백, 해외 급진 이슬람 사상·세력 유입, 권위주의 정권의 억압적 통치, 정부의 무능과 부패, 경제상황 악화 등 다양한 요인의 복잡한 작용에 의한 것이었다(오원교 2008, 365). 그런데도 키르기스스탄 대통령 아카예프(Аскар Акаев)를 제외하면 공산당 관료 출신이 장악했던 이 시기 중앙아시아 정권들은 '좋은' 이슬람 대(對) '나쁜' 이슬람이라는 이슬람에 대한 단순한 이분법적 사고와 소비에트 시기의 종교 활동에 대한 통제 기제를 유지한 가운데(ICG 2003, 1, 3) 이슬람 정책을 입안·실행해 나갔고, 그 결과 정권이 '나쁜' 이슬람이라고 간주한 독립적이거나 정부에 대해 비판적인 이슬람 세력에 대해서는 강도 높은 억압이 가해진다.[56] 이 지역 정권들은 국가안보에 대한 위협 혹은 전통 이슬람 수호를 명분 혹은 구실로 내세워 급진 이슬람 운동에 대한 억압을 정당화하고 싶어 하지만, 이들 운동이 정권의 정당성을 약화시킬 가능성에 대한 우려 또한 정권이 억압적 태도와 대응을 취하는 이유의 하나이기 때문에 현재 이 지역 비공식 정치적 이슬람은 소비에트 시기의 비공식 이슬람에 못지않게 가혹한 포스트소비에트 정부들의 억압의 대상이 되고 있다.

---

55   포스트소비에트 중앙아시아 이슬람의 지형도를 공식 이슬람, 비공식 이슬람, 급진 이슬람으로 삼분된 구도로 그리는 연구물도 있지만(오원교 2008; Akiner 2003), 이 글은 포스트소비에트 중앙아시아 현실에서는 기존의 비공식 이슬람이 공식 이슬람으로 흡수·포함된 영역과 그렇지 않고 이슬람 원칙과 가치에 맞게 사회정치현실을 재구성할 것을 지향하여 국가에 도전·저항하는 극단적인 흐름으로 나누어질 수 있다고 간주하여 후자를 달라진 양상의 비공식 이슬람이라고 주장한다.

56   물론 급진적 혹은 정치적 이슬람에 대한 포스트소비에트 중앙아시아 정권의 억압 정책에서도 국가에 따라 차이점이 발견되는데, 예를 들면 우즈베키스탄에서는 독립 초기부터 이에 대한 신속하고 전면적인 억압이 실행되었다면, 카자흐스탄과 키르기스스탄에서는 1990년대 말 혹은 2000년대 이후로 전체적인 이슬람 정책이나 급진 이슬람에 대한 대응이 강경해지는 경향을 보인다(김태연 2017, 52-60; ICG 2003, i, 4, 10-12, 26, 33-34).

위에서 살펴보았듯이, 소비에트 정권과 포스트소비에트 정권의 중앙아시아 이슬람 정책은 공통점과 차이점을 모두 나타내고 있으며, 이와 관련하여 과거와 현재 이 지역 이슬람의 존재 양상 또한 그러하다. 이로부터 알 수 있는 것은, 소비에트 중앙아시아 이슬람 정책이 이 지역 이슬람 현실의 변화를 야기한 결정적인 요인이긴 하지만, 동시에 그 현실이 정권이 의도한 그대로 혹은 일방향적으로 형성된 것은 아니라는 점이다. 그리고 이는 이슬람 정책을 비롯한 소비에트 정권의 여러 실험과 노력이 억압적 정책의 성공 혹은 실패로 구분되는 도식 틀에 가두어지지 않는 복잡한 작용과 과정의 연속이었음을 말해준다. 소비에트 정권의 중앙아시아 이슬람 정책이 실행된 결과로부터 알 수 있는 또 다른 것은, 소비에트 중앙아시아 이슬람 현실이 다단한 방식과 과정을 거쳐 정권의 의도와 기대에 어긋난 모습으로 구성되었음에도 불구하고 포스트소비에트 시기에까지 일정한 영향을 미쳐 과거와 유사하면서도 다른 양상으로 현재의 이슬람 현실이 빚어지는 데 일종의 밑바탕이 되었다는 점이다. 즉 포스트소비에트 중앙아시아 정권이 아무리 소비에트 시기와 상이한 이슬람 현실을 만들어내고 싶어 해도 현실은 그러한 의도대로 과거와 완전히 단절되어 구성될 수 있는 것이 아니라고 할 수 있는 것이다. 다시 말하면, 과거가 마치 숙명처럼 현재를 결정짓는 것은 아니지만, 또한 현재는 무(無)에서 만들어지는 것이 아니기도 하여서 어떤 과거의 유산은 현재가 딛고 서지 않고서는 구성될 수 없는 지반이 되기도 하는 것이다.

참고문헌

고가영. 2017. "2차 대전이 '중앙아시아 무슬림종무원(САДУМ)'의 설립과 활동에 미친 영향."『슬라브학보』32, 1호: 1-34.

구자정. 2012. "이식된 근대, 만들어진 민족, 강제된 독립: 소비에트식 "민족창조"를 통해 본 중앙아시아 지역 유럽 근대성의 착종."『역사문화연구』44: 169-230.

기계형. 2011. "중앙아시아의 민족, 젠더, 그리고 베일: 1920년대 우즈베키스탄의 후줌(Hujum)운동을 중심으로."『역사와 경계』79: 329-369.

김태연. 2017. "포스트소비에트 카자흐스탄과 키르기스스탄 급진 이슬람 운동의 동원 잠재력 비교연구."『러시아연구』27, 2호: 37-77.

오원교. 2008. "중앙아시아 이슬람 부흥의 양상과 전망."『러시아연구』18, 2호: 347-381.

최소영. 2000. "소비에트 정권과 反이슬람 정책의 변화: 1920년대 중앙아시아를 중심으로."『역사문화연구』12: 807-822.

최일붕. 2004. "마르크스주의와 종교."『마르크스주의 연구』1, 1: 223-265.

Akiner, Shirin. 2003. "The Politicisation of Islam in Postsoviet Central Asia." *Religion, State & Society* 31, no. 2: 97-122.

Bennigsen, Alexandre and Chantal Lemercier-Quelquejay. 1978. "Muslim Religious Conservatism and Dissent in the USSR." *Religion in Communist Lands* 6, no. 3: 153-161.

_____. 1979. ""Official" Islam in the Soviet Union." *Religion in Communist Lands* 7, no. 3: 148-159.

Fowkes, Ben and Bülent Gökay. 2009. "Unholy Alliance: Muslims and Communists – An Introduction." *Journal of Communist Studies and Transition Politics* 25, no. 1: 1-31.

Froese, Paul. 2005. ""I Am an Atheist and a Muslim": Islam, Communism, and Ideological Competition." *Journal of Church and State* 47, no. 3: 473-501.

Haghayeghi, Mehrdad. 1995. *Islam and Politics in Central Asia*. New York: St. Martin's Press.

ICG. 2003. "Central Asia: Islam and the State." ICG Asia Report No. 59.

Keller, Shoshana. 1992. "Islam in Soviet Central Asia, 1917-1930: Soviet Policy and the Struggle for Control." *Central Asian Survey* 11, no. 1: 25-50.

_____. 2001a. "Conversion to the New Faith: Marxism-Leninism and Muslims in the Soviet Empire." In *Of Religion and Empire: Missions, Conversion, and Tolerance in Tsarist Russia*, edited by Robert P. Geraci and Michael Khodarkovsky, 311-334. Ithaca and London: Cornell University Press.

_____. 2001b. *To Moscow, Not Mecca: The Soviet Campaign Against Islam in Central Asia*, 1917-1941. Westport, CT: Praeger.

Khalid, Adeeb. 2007. *Islam after Communism: Religion and Politics in Central Asia*. Berkeley and Los Angeles: University of California Press.

Koçak, Muhammet. 2018. "Official and Unofficial Islam in Soviet Union During the Cold War." *Journal of Turkish History Researches* 3, no. 2: 102-120.

Louw, Maria Elisabeth. 2007. *Everyday Islam in Post-Soviet Central Asia*. London and New York: Routledge.

Omelicheva, Mariya Y. 2010. "The Ethnic Dimension of Religious Extremism and Terrorism in Central Asia." *International Political Science Review* 31, no. 2: 167-186.

Pew Research Center. 2015. *The Future of World Religions: Population Growth Projections, 2010-2050*. Washington, D.C.: Pew Research Center.

Polonskaya, Ludmila and Alexei Malashenko. 1994. *Islam in Central Asia*. Reading: Ithaca Press.

Rakowska-Harmstone Teresa. 1983. "Islam and Nationalism: Central Asia and Kazakhstan Under Soviet Rule." *Central Asian Survey* 2, no. 2: 7-87.

_____. 1991. "Foreword." In *Soviet Central Asia: The Failed Transformation*, edited by William Fierman, ix-xv. Boulder: Westview Press.

Rashid, Ahmed. 1994. *The Resurgence of Central Asia: Islam or Nationalism?* London and New Jersey: Zed Books.

_____. 2001. "The Fires of Faith in Central Asia." *World Policy Journal* 18, no. 1: 45-55.

Rorlich, Azade-Ayse. 1991. "Islam and Atheism: Dynamic Tension in Soviet Central Asia." In *Soviet Central Asia: The Failed Transformation*, edited by William Fierman, 186-218. Boulder: Westview Press.

Ro'i, Yaacov. 2000. *Islam in the Soviet Union: From the Second World War to Gorbachev*. New York: Columbia University Press.

Shahrani, Nazif. 1993. "Central Asia and the Challenge of the Soviet Legacy." *Central Asian Survey* 12, no. 2: 123-135.

Tasar, Eren. 2017. *Soviet and Muslim: The Institutionalization of Islam in Central Asia*. New York: Oxford University Press.

Ubiria, Grigol. 2016. *Soviet Nation-Building in Central Asia: The Making of the Kazakh and Uzbek Nations*. London and New York: Routledge.

필자 소개

김태연 Kim, Tae Yon

서울대학교 노어노문학과(Department of Russian Language and Literature, Seoul National University) 강사
고려대학교 노어노문학과 졸업, 모스크바국립대학교 정치학 박사

논저 "체첸에서 폭력의 전개와 그 관계적 요인", "분쟁 이후 도시에서 기억의 실행: 키르기스스탄 오쉬의 기념물을 중심으로", "포스트소비에트 카자흐스탄과 키르기스스탄 급진 이슬람 운동의 동원 잠재력 비교연구"

이메일 antiwar99@hanmail.net

제5장

벨라루스 국가 정체성과 러시아와의 관계

National Identity of Belarus and It's Relations with Russia

김효섭 | 서울대학교 아시아연구소 중앙아시아센터 선임연구원

벨라루스에서

국가형성 문제는 갑작스러운 소련의 해체와 함께 제기되었다. 국가형성 과정은 안으로는 국가-민족 정체성을 둘러싼 정체성의 정치 과정을 동반하였으며, 밖으로는 소련의 종주국이었던 러시아와의 관계 재설정을 요구하였다. 이 글은 구소련에서 독립한 벨라루스의 국가형성 과정을 정체성의 정치 측면에서 살펴보고, 벨라루스 정체성 형성 과정에서 러시아(성)가 미친 영향과 관계에 대해 고찰한다. 독립 초기에 벨라루스어 부활, 벨라루스 문화와 역사 재정립 등 민족주의 관점에서 새로운 벨라루스 정체성을 만드는 것처럼 보였으나, 이러한 경향은 그리 오래 지속되지 못하였다. 벨라루스 민족의 러시아성보다는 유럽성을 강조했던 민족주의는 전국민적 동의를 받지 못한 채 결국 쇠퇴하였다. 이로 인해 현재 벨라루스에서는 러시아성을 근간으로 일부 유럽성이 포함되는 방식으로 국민 정체성이 형성되었고, 이것은 벨라루스 국민 인식 및 벨라루스의 대외 지향성에서도 나타난다.

Belarus, as an independent state, had to go through a complex process of nation-state building after the sudden collapse of the Soviet Unon. The process of forming the nation-state was accompanied by the process of identity politics, and demanded the re-establishment of relations with Russia(ness). This article examines the process of nation-state building in Belarus and the influences of Russia on the formation of Belarusian identity. At the initial stage, the Belarusian nationalism strongly influenced the creation of the new Belarusian identity based on the language and ethnicity. However, nationalism, which emphasized the 'European character' of the Belarusian nation, eventually have declined because of the lack of national consensus. As a result, the identity of Belarus has been formed on the basis of the Slavic and Russian elements, and includes the European elements in it as well. This was reflected on the Belarus citizens' perceptions and their foreign policy orientations.

KEYWORDS 벨라루스 Belarus, 민족국가형성 nation-state building, 민족 정체성 national identity, 정체성 정치 identity politics, 벨라루스 민족주의 belarusian nationalism, 지정학적 위상 geopolitical position, 대외관계 foreign relations

I 서론

돈이냐 주권이냐? 석유분쟁이 러시아와 벨라루스 관계에 어떤 영향을 미칠 것인가?(Шрайбман, 2018. 12. 20)

2018년 연말에 모스크바 카네기재단에는 벨라루스에 다소 심각한 상황을 암시하는 글이 게재되었다. 2018년 가을부터 본격화된 러시아와 벨라루스 간 원유 공급가격을 둘러싼 갈등으로 벨라루스는 경제적 이득과 주권 중 하나를 선택해야 한다는 다소 과장되었지만, 본질적인 문제에 직면하고 있다는 것이다. 러시아는 2019년부터 석유 수출세를 점진적으로 인하하고 대신에 자원채굴세를 부과하기로 하였는데, 이러한 조치는 벨라루스의 국가 경제에 심각한 타격을 끼칠 것으로 예상되었다.[1] 이에 2018년 겨울 루카셴코 벨라루스 대통령은 푸틴 러시아 대통령을 세 차례 만나 이전과 같은 조건으로 원유 공급을 지속해줄 것을 요청하였다. 러시아 주도로 결성된 유라시아경제연합에 이미 2015년에 가입하였으며, 2010년 가을에는 양국 사이에 관세동맹이 체결된 점을 강조함으로써, 루카셴코 대통령은 러시아가 원유에 부과하는 세금체계를 변경하더라도 벨라루스에는 다른 국가들과는 다른 제도를 적용해줄 것

---

[1] 그동안 벨라루스는 러시아로부터 원유를 무관세로 공급 받고, 이를 정제한 석유제품을 제3국에 판매함으로써 막대한 예산수입(주로 석유제품 수출세를 통해)을 얻었다. 러시아는 그동안 벨라루스로 공급하는 원유에는 수출세를 부가하지 않았다. 그러나 러시아가 수출세를 인하하고 자원 채굴세를 도입함으로써, 벨라루스는 이전보다 비싼 가격의 원유를 공급받음으로써, 석유제품의 가격 경쟁력도 떨어지고 수입도 줄어들게 되었다. 벨라루스 현지 전문가들가에 의하면, 2019-2024년 5년간 벨라루스는 약 80억-120억 달러 정도의 손실을 입을 것으로 보인다.

을 여러 차례 요청하였다. 이에 푸틴 대통령은 벨라루스가 이전처럼 원유를 싸게 공급받으려면, 양국 간의 정치적 통합 수준을 보다 높여야 한다고 주장하였다. 러시아는 자원채굴세 도입으로 추가로 발생하는 비용을 러시아–벨라루스 국가연합의 틀 속에서 예산 이전 형태로 제공할 것이라고 하였다.[2] 즉 원유 공급 조건을 둘러싼 경제적 문제에 대해 러시아 정부가 정치적 해법을 제시함으로써, 벨라루스의 러시아로의 통합을 강요하고 있는 것이다.

이러한 상황에서 벨라루스의 선택지는 매우 한정되어 있다. 즉 벨라루스가 러시아 측의 주장대로 예산 이전 형태로 지원을 받게 되면, 이는 벨라루스의 주권을 일정 정도 러시아에 양보하는 것을 의미한다. 벨라루스의 입장에서는 경제적 이득을 취하는 조건으로 일정 정도의 주권을 양보하겠다는 결정을 강요받고 있다고 느낄 수 있다. 만약 벨라루스가 자국의 고유한 주권이 어느 정도 침해되는 것을 감수하겠다고 결정한다면, 이것은 벨라루스와 러시아 간의 오랫동안 지속된 관계에 심각한 영향을 미칠 것으로 보인다.

돈이냐 주권이냐? 다소 과장된 질문일 수 있으나, 이는 많은 사람들이 오랫동안 관심을 갖고 있는 러시아와 벨라루스의 관계에 대한 아주 중요한 핵심적 질문이다. 양국 간의 관계 문제는 소련이

---

2 주벨라루스 러시아 대사 바비치(Babich)는, 벨라루스의 요청대로 석유를 공급한다면, 연간 약 30-40억 달러 정도의 비용이 소요될 것이라고 언급하였다 (Шрайбман 2018). 한편 벨라루스 전문가들은 만약 러시아 정부의 계획대로 진행된다면, 2019년에 약 3억 달러 정도 예산 손실이 있을 것이며, 5년간 총 20억 달러, 즉 벨라루스 GDP의 약 4% 정도일 것이라고 한다(Белорусский ПАРТИЗАН. 2018. 9. 4).

해체된 이래 꾸준히 제기되어왔다. 그러나 벨라루스와 러시아의 관계는 단순한 양국의 대외관계, 대외정책 차원의 문제가 아니었다. 이것은 양국 관계의 설정을 통해 정치적, 경제적 이익을 어떻게 확보할 것이냐 하는 전략적 선택을 넘어선다. 돈이냐 주권이냐라는 질문은 양국 관계에서 보다 본질적인 문제들을 내포하고 있다. 즉 소련 독립 후, 벨라루스 일각에서 제기되어 온 러시아와의 통합 문제를 이참에 해결하자는 여론과 절대 그래서는 안 된다는 입장과도 관련된 문제다. 양국 통합에 대한 벨라루스 국민들의 지지 여부는 근 30년 동안 끊임없이 제기되어 온 벨라루스와 러시아의 역사적, 언어적, 민족적 특성과 관계에 관한 문제이며, 또한 벨라루스의 정체성의 문제이기도 하다.

사실 벨라루스인은 동슬라브족으로서 러시아인과 가장 유사한 민족이다. 러시아인들은 신문과 방송뿐만 아니라 정치인과 지식인들 사이에서도 '벨라루스'를 러시아의 아류, 즉 러시아란 큰 집에 달려 있는 '벨라루시아'라고 일반적으로 지칭한다.[3] 철저히 러시아적 입장에서 벨라루스를 바라보며, 벨라루스를 형식적으로는 '독립국'이지만, 실질적으로는 혼돈과 전환의 시기에 역사적 우연으로 인해 생겨난 러시아의 '한 지역'으로 인식하는 경향이 러시

---

3   벨라루스 역사의 대부분에서 그 영토는 '리트바 Litva(Lituania)'로 불렸다. 백러시아(White Russia)라는 이름은 중세 독일(Weissrussland)이나 라틴 문헌(Russia alba)에서 만들어졌고, 서구 학자들이 핀란드나 카렐리아에 인접한 러시아 북서지역에서 흑해 연안 북부지역까지를 지칭하는 것으로 사용하였다. 16세기 후반에서야 오늘날 벨라루스 북동부지역과 그곳의 슬라브 사람들을 지칭하는 것으로 벨라루스라는 용어가 사용되었다. 17세기 러시아 차르는 '구 러시아 유산'임을 입증하기 위해 '벨라루스'라는 용어를 사용하라고 적극적으로 홍보하기도 했다(Bely 1997, 3-4). 한편 한국에서는 백러시아라는 말이 자주 사용되는 경향이 있다.

아 일반 국민들뿐만 아니라 엘리트들 사이에서도 팽배하다.

그렇다면, 벨라루스인들은 벨라루스를 어떻게 인식하고 있을까? 벨라루스의 정체성은 무엇일까? 정체성은 실체의 본질적 존재를 구성하는 것으로, 실체 내에서의 구별 없는 통합 혹은 같음을 의미한다(이영민·진종헌·박경환·이무용·박배균 2011, 191-200). 어떤 실체가 정체성을 지닌다는 것은 그 실체를 설명할 수 있는 본질적인 특성을 띠고 있다는 것이다.

벨라루스의 민족, 국민, 국가 정체성은 어떻게 되는가? 사실이에 대한 답을 하는 것은 매우 어려운 문제이다. 왜냐하면, 정체성이라는 것은 객관적인 실체로 존재하기도 하지만, 자신과 자신이 속한 집단을 식별하고 규정하는 집합적 창조의 과정을 거치기때문이다. 오히려 정체성은 '어떻게 생각하고, 어떻게 식별하고 인식해서, 결국 어떻게 규정하느냐'의 문제다. 정체성은 사회적 과정으로 다른 행위 주체들이 만드는 이미지와 끊임없이 경쟁하면서 형성된다. 따라서 정체성은 암묵적인 주관성의 담론이 역사와 문화적 담론과 만나는 지점에서 유동적으로 형성된다(Hall 1993, 134-8). 이러한 특성으로 인해 정체성의 문제에서는 '정체성의 정치'가 개입된다. 일정한 지리적 범위를 지닌 지역, 국가에 대한 인식에 기반해, 우리 지역, 우리 국가라는 의식은 타자에 대한 배타적인 특성을 내포하고 있으므로, 우리와 타자의 구분 과정은 정체성을 둘러싼 정치적 경합 과정으로 나타난다(김효섭 2005, 42-44).

이러한 정체성의 정치가 벨라루스에서 본격적으로 대두한 것은 20세기 전후 구소련의 해체와 궤를 같이 한다. 소련의 해체로 연방을 구성하는 15개 공화국들은 독립과 주권획득이라는 일정한 성과를 달성하였지만, 다른 한편으로는 독립 이후 국가형성이라는 새로운 과제에 직면하게 되었다. 흐루쇼프 이래 '소비에트 국민'으로 존재했던 다민족국가가 민족 분포의 경계, 민족공화국의 영토를 중심으로 분리 독립되면서, 각 공화국들은 새로운 국민 개념을 수립해야만 하였다. 소비에트 70여 년 동안 벨라루스를 비롯한 연방공화국들은 이미 다민족사회(multi-ethnic society)로 변하였는데, 민족자결에 기초한 주권화 행진[4]은 상대적으로 명목민족(titular nation)의 권한이 배타적으로 강화되는 방식으로 작동하였다. 이러한 상황으로 인해 새로운 벨라루스 국가형성 과정은 벨라루스 국민은 누구인지, 벨라루스 국가성은 무엇인지에 대한 경쟁과 갈등의 과정, 즉 정체성의 정치 과정을 동반하였다. 또한 소련의 해체는 소비에트 종주국이었던 러시아와의 관계를 국가 대 국가의 측면에서 재정립할 필요성을 제기하였다. 연방공화국 중 다른 어떤 나라보다도 러시아와 정치, 경제, 역사, 문화적으로 밀접한 관계를 맺고 있던 벨라루스에서 이러한 내적인 정체성 형성 과정과 러시아와의 관계 정립은 동전의 양면처럼 떼려야 뗄 수 없는 관계를 형성하였다.

이 글은 구소련에서 독립한 벨라루스의 국가형성 과정을 정체성의 정치 측면에서 살펴보고, 벨라루스 정체성 형성과 러시아와의 관계에 대해 고찰하였다. 먼저 1980년대 중반 이후 벨라루스 민족 정체성을 강화하고자 하는 민족주의 운동의 대두와 구체적인

---

4   주권화 행진은 1990년대 초 구소련에서 연방공화국들의 독립주권선언 후, 연방공화국 내 자치공화국, 자치구 및 더 낮은 행정단위의 민족지역들이 우후죽순처럼 자치와 주권을 선언한 현상을 말한다.

내용 및 전개 과정을 다룰 것이다. 민족의 실체, 민족 정체성에 관한 문제는 벨라루스라는 국가와 국민 정체성의 문제를 제기하였으며, 이에 대한 국민들의 인식을 고찰할 것이다. 벨라루스 국가-국민 정체성 문제는 민족적 측면뿐만 아니라, 국가발전, 국가의 미래상과 연관된 문제이다. 이에 대해 벨라루스 국민들은 강력한 정치-문화집단인 러시아와 유럽 사이에 위치하는 벨라루스를 어떻게 위치 짓고 있는지, 지정학적 측면에서 어떻게 인식하고 있는지에 대해 고찰하고자 한다. 그동안 구소련지역에서 각 지역의 정체성 형성을 탈소비에트, 민족 부활, 과거 역사적 뿌리로의 회귀 등으로 설명하는 경향이 강하게 나타났었는데, 벨라루스에도 그대로 적용되었는지를 반추하면서 살펴볼 것이다.

II 포스트소비에트 시기 벨라루스 민족주의 운동과 국가 정체성 형성

1. 소련 말기 벨라루스 민족주의 운동의 발생

20세기 말 구소련지역을 뒤덮었던 민족주의 분위기는 벨라루스를 비켜가지 않았다. 민족주의의 성격은 연방공화국 간에도 동일한 양상을 띤 것은 아니었다. 일부 공화국은 소련으로부터의 완전한 독립을 추구하는 분리주의적 성격이 강하였고, 또 다른 공화국에서는 연방 중앙으로부터 더욱 많은 권한을 획득하기 위한 목적에서 민족주의를 활용한 측면도 있었다. 물론 이러한 분리주의와 민족주의적 경향이 각 공화국에서 다양한 스펙트럼으로 나타났다.

민족주의 양상은 주도하는 민족집단의 계층적 특성에 따라 상이하였으며, 그 집단이 추구하는 목표에 따라서도 달리 나타났다. 민족엘리트 내부에서도 과거 자민족의 역사에 대한 인식, 향후 민족발전 방안 등에 대한 의견의 차이로 이러한 다양성이 더욱 드러나게 되었다. 민족주의를 주도하는 집단의 특성과 그 목적의 차이에도 불구하고, 민족주의는 구소련에서 연방공화국으로 대표되는 민족지역, 그리고 그 지역에 거주하는 민족의 이익을 확대하기 위한 정치적 기획이라는 측면에서는 동일한 특성을 지녔다. 이러한 운동을 주도하기 위해 민족주의 단체가 결성되기 시작하였다. 민족주의는 탈소비에트 과정에서의 급격한 정치, 사회적 변화에 따라 목표와 성격도 자연스럽게 변하였다. 민족주의는 초기에는 분리와 대립, 구별짓기라는 측면이 강하였지만, 점차 다른 민족들과의 공존 속에서 자민족의 특수성과 독특함에 대한 강조로 바뀌었다. 이는 각 연방공화국에서 어느 정도 정치, 경제체제가 안정화되면서 권력 투쟁 성격의 정체성의 정치가 조금씩 그 동력을 잃어갔기 때문이었다. 또한 민족지역 내에서 일부 급진적인 민족엘리트들에 의한 '배타적 민족주의'가 지역 내에 지나친 갈등을 초래하여 민족 구성원 내부에서도 동의를 받지 못하였기 때문이다.[5] 이러한 경향은 벨라루스에서도 유사하게 드러났다.

벨라루스에서 민족주의는 주권선언과 함께 본격화되었다.

5   이에 대한 자세한 내용은 김효섭(2005) 참조.

1990년 7월 27일 벨라루스 소비에트 최고회의는 주권선언을 하였다. 벨라루스민족전선(Belarusian Popular Front, BPF)[6] 구성원들이 최고회의에서 주권선언을 주도적으로 준비하였다. 일부 민족주의 진영은 소련으로부터의 완전한 독립을 주장하였다. 벨라루스민족 전선은 이러한 분리 독립운동도 앞장서 이끌었다. 1990년 8월 26일 벨라루스의 독립을 선언하고, 러시아와의 관계를 서로 독립적인 존재로 명확히 하고자 하였다. 일부 민족주의자들 중에는 러시아인들이 단순히 벨라루스 민족의 발전에 질곡이 된 것이 아니라, 벨라루스 민족을 억압하고 민족발전을 저해한 침입자로 규정하는 움직임도 나타났다.

벨라루스 민족주의 운동은 벨라루스 역사에서 1980년대 처음 나타난 것은 아니었다. 최초의 민족주의는 1906년 벨라루스어 출판이 본격화되면서 발생하였다. 문맹률이 매우 높고, 식자층 중에서 벨라루스어를 아는 사람들이 매우 적은 상황에서 벨라루스어 출판을 통한 민족주의 운동은 당시에는 다소 획기적인 일이었다 (Rudling 2015, 117). 이들은 대부분 러시아어로 교육을 받았고 일부는 폴란드어로 학습하였기에, 벨라루스어 서적 출판은 다소 의외로 받아들여졌다. 게다가 대부분 농촌에 거주하는 벨라루스 민족구성원들은 벨라루스어를 구사하였지만, 정작 벨라루스어를 읽

---

6   벨라루스민족전선(BPF)의 정확한 명칭은 벨라루스민족전선 '부활'(Белорусский народный фронт 《Возрождение》)로, 1988년 10월 19일에 창립을 준비하여 1989년 6월에 정식 설립되었다. 이 단체는 민족주의 운동을 주도적으로 전개함과 동시에 1989년과 1990년 벨라루스공화국(BSSR) 최고회의 선거에 적극적으로 참여하였다. BPF는 1994년의 대통령선거와 의회 선거를 대비하여 1993년에 정당으로 전환하였다(Козлович и Быков 2006, 230-235).

지 못하여 서적 출판을 통한 민족주의 운동은 다소 생뚱맞은 방식이라고 할 수 있고, 그만큼 사회적 영향력도 미약할 수밖에 없었다.[7] 벨라루스어 출판을 주도한 단체는 나샤 니바(Naša Niva, 1906년)로서 벨라루스 민족의식 발전에 중요한 역할을 했다고 평가받고 있다. 결국 1990년대에 나타난 벨라루스민족전선은 약 60-70년 전에 발생한 민족주의의 흐름과 전통을 계승하는 것이라고도 볼 수 있다.

여기서 주목할 점은 벨라루스에서의 민족주의는 유럽 지역에서 가장 늦게 태동한 것이라는 점이다. 이는 근대 국가로서의 형성과정이 늦었고, 그것조차도 자체적인 내적 동력으로 형성된 것이라기보다는 1917년 러시아혁명의 분위기 속에서 볼세비키의 의도라는 외적 요소와 소연방에서 정치적 권한 확대를 추구하는 내적 바람이 결합된 결과였다. 이처럼 벨라루스 민족주의 운동은 같은 동슬라브 민족인 우크라이나에 비해서도 약 60-80년이나 늦게 나타났다. 1980년대 중후반 민족주의 운동은 20세기 초반에 나타났던 민족주의 경향 중에서 벨라루스 민족성의 부활과 발전을 추구한 벨라루스 민족주의 전통을 계승했다고 할 수 있다.

---

7   20세기 초 벨라루스에서 교육률은 6%에 지나지 않았으며, 읽고 쓸 줄 아는 사람들은 대부분 러시아어, 폴란드어, 이디시어(yiddish)를 사용하였다. 초기 벨라루스 민족주의 운동은 벨라루스어를 통한 민족의식 고취가 주를 이루었는데, 국민 대부분이 정교와 가톨릭을 믿는 기독교 국가에서 벨라루스어로 성경이 출판된 것은 1973년이었다. 이를 통해 보더라도, 벨라루스 민족주의 운동은 활발히 전개되었다고 볼 수 없다.

2. 벨라루스어 부활 운동

민족의 형성과 발전은 민족성과 민족문화의 계승과 발전 등 내적인 과정을 거쳐서도 가능하지만, 타민족과 구별되는 자민족의 독특한 특징을 발견하고 이를 강조, 발전시킴으로써도 가능하다. 민족 사이의 구별을 가능케 하고, 민족의식의 발전을 가능케 하는 상징으로 언어, 영토, 종교 등이 주로 사용된다(Хотинец 2000, 55).[8] 구소련에서 독립한 신생 벨라루스에서 영토와 종교를 통해 민족의식을 고취하고, 민족 정체성을 강화하기는 쉽지 않았다. 소련에서의 독립은 일견 러시아로부터의 독립이고, 이러한 상황에서 벨라루스 민족의 독자적인 민족 정체성 형성은 러시아민족과의 구별짓기에 다름 아니었다. 그러나 벨라루스와 러시아는 같은 정교를 믿고 있었으며, 벨라루스 동부지역의 영토도 러시아와의 경계를 역사적으로 명확히 규정짓기가 쉽지 않았다.

따라서 벨라루스 민족주의 진영에서 민족의식 고취를 위해 진행한 가장 중심적인 활동은 벨라루스어 부활이었다. 민족어의 부활은 민족의식을 증진하고 민족주의에 기반한 국가형성 기획에서 중심 과제 중 하나였다. 게다가 당시 벨라루스인들의 민족어, 즉 벨라루스어 구사율이 매우 낮았다. 1999년 인구조사에 의하면, 벨

---

8   구소련의 아시아민족들은 근대 유럽의 민족 발생이나 발전 과정과 달리, 내적인 동력이 아니라 외부적인 요인에 의해 독자적인 민족으로 정립된 경우가 매우 많다. 이들 아시아계 민족들은 러시아제국의 확장에 따라 자신들과 생김새와 언어 등이 완전히 다른 새로운 집단을 접함으로써 민족 구성원들 간에 1차적인 동질감을 형성하였지만, 그렇다고 이것이 민족형성으로 바로 나아가지 않았다. 이후 언어, 역사, 신화, 인물 및 영토 등을 공유한다는 집단의식을 통해 비로소 민족이 형성되었다(김효섭 2005 참조).

라루스어를 모국어로 생각하는 사람이 73.7%였으나, 가정에서 벨라루스어를 사용하는 사람은 36.7%에 지나지 않았다. 반면 러시아어 사용자는 62.8%에 이르렀다(정정원 2017, 313). 물론 집에서 벨라루스어를 사용하는 사람의 대부분(92%)이 벨라루스 민족이었지만, 더 큰 문제는 벨라루스 민족 중에서도 76%가 가정에서 러시아어를 사용하였다는 점이다. 벨라루스어 사용자는 벨라루스 사회 내에서도 소수집단이었다. 따라서 언어와 민족 정체성 간에는 일정한 괴리가 존재하였으며, 또한 가정에서 일상적으로 사용하는 언어와 그들이 인식하는 모국어 사이에서도 불균형이 존재하였다(Brown 2005, 311-312).

이렇게 벨라루스어 사용이 낮은 것은 벨라루스의 복잡한 인구 구성 및 소비에트의 유산과 관련이 있다. 1920년 7월 31일 벨라루스소비에트사회주의공화국(BSSR)의 성립이 선포되었을 때, 벨라루스공화국은 벨라루스어, 러시아어, 폴란드어와 이디시어를 공화국의 공식 언어로 선포하였다. 대개 소련을 구성하는 연방공화국들이 명목민족의 언어를 공식어로 선포했는데, 벨라루스에서 4개 언어를 공식 언어로 선포한 것은 매우 특이한 것이라 할 수 있다. 이는 당시 벨라루스에서의 민족구성과 지역별로 통용되는 언어에 실질적인 차이가 존재하였기 때문이었다(Bekus 2014, 46-47). 인구의 대다수를 차지하는 벨라루스 민족은 주로 농촌지역에 거주하면서 벨라루스어를 사용한 반면, 도시지역에서 벨라루스를 이끌어가는 엘리트 등은 주로 러시아어나 폴란드어를 사용하였다. 한편 폴란드 인접지역인 서부 지역 주민들은 폴란드어를 주로 사용하였고, 동부지역에서는 러시아어 사용률이 높았다. 게다가 매우 낮은 도시화율에도 불구하고, 도시 지역에서의 유대인 비중이 매우 높았기에, 유대인 언어인 이디시어도 국가 공식 언어 중 하나로 인정받았다. 공식 언어 지정 당시 행정이나 일상생활에서 특정 언어의 배타적 권위는 인정되지 않았고 이들 4개 언어는 동등한 지위를 부여받았다.[9]

이에 민족문화와 언어 부활은 주권국가로서 벨라루스 독립의 자연스런 결과물로 보였고, 국가독립은 벨라루스어라는 민족언어 정체성의 부활을 위한 조건처럼 보였다(Bekus 2014, 48). 민족주의 분위기, 민족어 부활에 대한 사회적 담론으로 1992년부터 벨라루스어 보급이 활발히 이루어졌다. 언어정책의 변화가 벨라루스어 보급과 확산에 기여하였는데, 1990년 1월 벨라루스(BSSR) 최고회의에서는 언어법과 이에 수반한 국가 차원의 프로그램을 통해 공적 영역과 학교 교육 등에서 10년 이내에 러시아어를 벨라루

---

9   벨라루스에서 민족어 사용 경향은 역사적으로 일정한 부침을 겪었다. 1920년대 볼셰비키에 의해 이른바 '본원적 민주화'(indigenization) 정책이 시행되면서 공무에서 벨라루스어 사용이 장려되었다. 국가 공식어로 지정된 4개 언어 중에서 토착민족어로 인정받은 벨라루스어가 다른 언어에 비해 상대적 우위를 점하게 되었다. 공공분야에서 벨라루스어 사용자가 1925년 26.9%에서 1928년 80%까지 증가하였다. 학교 교육에서도 1924년 28.4% 사용에서 1929년 93.8%까지 증가하였다(Martin 2001, 264). 이전에 벨라루스어는 문맹인 농민들이나 사용하는 주변 언어였는데, 1920년대에는 공화국의 핵심언어가 되었다. 그러나 1960년대 들어 반전을 겪었다. 학교 교육에서 벨라루스어보다 러시아어 사용이 급격히 늘어났기 때문이었다. 1959년 벨라루스 최고회의는 부모 동의하에 학교에서 러시아어로 수업을 진행할 수 있게 하였으며, 이에 따라 1960-1970년대에 벨라루스어를 배우지 않는 학교와 학생이 급격히 증가하였다. 이러한 경향은 주로 도시지역을 중심으로 진행되었는데, 수도인 민스크에서는 러시아어로 진행되는 수업이 전체의 90%에 이르렀다(Zaprudski 2007 참조). 따라서 민족어에 기반한 민족의식과 민족 정체성의 고양을 기대하기도 쉽지 않았다. 1970년대 벨라루스 95개 도시에서 벨라루스어로 교육하는 학교는 하나도 남지 않았다(Marples 1999, 50).

스어로 대체하고자 하였다. 국가 프로그램에는 중고등학교와 대학교에서 벨라루스어를 의무적으로 포함시켜야 했으며, 국가 공무원 임용시험에 벨라루스어 능력 평가를 포함하여, 미디어와 교육, 행정 부문에서 러시아어 사용을 점진적으로 폐지하기로 하였다(Leshchenko 2004, 335). 이에 따라, 벨라루스어로만 교육하는 학교와 학급이 전국적으로 확산되기 시작하였다. 1991년에 벨라루스어로 교육받던 학생이 28.9%에서 1992년도에는 68.5%로 증가하였다. 아울러 벨라루스어로 출판되는 잡지와 신문이 늘어나고 벨라루스어로 방송하는 텔레비전 채널도 생겨났다(Gustavsson 1997, 1923; 정정원 2017, 306-307).

3. 역사와 문화 재정립

민족부활을 위한 민족주의 운동의 또 다른 양상은 벨라루스 역사와 문화를 재정립하려는 움직임이었다. 민족지식인들을 중심으로 벨라루스 역사를 '바로 세우고' 보급하기 위한 노력이 진행되었다. 대부분의 민족주의자들은 러시아제국과 소비에트 시기를 거치면서 벨라루스 민족정신에 대한 기술이 매우 적어, 벨라루스 민족조차 자신들의 역사에 대해 제대로 알고 있지 못하다고 생각하였다. 게다가 구소련시절부터 배웠던 역사는 벨라루스의 역사가 아니라 러시아화된 역사라는 견해가 지배적이었다.

따라서 벨라루스 역사와 문화 연구가 이전에 비해 획기적으로 장려되었으며, 벨라루스에 대한 정보를 제공하는 출판물이 발간되기 시작하였다. 벨라루스 역사를 다룬 6권짜리 백과사전이 출판되었고, 벨라루스에 대한 일반 정보를 다룬 18권짜리 백과사전, 그리고 벨라루스 언어 사전과 사상가들을 연대기로 다룬 책도 출판되었다(Zaprudnik 2002, 121).

역사와 문화를 재정립하기 위한 민족주의 운동의 다른 하나는 벨라루스 역사를 새로 서술하는 것이었다. 역사 재해석은 새로운 집단 정체성을 형성하고 정당화하기 위한 정체성 형성 과정에서 가장 중요한 요소 중 하나이다(Shevchenko 2010, 384). 벨라루스 민족에게 '올바른' 역사를 보급하고자 하는 사업에 가장 적극적인 단체가 벨라루스민족전선이었다. 구소련 시절에 출판된 역사교과서를 개정하는 작업이 본격적으로 시행되었다. 민족부활, 민족담론이 전 사회적으로 활발하게 논의되면서,[10] 벨라루스 각급 학교에서는 벨라루스 역사에 대한 교육이 이전보다 활성화되었으며, 필수과목으로 지정되었다. 그러나 당장에 이용할 수 있는 역사 교과서는 구소련 시절에 출판된 것이었는데, 벨라루스민족을 러시아 민족의 방계로 서술하였다(Leshchenko 2004, 335). 그러나 벨라루스 사회에서도 이미 1980년대 후반부터 벨라루스 민족 정체성을 둘러싼 논란이 있었으며, 그 논란은 크게 두 가지 경향으로 나타

---

10 1980년대 중반부터 1990년대 초반까지 구소연방공화국뿐 아니라, 자치공화국 등 민족지역에서는 민족의 정치적, 문화적 부활을 위한 민족담론이 지배적인 담론이 었으나, 당시 벨라루스공화국에서 민족담론은 다른 민족지역에 비해 상대적으로 강하지는 않았다. 루들링(Rudling 2008, 60-61)은 벨라루스 최고회의 1990년 7월 27일 주권선언은 그해 6월 12일 러시아의 주권선언의 분위기에 편승한 측면 이 강하였으며, 벨라루스 국민들은 여전히 소련에 대한 애착이 강하였다고 한다. 그것은 이듬해 1991년 3월 17일 실시된 국민투표에서 소련의 해체나 소련에서 의 독립보다 동등한 주권공화국의 연합으로서 소련의 존속을 지지하는 국민들이 82.7%에 달했던 점에서 잘 드러났다.

났다. 벨라루스 민족은 슬라브 민족으로서 러시아 민족의 일파라는 것이 하나이며, 다른 하나는 벨라루스 민족은 러시아 민족과 상이한 독립적인 민족인데, 러시아제국과 소비에트 시절 러시아화로 인해 벨라루스 민족발전이 지체되었다는 것이다. 특히 러시아민족과의 구별을 명확히 했던 벨라루스민족전선 지도자들은 벨라루스의 역사에서 가장 화려하고 중요한 사건 중의 하나로 오르샤 전투[11]에서 러시아에 승리한 사건을 들고, 주요 역사 행사로 기념하였다.

벨라루스민족전선의 이러한 인식은 벨라루스 민족을 러시아제국과 소비에트의 희생자라로 그리고 있다. 벨라루스민족전선을 이끌던 쟈논 파즈냑(Zianon Pazniak)은 1988년 "쿠로파티-죽음의 길"이라는 논문을 발표하고, 러시아인들에 의한 벨라루스인의 학살을 그 증거로 제시하였다. 그동안 나치에 의해 희생된 숲으로 알려졌던 민스크 외곽에 있는 쿠로파티(Kurapaty)[12] 숲에서 소련의 비밀경찰에 의해 학살되었음을 증명하였던 것이다.

한편, 새로운 나라를 형성하면 일반적으로 나라의 역사와 정통성을 강화하기 위한 차원에서 국기, 국가, 문장 등을 새롭게 재정비한다. 벨라루스에서 국가를 대표하고 국민을 하나로 모으는

---

11   오르샤 전투는 1514년 9월 8일 리투아니아 대공국(Grand Duchy of Lithuania)
      과 폴란드 왕국 군이 현재 러시아와 벨라루스의 경계인 오르샤에서 모스크바 대
      공국 군을 크게 물리친 전투이다. 1512년 모스크바 대공국이 오늘날 벨라루스와
      우크라이나 지역의 리투아니아령을 장악하기 위해 전쟁을 일으켰다. 그러나 훨씬
      적은 수의 리투아니아, 폴란드 군이 러시아 군을 대파하였다.
12   쿠로파티는 민스크 외곽에 있는 숲지대로 1937-1941년 소련의 비밀경찰에 의
      한 벨라루스 양민 학살사건으로서 약 3만-10만 명 정도가 희생되었을 것으로 추
      정되며, 파즈냑은 약 102,000-250,000명이 학살되었다고 주장한다(Zaprudnik
      1998, 139).

국가 상징의 변화는 비교적 순조롭게 진행되었다. 국기와 휘장이 소비에트 이전 벨라루스인들의 역사적 민족 상징으로 대체되었다. 구소련 시절 사용하던 국기와 휘장 등 국가 상징은 리투아니아대공국의 군복을 입은 파호니아(Pahonia, mounted knkght)로 대체되었다.[13] 공식 국명에서 '소비에트', '사회주의'가 삭제되고, 표기법은 벨라루스 문법에 따라 철자를 표기하였다. 벨라루스 국경일은 구소련의 핵심 국경일인 볼셰비키 혁명을 기념한 10월 혁명 기념일에서 벨라루스 독립기념일로 변경되었다. 소비에트 해체 후 이루어진 종교의 자유를 기념하여, 벨라루스 국민들의 주요 종교인 정교와 가톨릭 종교 공휴일 및 만성절(All Saint's Day, Dziady)도 새로이 공휴일로 지정되었다(Leschenko 2004, 334-336).

III 벨라루스 민족주의의 쇠퇴

1. 민족주의의 쇠퇴 경향 — 벨라루스어 지위 약화

1990년대 초기의 벨라루스 민족주의의 부흥은 그리 오래 지속되지 않았다. 1994년 루카센코가 대통령에 당선되면서 벨라루스 사

---

13 파호니아는 리투아니아대공국의 역사적 문장(coat of arms)인데, 1918년과 1991-1995년 벨라루스의 공식 문장으로 사용되었다(https://en.wikipedia.org/wiki/Pahonia 검색일: 2019. 1. 10). 리투아니아대공국은 벨라루스의 나바그리닥(Navagrydak) 인근에서 출현하였다. 리투아니아란 이름은 첫 번째 지배왕조의 기원을 반영하는 것으로서 대공국에서 핵심 영토는 현재의 벨라루스 지역이며, 국가 언어는 벨라루스어였다.

회에서는 민족주의적 분위기가 점차 퇴색하기 시작하였다.[14] 무엇보다도, 공식어로서의 벨라루스어의 지위는 크게 위협받게 되었다. "빈약한 언어로는 위대한 사상을 표현할 수 없다"라는 루카셴코 대통령의 언사는 벨라루스어의 운명을 예견하는 것이었다. 실제 1995년 국민투표를 통해 벨라루스어는 러시아어와 함께 공용어로 지정되면서 독점적 지위를 상실하였다. 1995년 5월 14일에 실시된 국민투표에서 투표 참가자들의 86.8%인 약 4백만 명 이상이 러시아어를 벨라루스어와 함께 국가 공식어로 지정하는 데 동의하였다(김보라 2016, 275). 이를 통해 벨라루스어 사용을 장려하기 위한 기존 정책들을 모두 폐기하였고, 1996년 11월 24일 새로 제정된 벨라루스 헌법에서 벨라루스어와 러시아어를 국가 공식어로 지정하고 이중언어 정책을 실시하였다(정정원 2017, 308). 이중언어 정책이 시행되면서 1995년에서 1998년 사이 3년간 벨라루스어로 출판된 서적은 20.5%에서 13.2%로, 신문은 42%에서 34%로 줄어들게 되었다. 반면에 러시아어로 교육하는 학교 수는 594개에서 1,076개로 크게 증가하였다.

벨라루스어의 지위를 상대적으로 약화시킨 것은 당시 루카셴

---

14 러시아의 경우에도 1994년을 기점으로 민족주의는 점차 쇠퇴하기 시작하였다. 이는 러시아연방 내 민족지역에서의 민족주의는 명목민족의 부활을 추구하는 측면뿐만 아니라, 다민족으로 구성된 민족지역이 연방중앙으로부터 더 많은 권한을 얻기 위한 정치적 행위와도 연관되었다. 1994년에 민족주의가 쇠퇴하기 시작한 것은 1993년 12월 연방헌법이 채택되고, 일부 민족지역을 제외하고 대부분의 지역이 연방중앙과의 관계, 지역의 권한에 관한 연방조약을 체결하였기 때문에, 지역의 이익 향상을 위한 정치적 기획으로서의 민족주의는 점차 약회되기 시작하였다. 이러한 측면에서 러시아연방에서의 민족주의는 지역주의와 매우 밀접한 관련이 있었다.

코 대통령의 친러, 친소비에트 지향도 영향을 미쳤지만, 벨라루스어 자체가 안고 있는 문제도 있었다. 러시아제국과 소비에트 시기를 거치면서 벨라루스어를 거의 사용하지 않았으며, 이에 따라 벨라루스어로는 전문적인 학술, 과학용어를 제대로 표현하기 힘들었다. 벨라루스어로 된 전문용어가 턱없이 부족하였기 때문이다. 1930년 본격적인 근대화 과정을 거치면서, 새로운 학술, 과학용어를 러시아어로 표기하였기에, 러시아어로 된 용어가 벨라루스의 학술과 공공부문을 지배하고 있었다. 이러한 문제점을 보완하기 위해 급하게 벨라루스 단어를 발명하였으나, 자연과학 분야에서 우습고 기이한 형태의 단어가 만들어져 이러한 용어를 사용하는 사람들의 지지조차 받지 못하였다.

또한 정부 차원에서는 1930년대 사용하였던 러시아화되고 단순화된 문법인 나르코먀카(Наркомяка)를 승인하였는데, 벨라루스민족전선은 나르코먀카는 러시아화된 문법이므로 1930년대 이전 버전인 타라슈케비짜(Тарашкевица)[15]를 주장하였다. 민족지식인들을 중심으로 시민사회에서 사용코자 하는 벨라루스어와 정부가 공식적으로 권장한 벨라루스어가 서로 달랐다. 정부가 승인한 문법과 벨라루스어를 주로 사용하는 민족주의자들의 문법이 서로 다르다 보니, 언어사용에 여러 가지 혼선과 문제가 발생하였다 (Leshchenko 2004, 335-336). 마지막으로 도시민들은 주로 러시아

---

15 1918년 타라슈케비츠(Б. Тарашкевич)가 개발한 벨라루스어 문법, 언어규정으로서 1933년 벨라루스 표기법 수정 전까지 공식적으로 사용되었으며, 일반인들 사이에서는 2차 대전 전까지 사용되었다(https://ru.wikipedia.org/wiki/Тарашкевица 검색일: 2019. 1. 10).

어를 사용하였고, 벨라루스어는 열등한 하층계급이 사용하는 방언이라는 소비에트 이미지를 그대로 지니고 있었기에, 벨라루스어가 국가 공식어로 지정되어도 대중적으로 사용되지 못하였다(Goujon 1999. 667). 결국 이는 1995년 이중국어 정책으로 전환하는 배경이 되었다.

2. 역사교재와 국가상징의 소비에트 시기로의 회귀

민족주의자들의 노력으로 새롭게 작성한 벨라루스 중등학교와 고등교육기관용 역사교재는 제대로 사용되지도 못하고 새로운 교과서로 대체되었다. 1992-1994년에 만든 역사교재는 객관적인 현실을 반영한다기보다 지나치게 정치적 관점에서 기술되었다고 교육기관의 교재에서 제외되고, 1996년에 새로운 역사교재가 다시 출판되었다. 새로운 교재는 이전의 민족주의적 역사 버전과 구별되고, 리투아니아 대공국과 벨라루스와의 연관성을 부정하였다. 한마디로 소비에트 시기에 만든 역사교재가 다시 사용된 셈이었다 (Leshchenko 2004. 338-339).

민족주의의 쇠퇴, 벨라루스 민족부활을 위해 취해졌던 조치들이 다시 변경된 것은 벨라루스어만이 아니었다. 루카셴코 대통령은 벨라루스민족전선이나 그 전임자들이 시행하였던 여러 조치들을 수정하기 시작하였는데, 이는 기존의 소비에트 정체성의 틀 속에서 이루어졌다. 1980년대 말부터 1990년대 초까지 팽배했던 민족주의적 경향은 다시 소비에트 정체성으로 빠르게 회귀하였으며, 이는 사회 전반에 걸쳐 진행되었다. 소비에트 국가상징이 1995년

5월 국민투표 이후 재설정되었으며, 파호니아 상징이 들어간 여권이 폐기되고, 1996년 12월부터 소비에트 휘장이 들어간 여권으로 교체되었다. 자동차 번호판에도 새겨져 있던 파호니아 그림을 소비에트 상징으로 가리게 했다. 주권을 선언한 7월 27일을 기념해 정해졌던 국경일도 민스크가 나치로부터 해방된 날인 7월 3일로 변경하였다.[16] 아울러 소비에트 정체성을 강화하기 위해 10월 혁명일을 다시 국경일로 지정하였다.

3. 민족주의 쇠퇴의 배경과 원인

벨라루스에서 민족주의가 큰 대중적인 지지를 받지 못한 것은 민족주의 자체의 역사적 기반과 전통이 취약하였기 때문이다. 벨라루스에서 민족주의의 쇠퇴는 벨라루스민족전선이 대중적 지지를 잃고, 1994-1995년에 시행된 대통령 선거와 의회 선거에서 실패하면서 극명하게 드러났다. 벨라루스민족전선은 1994년 대통령 선거에서 단지 12.9%의 득표에 지나지 않았고, 1995년 의회선거에서는 단 한 석도 차지하지 못하였다. 벨라루스민족전선이 시행한 여러 조치들이 국민들의 지지를 거의 얻지 못하였기 때문이다 (Marples 2003, 28). 첫째 민족주의자들은 대표적인 낙후지역이었던 벨라루스가 소비에트 시기를 거치면서 근대화되었다는 측면을 별로 인정하지 않았다. 벨라루스는 러시아제국의 이름 없는 변방지역에서 소비에트에 참여하였는데, 당시 국민들의 97%가 농민이

---

16   제2차 대전 당시 독일 나치군에 점령되었던 벨라루스의 수도 민스크가 나치로부터 완전히 해방된 날은 1944년 7월 3일이었다.

었다(Titarenko 1999, 161). 이러한 벨라루스가 1980년경에는 정치적으로 가장 안정되고 소련의 경제발전을 선도하는 지역이 되었다. 소련에서 생활수준이 가장 높은 공화국(Novik and Tsyaplova 1996, 371)이자, 가장 '소비에트다운' 공화국이었다(Khaduko 1999, 10). 이러한 번영으로 많은 은퇴 군인들이 벨라루스로 이주하였는데, 그 수가 60만 명에 달하였다. 심지어 당시 벨라루스를 '플로리다'에 비견하는 이들도 있었다(Rudling 2008, 58-59). 이렇게 은퇴한 군인들 중에는 러시아민족을 비롯한 이민족들이 많아 벨라루스의 민족구성을 더욱 다양화하였으며, 사회 전반적으로 '민족주의적' 분위기보다는 '소비에트적 다양성'이 주를 이루게 되었다.

이러한 상황과 분위기 속에서 벨라루스민족전선은 소련에서 가장 '성공한' 벨라루스 도시인들에게 낙후와 전근대의 상징인 '농촌적' 방식의 생활과 언어 사용 등을 주장하였으니, 이미 산업화, 도시화, 근대화 수준이 높은 벨라루스 국민들에게 큰 설득력이 없었다. 오히려 민족주의적 주장이 과거 낙후되었던 사회로 돌아가자는 움직임처럼 느낄 수 있었다. 과거의 전통과 향수를 자극하고 소비에트 시절에 배우지 못해 제대로 실감할 수조차 없었던 벨라루스의 '화려했던 과거 역사'(리투아니아 대공국)를 언급하였기에, 일견 민족적 자긍심을 일깨울 수도 있었지만, 대부분의 사람들에게는 피부에 와 닿지 않는 공허한 주장에 그쳤다. 벨라루스민족전선을 중심으로 한 민족주의 진영은 소비에트 시절의 근대화, 산업화 성과를 제대로 인정하지 않고, 단지 러시아화에 따른 벨라루스 민족문화의 쇠퇴를 논거로 내세우면서, '소비에트성' 탈피만을 주장하였기에 국민들의 지지를 받지 못하였다.

IV 벨라루스 국가–민족 정체성에 대한 대중 인식

1. 벨라루스 국가와 민족 정체성 담론

구소련의 해체는 15개 연방공화국이 민족 단위로 분리 독립함을 의미했다. 1990년대에 구소련 지역에서 활발하게 전개된 민족주의 운동은 결국 각기 독립적인 민족단위를 중심으로 소비에트적인 특성을 탈피하고 새로운 국가 정체성을 형성하는 과정이었다. 즉 새로운 국가 정체성을 형성하는 과정에서 '민족주의화'(nationlization)가 주된 수단으로 본격적으로 사용되었다. 벨라루스에서의 민족주의 운동과 국가형성(nation building) 과정은 짧게는 70여 년, 길게는 2-3세기에 걸쳐 진행된 소비에트화와 러시아화를 탈피하고 벨라루스 국가성을 찾고자 하는 정치적 행위이자 과정이었다. 앞서 언급한 바와 같이, 벨라루스에서는 벨라루스어와 문화, 역사 등을 새롭게 정립하는 등 새로운 벨라루스 국가성과 국민 정체성을 형성하고자 하는 활발한 움직임이 있었다. 이 과정에서 벨라루스 국민들은 '소비에트성'과 '벨라루스성'이라고 압축해서 표현할 수 있는, 즉 소비에트 시절에 부여되었던 기존의 정체성과 독립 이후 새롭게 제시된 정체성 사이에서 갈등하면서, 때로는 이를 수용하거나 저항하면서, 독립국가로서의 벨라루스를 만들어갔다. 아래에서는 벨라루스 국가형성 과정에서 제기된 주장과 담론을 중심으로 벨라루스 국가와 민족정체성에 대해 살펴보고자 한다.

벨라루스 민족주의자들은 기본적으로 20세기 말부터 벨라루스가 소비에트화와 러시아화 과정을 거치면서 벨라루스 민족은 억압을 받았고 벨라루스의 고유한 문화와 전통, 언어는 쇠퇴했다고 인식했다. 이들은 '소비에트화를 거치면서 벨라루스 민족이 억압받고 문화가 쇠퇴했는지,' '쇠퇴하였다면 도대체 억압받은 벨라루스 문화와 전통이 무엇이냐'라는 물음을 제기하였다. 이러한 질문은 벨라루스 민족은 어떤 민족이며, 벨라루스라는 국가는 언제 어디서 어떻게 기원했는지에 대한 근본적인 문제에 대한 답을 요구했다.

앞서 서술한 바와 같이, 소련 말기 벨라루스에서 민족 정체성, 국가 정체성의 문제를 제기한 집단은 민족주의 진영이었다. 벨라루스 민족의 독자적인 정체성을 주장한 벨라루스 민족주의자들은 크게 두 부류로 나뉜다.[17]

첫째, 일명 '스뱌도믜야(Свядомыя)'로 불리는 집단으로, 친유럽적인 성향을 띠고 있는 민족주의자들이다. 이들은 러시아 식 민주의에서 벗어나 진정한 유럽민족으로서의 뿌리를 찾음으로써 벨라루스 민족성을 회복하고 민족의 부활을 이룰 수 있다고 주장한다. 러시아와 벨라루스 간에는 커다란 정신적, 문화적 차이가 존재한다고 믿기 때문이다. 언어는 민족의 정신이 응축되어 있기 때

---

17 요폐(Ioffe 2007)는 근대 벨라루스 민족주의 진영을 크게 3가지 부류로 설명하는데, 위에 적시한 진영 외에 크레올(Creole)을 추가하였다. '크레올'은 우크라이나 철학자 리아브축(Ryabchuk M.)이 러시아어를 사용하지만, 우크라이나의 독립을 주장하는 우크라이나인들을 지칭하는 것에서 차용하였는데, 발음은 벨라루스어이지만 어휘는 러시아어를 사용하는 애국적이고 민족주의적인 사람들을 일컬었다.

문에 벨라루스어를 사용하고 발전시키는 것이 민족발전의 지름길이라 생각하였다. 언어는 단순한 소통의 도구를 넘어 민족 영혼의 반영이므로, 언어적 벨라루스화를 민족 정체성 형성에 매우 중요한 방안으로 제시하고 있다.

이들은 벨라루스가 폴로츠크 공국[18]에서 시작된 것으로 보며, 모스크바 공국이나 수즈달-블라디미르 공국 등 현재 러시아 영토 내에 있는 공국과의 연계성을 부정하였다. 또한 벨라루스는 러시아, 혹은 슬라브 문화를 통해 발전했던 것이 아니라, 리투아니아 대공국의 주요 일원으로서 발전하였다고 본다. 즉 리투아니아 대공국이 벨라루스의 민족성과 국가성의 기원이라는 것이다. 정치적으로는 이러한 운동을 가장 적극적으로 추진한 집단은 벨라루스 민족전선이었으며, 민족전선의 대표였던 자이난 파즈니악(Zainon Pazniak)은 이러한 시각의 이론적 기반을 형성하고 발전시키는 데 가장 큰 기여를 하였다(Ioffe 2007, 355).

두 번째 부류는 자신을 벨라루스 민족이라고 생각하면서도 벨라루스어를 구사하지 못하고 러시아어를 일상 생활어로 사용하는 집단이다. 이 집단은 '자유주의적 모스크바인'이라고 표현되기도 한다(Ioffe 2007, 357). 이들은 민족담론이 제기되는 시기에 자신의 조국은 벨라루스라고 인식하면서도, 문화적으로는 이미 러시아화된 집단이었다. 주로 벨라루스 도시 지역에 거주하는 사람들이 이러한 집단을 구성하였는데, 이는 앞서 설명하였듯이 1970년대 이

18 드네프르강과 드비나강을 잇는 수운의 요충지인 벨라루스 북동부 폴로츠크지역에 수립된 공국으로 초기에는 키예프 공국에 속했으나, 이후 10-14세기에는 독자적인 공국으로 발전하였다. 15세기에 리투아니아 대공국에 흡수되었다.

후 벨라루스 학교 교육에서 벨라루스어 사용이 점차 줄어들고, 다양한 민족들로 구성된 도시에서는 직장과 일상생활에서 주로 러시아어를 사용함으로써 벨라루스어를 모르는 사람들이 많았기 때문이다. 이들의 벨라루스 민족의식은 비교적 낮았으며, 러시아에 대한 반감도 크지 않았다. 따라서 이들은 벨라루스 민족주의 운동에 그리 적극적으로 참여하지 않았다. 오히려 이들은 벨라루스민족전선과 같은 급진적 민족주의자들의 활동에 반감을 가졌다. 스스로 벨라루스인이라고 생각하지만 러시아어를 제1 언어로 사용하는 모순적인 특성으로 인해, 이들의 러시아에 대한 입장은 애매모호할 수밖에 없었다. 이들은 정치적으로는 민족주의적 성향보다 자유주의적 성향을 지녔다. 또한 루카셴코 대통령을 크게 지지하지 않았다.[19]

이 외에도 벨라루스에서는 국가와 민족 정체성 문제와 관련하여 벨라루스 지식인들뿐만 아니라 정치인들, 그리고 시민사회에서도 다양한 주장이 개진되었다. 그러나 이러한 다양한 견해를 일반화시킨다면 아래 〈표 5-1〉과 같이 두 개의 관점, 즉 민족주의적 관점과 소비에트적 관점으로 크게 양분해 볼 수 있다. 전자는 주로 민족주의자들에 의해, 후자는 1990년대 초중반 벨라루스 정부의 공식견해로 루카셴코 대통령으로 대표된다.[20] 후자를 '소비에트적'

---

19 1998년 조사에서, 주로 농촌에 거주하는 벨라루스어 구사자보다 도시에 거주하는 러시아어 구사자가 루카셴코 대통령에 대한 지지도가 낮은 것으로 나타났다 (Дракохруст 1998).

20 벨라루스 국가 정체성을 민족주의와 소비에트라는 2개의 범주로 단순화시키는 것, 그리고 각각의 관점을 대표하는 단체나 인물로 벨라루스민족전선과 루카셴코 대통령을 내세우는 것은 일면 한계는 있다. 그럼에도 불구하고, 소련 말기와 벨라루스 국가형성기를 거치면서 국가 정체성 형성에 가장 영향력이 있었고, 핵심적

표 5-1. 벨라루스 국가 및 민족 정체성에 대한 대표적인 두 관점의 비교

	민족적(벨라루스민족전선)	소비에트적(루카셴코)
탄생 설화	발트족과 슬라브족의 혼합	슬라브족의 일파
역사적 신화의 초점	폴로츠크 공국, 리투아니아 대공국	키예프 루시
역사적 전성기	그룬발트 전투(1410), 오르샤 전투(1514)	대조국전쟁(2차 대전)
적군	러시아제국	자본주의 서방
언어	벨라루스어(구문법)	러시아어
미래 비전	서구 지향 개발, EU 가입	러시아 주도의 슬라브족 통합
경제 지향	자유주의적 경제 개혁	국가 주도 경제
사회적 기반	민족 인텔리겐치아, 도시 중산층, 소도시 거주자	농촌 거주자, 도시 거주 체르노빌 난민
핵심 목표	독립국(벨라루스어와 문화 기반)	명확한 국가 비전 없음(슬라브연합과 주권 번갈아 강조)
대외정책	러시아와 관계 조정, 모든 국가와의 동등한 외교	러시아와 CIS 지향(경제연계와 값싼 에너지 공급)

출처 : Leshchenko 2004, 338-45 재정리

이라고 규정한 것은 벨라루스 국가와 민족 정체성에 관한 기본 입장이 소비에트 시기의 입장을 거의 똑같이 계승하였기 때문이다.

민족주의적 관점과 소비에트적 관점의 가장 두드러진 차이점은 벨라루스 민족의 역사와 기원에서 드러난다. 전자가 유럽적 특성을 강조하는 반면, 후자는 유럽적 요소보다는 슬라브, 혹은 러시아적 요소를 더 강조한다. 물론 벨라루스 민족과 국가의 기원, 본

인 역할을 한 인물과 관점이라는 점은 쉽게 부정할 수 없을 것이다.

질과 관련하여 두 가지 관점 모두 정도의 차이는 있지만 러시아와 슬라브 문화의 영향과 존재 자체에 대해서는 인정하고 있다. 두 관점의 차이점은 벨라루스 정체성에 유럽적인 요소와 특성의 반영 정도에서 더 확연히 드러난다. 민족주의적 관점은 벨라루스가 리투아니아와 폴란드로 대표되는 유럽의 영향을 단순히 받았다고 보는 것을 넘어서서, 벨라루스 민족의 역사가 거기에서 출발하였으며 벨라루스성에는 아직까지 유럽적 요소가 남아 있다고 본다. 그리고 이러한 유럽적 성격의 벨라루스성이 러시아에 의해 훼손, 단절, 정체되었다는 것을 강조한다. 한편 소비에트적 관점이 유럽의 영향을 완전히 부정하는 것은 아니다.[21] 이 관점의 대표자라 할 수 있는 루카센코 대통령은 벨라루스 국가형성의 기원이 폴로츠크 공국 및 리투아니아 대공국임을 인정하면서도, 현재의 벨라루스 민족의 특성과 가장 관련 있는 실질적인 국가는 1920년대의 벨라루스공화국(BSSR)이라고 본다.

두 관점의 이러한 차이는 벨라루스 언어 및 역사적 전성기 등을 규정하고 설명하는 데도 그대로 나타난다. 민족적 관점에서는 벨라루스어를 강조하고 오르샤 전투 등을 가장 역사적 중요성을 가진 사건으로 보는 반면, 소비에트 관점은 러시아어를 강조하고 대조국전쟁(2차 세계대전)에서의 승리를 강조한다. 이 외에도 양 관점은, 〈표 5-1〉에서 볼 수 있듯이, 미래비전, 대외정책 등에서 큰 이견을 보이고 있다.

---

21 모든 민족은 이민족과 교류하며 이민족 문화의 영향을 받고 그것을 받아들여 자신들의 문화로 변형시키듯이 슬라브 문화권의 벨라루스 문화도 동일한 과정을 겪었다고 간주하는 것이다.

2. 벨라루스 민족 정체성에 관한 벨라루스 국민 인식

위에서 살펴본 바와 같이, 벨라루스 민족과 국가 정체성 등에 관한 민족주의적 관점과 소비에트적 관점에서 공통점이 매우 적거나 타협하고 조정하기 힘든 간극도 존재한다. 주로 민족주의자, 지식인, 정치인 등 벨라루스 엘리트집단들에 의해 제기되어 온 벨라루스 민족의 역사, 정체성, 국가와 민족의 나아갈 길 등은 사회적 경쟁이나 합의 과정에 따라 때로는 더욱 강화되기도 하고, 때로는 자연스럽게 소멸되기도 한다. 사회에서 정체성을 둘러싼 경합 과정을 거치면서, 구성원들에 의해 받아들여지거나 구성원들에 의해 수정된 정체성들이 '실재하는' 정체성으로 인정받게 되는 것이다. 따라서 민족과 국가 정체성에 대한 국민들의 인식은 어떠하였는지에 대해 살펴보고자 한다.

공동의 기원이라는 믿음과 결합된 공동의 문화와 혈통의 개념은 민족 이데올로기에서 가장 보편적인 요소 중 하나이며, 민족집단 구성원을 가르는 중요한 기준을 제공한다(Shevchenko 2010, 385-386). 학자들 중에서는 벨라루스에서 독자적인 민족 정체성이 확립되어 있지 않았으며, 그 증거로서 벨라루스인들이 자신들을 벨라루스인이자 소비에트인이라고 사고하는 이중적 정체성을 가지고 있음을 들고 있다. 이러한 견해에 따르면, 벨라루스는 구소련의 다른 연방공화국들과 달리 민족 정체성을 형성할 만한 충분한 시간을 가지지 못했다는 것이다(이지연 2012, 11). 발트 3국뿐 아니라 우크라이나에서도 강력하게 제기되었던 민족 정체성 문제가 벨라루스에서 나타나지 않았던 것은, 벨라루스가 다른 유럽 국가와 달리 근대화 과정을 제대로 겪지 않았기 때문에 민족형성도 그만큼 지체되었거나 제대로 수행되지 않았기 때문이라는 것이다.

그러나 이는 벨라루스 민족 정체성을 지나치게 혈통적(ethnic) 관점에서 접근하기 때문에 나타나는 것이라 할 수 있다. 민족 정체성은 높은 민족의식과 타민족과의 확연한 구분, 즉 자아와 타자에 대한 명확한 구분과 경계를 통해 보다 강력하게 드러날 수 있지만, 그러한 구분이 다소 모호하다고 해서 그 민족의 정체성이 채 형성되지 않았다고 단정할 수는 없다. 벨라루스 민족 정체성의 특수한 측면이 바로 이러한 점이다. 리투아니아나 폴란드의 문화와 역사적 연관성을 통한 유럽민족 정체성, 러시아와 슬라브로 드러나는 문화의 혼재 그 자체가 바로 벨라루스 민족 정체성이 될 수도 있다.

그렇다면, 벨라루스 국민들의 생각은 어떠한가? "누가 벨라루스 민족구성원이 될 수 있다고 생각하는가?"라는 2009년 벨라루스 수도 민스크 거주자들을 대상으로 한 조사에 의하면,[22] '혈통이 민족구성원의 자격 조건'이라고 응답한 사람(32.8%)이 '벨라루스 민족문화 속에서 양육되고, 벨라루스 민족문화를 자신의 것으로 받아들인 자'(42.7%)보다 낮게 나타났다. 또한 '혈통을 중시하는 민족 구성 요건'은 벨라루스에 대한 사랑, 감정적 측면, 정서적 소속감이 기준이라고 한 인식(34.8%)보다도 낮게 나타났다(〈표 5-2〉 참조). 이것은 벨라루스에서 민족문화 수용 여부, 혹은 주관적 소속감 등이 혈통보다 중요하다는 생각을 가진 응답자가 더 많다는 것

22　이 설문조사는 2009년 민스크 소재 사회기업 'Novak'과 문화프로그램 'Budzma Belausami'가 민스크 시민을 대상으로 설문 조사한 것이다. 복수 응답한 것임.

표 5-2. 누가 벨라루스 민족인가? (복수응답) (2009년)

벨라루스 민족구성원 기준	응답률(%)
벨라루스 문화로 양육, 계승자	42.7
부모가 벨라루스민족	32.8
긍정적 감정, 특히 벨라루스에 대한 사랑	34.8
자신을 벨라루스인으로 간주	31.0
벨라루스 시민권자	11.2
벨라루스 거주자	10.6
성격이 벨라루스 민족성과 유사	4.6
벨라루스어 구사자	4.5
벨라루스민족과 비슷한 사람	0.8

출처: http://nn.by/index.php?c=ar&i=30440; Bekus 2014, 52에서 재인용

을 의미한다. 이것은 소련 해체 이후 구소련에서 독립한 타 지역에서 나타났던 민족주의적 인식과는 상당히 다르다. 이는 벨라루스에서 민족주의적 관점, 특히 혈통을 중시하는 관점은 벨라루스 국민의 지배적인 인식과는 다소 거리가 있다는 것을 보여준다.

〈표 5-2〉에서 주목할 또 다른 점은 '벨라루스어 구사자가 벨라루스 민족'이라고 응답한 비율이 4.5% 정도로 매우 낮다는 점이다. 이는 종족 문화(ethnic culture)에 대한 지지가 벨라루스어에 대한 지지와 자각으로 이어지지 않았다는 것을 보여준다(Bekus 2014, 52). 벨라루스 국민들의 벨라루스어 사용률과 모국어 인식률이 해마다 낮아지고 있는 상황에서,[23] 벨라루스어 구사 여부를 벨라루스

---

23 정정원(2017, 313-314)에 따르면, 벨라루스어 사용률은 1999년 36.7%, 2009년 26%로 줄어들고 있다. 같은 기간 동안 벨라루스어를 모국어로 인식하는 응답자

민족 구성원의 자격 조건으로 삼는다면, 벨라루스어를 구사하지 못하는 다수의 시민들이 배제되는 문제에 직면하게 되기 때문이다.

한편 민족성과 상관없이 벨라루스 시민권자가 벨라루스 민족이라는 응답자는 11.2%로, 벨라루스어 구사자를 민족 구성원으로 보는 응답보다 높게 나타났다. 이는 벨라루스 문화는 특정 종족의 문화를 중심으로 형성되었다기보다는 다양한 문화가 결합된 현대적 의미의 다양성의 문화라는 생각이 공유되고 있고, 따라서 벨라루스 시민권을 가진 사람이라면 모두 벨라루스 민족이라는 인식을 가진 사람들이 상당히 존재한다는 것을 보여준다. 이러한 경향은 벨라루스 학생들 사이에서 '현대 벨라루스 민족 정체성은 종족적 측면보다 시민적 측면이 점점 더 강화되고 있다'라는 연구(Buhr, Shadurski, and Hoffman 2011, 426)에서 나타난 바 있다.

그러하다면, 벨라루스 국민 기준은 어떠한지 살펴보자.[24] 여론 조사 전문 민간연구소(IISEPS)[25]의 2006년 조사에 의하면, 벨라루스 국민의 자격요건에 대해 특정 기준에 치우치지 않고 다양한 의견을 보이고 있음을 알 수 있다. 그 중에서 가장 응답률(38.2%)이 높은 것은 '벨라루스의 모든 시민권자'라는 것이다. 종족이나 혈

의 비중도 각기 73.7%, 60.8%로 줄어들었다. 한편 2011년 벨라루스 국민들을 대상으로 한 설문조사에서 벨라루스어 사용률은 4%, 모국어 인식률은 49%이며, 러시아어가 모국어라고 응답한 비율도 30%에 이르렀다(Grenoble 2015, 313-314).

24 앞서 2009년에 실시한 민족 구성원 자격 조건과 2006년에 조사한 국민 자격 조건 사이에 약 3년이라는 시차가 있지만, 그동안 벨라루스 사회에서 민족문제나 시민권 문제와 관련한 큰 변화는 없었기에 그 차이를 변수로 두지 않는다. 다만 벨라루스의 지정학, 대외관계에서의 인식은 일정 정도 변화의 움직임이 있었다.

25 벨라루스에서 정치, 사회, 경제적 문제에 대한 국민여론을 조사하는 민간조직이자 연구소임. 자세한 내용은 〈http://www.iiseps.org/〉 참조 바람.

표 5-3. 벨라루스 국민의 기준은? (2006년)

국가 구성원 기준	응답률(%)
모든 시민, 종족/언어/민족전통 무관	38.2
모든 벨라루스 종족, 거주지와 시민권 무관	26.8
벨라루스어 구사, 전통 보존, 전통에 따른 자녀 양육하는 모든 시민	25.6
모름(특정하기 힘듦)	9.4

주: 2006년 10-11월 IISEPS가 벨라루스 국민 총 1,527명을 면담조사한 것임.
출처: http://www.iiseps.org/11-06-6.html; Bekus 2014, 51에서 재인용

통, 혹은 사용언어나 전통문화 등과 상관없이, 벨라루스 국민은 모두 '시민 공동체'라는 인식이다. 이는 앞서 살펴본 소비에트적 민족 정체성 관점의 입장이며, 국가 공식 담론을 따른 것이라 할 수 있다. 루카셴코 대통령을 중심으로 하는 정부의 공식 입장이 국민들에게 폭넓게 수용된 것이라 할 수 있다. 이것은 독립 초기에 민족주의자들이 제기한 종족이나 언어에 기반한 배타적 민족주의가 국민들 내에서 지배적인 담론으로 자리 잡지 못했음을 보여준다. 반면에 거주지와 시민권과 무관하게 모든 벨라루스 종족(ethnic)이 벨라루스 국민이라고 응답한 비율(26.8%)은 두 번째로 높게 나타났다. 이것은 혈통에 입각한 민족 개념이 그래도 어느 정도 영향을 미치고 있다는 것을 보여준다.

3. 대외 지향성의 측면에서 본 벨라루스 국가 정체성

벨라루스 국민들은 러시아와 벨라루스의 분리와 구별에 대해 어떻게 인식하고 있을까? 2006년 8월 실시된 여론조사에 의하면, 응답

자 중 40%가 벨라루스와 러시아인들은 차이가 없다고 대답하였으며, 2/3 정도가 벨라루스와 러시아, 우크라이나는 하나의 민족의 3가지 갈래라고 응답하였다(Новости НИСЭПИ(IISEPS News) 2006, 57-58). 또한 2005년 3월 푸틴 러시아 대통령이 러시아와 벨라루스 사이의 보다 긴밀한 통합을 주장하면서 제기한 '벨라루스와 러시아인은 하나의 민족'이라는 의견에 동의한다는 사람이 57%였으며, 동의하지 않는다는 응답이 7%에 지나지 않았다(Radzik 2015, 11). 전반적인 견해는 벨라루스 민족과 러시아 민족은 역사적, 문화적으로 공유하는 지점은 많지만, 그렇다고 벨라루스 민족이 러시아 민족은 아니라는 점이다. 또한 서로 다른 민족이지만, 그렇다고 완전히 분리할 수도 없는 민족이라는 관점이 국민들의 전반적인 인식이라고 할 수 있다.

이러한 국민들의 인식은 향후 벨라루스라는 국가발전의 방향, 대외지향성에 어떤 영향을 미쳤을까? 이러한 인식에 대해 고찰하는 것이 중요한 것은 벨라루스의 지리적 위치, 지정학적 위상과도 밀접한 관련이 있기 때문이다. 앞서 살펴본 '본원적 존재'로서의 벨라루스 민족성과 국가 정체성 문제는 '현실적 존재'로서 발전하기 위한 벨라루스의 대외지향성 문제와도 연관이 된다. 민족문화의 유사성, 역사적 연관성은 대외관계 발전에서 사용할 수 있는 큰 무기가 되고, 문화적 이질성, 역사적 갈등은 현실적인 필요에 의한 국가 간 관계 발전에서 질곡이 될 수도 있기 때문이다. 2006년부터 러시아의 벨라루스 정책은 실용주의 노선을 띠게 됨으로써, 벨라루스 국민들의 대외지향성에도 일정 정도 영향을 미쳤기에 이에 대한 고찰은 일정한 의미를 지닌다고 할 수 있다.

표 5-4. 벨라루스-러시아-우크라이나 사람들의 유럽에 대한 인식 (2004-5년) (%)

	벨라루스인	러시아인	우크라이나인
어느 정도 유럽인	34	25	26
전혀 유럽인 아님	54	68	62
유럽 정체성 느낌	16	8	10
유럽연합 가입 선호	59	56	54
유럽연합 국가 식별	48	39	42
유럽연합 본부 위치 앎	49	39	36
나토에 가입해야	22	29	22

출처 : Allison, White, and Light(2005, 507)

〈표 5-4〉는 문화, 역사, 언어적으로 유사한 슬라브국가 국민들의 유럽에 대한 인식, 자신들을 유럽인으로 어느 정도 인식하는지 등을 잘 보여준다. 그만큼 앞에서 꾸준히 고찰해 온 중심 주제 중 하나인 벨라루스 국민들이 자신들의 민족 정체성과 국가 정체성을 유럽과 어느 정도 밀접하게 연관시키는지를 알 수 있다.

벨라루스인들은 러시아나 우크라이나인들보다 더 유럽인으로 느끼고 있다. 유럽인이라고 생각하는 사람들이 슬라브 2개국보다 더 많았고, 유럽인이 아니라는 사람들이 더 적었다. 그만큼 역사, 문화적으로 러시아나 우크라이나에 비해서는 유럽성이 남아 있다고 인식하고 있다. 단순하게 등치시키기에는 일정 정도 한계가 있지만, 벨라루스인들이 러시아나 우크라이나인들보다 유럽에 대한 친밀감 또는 소속감이 일정 정도 더 높게 나타났다고 할 수 있다.[26]

---

26 물론 이는 설문대상자의 지적 수준, 슬라브 3국 국민들 사이의 교육수준 또는 학교 교육이나 미디어 등에서 유럽에 대한 정보 노출 등과 관련되어 있기에, 유럽과

이러한 인식은 벨라루스의 대외 지향성 중에서 유럽연합에 가입해야 한다고 생각하는 사람들이 러시아나 우크라이나에 비해 다소 높은 경향으로 나타났다.[27] 그러나 군사안보기구인 나토 가입 여부에 대해 러시아보다 다소 낮은 것은 유럽과 러시아라는 강대국 사이에 위치한 벨라루스의 지정학적 위상이 어느 정도 영향을 미친 것으로 보인다.

그러나 〈표 5-5〉에서 보듯, 벨라루스인들은 2005년에 유럽보다 러시아로의 지향이 좀더 높음을 알 수 있다. 약 1/3의 국민들이 러시아와의 선린 관계를 지향하였으며, 서방과의 관계 개선을 지향하자는 국민은 6%에 지나지 않았다. 유럽연합이나 미국과의 관계 발전보다 자체 개발(8%)을 선호하는 국민들의 비중이 좀더 높다는 것은 다소 의외라 할 수 있다. 2000년대 중반까지 벨라루스의 러시아 지향성이 서방에 비해 높았던 것은 벨라루스와 러시아

표 5-5. 벨라루스의 국제지향 (2005) (%)

질문 내용	응답률
러시아와 좋은 관계 형성이 좋음	31
유럽연합, 미국과의 선린 관계 선호	6
러시아, 유럽연합, 미국과 선린 관계 선호	52
자체 개발을 위한 충분한 자원 보유	8

출처 : Allison, White, and Light(2005, 508).

의 친밀감, 소속감으로 유럽에 대한 지식수준이 높다고 얘기하기엔 좀더 분석이 필요하다.

27 물론 조사 시점에 유럽과 슬라브 3국과의 관계, 또는 해당 국가의 대통령(물론 벨라루스와 러시아는 계속 동일한 인물이 정권을 유지)과 정부 정책 등의 문제도 고려해야 하나, 여기서는 이러한 변수는 차치한다.

간 특수한 관계로 인한 것이다. 특히 벨라루스 핵심산업의 원료공급지가 러시아이며, 주요 수출지역이 러시아라는 관계 특수적 상황에 의한 것으로 볼 수 있다.[28]

그러나 2006년 러시아의 실용주의적 대외정책의 시행과 이에 따른 양국 간 갈등이 점차 격화되기 시작하면서 벨라루스인들의 러시아 지향에도 변화가 일어나기 시작하였다. 이에 따라 벨라루스 정부도 대외관계에서 이전보다 러시아 의존도를 줄이고 다각화(multi-vector) 정책을 취하기 시작하였다. 이러한 경향은 벨라루스 시민사회 내에서도 점차 반영되기 시작하였고, 벨라루스 사회를 이끌어 가는 엘리트집단 속에서도 나타났다. 〈표 5-5〉에서 보듯, 국민들의 러시아 선호도가 월등히 높았지만, 서서히 유럽과 러시아 사이에서 상대적으로 균형을 잡아가기 시작하였다.

한편 2009년 9월 시행된 조사에 의하면, 벨라루스 사회에서 러시아의 역할에 대해 엘리트들 간에도 의견이 갈리기 시작하였

28 벨라루스의 러시아 에너지 의존도는 가스 100%, 석유 92%를 차지하였는데, 구소련 국가들 중에서 대러시아 에너지 의존도가 가장 높았으며, 세계에서 러시아에 가장 가스 종속적인 국가였다(Korosteleva 2011, 568). 특히 벨라루스 전력 생산의 95%가 러시아산 가스를 사용하였기에 문제는 더욱 심각하였다. 구체적으로 보면, 2000년 벨라루스의 원유 생산은 41,600배럴/1일이었는데, 수요량인 180,000배럴/1일을 충족시키기엔 턱없이 부족한 양이었다. 이러한 부족량은 러시아 석유로 충당되었고, 국가 핵심기업인 2개 정유공장(Naftan과 Mazyr)은 러시아산 원유로 가동되었다고 해도 과언이 아니다. 2개 공장은 국내 소비량의 2배를 생산하였으며, 잉여분은 대부분 러시아로 수출되었다(Hankook 2006, 117-136 참조). 2001년 천연가스는 약 1,650억m³가 필요하였으나, 단지 2억 8,300만m³가 생산되었는데(U.S. Department of Energy 2004, 120), 필요한 전량의 원료를 러시아에서 수입하였다. 또한, 벨라루스는 유럽으로 향하는 석유-가스관을 채우기 위해서도 러시아 연료에 의존하였다. 러시아 드루즈바 송유관은 라트비아 발틱 항구와 독일, 폴란드로 향하였는데, 당시 독일은 러시아산 원유 의존도가 1/3이나 되었다.

다. 일부 엘리트들은 벨라루스를 독립적인 국가로 인식해야지 러시아와 유럽 사이 양 문명의 교량자나 창으로 인식해서는 안 된다는 견해와 유럽연합으로 진입해야 하는데, 다만 러시아와 함께 가자는 의견이 나타나기 시작하였다. 두 견해 다 벨라루스가 강대국이 쟁탈하는 국가가 되어서는 안 된다는 입장을 견지하였으며, 2010년 여름에 엘리트 집단들이 러시아에서 멀어지는 계기가 되었다.[29] 그렇다고 반드시 유럽으로만 가자는 경향이 지배적인 것은 아니었다. 국민들 사이에서 친러시아적 지향이 지속은 되나 러시아나 유럽연합과의 관계에서 점점 더 평등하게 되거나 양 진영 사이에서 균형을 찾자는 다각외교 지지가 더욱 높아졌다. 중국, 베네수엘라 등이 벨라루스의 주요 친선 국가로 등장하기 시작하였는데, 벨라루스 국민들은 러시아, 중국, 우크라이나, 베네수엘라를 우호국으로 간주하였으며, 러시아가 우호국이라는 응답은 국민의 절반을 넘지 못했다(Korosteleva 2011, 578-579). 특히 이는 이전보다 급격히 줄어드는 추세였다.

29 2010년 여름 벨라루스와 러시아 사이의 관계는 매우 악화되었다. 2009년 여름 농산물 수입금지로 시작된 무역분쟁이 2010년에는 러시아-벨라루스-카자흐스탄 3국의 관세동맹 체결 문제로 확대되었다. 보다 심각한 갈등은 2010년 12월 벨라루스 대통령 선거를 앞두고, 루카센코 대통령을 압박하기 위한 러시아가 러시아 방송 등을 통해 루카센코 대통령의 과거 의혹 등을 본격적으로 제기하였으며, 이에 따라 벨라루스는 일정 정도 친서방으로의 경향성을 보이기도 하였다. 물론 12월 벨라루스 대통령 선거 직전에 벨라루스와 러시아의 관계는 극적으로 완화되었는데, 서방의 부정선거 문제제기가 러시아와의 관계 개선을 더욱 촉진한 측면이 있었다.

V 결론

구소련의 해체로 연방을 형성하고 있던 공화국들은 새로운 국가형성의 과정에 직면하게 되었다. 민족지역의 경계에 따라 설정된 구소련의 내부행정구역으로 인해 15개 연방공화국의 분리독립은 자연스럽게 연방공화국에서 민족주의의 발생을 촉발하였다. 물론 소련 해체 이전에 민족주의가 발생하였으며, 이러한 민족주의 운동이 소련의 해체를 촉진한 측면도 있었다. 구소비에트 공간을 휩쓴 민족주의 운동은 벨라루스에서도 나타났는데, 이러한 민족담론이 '신생독립국 벨라루스'라는 국가형성 과정에서 중요한 기제로 작동하였다.

민족주의자들을 중심으로 벨라루스 민족의 기원, 역사 및 벨라루스와 러시아와의 관계에 대한 다양한 주장들이 제기되었으며, 이러한 주장을 실현하기 위해 민족단체 결성 등 조직적 움직임들이 일어났다. 그리고 민족부활을 위한 구체적인 노력으로서 벨라루스어 부활과 역사-문화 바로세우기 운동이 중심적인 활동이 되었다.

그러나 벨라루스에서는 다른 연방공화국에서와 달리 급진적인 민족주의가 국민들의 지지를 받지 못하였다. 이는 민족부활, 민족역사 재정립이라는 과정에서 러시아, 슬라브 문화와의 관련성도 일정 정도 영향을 미쳤다. 러시아와의 관계에서 배타적 특성을 띨 수가 없었고, 보다 본질적으로는 '벨라루스 민족은 이러하다'라는 단일한 주장과 논리가 부재하였기 때문이다. 즉 벨라루스 민족을 하나로 통합할 수 있는 역사적, 문화적 기제가 다른 연방공화국에 비해 약했기 때문이다. 또한 벨라루스가 1920년대 소비에트 시절에서야 비로소 국민국가를 형성하였으며, 소비에트 시기에 낙후된 농업사회에서 소련이 해체될 무렵에는 상당한 산업화, 근대화를 이룩하였기에, 소비에트 시기에 벨라루스 민족이 쇠퇴하고 '러시아화'되었다라는 민족주의적 담론이 큰 설득력을 갖지 못하였다.

아울러 민족의식을 전달하고 강화하는 주요 수단이자 민족성을 구분하는 중요한 지표인 벨라루스어를 구사할 수 있는 사람들이 매우 적었으며, 또한 벨라루스어를 실생활에서 많이 사용하지 않았고 오히려 러시아어가 제1 언어로 사용되었으므로, 러시아와 구별되는 배타적 민족 정체성 형성이 쉽게 일어날 수 없었다. 민족의식을 고취하고 민족통합을 위한 내적인 기제가 부족하면, 민족 억압과 쇠퇴에 영향을 미치는 외적인 기제라도 명확해야 하는데, 벨라루스에서는 이것이 부족했으므로, 결국 민족주의가 쇠퇴할 수밖에 없었다.

벨라루스 국가 정체성을 논함에 있어 또 하나 중요했던 문제는 벨라루스의 대외지향의 문제였다. 독특한 지정학적 상황 속에서 벨라루스라는 국가와 민족을 어디에 위치시키냐의 문제다. 사실 동–서 진영 중에 어디에 속하고, 어디를 선택할 것인가의 문제는 소련에서 독립한 후, 현재까지도 꾸준히 지속되고 있는 문제다. 그러나 초기 국가형성의 과정, 국가 정체성 형성 과정에서의 '위치 짓기'(positioning) 문제와 이후 일반적인 국가에서 보이는 대외정책, 대외관계의 문제는 조금 분리해 볼 필요가 있다. 본 글에서는 국가형성 과정에서의 국가 정체성, 대외 지향성의 문제만을 고찰하였다. 2000년대 중반까지 벨라루스인들은 러시아나 우크라이나인들에 비해 문화적, 민족적으로는 보다 유럽 지향적이었다. 그러나 이들이 러시아를 벗어나 완전히 유럽으로 향할 수 없었던 것은 벨라루스 민족과 역사 및 현재 벨라루스인들의 생활에 러시아적, 슬라브적 역사와 문화가 결합되어 있기 때문이다. 한편으로 유럽 민족성을 부각시켰던 민족주의자들의 주장은 러시아성에 대한 부정과 의도적인 무시로 인해 국민적 지지를 받지 못하였고, 점차 그 영향력이 감소하였다.

대외 지향성의 문제는 시간의 변화에 따라 그 성격이 달라졌다. 독립 후 초기에는 '동-서 문제'가 국가 정체성, 민족 정체성의 측면에서 고려되었으나, 2000년 전후부터는 대외관계, 대외정책과 관련하여 제기되었다. 즉 초기에는 벨라루스는 유럽국가인가 슬라브국가인가, 벨라루스 민족은 리투아니아, 폴란드와 유사한 유럽민족인가 아니면 러시아, 우크라이나와 같은 슬라브 민족인가의 문제였다. 후기에는 벨라루스의 대외정책에서 유럽(서방)을 선택할 것인지, 아니면 꾸준히 러시아 중심적으로 갈지 문제였다. '동-서 문제' 측면에서 본다면, 민족 정체성의 문제가 지정학적 문제로 전환되었다고 할 수 있다.

참고문헌

김보라. 2016. "탈 소비에트 벨라루스인들의 언어정체성 변화 양상."
『러시아어문학연구논집』 54: 273-291.

김효섭. 2005. "전환기 러시아의 지역주의와 지역정체성: 러시아연방
부랴찌야공화국의 사례 연구." 서울대학교 박사 학위 논문.

박정호. 2006. "벨라루시 민족 정체성과 국가발전전략." 『역사문화연구』 25: 423-448.

우준모·김종헌. 2013. "우크라이나와 벨라루스의 민족주의와 국가형성과정 비교고찰."
『국제지역연구』 17 (1): 141-162.

윤영미. 2011. "벨라루스(The Republic of Belarus)의 국가발전 양상: 대통령 중심제
구축과 실용주의적 외교정책을 중심으로." 『세계지역연구논총』 29 (1): 253-284.

윤지원. 2014. "벨라루스의 국가적 민족주의 기원과 양상에 대한 소고."
『세계지역연구논총』 32 (3): 113-129.

이영민·진종헌·박경환·이무용·박배균 옮김. 2011. 『현대 문화지리학: 주요개념의
비판적 이해』 서울: 논형

이지연. 2014. ""만들어지고 있는" 민족/국가(nation): 포스트소비에트 벨라루스의
민족주의와 국가정체성." 『러시아어문학연구논집』 47: 245-271.

정정원. 2017. "우크라이나와 벨라루스의 언어정책과 주-민족어의 지위." 『중소연구』
41 (3): 321-331.

홍완석. 2011. "'동'과 '서' 사이에서: 벨라루스의 대외전략." 『동유럽발칸학』 13 (2):
393-424.

황성우. 2013. "에너지 안보 공간의 갈등: 러시아와 벨라루스의 가스 갈등과 EU."
『EU연구』 34: 189-223.

Allison, Roy., White Stephen, and Margot Light. 2005. "Belarus Between East
and West." *Journal of Communist Studies and Transitional Politics* 21 (4):
487-511.

Bekus, Nelly. 2014. "Ethnic identity in post-Soviet Belarus: ethnolinguistic
survival as an argument in the political struggle." *Journal of Multilingual
and Multicultural Development* 35 (1): 43-58.

Bely, Alexander. 1997. "Belarus: A real or fictitious nation?" *History Today* 47,
issue 4 (April): 3-4.

Brown, Anthony N. 2005. "Language and Identity in Belarus." *Language Policy* 4:
311-332.

Buhr, Renee, Victor Shadurski, and Steven Hoffman. 2011. "Belarus: An
Emerging Civic Nation?" *Nationalities Papers* 39 (3): 425-440.

Burant, Stephen R. 1995. "Foreign Policy and National Identity: A Comparison of
Ukraine and Belarus." *Europe-Asia Studies* 47 (4): 1125-1144.

Goujon, A. 1999. "Language, nationalism, and populism in Belarus."
   Nationalities Papers 27 (4): 661-677.

Grenoble, Lenore A. 2015. "Language Contact in the East Slavic Contact Zone."
   Balkanistica 28: 225-250.

Hall, S. 1993. "Minimal Selves." In Studying Culture: an Introductory Reader,
   edited by Ann Gray and Jim McGuigan, 134-138. New York:Edward Arnold.

Hancook, Kathleen J. 2006. "The Semi-Sovereign State: Belarus and the Russian
   Neo-Empire." *Foreign policy analysis* 6: 117-136.

Ioffe, Grigory. 2003. "Understanding Belarus: Belarusian Identity." *Europe-Asia
   Studies* 55 (8): 1241-1272.

Ioffe, Grigory. 2007. "Culture Wars, Soul-Searching, and Belarusian Identity."
   East European Politics and Societies 21 (4): 348-381.

Korosteleva, Elena. 2011. "Belarusian Foreign Policy in a Time of Crisis." *Journal
   of Communist Studies and Transition Politics* 27 (3-4): 566-586.

Leshchenko, Natalia. 2004. "A Fine Instrument: Two Nation-Building Strategies
   in Post-Soviet Belarus." *Nations and Nationalism* 10 (3): 333-352.

Marples, D. 2003. "History and politics in post-Soviet Belarus: the foundations."
   In *Contemporary Belarus: Between Democracy and Dictatorship,* edited by
   Rosalind J. Marsh, Elena Korosteleva, Colin Lawson and Posalind Marsh,
   21-35. Richmond: Curzon.

Martin, Terry. 2001. *The Affirmative Action Empire: Nations and Nationalisms in
   the Soviet Union 1923–1939.* Ithaca and London: Cornell University Press.

Radzik, Ryszard. 2015. "What Future for Belarus? An Analysis of Identity Issues."
   Sprawy Narodwosciowe 1 (42): 7-35.

Rudling, Per Anders. 2008. "Belarus in the Lukashenka Era: National Identity
   and Relations with Russia." in *Europe's Last Frontiers? Belarus, Moldova,
   and Ukraine between Russia and the European Union,* edited by Oliver
   Schmidtke and Serhy Yekelchyk, 55-77. New York: Palgrave macmillan.

Rudling, Per Anders. 2015. "The Beginning of Modern Belarus: Identity, Nation,
   and Politics in a European Borderland." *The Journal of Belarusian Studies:*
   115-127.

Shevchenko, Kirill. 2010. "Reinterpretation of History as the Identity-Building
   Tool. Case of Poleshuks in Belarus." *Česky Lid* 97 (4): 383-399.

Titarenko, Larissa. 1999. "Globalisation, nationalism and ethnic relations in
   Belarus." In *Ethnicity and Nationalism in Russia, the CIS and the Baltic
   States,* edited by G. Williams and T. Sfrikas, 150-183. London: Ashgate.

Titarenko, Larissa. 2011. "Post-Soviet Belarus: The Transformation of National
   Identity." *International Studies* 13 (1): 11-21.

Tsygankov, Andrei P. 2000. "Defining State Interests after Empire: National

Identity, Domestic Structures and Foreign Trade Policies of Latvia and
Belarus." *Review of International Political Economy* 7 (1): 101-137.

U.S Department of Energy. 2004. International Natural Gas Production.

Zaprudnik, Y. 2002. "Belarus in search of national identity between 1986 and
2000." In *Contemporary Belarus: Between Democracy and Dictatorship*,
edited by E. Korosteleva, 112-124. Richmond:Curzon.

Zaprudnik, Jan. 1998. *Historical Dictionary of Belarus*. London: Scarecrow
Press.

Zaprudski, Siarhiej. 2007. "In the grip of replacive bilingualism." *International
Journal of the Sociology of Language* 183: 97-118.

Бредихин, Антон. 2018. "Союзу быть, но не единству." РСМД. Октябрь
29. (https://russiancouncil.ru/analytics-and-comments/columns/
postsoviet/soyuzu-byt-no-ne-edinstvu/ 검색일 : 2019. 1. 10)

Буховец, О. 2010. "Историописание постсоветской Беларуси:
демифологизация "ремифологизация", *Национальные истории
на постсоветсом пространстве II*. Десять лет спустя под ред. Ф.
Бомсфорда, Г. Бордюгова, 15-51. М.: Фонд Наумана, АИРО-ХХI.

Дракохруст, Юри. 1998. "Белорусский Говорит по-русски." *Белорусская
Деловая Газета*. Января 19.

Зеленский, Михаил., Поливанов, Александр. 2018. "Россия ссорится
с Белоруссией. Главные конфликты, из-за которых ухудшаются
отношения Москвы и Минска." *Meduza*, Февраль 3. https://
meduza.io/feature/2017/02/03/rossiya-ssoritsya-s-belorussiey 검색일:
2018. 10. 24)

Калита И.В. 2010. *Современная Беларусь:языки и национальная
идентичность*. Ústí nad Labem: Inna Kalita.

Козлович А., Быков, В. 2006. *Белорусы между небом и землей*. Смаленск:
Скіф.

Костюкевич, Наталья. 2017. "Народные Страхи. Что происходит в
отношениях Беларуси и России в вопросах и ответах." *news.21.BY*.
Фебраль 16. http://news.21.by/society/2017/02/16/1297708.html 검색일:
2018. 10. 24)

Кузьмина, Елена. 2018. "Региональное сотрудничество России и
Белоруссии в рамках ЕАЭС." РСМД. Октябрь 26. (https://
russiancouncil.ru/analytics-and-comments/analytics/regionalnoe-
sotrudnichestvo-rossii-i-belorussii-v-ramkakh-eaes/ 검색일: 2019. 1. 10)

Малинова О.Ю. 2010. "Символическая политика и конструирование
макро-политической идентичности в постсоветской России." *Полис*

2: 90-105.

Новости НИСЭПИ (IISEPS News), 2006, issue 3: 57-58.

Томайчук, Л.В. 2012. "Мифологизация истории как инструмент
конструирования национальной идентичности на современной
Украине и в Беларуси." *Общество*: 52-55. (http://www.terrahumana.ru/
arhiv/12_03/12_03_11.pdf 검색일: 2018. 9. 13)

Хотинец В.Ю. 2000. *Этническое Самосознание*. СПб.: Алетейя.

Шрайбман, Артем. 2018. "Деньги или суверенитет. Чем закончится
нефтяной спор Москвы и Минска." МОСКОВСКИЙ ЦЕНТР
КАРНЕГИ. Декабрь 20. (https://carnegie.ru/commentary/77999
검색일: 2019. 1. 10)

Шрайбман, Артём. 2019. "Братское поглащение. Может ли Россия
Присоединить Белоруссию." МОСКОВСКИЙ ЦЕНТР КАРНЕГИ
Янбарь 15. (https://carnegie.ru/commentary/78113 검색일: 2019. 1. 18)

"Беларусь не получала официальных предложений от российской
стороны по покупке белорусских нефтеперерабатывающих
заводов."Об этом TUT.BY сообщили в концерне ≪Белнефтехим≫.
2019. 1. 10. (https://news.tut.by/economics/622115.html 검색일: 2019. 1.
11).

"Минск не получал официальных предложений от Москвы по покупке
белорусских НПЗ." Новости TUT.BY (https://news.tut.by/
economics/622115.html 검색일: 2018. 10. 24)

"Скрытого субсидирования больше не будет: поставки российских
нефтепродуктов в Беларусь снизятся в разы." 2018. Белорусский
ПАРТИЗАН. Сентябрь 4. (https://www.sn-plus.com/ru/page/
economics/8837 검색일: 2018. 10. 24)

필자 소개

김효섭 Kim, Hyosup

서울대학교 아시아연구소 중앙아시아센터(Center for Eurasian and Central Asian Studies, Seoul National University Asia Center) 선임연구원
서울대학교 지리학과 졸업, 동 대학원 지리학 박사

논저 "환동해 에너지 관계망의 지정학", "러시아"『환동해지역의 이해』, "환동해지역으로서의 러시아 극동지역"

이메일 khsup913@gmail.com

제6장

러시아와 이란의 조심스러운 동행
— 전략적 협력의 동인 및 상호인식 분석

The Watchful Partnership between Russia and Iran:
Analysing the Drivers of Strategic Cooperation and Mutual
Perception

이주영 | 국민대학교 국제지역학과 러시아학 석사

이란과

러시아의 외교관계가 최근 변화함에 따라 많은 이목이 집중되고 있다. 과거 러시아와 이란의 외교관계는 상황에 따라 또는 안건에 따라 크게 요동쳐왔기에 큰 주목을 받지 못했다. 그러나 최근 양국의 외교관계가 빠른 속도로 진전되고 특정 안건에 대한 협력이 전반적인 양자관계로 확산되는 등 러시아와 이란의 외교관계에 변화가 감지되고 있다. 이러한 변화로 인해 러시아와 이란의 외교관계는 역사상 최고점에 이르렀다는 평가를 받고 있다. 이 글은 최근 나타나고 있는 러시아와 이란 간 양자관계의 특성을 살펴보는 것을 목적으로 한다. 먼저 러시아와 이란 간의 양자관계 변화의 역사적 배경을 살펴봄으로써 최근 양자관계 변화양상의 특이점을 알아볼 것이다. 다음으로 러시아와 이란의 관계가 급변하게 된 주요 동인을 파악하고자 한다. 마지막으로 러시아와 이란의 상호인식을 통해 러시아와 이란의 협력 관계의 성격을 파악하고 양국의 관계가 어디로 나아갈 것인가를 가늠해보고자 한다.

The recent changes in diplomatic relations between Russia and Iran have brought a lot of attention. In the past, diplomatic relations between Russia and Iran have received little attention because they have fluctuated greatly depending on the situation or on the agenda. However, there are signs of a change in diplomatic relations between Russia and Iran, with the rapid development of diplomatic relations between the two countries and cooperation on specific issues leading to the overall progress of bilateral relations. Due to these changes, the current relationship between Russia and Iran is assessed to have reached a record high. This article aims to examine the characteristics of bilateral relations by examining the drivers of Russia-Iran relations and mutual recognition. First this article examines the historical background of the bilateral relations between Russia and Iran, and then examines the characteristics of recent changes. Next, the article identifies the main drivers for the rapid change in relations between Russia and Iran. Finally, this article examines the nature and future of Russia's cooperation with Iran through mutual understanding between Russia and Iran.

KEYWORDS 러시아 Russia, 이란 Iran, 전략적 협력 strategic cooperation, 시리아 내전 Syrian Civil War, 상호인식 Mutual perception, 방산협력 defense cooperation

I 서론

러시아와 이란의 외교관계는 약 500년의 긴 역사를 갖는다. 양국은 1521년 첫 공식 외교관계를 맺었으나 양국이 지리적으로 먼 위치에 자리한 탓에 외교관계를 크게 발전시키지 못했다. 그러나 19세기 제정러시아의 영토 확장 이후 양국이 국경을 접하게 되면서 양국의 교류가 크게 확대되었다. 이후 소련의 해체로 독립국가들이 등장하면서 러시아와 이란은 더 이상 국경을 접하지 않게 되었지만 양국은 지리적 인접국으로 남았다. 이후 러시아와 이란 모두 지역강대국으로 발돋움하면서 양국은 상호 무시할 수 없는 세력이 되었다.

러시아와 이란의 관계는 긴 역사 속에서 발전되어 왔으나 전반적으로 일정하게 증진되지 못하고 안건에 따라 또는 상황에 따라 심하게 요동쳤다. 일례로 양국은 미국의 공세적 외교에 대해서는 협력했으나 이란 핵개발과 아랍-이스라엘 문제에 대해서는 분명한 입장 차이를 보였다. 그런데 2012년을 기점으로 러시아와 이란의 양자관계가 급진전되면서 러시아-이란 관계는 많은 관심을 받고 있다. 특히 최근의 러시아-이란 외교관계는 과거와 달리 특정 안건에 대한 협력이 전반적인 관계진전으로 이어지고 있다는 점에서 의미심장하다고 할 수 있다. 실제로 양국은 중동 문제에 대응하기 위한 군사협력 관계를 구축하는 한편 외교문제에 대해서도 적극적으로 임하고 있으며 동시에 양자 간 정치·경제협력도 빠르게 강화하고 있다.

이처럼 러시아와 이란이 전례 없는 협력관계를 형성하자 이를 다룬 다양한 논평과 연구가 이뤄지고 있다. 이러한 연구들은 양자관계가 급변하게 된 원인과 미래전망, 즉 양자관계가 어떠한 방향으로 나아갈 것인가를 다루고 있다(Asisian 2013; Kozhanov 2015; Sharafedin and Kelly 2016; Course and Teper 2016; Kozhanov 2016; 강봉구 2016b). 그러나 기존의 연구들은 러시아와 이란의 상호 인식문제를 면밀히 다루지 않고 있다는 한계를 갖는다. 일부 연구들은 양국 간의 역사적 관계로 인해 형성된 러시아에 대한 이란의 불신을 강조하고 있으나 이러한 시각의 변화 가능성에 대해서는 충분히 검토하고 있지 않다. 또한 이란을 바라보는 러시아의 시각에 대해서도 충분한 연구가 이뤄지지 않고 있다. 이러한 연구의 부재로 인해 최근 나타나고 있는 러시아-이란 외교관계의 급진전을 제대로 설명하지 못하는 경향이 있다. 러시아와 이란이 어떠한 이유로 인해 서로에게 접근하였는가와 함께 상대방을 어떻게 인식하고 있는가를 살펴보는 작업을 통해 변화한 양자관계의 성격과 미래전망 등을 포괄적으로 이해할 수 있을 것이다.

따라서 본 논문은 러시아와 이란 간 상호인식과 관계변화의 동인을 동시에 살펴봄으로써 양자관계의 특성을 살펴보는 것을 목적으로 한다. 먼저 2절에서는 러시아와 이란 간의 양자관계 변화의 역사적 배경을 다룰 것이다. 양국 간 교류가 활성화된 19세기 초부터 현재까지를 시기별로 나누어 각 시기별 양자관계의 특성을 살펴볼 것이다. 3절에서는 2012년 이후 러시아와 이란의 관계가 급변하게 되는 주요 동인을 살펴보고자 한다. 4절에서는 러시아와 이란의 상호 인식을 살펴봄으로써 이것이 향후 양국 간의 관계에 미칠 영향을 살펴보고자 한다. 러시아와 이란이 서로를 협력대상으로 바라보고 있는지, 협력대상으로 보고 있다면 그렇게 판단한 이유가 어디에 있는가를 살펴볼 것이며 양국 협력이 급진전된 상황 속에서 상호인식 역시 긍정적으로 형성되고 있는가를 살펴볼 것이다. 이러한 연구는 러시아와 이란의 협력 관계의 성격을 파악하고 더 나아가 양국 관계의 장래성을 가늠해보는 데 도움을 줄 것이다.

II 러시아와 이란의 양자관계 변화의 역사적 배경

최근 러시아와 이란은 동맹이 거론될 정도로 긴밀한 관계를 이루고 있지만, 양국 간의 역사적 관계를 살펴보면 이러한 관계는 예외적이라 할 수 있다. 21세기 이전 러시아와 이란의 관계가 적대적이었기 때문이다. 그렇다면 러시아와 이란은 어떻게 전례 없는 협력관계를 구축할 수 있었을까. 이를 알아보기 위하여 본장에서는 러시아와 이란의 양자관계 변화 과정을 통사적으로 살펴봄으로써 최근의 양자관계 변화양상의 특이점을 부각하고자 한다.

1. 침략과 수탈의 관계(19세기 초-20세기 말)

19세기 초에서 20세기 말에 이르기까지 러시아와 이란의 관계는 후자에 대한 전자의 침략으로 압축된다. 제정러시아와 페르시아의 교류는 19세기에 시작되었다. 당시 중동은 영국, 프랑스 등 제국주의 열강의 각축장이었다. 이 가운데 러시아는 페르시아 영토를 확보하는 데 적극적인 국가 중 하나였다. 1804년 러시아가 카프카스 지역을 확보하기 위해 남하하자 페르시아는 전쟁을 통해 러시아의 남진을 차단하고자 했다. 이로 인해 발발한 제1차 러시아–페르시아 전쟁(1804-1813)은 러시아의 승리로 끝이 났다. 전쟁에 승리한 러시아는 1813년 페르시아와 굴리스탄 조약을 체결하고 다게스탄과 조지아, 아제르바이잔 및 아르메니아 북부지역을 차지했다.

약 10년여의 시간이 지난 후 러시아는 카프카스 전 지역을 차지하기 위해 남진을 재개했다. 1826년 러시아군이 아르메니아 중부지역을 점령하자 러시아를 막기 위해 페르시아가 선제공격을 감행하면서 2차 러시아–페르시아 전쟁(1826-1828)이 일어났다. 그러나 이 전쟁도 러시아가 승리함에 따라 패전한 페르시아는 전쟁의 책임을 질 수밖에 없었다. 러시아는 페르시아와 투르크만차이 조약을 체결함으로써 아르메니아 동부지역을 포함한 카프카스 전 지역 및 카스피해 항해권을 획득했다. 또한 러시아는 페르시아와 통상보장 협정을 체결함으로써 러시아–페르시아 무역에 있어서 상당한 이권과 함께 페르시아 주재 러시아인의 치외법권을 얻었다.

러시아와 페르시아의 불편한 관계는 20세기에도 계속되었다. 1905년 발생한 입헌혁명으로 인해 페르시아가 혼란에 빠지자 러시아는 이를 페르시아에 침투할 기회로 삼았다.[1] 러시아는 자국

1   영국과 러시아의 압박을 받던 페르시아는 1860년대부터 영국, 러시아에게 국가자산을 양도하는 매국정치를 실시하였다. 페르시아의 매국정책은 1900년대 초에 이르기까지 상당기간 이어졌으며 이 과정에서 다양한 이권이 강대국에게 넘어갔다. 이로 인해 페르시아 내 사회적 불만은 최고조에 이르렀으며 전제정권을 타도하고 입헌정부를 수립하려는 세력이 등장하였다. 이러한 상황에서 1905년 12월 페르

의 이권보호를 이유로 페르시아의 내정에 개입하여 혁명세력을 방해하고 자국의 입맛에 맞는 전제파를 지원했다. 또한 페르시아가 혼란한 틈을 타 러시아는 1907년 영국과 함께 페르시아의 북부는 러시아가, 남부는 영국이 각각의 세력권으로 삼고 중간 지역은 완충지대로 설정한다는 내용을 골자로 한 영-러 협상을 체결했다. 이로 인해 페르시아는 혁명이라는 내부적 혼란과 더불어 영토가 삼분할되어 러시아·영국의 세력권으로 편입되는 이중고를 겪었다.

1917년 볼셰비키 혁명으로 러시아가 격변을 겪게 되자, 페르시아는 러시아의 영향력에서 벗어날 수 있을 것이라 생각했다. 그러나 러시아의 페르시아 수탈은 제정러시아가 소련으로 바뀐 이후에도 계속되었다. 1920년대에 소련은 페르시아에 대한 내정간섭은 최소화했으나 페르시아와의 불균형 무역을 통해 경제적 이권을 유지했다. 그리고 1939년 2차 세계대전이 발발하자 소련은 페르시아 내 석유자원 및 연합국의 군수물자 반입통로 확보 등을 이유로 12개 사단을 동원하여 영국군과 함께 페르시아 영토를 점령했다. 이렇게 페르시아 영토를 무단 점령한 소련군은 삼국조약의 규정에 따라 종전 후 6개월 이내에 모든 외국군대가 철수해야 했음에도 불구하고 철수를 거부한 채 페르시아에 주둔했다.[2]

시아의 사탕 판매상인 두 명이 사탕가격 상승에 책임을 지고 채찍형에 처해지자 이를 계기로 입헌혁명이 촉발되었다(정수일 2002, 57-60).
2   소련과 영국은 이란을 점령한 후 1942년 1월 이란의 연합국 물자지원을 골자로 한 영-러-이 삼국조약을 체결했다. 이란에서의 충돌을 우려한 소련과 영국은 상호 충돌 방지를 위해 종전 후 6개월 이내에 군대를 철수한다는 규정을 삼국조약에 포함시켰다(신타로 2012, 136).

1950년에는 석유이권을 강대국들에게 빼앗겼던 이란이 석유 국유화를 시도하면서 러시아와 이란의 갈등이 발생했다. 이란의 석유자원을 노리던 소련은 석유국유화 시도를 막기 위해 이란을 압박했다. 소련은 수입 석유 대금의 결제를 거부하고 이란의 사회주의 정당인 투데당(Tudeh Party)을 이용하여 국유화 조치를 무산시키려 하였다. 그러나 소련의 의도와는 달리 미국 CIA의 지원을 받은 세력이 쿠데타에 성공하면서 이란의 석유산업은 미국이 지배하게 되었다. 이후 이란이 친미 정책을 추진함에 따라 소련과 이란의 관계는 소원해지기 시작했다.

소련과 이란의 관계는 1979년 이슬람 혁명으로 이란 이슬람 공화국이 탄생하면서 더욱 멀어졌다.[3] 이란의 첫 대통령인 호메이니는 미국을 거대한 사탄(the Great Satan)에, 그리고 소련을 작은 사탄(the Lesser Satan)에 비유하며 동방과 서방 모두를 거부하고 이란의 독자노선을 주장했기 때문이다. 또한 1980년 발발한 이란-이라크 전쟁에서 소련이 이라크를 지원한 사실이 알려지자 소련에 대한 이란의 반감은 더욱 거세졌다. 이처럼 19세기에서 20세기 후반에 이르기까지 러시아와 이란은 부정적인 양자관계를 형성·유지한 채 냉전의 종식을 맞이했다.

---

3 냉전 시기 이란은 미국의 지원을 통해 서구화 정책을 펼쳤다. 그러나 이란의 서구화 정책은 이슬람 가치를 위협한다는 이유로 많은 사람들의 반대에 부딪혔다. 동시에 이란의 석유산업은 미국에 종속되어 가고 1970년대 후반 이란 경제가 불경기에 빠져들었다. 불만이 극에 달하자 이란 국민들은 민족 혁명을 통해 이슬람 왕정을 붕괴시키고 호메이니 이슬람 최고 지도자를 지도자로 내세운 이슬람 공화국을 탄생시켰다(Katz 2012, 55).

2. 양자관계 개선을 위한 시도와 실패(1991-2011)

20세기 말 냉전의 종식으로 국제질서가 격변하면서 러시아와 이란의 관계도 새로운 전환점을 맞이했다. 그러나 양자관계가 곧바로 정상화된 것은 아니었다. 당시 러시아와 이란 모두 양자관계 개선을 적극적으로 시도하기에는 어려운 대내외적 환경에 처해 있었기 때문이다.[4] 이와 함께 과거 적대적 관계를 형성했던 기억이 더해지면서 러시아와 이란은 서로 조심스럽게 접근할 수밖에 없었다.

러시아와 이란은 원전 건설 계약과 무기 수출 계약을 통해 경제협력을 시작했다.[5] 모스크바와 테헤란은 1995년 부셰르 원자력발전소 건설 계약을 체결하면서 원전 건설을 위한 협력을 시작했다. 이후 양국 정부는 여러 차례 원전 완공 의지를 재확인하면서 협력관계를 유지해 나갔다. 비슷한 시기 양국의 방산협력도 재래식 무기 공급 계약체결을 시작으로 진행되었다. 특히 양국은 탄도미사일 거래와 관련한 대화를 시작하고 군사기술협력 확대를 위한 의견을 공유하는 등 방산협력 증진에 적극적으로 임하였다

---

4   대내적 차원에서 양국은 국내 혼란을 수습해야만 했다. 러시아는 소련 해체 후 러시아연방으로 새롭게 탈바꿈하며 발생한 정치·경제적 혼란을 극복하는 데 총력을 기울였다. 한편 이란은 이라크와 치른 8년간의 전쟁으로 피폐해진 상황을 수습하는 데 집중했다. 한편 대외적으로 러시아와 이란은 악화된 미국과의 관계개선을 우선과제로 설정하고 이에 초점을 맞추어 외교정책을 펼쳤다.

5   이란의 부셰르 원자력발전소는 1975년 이란과 서독 정부가 발전소 건설을 계약함에 따라 착공되었다. 그러나 1979년 이란 이슬람 혁명 이후 원자력 발전소 건설이 중단되었다. 더욱이 이란-이라크 전쟁으로 시설 대부분이 파괴되면서 발전소 완공이 소원해졌다. 이러한 상황에서 이란은 1995년 러시아와 원자력 발전소 건설을 위한 계약을 체결함으로써 발전소 건설을 이어나갈 수 있었다. 부셰르 원전은 양국의 협력으로 2011년 완공되었다.

(Eisenstadt 2001). 이처럼 우호적인 분위기 속에서 형성된 러시아와 이란의 원전 건설과 방산협력은 이내 양국 경제협력의 핵심분야로 자리매김했다.

그러나 2005년 이란의 핵무기 개발의혹이 제기된 이후 러시아와 이란의 외교관계는 악화되었다. 핵문제가 제기된 초기 러시아는 친이란적인 태도를 취했다. 당시 이란은 핵연료의 자급자족을 위한 우라늄 농축 작업의 실행을 주장했다(Katz 2012, 58). 그러나 서방은 이란의 우라늄 농축이 핵무기 개발로 이어질 수 있다고 보고 이를 반대했다. 이란과 서방의 갈등이 깊어지자 러시아는 자국 내에서 농축한 발전용 우라늄을 이란에 공급하는 방법을 제안함으로써 갈등상황을 원만하게 해결하고자 했다(Katz 2008, 4-5). 또한 2006년 이란의 핵연료 농축 재개를 이유로 UN안보리가 대이란 경제제재를 도입하자 러시아는 제재 수위를 낮추고 제재 실행을 지연시키기 위해 노력을 지속했다.[6]

그러나 2009년 IAEA에 의해 이란의 비밀 우라늄 농축시설이 공개되자 러시아는 이란에 대한 태도를 바꾸었다. 2010년 이란의 대규모 우라늄 농축시설 비밀운용을 근거로 한 제재안이 발의되자 러시아는 핵확산금지조약(NPT) 체제의 주요 보장자로서 제재안 채택에 동의했다.[7] 러시아는 이란과 체결한 원전 건설 및 무기수출

---

6   유엔안보리 결의안 1696호는 이란이 IAEA의 우라늄 농축 및 기타 핵관련 활동의
     중단 지시를 거부할 경우 즉각 제재에 착수한다는 내용이 담겨 있었으나 러시아
     와 중국의 반대로 정치적, 경제적 제재안 채택을 추진한다로 표현이 완화되었다.
7   유엔안보리 결의안 1929호는 모든 이란 은행의 거래를 감시하고 탄도미사일 관
     련 기술 지원을 금지했으며 제재 대상기관과 인물의 확대를 골자로 했다(강봉구
     2016a, 11).

계약에도 불구하고 이란의 핵무기 개발 차단 및 무기 수출 금지에 동참한 것이다(강봉구 2016b, 10). 이란은 결의안 채택에 거부권을 행사하지 않은 러시아에 강하게 반발했다. 테헤란은 러시아가 이란과의 원자력 협력을 통해 이익을 챙기는 한편 이란의 우라늄 농축을 규제하려는 이중적 태도를 취하고 있다며 강하게 비난했다(Katz 2012, 57). 이로 인해 우호적이었던 러시아-이란 관계는 급속히 냉각되었다.

3. 중동에서의 군사협력과 급격한 관계진전(2012년-현재)

잠시간 소원해진 러시아와 이란은 2012년 중동문제를 중심으로 하여 양자관계를 회복하기 시작했다. 가장 먼저 모스크바와 테헤란은 관계회복을 위한 정치적 접근을 시작했다. 2012년 푸틴 대통령은 상하이협력기구(SCO) 정상회담을 통해 이란과의 관계를 회복하고 정치적 관계를 강화하려는 의도를 내비쳤다. 2013년 이란의 로하니(Hassan Rouhani) 대통령 역시 자신의 첫 해외순방으로 상하이협력기구 정상회담을 택하면서 러시아를 자국의 파트너로 중시하고 있음을 드러냈다(Kozhanov 2015, 9).

정상회담을 통해 협력의지를 확인한 러시아와 이란은 2011년 발발한 시리아 내전을 계기로 관계를 빠르게 진전시켜 나갔다. 양국은 시리아 아사드 정부에 자금 및 물자를 지원하고 직접 내전에 개입하여 반군에 맞서는 등 시리아에서 군사협력 관계를 구축했다(Ellie and Kadri 2016, 1). 동시에 러시아와 이란은 국제문제로 급부상한 이슬람 극단주의에 대해서도 반IS 작전과 같은 군사협력을 통해 적극적으로 협력했다. 이 과정에서 러시아 공군은 이란 공군 기지 사용을 이란 정부로부터 허가받았다.[8] 타국 군대가 이란의 영토를 이용한 것이 제2차 세계대전 이후 처음 있는 일이라는 사실을 고려했을 때 이 사건은 러시아와 이란 간 심화되고 있는 정치적·군사적 관계를 상징하는 것이었다(Milani 2016).

2016년 시리아 내전이 안정세에 접어들면서 양국은 외교협력을 확대해나갔다. 러시아와 이란은 시리아 휴전협정을 주도하면서 2016년 12월 시리아 휴전 공식선언이라는 가시적인 성과를 이뤄냈으며 시리아 반군 대표를 맡은 터키와 함께 시리아 휴전 공동감독기구 창설에 합의하고 이의 설치를 위한 실무회의에도 들어갔다(Ensor 2017). 이를 통해 러시아와 이란은 양자관계가 군사적 협력을 넘어 외교적 협력으로 한 차원 발전되었음을 보여주었다. 이처럼 한 차원 격상된 양자관계는 이란을 러시아의 자연적 동맹(Natural Ally)으로 칭한 라브로프 러시아 외무장관의 발언에서도 분명하게 드러났다.[9]

이와 동시에 러시아와 이란은 시리아에서의 협력을 넘어서서 보다 폭넓은 영역에서 정치·외교 관계를 빠르게 증진시켜 나갔다. 모스크바와 테헤란은 아시아 교류 및 신뢰구축회의(2014년 5월), 상하이협력기구 정상회담(2014년 9월), 카스피해 연안국 정상회의(2014년 9월) 등을 시작으로 현재까지 다수의 정상회담을 개최하고

---

8   러시아 국방장관 쇼이구(Сергей Шойгу)는 2016년 8월 시리아에서 공습작전을 실행한 자국의 Tu-22m3 폭격기가 이란 중부의 샤히드노제(Shahid Nojeh) 공군기지에서 출격했음을 밝혔다(Dehghan 2016).
9   라브로프 러시아 외무장관은 2014년 프랑스에서 열린 이라크 평화안보 국제회의에서 이란을 러시아의 동맹국으로 칭했다(Взгляд 2014).

이를 통해 양국 지도부 간의 교류를 확대하였다. 동시에 양국은 상하이협력기구를 통한 정치·군사적 협력 확대, 유라시아경제연합(EEU)과 이란 간 자유무역지대 창설을 시도하는 등 다양한 협력방안을 모색하고 있다. 더욱이 2015년 국제사회의 이란의 핵협정 타결로 갈등요인을 해소하자 모스크바와 이란은 정치·외교적 교류를 가속화했다. 이렇게 강화된 러시아와 이란의 정치적 관계는 트럼프 행정부의 대러시아, 대이란 강경외교에도 불구하고 더욱 강화되는 추세이다.[10] 예를 들어, 모스크바와 테헤란은 미국의 공격적인 외교에 대해 한 목소리를 내는 한편 상호 관계증진을 위한 의지를 다졌다. 또한 양국 정부는 미국의 이란 핵협정 탈퇴에도 불구하고 핵협정을 지키기 위한 방안을 모색하는 등 흔들리지 않는 모습을 보이고 있다.

러시아와 이란의 경제관계 역시 뚜렷한 변화를 보이고 있다. 먼저, 러시아와 이란은 중점협력 영역이었던 원자력협력과 방산협력을 더욱 강화하고 있다. 2015년 이란 핵협정 타결로 이란에 대한 경제제재라는 장애물이 사라지자 모스크바와 테헤란은 원자력발전소 추가건설과 거액의 무기수출 계약을 체결했다. 동시에 양국은 원유·천연가스 및 철도·운송 분야에서의 협력을 모색하고 있다. 예를 들어, 2016년 8월 바쿠에서 열린 러시아, 이란, 아제르바이잔 3국 정상회담을 통해 러시아와 이란은 원유·천연가스 에

---

10 미국은 2015년 체결한 이란 핵협정을 독단적으로 탈퇴하고 이란에 대한 제재를 재개하는 한편 러시아와 체결한 냉전시대 핵무기 조약 파기를 예고하면서 러시아에 대해서도 강경하게 나서고 있다. 뿐만 아니라 시리아에 석유를 운송한 러시아와 이란 기업에 대해 제재를 가하는 등 시리아 문제에 대해서도 양국을 압박하고 있다.

너지 협력을 논의했다. 양국의 철도·운송 협력은 보다 구체화되고 있다. 러시아와 이란이 아제르바이잔과 공동으로 추진하고 있는 남북운송회랑(NSTC) 프로젝트는 2016년 8월 최종 합의되었으며, 현재 회랑건설을 위한 인프라 구축단계에 들어섰다(Tore 2017). 새로운 운송회랑은 상호 무역 증진을 희망하는 러시아와 이란 모두에게 매우 중요한 운송로가 될 것이며, 따라서 양국의 경제협력은 동 프로젝트를 중심으로 더욱 확대될 것으로 보인다.

한편, 러시아와 이란은 양국 간 갈등요소 해결에도 힘쓰고 있다. 2018년 8월 러시아와 이란을 포함한 카스피해 인접 5개국은 지난 두 세기 이상 해결되지 않았던 카스피해의 법적 지위 및 분할 문제에 관한 조약을 체결했다(Fars News 2018). 이 조약을 통해 양자관계의 잠재적 위험요소였던 카스피해 분할문제를 일단락 지음으로써 양국은 관계증진을 가속화할 수 있는 환경을 조성했다. 이처럼 현재 러시아와 이란은 시리아 내전을 통한 전략적 협력뿐만 아니라 양자관계 전반을 빠르게 증진시키며 눈에 띄게 긴밀한 협력관계를 구축하고 있다(Rubin 2016).

III 전략적 협력의 동인 분석

러시아와 이란의 관계가 최근 들어 급격히 진전되고 있으며, 특히 중동에서 양국의 군사협력과 지정학적 협력이 두드러지고 있다. 본 절에서는 이러한 관계변화를 촉발시킨 직접적인 동인에 대해 살펴본다.

1. 비서방 가치관 공유

러시아와 이란의 대서방 가치관 및 세계관에 대한 시각의 합치는 양국의 지정학적 협력을 형성케 한 중요한 요인이었다. 모스크바와 테헤란은 서방 특히 미국의 민주주의 증진 정책에 반대되는 비서방적 가치를 주장해왔다. 러시아는 푸틴이 집권한 2000년 이후 민주주의 여부는 서구의 기준에 따르는 것이 아니라 해당국가의 역사·문화적인 상황에 의해 결정된다는 내용의 주권민주주의(Sovereign Democracy) 개념을 주장해왔다(고상두 2015, 2). 이에 따라 러시아는 서방과 차별되는 자국만의 가치와 발전모델을 갖는다고 주장하며 서방의 민주주의 가치 강요를 부당한 것으로 본다. 한편, 이란의 비서방적 가치관은 신정국가라는 국가적 특성에서 기인했다. 1979년 혁명 이후 이란은 이슬람 가치 수호와 이슬람혁명의 전파를 강조하는 이슬람주의를 내세우기 시작했다(Katzman 2018, 2). 이에 근거하여 이란은 자국의 가치와 상반된 서구적 가치를 거부해왔다. 이처럼 러시아와 이란은 서방과는 다른 자국만의 가치를 주장한다는 공통점을 통해 비서방 가치관을 공유해나갔다.

양국의 비서방적 가치관 강조와 민주주의 강요에 대한 반감은 일련의 사건을 통해 더욱 강화되었다. 모스크바와 테헤란은 공통적으로 서방이 민주주의 확산을 빌미로 내정간섭과 주권침해를 하고 있음을 강하게 지적한다. 양국은 이에 대한 근거를 색깔혁명에서 찾았다. 먼저, 모스크바는 조지아, 우크라이나, 키르기스스탄에서 발생한 색깔혁명을 서방의 음모로 인식했다. 혁명 과정에서 미국이 인권단체 소로스재단(Soros Open Society Foundation)을 통해 시위를 간접 지원했다는 의심이 제기되었기 때문이다. 이에 대해 푸틴 대통령은 색깔혁명은 외세의 내정간섭에 따른 세력권 재편성이라며 강하게 비판했다(김성진 2014). 요컨대 색깔혁명은 독재를 빌미로 한 의도적인 개입이며 혁명을 선동·지원해 친서방 정권을 수립하기 위한 시도라는 것이다. 한편, 이란은 2009년 대통령 선거 과정에서 색깔혁명을 직접 경험했다. 2009년 대선에서 부정투표 논란이 일자 녹색을 상징으로 사용하며 야당 후보를 지지하는 시위가 발생했다. 아흐마디네자드 후보는 당선 직후 색깔혁명 현상에 대해 외부세력 개입 음모를 제기했다. 그는 색깔혁명의 의의와 방법에 관한 문서를 발표하고 "미국과 영국은 이란 내정에 개입하지 말라"며 경고했다. 이처럼 러시아와 이란이 서방의 민주주의 정책에 대해 동일한 인식을 보이면서 양국의 비서방 가치관은 더욱 강화되었다.

러시아와 이란의 비서방 가치관 공유는 아랍의 봄을 계기로 전략적 협력으로 발전했다. 아랍의 봄으로 중동 각지에서 정부와 시위대가 충돌하자 서방은 보호의 책임과 인도주의적 개입 원칙을 내세워 직접 중동 문제에 개입했다. 이에 대해 러시아와 이란은 서방의 주장이 내정간섭을 정당화하기 위한 수단에 불과하다며 강하게 반발했다. 또한 양국은 서방이 편의와 이익에 따라 국제규범을 유리한 방향으로 해석하고 있다는 점도 지적했다. 이와 동시에 양국은 서방의 리비아 군사개입 및 시리아 반군 지원 등에 저항하기 위해 전략적 협력관계를 강화하기 시작했다.

2. 이슬람 극단주의 반대

이슬람 극단주의 세력의 중동 확산도 러시아와 이란의 협력을 촉진시킨 주요 동인이다. 러시아와 이란은 중동에서 등장한 테러단체와 이슬람 급진주의의 확산을 차단하기 위해 적극적으로 협력하고 있다. 먼저 러시아는 이란과의 협력을 통해 국내 및 포스트소비에트 공간으로의 이슬람 극단주의 세력의 침투와 확산을 차단하고자 한다. 이는 러시아의 역사적 경험과 무관지 않다. 1990년대 말에서 2000년대 초까지 러시아는 체첸분리주의자들에 의한 일련의 테러와 두 차례에 걸친 체첸전쟁을 치렀다. 이 과정에서 중동의 와하비즘과 인적·물질적인 지원이 유입되었다는 사실을 확인한 모스크바는 테러와 이슬람 극단주의 세력의 침투를 새로운 안보위협으로 인식했다. 이후 모스크바는 테러집단 및 이슬람 극단주의의 국내 침투 차단을 위해 노력해왔다. 이러한 상황에서 최근 중동 이슬람 극단주의 세력에 다수의 체첸분리주의자들이 가담하고 있다는 것이 확인되자 러시아는 이 문제에 적극적으로 대응해야 할 필요성에 직면했다. 이를 위해서 모스크바는 이슬람 극단주의 세력과 대립하고 있는 이란과의 협력을 통해 테러 및 이슬람 극단주의의 국내 및 구소련 지역으로의 유입을 사전에 차단하고자 한다. 러시아의 입장에서 이란은 중앙아시아 및 코카서스 지역 남쪽에 위치하고 있기에 이란과 협력한다면 중동으로부터 테러집단, 이슬람 급진주의 세력의 침투를 사전에 차단할 수 있기 때문이다.

한편 테헤란은 종교적 관점에서 이슬람 급진주의 세력의 확산을 견제하고 차단할 필요가 있었다. 시아파의 종주국으로서 이란은 사우디아라비아를 비롯한 수니파 국가들과 중동의 주도권을 두고 대립하고 있다. 이러한 상황에서 IS와 같은 수니파 극단주의 세력이 등장하자 이란은 시아파 정권을 보호하고 수니파와의 세력균형을 위해 이슬람 급진주의 세력을 약화시켜야만 했다. 또한 이란은 과거 이란 인민무자헤딘기구(MEK)의 활동으로 다수의 국민이 사망하고 사회기반시설이 파괴되는 등 국내에서의 테러를 경험한 바 있다. 따라서 이란은 자국안보를 위해서라도 이슬람 급진주의에 맞서야만 했다. 이와 같이 러시아와 이란은 상이한 목표에도 불구하고 동일한 목표 달성을 위해 상호협력을 적극적으로 모색하고자 한다.

3. 시리아의 전략적 중요성

마지막으로 최근 러시아와 이란을 하나로 묶은 핵심동인은 시리아 내전이었다. 시리아 내전을 통해 러시아와 이란은 전례 없는 군사협력을 구축했다(Geranmayeh and Liik 2016, 1). 러시아와 이란이 시리아에서 적극 협력한 것은 시리아가 전략적으로 중요했을 뿐만 아니라 이를 지키기 위한 우군을 확보할 필요가 있었기 때문이다. 먼저 러시아에게 시리아는 중요한 전략적 자산이라고 할 수 있다. 소련 해체 후 러시아의 대중동 영향력이 대폭 축소되자 2000년 이후 러시아는 구소련 시기 우호관계를 유지했던 이라크, 리비아 그리고 시리아와의 관계를 강화하는 한편 이들을 발판으로 삼아 중동 내 영향력 재확보에 나섰다. 그러나 2003년 이라크 전쟁으로 이라크 후세인 정부가, 2011년 아랍의 봄으로 리비아 카다피 정부가 실각하면서 시리아는 러시아에게 마지막 남은 중동 우호국이 되었다. 만일 시리아 내전으로 아사드 대통령마저 퇴위할 경우 러시아는 중동 우호국가 상실과 함께 중동 내 영향력 확대를 위한 발판을 모두 잃어버릴 가능성이 다분했다. 따라서 러시아는 아사드 정권을 유지시킬 필요가 있었다.

다음으로 러시아에게 시리아는 군사적 거점 측면에서 매우 중요한 국가이다. 러시아가 중동에서 군사적 영향력을 투사하기 위해서는 군사적 거점을 확보해야만 했다. 러시아에게 있어 시리아의 타르투스(Tartus) 항은 그 역할을 담당하는 곳이었다. 이 군항은 러시아가 중동에서 보유한 유일한 군사기지일 뿐 아니라 이곳을 통해 러시아 해군이 지중해로 접근할 수 있다는 점에서 러시아에게는 매우 중요한 전략적 요충지이다. 이러한 까닭에 러시아가 타르투스 항을 안정적으로 자국의 기지로 확보하는 것은 중요한 이해관계가 걸린 문제였다.

한편 이란은 안보적 관점에서 시리아 문제에 민감하게 반응했다(Khlebnikov 2016). 이란에게 시리아는 미국과 이스라엘에 대항한 연합전선을 형성해 온 우호국가 그 이상이었다(Gelbart 2010, 37). 이란의 시리아 비호에는 시리아 아사드 정부가 시아파라는 것이 크게 작용했다. 이란이 시리아 내전을 종교적 시각으로 인식했기 때문이다. 요컨대, 이란은 중동 내 경쟁국가인 사우디아라비아, 터키 등에 대항하여 시아파 국가를 지켜야한다는 시각을 시리아 내전에 투영하고 있다. 또한 시리아는 이란과 지리적으로 인접할 뿐만 아니라 이란이 상정한 시아파 방어선인 저항의 고리(Chain of

Resistance)의 한 축을 담당하고 있다.[11] 따라서 이란은 시리아 내전이 수니파의 승리로 돌아갈 경우 발생할 시아파의 영향력 약화 및 지정학적 고립을 우려했다. 이를 차단하고자 이란은 시리아 아사드 정부가 무너지고 수니파 정권이 들어서는 것을 막아야만 했다(Katzman 2018, 38).

이란의 부족한 군사력도 러시아와의 협력을 촉진시켰다. 이란은 시리아 내전 초기부터 혁명수비대 파병을 통해 군사개입을 해왔다. 그러나 이란의 군사개입은 일찌감치 한계를 드러냈다. 시리아 반군이 미국을 위시한 서방국가들과 수니파 국가의 지원을 받는 상황 속에서 이란군의 병력만으로 반군을 상대하기엔 역부족이었기 때문이다. 이와 동시에 시리아 내에서 세력을 확장하고 있는 이슬람 극단주의 단체인 IS(Islamic State)도 저지해야만 했다. 이러한 상황에서 이란은 상당한 군사력을 보유한 국가와의 협력을 원했다.

앞서 살펴본 바와 같이 러시아와 이란은 시리아 내전을 바라보는 시각을 달리했다. 그러나 양국은 시리아 아사드 정부를 유지해야 한다는 의견을 공유하고 이를 계기로 군사협력 관계를 구축하면서 양자관계를 진전시켜 나갔다.

IV 밀월관계를 넘어 동맹으로?

최근 양국이 중동에서의 군사협력을 바탕으로 빠르게 협력관계를

---

11 이란은 레바논, 시리아, 이라크 그리고 예멘으로 구성된 가상의 방어선을 통해 수니파 국가들을 봉쇄하고자 한다(Kozhanov 2016, 3).

강화하자 러시아와 이란의 양자관계가 어떤 방향으로 나아갈 것인가에 대해 많은 관심이 쏠리고 있다. 러시아와 이란의 협력관계는 장기간 유지될 수 있을 것인가? 양자관계는 지금의 협력관계를 넘어 동맹 수준으로 발전할 수 있을 것인가? 본 절에서는 러시아와 이란의 상호인식을 살펴봄으로써 양국의 관계가 어디로 나아갈 것인가를 가늠해보고자 한다.

1. 러시아에 대한 이란의 시각

최근 러시아와 이란의 협력이 급격하게 진전되면서 이란 내에서는 러시아에 대한 담론들이 탄력을 받고 있다. 특히 시리아 내전과 이란 핵협정 타결을 계기로 러시아와의 관계가 급격히 가까워지자 이란은 러시아와의 협력을 두고 반서방 성향의 보수파와 친서방 성향의 온건개혁파로 나뉘어 상반된 주장을 펼치고 있다.

1) 보수파: 지정학적·군사적 이유로 러시아와의 협력 강화를 주장

이란의 보수파(Conservatives)들은 러시아와의 협력 강화를 주장한다. 이들은 대체로 이란의 안보와 관련된 자리에 있거나 안보기관에 근무 중인 인사들로 구성되어있다. 정치계에서는 아흐마디네자드(Mahmud Ahmadinejad, 2005~2013) 이란 대통령이 대표적 인물이라고 할 수 있으며, 이란 국방부 그리고 의회 산하 국가안보외교정책 위원회의 의원들도 보수파에 속한다. 이란의 국방을 책임지는 군부대도 보수파 인사들이 다수 포진하고 있으며 그 가운데 솔레이마니(Qusem Soleimani) 이슬람 혁명수비군(IRGC)

사령관이 이란 보수파의 대표적 인물이다. 또 하나 주목할 집단은 이슬람 종교계이다. 미국에 적대적 시각을 가진 이란의 종교 지도자들은 러시아와의 협력강화를 적극적으로 주장하고 있다. 하메네이(Ali Khamenei) 최고지도자와 그의 외교고문인 베라야티(Ali Velayati)가 대표적인 종교계 인사들이라고 할 수 있다.

이란의 보수파가 적극적으로 대러시아 협력강화를 주장하는 이유는 다음과 같다. 먼저 이들은 자국에 적대적인 대외환경을 돌파하기 위해 러시아가 필요하다고 본다. 국제적 고립과 국제제재 속에서 독자적인 대응능력이 부족한 이란은 돌파구를 러시아와의 협력에서 찾아야 한다는 것이다. 특히 이란 보수파는 러시아의 UN 안전보장이사회의 거부권에 주목하고 있다. 애당초 이란은 2015년 이란 핵협정 타결로 인해 국제제재가 완화될 것으로 기대했으나 트럼프 행정부와의 관계가 악화되면서 이란에 대한 제재가 재개되었다. 이러한 상황에서 이란 보수파는 거부권을 가진 러시아의 존재가 자국에 큰 힘으로 작용할 것으로 보고 있다. 실제로 러시아는 2006년 국제사회의 대이란 국제제재의 약화와 도입지연을 위해 노력했으며 2018년 2월 영국이 발의한 이란의 UN 무기금수 위반 제재결의안에서는 거부권을 행사하기도 했다.[12] "러시아는 안

---

12 UN 보고서에 따르면 2017년 예멘 후티 반군이 사우디아라비아에서 발사한 미사일은 이란에서 생산된 미사일로 확인되었다. 이에 따라 이란은 미사일을 예멘으로 수출했다는 의심을 샀으며 예멘의 무기수입 금지령을 위반한 것으로 결론지어졌다. 영국은 이란의 위반행위에 대해 제재결의안을 발의했으며 미국이 결의안을 강력하게 지지했다. 그러나 상임이사국 5개국의 만장일치로 통과되는 절차상 러시아의 거부권 행사로 인해 제재안 도입은 무산되었다. 바실리 네벤지아(Vassily Nabenzia) UN주재 러시아 대사는 "미입증된 증거와 결론에는 동의할 수 없다." 며 결의안을 지지하지 않는 이유를 밝혔다(AFP BB News 2018).

보리 상임이사국으로서 중요한 국가이자 영향력 있는 국가이며 그들과의 관계 강화는 미국의 압박을 줄이거나 차단할 수 있을 것"이라는 보르제르딘(Alaeddin Boroujerdi) 국가안보외교정책 위원장의 발언은 이러한 시각을 정확하게 보여준다(Faghihi 2018a).

다음으로 보수파들은 군사적 관점에서 러시아의 역할을 중요하게 생각한다. 아랍의 봄 이후 IS의 폭력적 극단주의와 시리아, 리비아, 예멘 내전 등 다수의 위기상황으로 중동정세는 급변하고 있다. 또한 시리아 내전을 통해 이란의 영향력이 증대되자 중동에서는 이란에 대한 군사적 견제가 급증하고 있다. 예를 들어 현재 중동에서는 다수의 군사동맹체들이 난립하고 있는데, 이 단체들이 이란을 겨냥한 군사동맹이라는 것을 암암리에 내비치고 있어서 이란은 이들과의 대립을 우려하고 있다.[13] 뿐만 아니라 이란과 이스라엘 간 대립도 격화되고 있다. 시리아 내전 초기부터 이란의 영향력이 커지는 것을 경계해 온 예루살렘은 최근 이란이 이스라엘 인근에 군사적 거점을 마련하기 위해 시리아를 이용하고 있다고 비난을 가했다. 이로 인해 촉발된 이란과 이스라엘의 군사적 대립은 2018년 초 이스라엘군이 시리아 내 이란군 거점을 공격하는 상황에 이르렀다. 이처럼 군사적 대립이 고조되자 이란은 자국의 안보를 강화해야 할 필요성에 직면했으며, 이란 보수파들은 군사적 긴장 상황을 극복하기 위해서 러시아와의 군사적 관계를 강화해야 한다고 주장한다.

---

13 대표적인 군사단체로 아랍동맹(Arab Coalition)과 범이슬람대테러군사동맹(IMCTC)이 있다. 또한 걸프6개국과 미국, 이집트, 요르단 등이 참여하는 안보·경제·정치 동맹체 중동전략동맹(MESA)도 2019년 출범을 앞두고 있다.

또한 이란 보수파는 자국의 국방력 강화를 위해 러시아와의 방산협력을 강화해야 한다고 본다(Geranmayeh and Liik 2016, 9). 이란 핵협정 타결 이후에도 무기수입 금수조치가 유지되고 있는 상황에서 이란이 최신 군사기술을 획득할 수 있는 파트너를 찾기란 불가능한 상황이다. 그러나 러시아만은 예외라고 할 수 있다. 이란에게 러시아는 과거 대이란 경제제재가 도입된 이후 줄곧 최신 군사기술을 획득할 수 있는 유일한 국가였다. 뿐만 아니라 양국의 방산협력은 매년 증가되어 현재는 100억 달러에 이르렀으며 이로 인해 러시아는 이란의 주요 무기 공급업자로 자리매김했다. 이러한 측면에서 러시아 협력은 이란의 안보와 불가분의 관계에 있다는 것이 이들의 주장이다(Geranmayeh and Liik 2016, 9).

한편 경제적 관점에서 러시아와의 협력을 강화해야 한다는 의견도 존재한다. 이란 핵협정 타결 이후 로하니 이란 대통령은 서방과의 관계개선을 시도했다. 그러나 이란과 서구기업들 간의 협업은 큰 성과를 거두지 못했다. 또한 미국이 새로운 대이란 제재를 도입함으로써 이란과 서구기업 간 경제교류는 더욱 경색되었다. 이러한 상황은 결국 이란이 기존의 경제파트너인 러시아와의 협력을 강화하도록 만들었다. 로하니 대통령은 서방과의 관계개선이 좌절되자 곧바로 상하이협력기구(SCO) 정상회담을 통해 동향외교(Look East)를 재개했다(Azizi 2018). 이에 대해 외교전문가 아사디(Nasser Assadi)는 이러한 상황에 대해 "서방, 즉 미국은 황금기회를 날려버렸으며 로하니 대통령이 모스크바, 베이징 그리고 뉴델리로 시선을 돌리도록 만들었다."고 평가했으며, 누르모하마디(Ali-Reza Nourmohammadi) 교수는 "현 상황에서 이란은 경제적

이익과 원유판매를 보호하기 위해 러시아, 중국, 인도와의 관계를 진전시킬 수밖에 없다."고 전망하는 등 다수의 이란 보수파 인사들은 이란의 동향외교를 반기고 있다(Faghihi 2018a).

이처럼 이란의 보수파는 체계화되고 강화된 러시아와의 협력관계 구축이 국내 및 국외에서 자국의 이익을 지키는 데 도움이 된다고 본다. 이들의 주장에 따르면 테헤란은 서방보다는 러시아와 더 많은 공동의 이해관계를 갖고 있으며, 러시아는 이란이 이해관계를 추구하는 데 도움을 줄 수 있는 국가이자 협력에 있어 신뢰할 수 있는 국가이기 때문이다. 따라서 보수파들은 러시아와의 전략적 연대를 강화해야 한다고 주장한다(Geranmayeh and Liik 2016, 9).

2) 온건개혁파: 신뢰성에 의문을 제시하며 러시아와의 협력 강화 반대

이란 내에서 온건파 혹은 개혁파로 분류되는 인사들은 대체로 러시아와의 협력을 반대하거나 경계하는 입장이다. 이란 온건개혁파에는 이란 행정부와 관료 등 정치엘리트들이 다수 속해 있다. 현대 이란의 대통령들 가운데 하타미(1997~2005) 전 대통령과 로하니(2013~현재) 대통령이 대표적인 온건파 인사들로 알려져 있다. 알리 코람(Ali Khorram) 전 UN 주재 이란 대사 등을 포함하여 이란 외교관 사이에도 온건개혁 성향 인사들이 다수 포진하고 있다. 뿐만 아니라 이란 내 개혁성향 언론들도 주목할 만하다. 이들은 언론 통제가 엄격한 환경 속에서도 기사와 논평 등을 통해 러시아와의 협력을 반대하는 목소리를 내고 있다.

이란의 온건개혁파 인사들은 러시아와의 협력 강화를 반대하

는 이유로 신뢰성의 문제를 제기한다. 다수의 정치권 인사들은 러시아에 대한 불신을 노골적으로 드러냈다(Rubin 2016). 알리 호람은 "역사가 보여주듯 우리가 러시아인들에게 의존할 때마다 그들은 우리를 버렸다."며 이란 지도자들이 러시아라는 바구니에 모든 달걀을 넣지 않아야 한다고 경고했다. 네마티(Behrouz Nemati) 이란 의회대변인도 "러시아-이란 역사는 러시아와 손을 잡을 때 조심해야 한다고 경고한다."며 비슷한 의견을 개진했다. 또한 카라지(Sadegh Kharrazi) 전 주프랑스 이란 대사는 "우리가 러시아에게 받은 피해와 미국에게 받은 피해는 비교할 수 없다."며 강도 높은 발언을 내놓았다. 이처럼 이란인들은 역사적 경험과 그로 인한 원한으로 인해 오늘날에도 러시아에 대한 불신을 품고 있다.

그러나 이란인들이 품고 있는 러시아에 대한 불신이 단지 옛 역사로부터 비롯된 것은 아니다. 온건개혁파 인사들은 현대 러시아가 미국과의 관계에 있어 이란을 협상카드로 사용하고 있음을 지적한다. 1995년 미국과 러시아가 체결한 고어-체르노미르딘 협약이 대표적인 사례였다. 동 협약은 러시아와 미국 간 경제·기술협력 증진을 위한 회의체이자 양국 간 대화채널이었으나 러시아와 미국은 러시아에 대한 제재 도입 중단을 대가로 이란에 재래식무기 판매를 중단한다는 내용의 협약을 비밀리에 체결했다. 실제로 이 비밀협약의 실효성은 미미했지만 러시아가 이란을 협상카드로 비밀리에 미국과 조약을 체결했다는 사실은 러시아의 신뢰성에 대한 테헤란의 의구심을 불러일으키기에 충분했다. 마찬가지로 이란인들은 대이란 경제제재에 러시아가 거부권을 행사하지 않은 것에 대해 적지 않은 반감을 가지고 있다. 특히 오바마 행정부의 리

셋 외교로 러시아와 미국 간 관계가 개선되면서 이란에 대한 러시아의 태도가 바뀐 것은 이란 내부에 큰 반향을 불러일으켰다. 특히 2010년 6월 강화된 대이란 경제제재 도입에 러시아가 적극적으로 동참하자 이란은 러시아에 대해 실망을 감추지 못하였다. 또한 동년 10월 러시아가 2007년 이란과 체결한 S-300 지대공 미사일 방어시스템 수출을 연기하면서 러시아에 대한 테헤란의 배신감은 극에 달했다.

이후 시리아 내전 등을 통해 러시아-이란 간 갈등이 원만하게 봉합되고 양자관계가 급진전되면서 러시아에 대한 이란의 불신 문제는 수면 아래로 가라앉는 듯 했다. 그러나 최근 발생한 일련의 사건들로 인하여 러시아의 신뢰성 문제가 재등장했다. 2018년 5월 푸틴 대통령이 이란을 포함하여 시리아 내 주둔 중인 외국군대의 철수를 요청하자 이란의 보수파들은 유보적 입장을 고수한 한편 온건개혁파는 즉각 반발했다(Faghihi 2018b). 또한 동년 7월 푸틴 대통령과 트럼프 대통령이 헬싱키 정상회담을 통해 시리아 문제에 대해 협력할 것을 약속하자 온건개혁파의 반발은 더욱 거세졌다. 이란 온건개혁파는 러시아가 이란의 영향력을 축소시키고 있다며 러시아의 진의에 대해 의문을 제기하고 있다. 이러한 주장에 대한 근거로 그들은 러시아가 OPEC의 원유 증산에 대해 사우디아라비아와 합의한 것, 이스라엘의 시리아 내 이란 거점 공습에 대해 무언의 허락을 한 것, 그리고 시리아에서 이란을 밀어내려는 것 등을 지적했다(Afrasiabi 2018). 이처럼 과거 역사적 경험뿐만 아니라 최근 나타난 일련의 사건들을 겪으며 이란의 온건개혁파의 대러시아 불신은 더욱 커지고 있다.

한편 온건개혁파는 러시아와의 경제협력에 대해서도 우려를 표하고 있다(Geranmayeh and Liik 2016, 9). 이들은 핵협정 타결 이후의 이란 경제(Post-Sanctions Economy)에 있어 러시아와의 경제협력 확대가 아닌 유럽 등 서방국가와의 협력 확대가 필요하다고 주장한다. 또한 온건개혁파는 러시아와의 방산협력에도 불만을 표하고 있다. 이들은 자국의 방어능력을 향상시키기 위해서는 최신의 서방 기술을 수입해야 한다고 본다((Geranmayeh and Liik 2016, 10). 이스라엘 등 자국의 적들이 서방의 최신기술을 도입해 무장하고 있는 상황에서 이란 역시 이에 발맞춰야 한다는 것이다. 더욱이 2010년 S-300 지대공 미사일 수입 지연사태로 인해 온건개혁파들은 러시아가 이란이 희망하는 모든 기술을 제공할 것인가에 대해서도 의문을 품고 있다.

이상에서 살펴본 바와 같이 이란 온건개혁파는 역사적 경험으로 인해 생겨난 대러시아 불신을 바탕으로 러시아와의 협력 강화를 반대하고 있다. 또한 러시아에 대한 이들의 불신과 반감은 양국 사이에 발생한 일련의 사건들로 인해 더욱 강화되었다. 온건개혁파는 시리아 내전으로 양자관계가 정점에 오른 현재까지도 러시아에 대한 불신의 눈길을 거두지 않고 있다. 뿐만 아니라 이란 온건개혁파는 이란 경제를 위해 러시아와의 협력을 축소하고 경제협력의 다변화를 꾀해야 한다고 주장한다.

2. 이란에 대한 러시아의 시각

이란에 대한 러시아의 담론은 이란과 같이 논쟁적이지는 않다. 그러나 러시아는 이란과의 관계를 이어가는 데 있어서 협력을 확대·강화하려는 영역과 협력을 제한하고자 하는 영역을 구분하고 있다. 먼저 러시아는 이란과의 안보·경제협력을 확대하고자 한다. 러시아의 입장에서 이란은 자신의 전통적 세력권인 중앙아시아 및 코카서스 국가와 인접하고 있는 국가이자 이 공간에 영향을 끼칠 수 있는 국가이기 때문이다. 또한 러시아는 소련 해체 이후 구소련 지역에서 자국에 우호적 태도를 보인 이란을 믿을 수 있는 파트너로서 바라보고 있다.[14] 따라서 러시아는 이란과의 협력을 통해 구소련 공간의 안보를 확보하고자 한다.

러시아는 테러 및 이슬람 극단주의 차난이라는 목표를 달성하기 위해서도 이란과의 협력을 필요로 하고 있다. "러시아와 이란은 마약, 테러위협과 같은 공동의 문제를 공유한다. 러시아는 우리의 이웃국가이자 정치적 파트너인 이란과 협력을 계속해나갈 것이다."라는 메드베데프(Dmitri Medvedev) 러시아 총리의 발언에서 잘 나타나듯이 러시아는 이란을 연성안보 차원에서 중요한 국가로 인식하고 있다(Kozhanov 2012). 실제로 2000년 이후부터 러시아는 이란과 이슬람 극단주의 확산에 대한 문제의식을 공유하고 이를 차단하기 위해 꾸준히 협력해왔다. 더욱이 최근 세계 각지에서 발생한 이슬람 극단주의 세력의 테러행위로 인하여 이란과의 반

---

14 소련 해체 이후 중앙아시아와 코카서스 공간에서 이란은 러시아에 우호적인 외교를 행했다. 러시아의 외교적 영향력이 위축되며 중앙아시아에 권력공백이 발생하자 적극적인 침투를 시도한 터키와는 달리 이란은 영향력을 확대하기 위한 시도나 이슬람 이념을 전파하기 위한 움직임을 가져가지 않았다. 또한 이란은 체첸 등지에 있는 분리주의자들에 대한 지원을 거부하고 러시아와 함께 타지키스탄 내전 종전을 위해 협력하는 등 러시아에 우호적인 태도를 보였다.

테러 협력이 더욱 중요해졌다. 이러한 까닭에 러시아는 구소련 지역에서 이란과의 불필요한 마찰을 줄이는 한편 긴밀한 협력을 통해 지역안정이라는 목표를 달성하는 데 활용하고자 한다(강봉구 2016a, 5).

다음으로 러시아는 이란과의 경제협력도 중시하고 있다. 사실 러시아의 입장에서 이란과의 경제교역 규모는 미미한 편에 속한다.[15] 그럼에도 불구하고 러시아는 이란과의 경제협력을 원하고 있다. 이는 크림반도 합병 이후 도입된 대러 경제제재와 관련이 있다. 경제제재로 서방과의 협력이 단절되자 러시아가 비서방 국가와의 협력을 강화하고 있으며 동일한 상황에 처한 이란 역시 비서방 국가와의 협력에 적극적으로 나서고 있다. 이처럼 양국의 입장이 합치될 뿐만 아니라 러시아와 이란의 경제협력이 확대·강화되면서 러시아-이란 경제협력 규모가 커지고 있다는 점도 무시할 수 없다. 예를 들어 양국이 체결한 원자로 추가건설 및 제2원전 건설 계약은 역대 최대 규모인 약 100억 달러에 이르는 것으로 알려졌다(안나 쿠치마 2014). 양국 간 무기거래 계약도 100억 달러에 이를 정도로 대규모로 진행될 뿐만 아니라 이란은 러시아의 무기 수출에 있어 세 번째로 큰 시장이 되었다(Salacanin 2017). 이와 함께 남북운송회랑(NSTC) 건설 등을 통해 중동, 북아프리카 및 남아시아 국가들과의 경제관계를 확대하려는 러시아에게 이란이 주요한 교두보 역할을 담당한다는 점에서 이란의 중요성은 더욱 크다고 할 수 있다(Trenin 2016).

15   러시아의 총 대외교역에 있어 이란으로의 수출은 약 1퍼센트에 그친다(Smagin 2017).

한편 러시아는 안보·경제적 측면과는 달리 정치·외교적 측면에서 이란을 무조건적인 협력대상으로 생각하고 있지는 않다. 앞서 살펴본 바와 같이 러시아는 이란을 지원함으로써 미국의 영향력 확대를 억제하고 자국의 영향력을 확대하고자 한다(Omelicheva 2012, 335). 그러나 러시아는 때때로 이란과의 관계를 희생함으로써 자국의 이익을 획득하고 미국과의 관계를 개선하는 등 정치적인 운신의 폭을 확대하기도 했다. 이처럼 러시아는 이란과 협력을 강화하면서도 때로는 이란과 거리를 두려는 이중적인 태도를 취하고 있는 것이다.

이란에 대한 러시아의 이중적 태도는 이란 핵문제 해결 과정에서 명확하게 드러났다. 이란의 핵개발 의혹이 최초로 불거진 2002년 이래 러시아는 이란이 평화적인 목표로 원자력 에너지를 사용할 권리를 가지고 있음을 주장했다. 이에 근거하여 러시아는 외부세력의 과도한 개입 또는 군사력 사용을 자제하고 평화적 협상을 통해 이란 핵문제를 해결해야 할 것을 주장했다. 그러나 이란을 지지해오던 러시아는 2009년 돌연 미국 주도의 대이란 경제제재에 찬성했다. 이에 대한 대가로 러시아는 미국으로부터 1999년 도입된 대러 제재 해제를 이끌어냈을 뿐만 아니라 2008년 조지아 전쟁으로 형성된 미국과의 대립을 해소했다(Baker and Sanger 2010).

러시아의 이중적 태도는 시리아 내전과 이후 휴전협정 과정에서 다시 한 번 나타났다. 러시아는 아랍의 봄이 시작된 이래 이란과의 협력을 통해 아사드 정권을 지켜냈을 뿐만 아니라 미국의 영향력 확대와 군사개입을 견제했다. 또한 이란과의 외교적 협력을 통해 휴전이라는 가시적인 성과를 만들어냈다. 그러나 시리아 내전이 일단락되고 이후 문제 해결을 위한 협상 과정에서 러시아는 이란의 반대를 무릅쓰고 미국을 협상 테이블에 앉히기 위해 노력했다. 시리아의 미래에 대해 미국과 타협함으로써 정치적 운신의 폭을 확대하고자 한 것이다(Milani 2016).

뿐만 아니라 러시아는 중동정책 차원에서 외교적 외연 확대라는 자국의 외교목표를 달성하기 위해 이란과 적당한 거리를 유지하고자 한다. 수니파 국가 및 이스라엘과 적대적 관계를 맺고 있는 이란과는 달리 러시아는 중동 국가들과 불편한 관계를 맺고 싶지 않기 때문이다. 오히려 러시아는 중동에서의 영향력 확대를 위해 수니파 국가 및 이스라엘과의 관계증진을 중요한 과제로 삼고 있다. 따라서 러시아는 이란과의 관계를 제한적인 수준으로 유지함으로써 수니파 국가 및 이스라엘의 경계심을 경감시키고 자국과의 관계를 회복시킬 필요가 있다고 본다.

살펴본 바와 같이 러시아는 이란을 복합적인 시각으로 바라보고 있다. 러시아는 포스트소비에트 공간의 안정과 경제적 이익을 획득하기 위해 이란과의 협력을 이어나가고자 한다. 또한 러시아는 이란을 미국 견제를 위한 지정학적 협력 파트너로서 바라보고 협력을 강화하고 있다. 이와 동시에 러시아는 이란과의 협력을 제한함으로써 서방과의 관계를 개선하고 중동에서의 정치적 운신의 폭을 넓히고자 하는 이중적인 모습을 보인다.

V 결론

지금까지 러시아-이란 양자관계의 성격과 한계를 살펴보았다. 이를 위해 양국의 역사적 관계 변화와 협력의 배경 그리고 상호인식을 살펴본 결과 러시아-이란 양자관계에는 다음과 같은 특징이 나타났다.

먼저 러시아와 이란의 역사적 관계 변화를 살펴본 결과 양국의 관계는 제국주의적 관계로 시작되어 21세기 협력모색기를 거쳤으며 최근 긴밀한 협력관계로 변화했다. 19세기 두 차례에 걸친 전쟁과 러시아의 페르시아 내정 개입으로 인해 양자관계는 부정적이었으며 이러한 양자관계는 20세기 후반까지 계속되었다. 이후 20세기 후반 국제질서가 변화하면서 러시아와 이란의 관계도 변화의 전기를 맞이했다. 러시아와 이란은 과거의 불평등한 관계에서 벗어나 조심스럽게 관계 회복을 시도했으나 이란의 핵무기 개발 의혹이 제기된 이후 양자관계는 소원해졌다. 그러나 러시아-이란 관계는 2012년을 기점으로 빠르게 진전되었다. 그 계기는 시리아 내전이었다. 시리아 내전을 통해 양국은 아사드 정부 보호라는 전략적 목표를 공유하고 이를 위한 군사작전을 실시하는 등 전례 없는 군사협력 관계를 구축했으며 시리아와 관련한 외교협상 테이블에서도 긴밀한 관계를 유지했다. 동시에 양국은 중동 내에서 세력을 확대하고 있는 이슬람 극단주의 세력을 차단하는 데도 뜻을 같이했다. 한편 양국 정부는 정상회담 및 다자기구를 통한 대화를 통해 정치·경제협력을 강화하는 등 양자관계 강화에도 적극적으로 임하고 있다.

다음으로 양자 간의 협력관계가 급진전된 배경을 살펴본 결과 다음과 같은 동인이 양자관계에 영향을 끼친 것으로 나타났다. 먼저 비서방 가치관의 공유는 러시아와 이란의 지정학적 협력을 촉진시켰다. 양국은 색깔혁명과 같은 서방의 민주주의 증진 정책에 저항해왔으며 서방과 대비되는 비서방적 가치를 주장해왔다. 서방에 대해 동일한 시각을 보인 양국은 서방이 민주주의를 내세워 중동문제에 군사적으로 개입하자 이에 대한 시각을 공유하고 공동대응하기 위한 협력을 모색하기 시작했다. 또한 중동에서 발흥한 이슬람 극단주의의 차단과 시리아의 전략적 중요성이라는 두 가지 목표는 양국의 군사협력을 촉진시켰다. 양국은 시리아 정부를 보호하고 중동 내 테러리즘 및 이슬람 극단주의 세력을 억제한다는 전략적 목표를 공유했으며 이를 달성하기 위한 군사협력을 구축했다. 이를 계기로 양국은 양자관계를 증진시켜 현재의 전략적 협력관계를 구축했다.

마지막으로 양국의 상호인식을 러시아의 입장과 이란의 입장으로 대별하여 검토해 본 결과 다음과 같은 특징이 나타났다. 먼저 러시아에 대한 이란의 담론은 러시아와의 협력 강화를 주장하는 보수파와 협력 강화를 반대하고 서방과의 협력증진을 주장하는 온건·개혁파의 두 가지 상반된 시각으로 형성되어 있다. 보수파는 이란이 서방보다는 러시아와 더 많은 공동의 이해관계를 갖고 있다고 생각한다. 이들은 서방과의 관계 및 중동정세에 대한 대응 그리고 자국의 안보 강화 등 외교·안보적 안건에 대해 협력하고 공동 대응할 수 있는 국가로서 러시아를 바라본다. 또한 대이란 경제제재의 도입과 같이 자국에 적대적인 외교환경 가운데 경제적 협력을 이어나갈 수 있는 국가로서 러시아를 인식하고 있다. 따라서 이들은 자국의 이익추구를 위해 러시아와의 관계 강화가 필요하다고 주장한다.

한편 온건개혁파는 러시아에 대한 불신 문제를 제기하며 협력 강화를 반대한다. 이들은 과거 역사적 관계를 고려했을 때 러시아는 신뢰할 수 있는 파트너가 아니며, 21세기에도 러시아의 외교는 이란에 우호적이지 않았다고 주장한다. 2010년 대이란 경제제재 도입 당시 러시아가 거부권을 행사하지 않은 것, 시리아 문제에 있어 이란을 배제하고 서방과의 타협을 시도한다는 점 등을 고려했을 때 러시아의 진의에 대해 의심을 품을 수밖에 없다는 것이다. 또한 온건개혁파는 이란의 경제를 위해 러시아에 대한 의존도를 낮춰야하며 서방과의 경제협력을 확대하는 등 경제협력을 다변화해야 한다고 주장한다.

이란에 대한 러시아의 시선은 크게 두 가지로 나타났다. 먼저 러시아는 구소련 지역의 안보, 경제협력 확대 그리고 서방의 영향력 견제라는 안건에 대해서는 이란과의 협력을 희망한다. 그러나 러시아는 중동지역 및 세계정치 차원에서 이란과의 거리를 일정 수준으로 제한하려는 모습도 보이고 있다. 중동 수니파 국가 및 이스라엘과의 관계 증진을 위해 이란과의 관계를 제한하거나 미국과의 관계에서 우위를 점하기 위해 이란을 협상카드로 사용하는 등이 그것이다. 이처럼 러시아는 안건에 따라 이란과의 협력을 강화하거나 제한하려는 이중적 태도를 보이고 있다.

이상의 내용을 종합한 결과 러시아와 이란의 양자관계는 다음과 같은 특징을 갖는다. 2012년을 기점으로 형성된 군사협력을 바탕으로 전체적인 양국의 관계가 급진전되어 양국은 전략적 협력 관계를 형성했다. 이와 같은 관계변화는 지정학적 요인, 즉 서방의 민주주의 증진정책과 테러리즘 및 이슬람 극단주의의 확산에 대응해야 할 필요성 그리고 시리아의 전략적 중요성과 보호의 필요성이라는 이해관계가 부합되어 발생한 것이다. 또한 러시아와 이란의 관계증진에 있어 군사적·지정학적 요인이 중요한 영향을 끼쳤으며, 앞으로도 동일한 요인이 중요한 영향을 끼칠 것이라는 상호인식으로 미루어보아 향후 양국의 관계는 이를 중심으로 더욱 확대·강화될 것으로 보인다.

그러나 양국의 상호인식에서 살펴본 바와 같이 양자관계의 증진을 가로막는 요소도 상당히 있다. 무엇보다 과거 역사적 관계에서 비롯된 이란의 러시아에 대한 부정적 인식이 여전히 강하게 남아 있고 이것이 러시아와의 갈등이 발생할 때마다 강화되었다는 점을 지적할 필요가 있다. 또한 이란에 대한 러시아의 이중적 태도, 즉 지역정치 및 세계정치 차원에서 이란과의 협력을 희망하는 동시에 때로는 적당한 거리를 두려고 하는 러시아의 상반된 태도는 이란과 러시아 양자관계 발전에 걸림돌이 되고 있다. 따라서 러시아와 이란은 완전한 신뢰를 바탕으로 한 동맹 혹은 동맹에 준하는 협력관계를 구축하기보다는 서로에 대해 다른 시각을 품은 채 지정학적 이해관계의 공유를 바탕으로 한 제한적 협력관계를 형성해나갈 것으로 보인다.

참고문헌

강봉구. 2016a. "러시아와 이란의 전략적 제휴?: 시리아 내전 개입의 의도를 중심으로." 『러시아연구』 26, 2호: 1-33.

_____. 2016b. "불신을 넘어 동반자로?: 러시아와 이란 간 전략적 협력의 동인과 전망." 『슬라브학보』 31, 4호: 1-36.

강지혜. 2016. "로하니 이란 대통령, 이탈리아서 '통 큰 쇼핑' 22조원 대규모 경협 체결." 『중앙일보』, 1월 26일. https://news.joins.com/article/19479066 (검색일: 10월 26일).

김미나. 2018. "시리아 방문한 이란 국방장관, 미 압박에도 병력 철수 없다." 『한겨레』. 8월 27일. http://www.hani.co.kr/arti/international/arabafrica/859432.html (검색일: 2018년 10월 20일).

김성진. 2014. "푸틴 러시아판 '색깔혁명' 막아야." 『연합뉴스』, 11월 12일. http://www.yonhapnews.co.kr/international/2014/11/21/0606000000AKR20141121121300009.HTML (검색일: 2018년 10월 14일).

신호철. 2009. "색깔 혁명 공식 이란에는 안 통했다." 『시사IN』, 6월 29일. https://www.sisain.co.kr/?mod=news&act=articleView&idxno=4757 (검색일: 10월 15일).

안나 쿠치마. 2014. "러-이란, 역대 최대 규모 원전 건설 계약 체결." 『Russia Beyond』, 11월 13일. https://kr.rbth.com/business/2014/11/13/-_46025 (검색일: 2018년 10월 19일).

요시무라 신타로. 2012. 장병옥 역. 『이란 현대사』 서울: 한국외국어대학교출판부.

정수일. 2002. 『이슬람 문명』 서울: 창비.

AFP BB News. 2018. "러시아, 유엔 안보리 이란제재 결의안 거부권 행사." 2월 27일. http://www.afpbbnews.co.kr/articles/18123(검색일: 2018년 10월 20일).

Afrasiabi, Kaveh. 2018. "Iran Debates Ties With Russia." *Iranian*, July 19. https://iranian.com/2018/07/19/iran-russia-ties/.

Asisian, Njdeh. 2013. "Russia & Iran: Strategic Alliance or Marriage of Convenience." *Small Wars Journal* (Maryland), November 23.

Azizi, Hamidreza. 2018. "Iran's Launch of 'Look East' 2.0." *Al-Monitor*, October 9. https://www.al-monitor.com/pulse/originals/2018/10/iran-region-regional-security-dialogue-multilateralism.html (검색일: 2018년 10월 20일).

Baker, Peter and David Sanger. 2010. "U.S. Makes Concessions to Russia for Iran Sanctions." *New York Times*, May 21. https://www.nytimes.com/2010/05/22/world/22sanctions.html (검색일: 2018년 10월 29일).

Course, Daniel and Yuri Teper. 2016. "Why The Iran-Russia Relationship Is So Uneasy." *Newsweek*, October 21. https://www.newsweek.com/why-iran-russia-relationship-so-uneasy-511331 (검색일: 2018년 6월 24일).

Dehghan, Saeed Kamali. 2016. "Russia Uses Iranian Airbase for First Time in Syria Campaign." *Guardian*, August 16. https://www.theguardian.com/world/2016/aug/16/russia-uses-iranian-airbase-for-first-time-in-syria-campaign (검색일: 2018년 9월 8일).

Eisenstadt, Michael. 2001. "Russian Arms and Technology Transfers to Iran: Policy Challenges for the United States." *Arms Control Today*, March 1.

Ensor, Josie. 2017. "Russia, Turkey and Iran Agree to Jointly Monitor Ceasefire in Syria in Step towards Ending Violence." *Telegraph*, January 24. http://www.telegraph.co.uk/news/2017/01/24/russia-turkey-iran-agree-jointly-monitor-ceasefire-syria-step/ (검색일: 2018년 9월 10일).

Faghihi, Rohollah. 2018a. "After US Rebuff, Iran Forced to Hedge Bets in the East." *Middle East Eye* (London), June 26. https://www.middleeasteye.net/news/irans-pivot-east-comes-out-necessity-not-desire-714099603 (검색일: 2018년 10월 20일).

_____. 2018b. "Russia Wants Iran Out of Syria. Iranians Aren't So Happy About That." *Middle East Eye* (London), May 29. https://www.middleeasteye.net/news/russia-wants-iran-out-syria-iranians-arent-so-happy-about-1850822925 (검색일: 2018년 8월 22일).

Fars News (Tehran). 2018. "Caspian Sea Summit Issues Convention, Joint Statement." August 13. http://en.farsnews.com/newstext.aspx?nn=13970521001182 (검색일: 2018년 8월 22일).

Gelbart, Jonathan. 2010. "The Iran-Syria Axis: A Critical Investigation." *Stanford Journal of International Relations*. https://web.stanford.edu/group/sjir/12-1/fall10-final_5.pdf (검색일: 2018년 10월 22일).

Geranmayeh, Ellie and Kadri Liik. 2016. "The New Power Couple: Russia and Iran in the Middle East." *European Council on Foreign Relations Policy Brief*. September 13. https://www.ecfr.eu/publications/summary/iran_and_russia_middle_east_power_couple_7113 (검색일: 2018년 10월 12일).

Katz, Mark. 2008. "Russian-Iranian Relations in the Ahmadinejad Era." *Middle East Journal* (Washington DC). Spring.

Katz, Mark. 2012. "Russia and Iran." *Middle East* Policy Council. Fall. https://www.mepc.org/russia-and-iran (검색일: 2018년 8월 19일).

Katzman, Kenneth. 2018. "Iran's Foreign and Defense Policies." *Congressional Research Service*. October 9. https://www.hsdl.org/?view&did=817557 (검색일: 2018년 9월 9일).

Khlebnikov, Alexey. 2016. "What Iran Thinks about Russia's Role in the Middle East." *Russia Direct*, May 6. http://www.russia-direct.org/qa/what-iran-thinks-about-russias-role-middle-east (검색일: 2018년 8월 23일).

Kozhanov, Nikolay. 2012. "Russia's View of Iran: Maintaining the Status Quo." *Jewish Policy Center* (Washington DC), Summer. https://www.jewishpolicy center.org/2012/05/31/russia-iran/ (검색일: 2018년 10월 26일).

_____. 2015. *Understanding The Revitalization of Russian-Iranian Relations*. Moscow: Carnegie Moscow Center.

_____. 2016. "Marriage of Convenience." *Russia in Global Affairs*, June 17. http://eng.globalaffairs.ru/number/Marriage-of-Convenience-18245 (검색일: 2018년 9월 6일).

Middle East Media Research Institute (Washington D.C). 2018. "Criticism of Russia in Iran: Russia Must Not Interfere in Syria's Internal Affairs: If Russia Wants to Stand Against Us, We Will Surely Stand Against It." June 19. https://www.memri.org/reports/criticism-russia-iran-russia-must-not-interfere-syrias-internal-affairs-if-russia-wants (검색일: 2018년 8월 27일).

Milani, Mohsen. 2016. "Iran and Russia's Uncomfortable Alliance." *Foreign Affairs*, August 31. https://www.foreignaffairs.com/articles/iran/2016-08-31/iran-and-russias-uncomfortable-alliance (검색일: 2018년 5월 24일).

Omelicheva, Mariya. 2012. "Russia's Foreign Policy toward Iran: A Critical Geopolitics Perspective." *Journal of Balkan and Near Eastern Studies* 14 (3): 331-344.

Radio Forda (Prague). 2018. "Khamenei Tells Putin Iran and Russia should 'Restrain' The U.S." September 7. https://en.radiofarda.com/a/putin-meets-iran-supreme-leader-after-summit-on-syria—fars-news/29477718.html (검색일: 2018년 10월 20일).

Rafizadeh, Majid. 2018. "Iran Using Russia to Further Its Hegemonic Ambitions." *Arab News*, February 8. http://www.arabnews.com/node/1242036 (검색일: 2018년 6월 26일).

Rubin, Michael. 2016. "Iran-Russia Relations." *Amerian Enterprise Institute* (Washington DC). July 1. http://www.aei.org/publication/iran-russia-relations/ (검색일: 2018년 9월 6일).

Salacanin, Stasa. 2017. "Weapons Sales: The Key to Russia's Middle East Agenda." *New Arab* (London), March 13. https://www.alaraby.co.uk/english/indepth/2017/3/13/weapons-sales-the-key-to-russias-middle-east-agenda (검색일: 2018년 10월 24일).

Sharafedin, Bozorgnehr and Lidai Kelly. 2016. "Iran and Russia Move Closer but Their Alliance Has Limits." *Reuters*, April 26. https://www.reuters.com/article/us-russia-iran-insight/iran-and-russia-move-closer-but-their-alliance-has-limits-idUSKCN0XN15Z (검색일: 2018년 5월 25일).

Smagin, Nikita. 2017. "How Russia Managed to Double Its Exports to Iran in 2016." *Russia Beyond*, February 17.https://www.rbth.com/

business/2017/02/17/russia-exports-iran-704108 (검색일: 2018년 10월 27일).

Tore, Ozgur. 2017. "Iran & Russia Sign 1.2 Billion Euro Railroad Deal." *FTNNews*, April 06. https://ftnnews.com/rail/32000-iran-russia-sign-1-2-billion-euro-railroad-deal.html(검색일: 2018년 9월 10일).

Trenin, Dmitri. 2016. "Russia and Iran: Historic Mistrust and Contemporary Partnership." *Carnegie Moscow Center*, August 18. https://carnegie.ru/2016/08/18/russia-and-iran-historic-mistrust-and-contemporary-partnership-pub-64365 (검색일: 2018년 10월 20일).

Wassouf, Mark. 2016. "Top Adviser to Leader Arrives in Moscow for Talks." *Syria Times*, February 1. http://syriatimes.sy/index.php/news/regional/21967-top-adviser-to-leader-arrives-in-moscow-for-talks (검색일: 2018년 9월 8일).

Алеон А.А и М.Р. Арунова. 2008. Состояние Российско-Иранских Отношений на Современном Этапе. *Институт Ближнего Востока*, 6 Декабря. http://www.iimes.ru/?p=7828 (검색일: 2018년 11월 24일).

Взгляд. 2014. Лавров:Сирия и Иран – Наши Естественные Союзники в Борьбе Против ИГ. Сентября 15. https://vz.ru/news/2014/9/15/705727.html (검색일: 2018년 9월 6일).

Джорбенадзе, Ирина. 2017. "Россия-Иран:Соперники или Союзники?" *Росбалт* (Москва), 31 Марта. http://www.rosbalt.ru/world/2017/03/31/1603282.html (검색일: 2018년 11월 2일).

Дунаева Е.В и В.И Сажин. 2015. *Российско-иранские отношения :Проблемы и перспективы*. Москва:ИВ РАН.

Иванов, Игорь. 2017. Партнерство России и Ирана:Текущее Состояние и Перспективы Развития. *Российский Совет по Международным Делам*, 13 Марта. http://russiancouncil.ru/activity/publications/russia-iran-partnership-an-overview-and-prospects-for-the-fu/ (검색일: 2018년 11월 2일).

Искендеров, Пётр. 2017. "Россия–Иран:риски и перспективы." *Журнал МеждуНародная Жизнь*, Ноябрь 3. https://interaffairs.ru/news/show/18686 (검색일: 2018년 11월 28일).

Марьясов, Александр. 2018. Россия–Иран:Стратегическое Партнёрство или Временный Тактический Союз? *Международный Дискуссионный Клуб Валдай*, Апрель 7. http://ru.valdaiclub.com/a/highlights/rossiya-iran-partnyerstvo/ (검색일: 2018년 11월 28일).

필자 소개

이주영 Lee, Ju-Young

국민대학교 국제학부 졸업, 국제지역학 러시아지역전공 석사

논저 "푸틴 시기 러시아의 대중동정책: 대이란, 시리아, 터키 외교 사례를 중심으로"
(석사논문)

이메일 lowl312@icloud.com

제7장

1961년 한·미 경제기술원조협정의 재조명

Brief Examination on 'Comprehensive Agreement regarding
Economic and Technical Assistance between South Korea and
the United States' of 1961

고용준 | 서울대학교 외교학 석사

* 본고는 졸고(拙稿), 2019, "필자의 석사학위 청구논문" 중 사례연구 부분을 발췌·수정한 내용임을 밝힌다.

1961년

2월 8일 조인되고 28일 비준된 '대한민국과 미합중국 간의 경제기술원조협정'은 기존의 정치·역사학계 연구에서 크게 주목받지 못하였지만, 국회가 그 비준동의안과 함께 '주권존중에 관한 부대결의안'을 동반 가결시킴으로써 1948년 8월 대한민국 수립 이후 입법부가 행정부 외교정책에 구체적 제약을 가한 최초의 사례였다는 의의를 지닌다.

본고는 동 협정이 체결 및 발효되기까지의 과정을 구체적으로 규명하고자, 대한민국 외무부가 공개한 외교문서와 제5대 국회 민·참의원 회의록, 그리고 『조선일보』 등 주요 언론기사를 통하여 그 조인·비준 과정을 상세히 살펴보았다. 그 결과 당시 집권세력이 ① 보수야당 및 언론과 ② 혁신야당 및 학생세력이라는 두 반대세력에 이중적으로 대응하며 경제기술원조협정을 원안 그대로 비준코자 했으나, ①의 반대는 다소 무마된 반면 ②의 저항은 격화되자 정권의 붕괴 가능성을 우려하여 '주권존중에 관한 부대결의안'을 통과시키는 데 합의하였다고 보았다.

본고의 설명은 선행연구가 미진했던 제2공화국의 외교정책을 다룸으로써 한국 정치·외교사의 한 공백을 채운다는 의미를 갖는다. 더불어 국가를 단일한 행위주체로 상정키 마련인 국제정치학의 구조적 접근에 대한 하나의 반례를 제시하였다고 판단된다. 이는 약소국의 외교정책 결정과정에서조차 국제적 '구조(structure)'나 '환경(environment)'의 요소가 규정하지 못하는 국가 내부의 특성을 살펴보아야 하며, 국제정치의 '제2이미지(Second Image)'가 결코 단일한 '당구공' 내지 '암상자'에 머무르지 않음을 일깨워준다.

This research intends to examine the implementation process of 'Comprehensive Agreement regarding Economic, Technical Assistance between the Government of the Republic of Korea and the

Government of the Untied States of America', which was signed on February 8th and ratified on February 28th in the year of 1961. The agreement is the very first example that foreign policy initiated by the administrative branch of Korea has been constrained by her legislative branch (National Assembly), since the inauguration of the Republic of Korea on August 15th, 1948. Yet it has largely been overlooked in the preceding studies on political science, international relations and modern history of Korea.

In this regards, I refer to ① diplomatic documents released by the Ministry of Foreign Affairs of Korea, ② congressional records of the House of Representatives and House of Councillors of the 5th National Assembly, and ③ articles in three foremost Korean newspapers including Choson-Ilbo, to investigate the overall process by which the agreement was signed and ratified.

This research fills a vacuum of political and diplomatic history of Korea by covering one of the unexplored cases in the Second Republic. Also, it provides a counterexample on the structural approach of international relations, which tends to presuppose 'states' as unitary actors. It reminds us that state-specific features should be counted even in the cases of lesser states, which are impossible to grasp exhaustively within the purview of international 'structure' or 'environment'. The so-called 'Second Image' of international relations is far more flexible and dynamic than a solid 'billiard ball' or 'blackbox'.

KEYWORDS 제2공화국 Second Republic (of Republic of Korea), 장면 내각 Chang Myeon Cabinet, 경제기술원조협정 Comprehensive Agreement regarding Economic and Technical Assistance, 비준과정 ratification process

I 들어가며

국가의 외교정책을 결정하는 데 국내적 변수는 어떤 역할을 수행하는가? 국내 정치·사회세력은 어떤 메커니즘을 통해 국가의 외교정책에 영향을 미치는가? 국제정치의 이른바 '제2이미지(Second Image)'에 주목하는 문제의식은, 외교정책론(Foreign Policy Analysis)의 영역에서 국가들의 구성이 다원화·민주화된 국제정치를 분석하는 데 중요하게 다루어지고 있다(허드슨 2009, 62-65).

1961년 2월 8일 조인되고 28일 비준된 '대한민국과 미합중국 간의 경제기술원조협정'(이하 '경세기술원조협정' 또는 '협정'으로 지칭)은, 한국 정치·외교사의 영역에서 이러한 문제의식을 적용하는 데 중요한 함의를 지닌 사례이다. 대한민국 수립 이후 5·16 군사정변 전까지 한·미 간에 체결된 44건의 양자조약 중 국회의 비준 동의를 받은 것은 총 15건인데[1] 이 중 국회가 정부 원안에 추가조건을 덧붙인 경우는 동 협정을 포함해 4건에 불과하다.[2] 특히 국회가 해당 조약의 해석에 관한 부대결의안을 채택하고, 이를 조약 자체의 발효 여부와 연계지은 사례는 경제기술원조협정이 유일하다.[3]

---

[1]   대한민국 외교부 홈페이지 → 외교정책 → 조약·국제법 → 조약정보 → 양자조약 항목 참조. http://www.mofa.go.kr/www/wpge/m_3834/contents.do (최종 검색일: 2018년 11월 7일).

[2]   다른 3건은 ① 1948년 9월 11일 조인되고 18일 비준된 '대한민국 정부 및 미국 정부 간의 재정 및 재산에 관한 최초협정' ② 1959년 5월 26일 조인되고 이듬해 1월 19일 사후동의를 받은 '대한민국 한국전력과 미합중국 DLF 간의 충주수력발전소 설계를 위한 DLF 차관협정' ③ 1960년 1월 19일 사전동의를 받고 4월 12일 조인된 '대한민국 정부 – 한국산업은행 및 미합중국 정부기관인 개발차관기금 간의 차관협정'이다.

[3]   각주 2번의 ②·③ 사례에서는 차관을 집행할 업체의 경영합리화를 요구하거나 향

따라서 동 협정의 비준은, 대한민국 수립 이후 행정부의 외교정책에 입법부가 구체적 제약을 가한 최초의 사례라 볼 수 있다.

그런데 경제기술원조협정의 비준 과정에서는, 행정부와 입법부 간 외교정책 갈등으로만 치환시킬 수 없는 독특함이 드러난다. 단적으로 당시 행정부를 구성하고 있던 장면(張勉) 국무총리가 소속된 민주당(民主黨)은, 1961년 2월 20일 기준으로 제5대 국회의 민의원 재적 228석 중 과반에 해당하는 128석을 차지하고 있어, 비준동의안 표결을 강행하더라도 통과가 가능한 상황이었다. 더불어 제1야당이었던 신민당(新民黨)은 민주당 내 장면 총리가 주도했던 신파(新派)와 정치적으로 대립했던 구파(舊派)가 결성한 정당으로, 외교정책에 있어 여당인 민주당과 근본적인 차이를 보이지는 않았다. 한편 경제기술원조협정에 가장 강력히 반발했던 통일사회당(統一社會黨) 등 이른바 '혁신계' 정당은 민의원에서 불과 4석을 차지했을 뿐이었지만, 원외(院外) 혁신정당 및 학생세력과 연계하여 정국에 적지 않은 영향력을 행사하였다. 이러한 사실은 경제기술원조협정 비준을 둘러싼 논란이 단순히 입법부의 구성에 따른 문제만은 아니었음을 의미한다.

더불어 감안해야 할 부분은 경제기술원조협정의 독소조항으로 지적된 원조자금 사용에 관한 미측의 '무제한 관찰', 사정변경

후 체결될 관련 협정의 융자조건을 주문하는 내용이 덧붙여졌다. 한편 ①의 사례는 경제기술원조협정과 유사하게 미국에 의한 주권침해 가능성이 문제시된 경우인데, 별도 결의안이 채택되지는 않고 해석상 조건만을 추가했기에 경제기술원조협정에 대한 제약 정도와는 다르다고 판단하였다. 『동아일보』, 1948년 9월 19일, 석간 1, "國會本會 協定 條件附 可決"; 1960년 1월 19일, 조간 1, "韓·美 行政協定을 促求" 참조.

에 의한 일방적 원조중단 가능성, 원조사업 관계자에 대한 면세특혜 등의 규정은 미국이 다른 국가들과 맺은 유사협정에도 포함된 내용이었으며, 경제기술원조협정으로 대체된 기존 협약에서도 동일하게 적용되었다는 것이다. 즉 한국만이 유독 차별대우를 받은 것은 아니었으며, 협정 자체에는 정치적 의미보다도 기술적·실무적 성격이 다분하였다. 이러한 관점에서 경제기술원조협정 반대운동은 다소 돌발적이었다 판단할 수 있는데, 그 배경을 이해하기 위해서는 당시 한국 사회의 특수한 분위기와 변화된 국내 정치·사회 구조를 염두에 두어야 한다.

본고는 대한민국 수립 이후 행정부가 체결한 조약에 입법부가 적극 개입하여 유의미한 변화를 이끌어낸 최초의 사례라는 점에서, 그간 연구가 미진했던 경제기술원조협정의 체결 및 비준과정을 각종 1차 자료를 통해 집중 조명하는 것을 목표하였다. 이어지는 제I절에서는 경제기술원조협정의 사례에 대한 기존 연구의 시각을 일별(一瞥)하고 본고의 연구방향을 밝혔다. 다음 제III·IV절을 통해서는 협정의 체결 및 비준과정을 당대 외교문서·국회의사록·언론보도 등을 통해 상세히 규명하고, 제V절에서 본고의 의의와 한계 및 향후 연구방향을 언급하는 것으로 결론에 대신하였다.

II 선행 연구 검토 및 연구방향

경제기술원조협정을 단독으로 다룬 (국제)정치학계의 연구는 아직 없으며, 제2공화국의 외교·통일정책을 설명하는 대목에서 짧게

인용될 뿐이다. 대표적으로 한승주는 경제기술원조협정 반대운동을 장면 내각에 대한 혁신계의 투쟁이라는 시각에서 접근하며, 사회대중당(社會大衆黨)·사회당(社會黨) 등 혁신계 내부의 급진적 세력과 통일사회당 등 비교적 온건한 세력의 노선 차이에 주목한 바 있다(한승주 1983, 175-177). 한편 박철희는 협정 비준 반대운동을 '민족주의적 자각'의 결과라 평가하며 그 진행경과를 간략하게 서술하였고(박철희 1988, 163-166), 이택휘는 제2공화국이 대미(對美) 관계에 있어 "전적으로 매달리다시피 한 양상"을 보였다고 평가하며 경제기술원조협정을 그 단적인 예로 들었다(이택휘 1994, 339-340, 358-360).

역사학계의 기존 연구는 주로 4·19 이후의 혁명적 분위기에서 혁신야당과 학생세력이 주도하였던 '민족통일운동'의 일환으로 협정 반대운동에 주목하였다. 4월혁명연구소는 경제기술원조협정을 미국의 제국주의적 침탈의도가 반영된 편무적·굴욕적 불평등 조약으로 치부하고, 서울시내 대학생들이 조직한 '민족통일연구회' 주도로 전개된 반대운동의 경과를 비교적 상세히 서술하였다. 특히 이들은 반대운동이 실패한 원인으로, 미국의 압도적 대한(對韓) 영향력이 유지되는 상황에서 대중의 호응이 부족했다는 점을 지적하였다(4월혁명연구소 편 1990, 160-163). 강만길 등은 경제기술원조협정이 한국의 대미예속을 심화시키리라는 혁신계의 주장을 인정하면서도, 반대운동에 반미(反美) 경향이 과도해지면서 국민의 호응과 국회의원들의 지지를 얻는 데 실패했다고 보았다(강만길 등 1988, 216).

이어 한국역사연구회와 4월민중항쟁연구반은, 협정 반대운동이 "민족자주화를 위한 대중운동의 선구적인 투쟁"으로 이후 대정부투쟁의 기반을 조성했다고 평가하였다(한국역사연구회·4월민중항쟁연구반 2000, 120-122). 고려대학교 한국사연구소는 더 나아가 반대운동이 "일제강점기 독립운동의 정신을 직접적으로 계승하여 나타난 운동"이었다 칭송하며, '민족자주'를 최고의 기치로 내건 가운데 4·19혁명이 지닌 민족통일운동으로서의 성격을 회복하려는 움직임이었다고 논하였다(고려대학교 한국사연구소 기획 2012, 197-200). 이상의 논의들은 민중사관에 입각하여 혁신야당 및 학생세력이 주도한 반대운동에 의의를 부여하고 있는바, 이러한 접근에서는 주권존중 조건을 명시한 국회 부대결의안 통과의 중요성과, 비준동의안 통과에 결정적 역할을 했던 신민당·민정구락부(民政俱樂部) 등 보수야당 및 각 언론의 입장 변화가 간과될 수밖에 없었다.

다만 정무용이 최근 연구를 통해 경제기술원조협정을 본격적으로 다룬 것은 고무적이다. 정무용의 논문은 당시 언론보도를 토대로 협정 비준 과정에서 분출된 정치·사회세력의 반발과 그 봉합 과정을 상세히 서술하는 강점을 지닌다. 하지만 그 역시 보수-혁신의 이분법적 구도 하에서 혁신계의 입장에 치중하고 있으며, 국회의 비준 과정 및 주권존중 부대결의가 갖는 함의를 적절히 포착하지는 못하였다(정무용 2015, 9-32).

살펴보았듯이 정치·역사학계의 선행연구들은, 경제기술원조협정을 주로 혁신야당 및 학생세력 중심의 반대운동에 착안하여 소략하게 다루어왔을 따름이며, 그 배경 및 경과에 대한 엄밀한 분석은 여태껏 시도된 바가 없었다. 특히 협정 비준 과정에서 대한민국 수립 이후 최초로 외교정책에 대한 입법부의 구체적 관여가 성사되었다는 의미를 놓친 것은 아쉬운 일이 아닐 수 없다.

본고에서는 경제기술원조협정 비준을 전후한 제2공화국의 정치·사회세력을 크게 ① '집권세력' ② '보수야당 및 언론' ③ '혁신야당 및 학생세력'의 세 범주로 구분하여 분석한다.[4] 우선 ① '집권세력'이란, 당시 제2공화국의 행정부를 구성하고 있던 장면 국무총리 이하 각료들로 구성된 내각과 그가 소속되어 있던 여당인 민주당을 포괄하는 개념이며 '장면 내각' 내지 '정권'이라는 표현과 동일하게 사용되었다. 다음으로 ② '보수야당 및 언론'에서 '보수야당'은 1960년 8월 민주당에서 분리되어 나온 '구파동지회(舊派同志會)'를 모체로 하는 신민당과 7·29 총선 무소속 당선자들이 조직한 민정구락부를, '언론'은 당시 주요 일간지였던 『경향신문』·『동아일보』·『조선일보』를 지칭하였다.[5] 끝으로 ③ '혁신야당 및 학생세력'에서 '혁신야당'은 비(非)민주당계 야당인 사회대중당·통일사회당·혁신당(革新黨) 등 원내·외 정당을, '학생세력'은 정치·사회적 정향을 지닌 중등학교 이상 학생집단을 일컫는 용어로, '혁신

---

4 이러한 구분은 허드슨(Valerie M. Hudson)·심스(Susan M. Sims)·토마스
   (John C. Thomas) 등이 외교정책론에 도입한 '반대세력의 저항에 대한 집권세
   력의 대응모형'에 착안하여 설정한 것이다. 이들의 모형 및 경제기술원조협정 사
   례에의 적용에 관한 세부사항은 필자의 석사학위 청구논문 제II·IV장을 참조.

5 5·16 군사정변 이후 군정(軍政) 시기의 조사이지만, 공보부가 1961년 9월 3-12
   일 열흘에 걸쳐 조사한 바에 따르면 보급부수 기준 일간지 순위는 『동아일보』
   (179,825부), 『한국일보』(134,281부), 『조선일보』(102,591부), 『경향신문』
   (61,681부) 차례로 나타났다. 대한민국 통계청 국가통계포털 홈페이지 → 국내통
   계 → 과거·중지통계 → 대한민국 통계연감 → 교육·문화 → 신문 및 라디오 보
   급 수 참조.
   http://kosis.kr/statisticsList/statisticsListIndex.do?menuId=M_01_04_01
   &vwcd=MT_CHOSUN_TITLE&parmTabId=M_01_04_01#SelectStatsBoxD
   iv (최종검색일: 2018년 11월 19일)

계'라는 표현과 상통한다.

　이어지는 제III·IV절에서는, 한·미 경제기술원조협정의 사례를 ① 체결의 배경 및 교섭 과정과 ② 비준 과정으로 나누어 면밀히 살펴보겠다. 사례 고찰에 있어 참고한 1차 문헌은 ① 1995년 1월 대한민국 외무부가 발표한 제2차 공개외교문서철 중 「한·미 간의 경제기술원조협정」 제1권 기본문서 및 제2권 자료(등록번호 1188)와 「한·미 간의 경제기술원조협정의 해석, 1961-1963」(등록번호 1189) ② 제5대 국회 제38회 민·참의원 회의록 ③『경향신문』·『동아일보』·『조선일보』 기사이다. 서술방식에 있어서는 사건이 전개된 차례대로 석명(釋明)하는 것을 원칙으로 하되, 정치·사회세력별 입장 변화를 효과적으로 드러내고자 범주별로 응집하여 설명한 부분도 있음을 밝힌다.

III 경제기술원조협정 체결의 배경과 교섭 과정

1. 미국의 대한원조정책 변화와 한국 정부의 수용

대한민국 수립 이후 한국전쟁 이전까지 미국의 대한원조는 1948년 12월 10일 체결된 '대한민국과 미합중국 간의 원조협정'(이하 '한·미 원조협정') 및 1950년 1월 26일 체결된 '대한민국과 미합중국 간의 군사원조쌍무협정'에 따라 이루어졌다. 당초 한국의 사회 안정을 위한 구호물자 중심으로 운영되던 미국의 원조는, 1950년 6월 한국전쟁이 발발하면서 군사적 성격이 강화되었고 1951년

10월 10일 제정된 상호안전보장법(MSA : Mutual Security Act)으로 규율되었다. 미국은 1945년부터 1961년까지 약 31억 3660만 달러 어치의 원조를 공여하였는데, 원조에 의한 대충자금(對充資金 : Counterpart Fund)이[6] 한국 정부의 세입(稅入)에서 차지하는 비율은 1957년 54.1%에 달해 정점을 찍었으며, 제1공화국이 무너지고 민주당 정부가 들어선 1960년에도 35.2%에 달하는 등(이현진 2009, 47-53) 한국의 국가예산 및 경제 전반에 걸친 미국의 영향력은 실로 막대한 것이었다.

한편 미국의 아이젠하워(Dwight Eisenhower) 행정부는 전후 누적된 경제적자를 해소하는 한편 방위 목적의 군사원조에 보다 집중하기 위해, 1957년 이후 이른바 '신사고'(New Look) 노선을 표방하기 시작하였다. 이에 따라 미국의 해외원조정책은 우방국에 대한 직접 경제원조를 줄이는 가운데 각국의 자체적 발전을 독려하는 방향으로 전환되었다. 동일한 맥락으로 미국 의회에서도 상호안전보장법상 각종 특례규정을 폐지하자는 논의가 활발해졌다. 한국에 대한 특례는 상호안전보장법 제131조 (d)항에 규정되어 있었는데,[7] 이를 폐지하자는 의견이 제시되자 아이젠하워 행정

6   대충자금이란, 1948년 한·미 원조협정 제5조 2항에 따라 미측이 제공한 원조물자 가격에 상당하는 한화(韓貨) 금액이 적립된 한국은행 내 특별계좌를 지칭한다. 규정상 대충자금의 용처(用處)는 한·미 양 당국의 합의에 의해 결정하도록 되어 있었으나 실질적인 운영권은 미측이 가지고 있었다. 이현진(2009, 74-75) 참조.
7   경제기술원조협정에 관련하여 계속 문제시되어 온 미국 상호안전보장법 제131조 (d)항은, 한국에 대한 원조가 동법(同法) 내 타 규정에 구애됨이 없이 실시될 수 있음을 명시하고 있다. 다만 동 조항은 행정부로 하여금 해당 조치를 강제하는 '의무규정'이 아니라 그러한 조치를 가능케 하는 '재량규정'이었기에, 미 의회의 개정 없이 행정부의 자체 판단만으로도 이러한 특례는 배제될 수 있었다. 동법 개정 시마다 해외원조 특례를 줄여야 한다는 의회의 요구가 거세어지자, 미 행정부는

부는 대한방위비 원조를 감축하는 대신 그 차액을 유상차관(有償借款)과 외자유치로 벌충시키는 방침을 선제적으로 모색하기 시작하였다(이현진 2009, 46; 맥도날드 2001, 432-433).

1960년 8월 출범한 장면 내각은 경제발전을 제2공화국 최대의 역점사업으로 꼽고, 그 재정적 기반을 마련하기 위해 미국의 경제원조 확대를 요청하였다. 10월 25일 방미(訪美)한 김영선(金英善) 재무부 장관은 딜런(C. Douglas Dillon) 국무성 차관으로부터 받은 서한을 통해, 한국 정부의 자체적 개혁조치를 전제로 1960년도에 준하는 1억 8천만 달러 규모의 대한원조를 확약받았다.[8] 이윽고 1960년 12월 2일 장면 총리와 매카나기(Walter P. McConaughy) 주한 미국대사 등이 참석한 한·미 고위급 경제회담에서 '딜런 각서'가 제시한 4가지 사항을 실행에 옮기기로 하였으며 이 가운데 경제기술원조협정의 초안은 미측이 먼저 작성·제시하기로 합의되

한국 정부와의 교섭을 통해 제131조 (d)항의 재량권을 행사하지 않기로 결정하였으며, 그 산물이 바로 경제기술원조협정이었던 것이다.

8   구체적으로 살펴보면 미측은 ① 자국 달러화(貨)에 대한 환화(圜貨)의 평가절하 ② 경제·기술 및 기타분야 원조 전반을 규율할 새로운 쌍무협정 체결 ③ 원조 자금의 지원을 받는 부실기업체의 경영 합리화 ④ 운송·전력(電力) 요금의 현실화 등 4가지 조치를 수행하는 조건으로 한측에 1,500만 달러 규모의 추가원조액과 외환안정자금 명목으로 2,000만 달러 상당을 공여키로 하였다. 미국은 대한 방위지원금을 이미 1억 6,500만 달러 수준으로 삭감하여 제의한 바 있었는데, 여기에 1,500만 달러의 원조가 추가된다면 전체적인 원조액 규모는 유지되는 셈이었다. 이러한 내용이 담긴 미 국무성의 서한은 '딜런 각서'라 지칭되었는데, 본고에서 살펴볼 경제기술원조협정은 기실 '딜런 각서' 중 ②의 조치에 해당하였다. 맥도날드 2001, 433-435; 대한민국 외무부 조약과, 「한·미 간의 경제기술원조협정(제1권 기본문서)」, 『대한민국 외교문서』 필름 J-0016, 파일 11, "ESSENTIAL POINTS ON THE JOINT US-ROKG UNDERSTANDING CONCERNING ECONOMIC REFORM MEASURES IN KOREA"(프레임 5-8); 장면 총리에게 보내는 딜런 차관의 서한(프레임 9-13) 참조.

었다.[9]

2. 협정 체결을 위한 한·미 간 교섭과 조인

주한 미국대사관 및 경제협조처(USOM)[10] 관계자들과 한측 부흥부·재무부 실무자들 간에 비공식적으로 진행되던 협정 체결 논의는, 1960년 12월 9일 파파노(Albert E. Pappano) 경제담당 참사관이 외무부 강춘희(姜春熙) 통상국장 앞으로 송부한 서한을 통해 공식화되었다. 파파노 참사관은 동 서한에서 경제기술원조협정 체결에 관한 종합각서(Comprehensive Note)와 양해각서(Agreed Minute)의 미측 초안을 제시한 한편, 협정 체결은 외무부 장관과 주한 미국대사 간의 각서교환 형식으로 이루어질 것이라 언급하였다. 그는 특히 교섭 관련 정보의 보안에 유의하여, 언론보도는 양측의 사전합의를 거친 후에 내자고 제의하였다.[11]

9 『동아일보』, 1960년 12월 3일, 석간 2, "「딜론覺書」實踐段階." 신문은 1960년 12월 4일자 석간 사설을 통해 '딜런 각서'의 전문(全文) 공개를 주장하였으나, 여기서는 환화의 평가절하 및 단일환율제 적용에 대하여서만 문제를 제기하였을 뿐, 새로운 쌍무협정 체결에 관한 우려는 전혀 나타나지 않고 있었다. 『동아일보』, 1960년 12월 4일, 석간 1, "딜론覺書를 公表하라" 참조.

10 대한민국 주재 미합중국 경제협조처(USOM: United States Operations Mission to the Republic of Korea)는 1953년 한국전쟁 정전 이후 국제연합군 사령부 산하에 조직된 경제조정관실(OEC: Office of the Economic Coordinator)을 1959년 주한 미국대사관 산하로 재편하여 만든 기구로, 미국의 원조금 집행에 있어 핵심적 기능을 수행하였다. 이로써 미국의 1960 회계연도 이후 원조는 주한 대사의 관할에 놓였다. 이현진(2009, 178-179, 231-232); 『경향신문』, 1961년 2월 11일, 조간 2, "韓·美 經援協定의 焦點" 참조.

11 "… (상략) In the interest of orderly public release of information, I suggest that all communications to the press on this subject be agreed in advance by the two negotiating groups. (하략) …" 대한민국 외무부 조약과, 필름

이날 미측이 제시한 초안은 2월 8일 조인된 최종협정문과 비교하여 ① 대한원조의 목적을 밝히는 최종협정문 기준 제1조가 없었고 ② 제6조(초안 기준 제5조) (가)항에서 미국 정부와의 계약자(contractor)에 대하여 관세 등의 면제 혜택을, ③ 동조(同條) (나)항에서 계약자 개개인 및 공공·시설직원에 대한 소득세·사회보장세와 개인 소유 동산(動産: commodity) 관련 세금 면제 혜택을 부여하고 있었다.[12]

외무부는 이 초안을 분석하면서, 정전 이후 한국이 재건(再建)을 어느 정도 달성하였다 판단한 미측이 자국 상호안전보장법 제131조 (d)항에 의거한 특례를 폐지하고, 대신 타국과 동일한 수준의 쌍무협정을 체결하고자 한다고 평가하며 협정이 발효될 경우 파생될 문제점들을 열거하였다. 이를 반영하여 외무부는 ① 미측의 경제원조 목적에 관한 과거 공약을 재확인하는 조항(최종협정문 제1조) 신설 ② 초안 제4조(최종협정문 제5조)의 '필요한 시설제공' 관련 세부사항 확정 ③ 제5조(최종협정문 제6조) (가)항 중 계약자에 부여하는 특전 조정 ④ 양해각서에서 존속을 언급한 '마이어 협정' 제3조 13단의 폐지를 요청하였다.[13]

J-0016, 파일 11, "한·미 경제협정에 관한 건" 별첨 1 '통상국장 앞으로 보내온 서한 [秘]'(프레임 19).

12 대한민국 외무부 조약과, 필름 J-0016, 파일 11, "한·미 경제원조협정 개정의 건" 별첨 3 'Draft Comprehensive Note [Confidential]'(프레임 26-35). 여기서 주목할 만한 부분은, 12월 9일의 초안에는 한국 국회의 동의 여부를 불문하고 외무부 장관의 회신각서 접수일 익월(翌月) 초에 협정이 발효한다고 되어 있었다는 점이다. 이로써 한국 국회의 비준을 미측이 먼저 요구하지 않았음을 추정할 수 있다.

13 대한민국 외무부 조약과, 필름 J-0016, 파일 11, "Preliminary observations on the draft Comprehensive Note proposed by the U. S. Embassy"(프레임 46-47). '마이어 협정'은 1952년 5월 24일 미국의 마이어(Clarence E. Meyer) 대

한측은 이러한 요구사항을 반영하여 미측이 자체수정안을 제출해주길 희망하였으며, 각 조목별로 구체적인 질의사항을 달아 미측에 회신하였다.[14] 흥미로운 부분은 외무부가 "본 협정의 성질상 이는 우리나라 헌법 제42조의 2 … 국가 또는 국민에게 재정적 부담을 지우는 조약에 해당하므로 국회의 동의를 얻어야 할 것이[으]로 보며, 따라서 본 협정 발효에 이에 관한 조항을 삽입함이 필요하다고 보는데 이에 대한 미국칙[측] 견해 여하(如何)?"를 물어보았다는 점인데,[15] 이를 통해 한국 국회의 비준동의는 한측이 먼저 제안했던 것임이 확인된다.[16]

통령 특사와 백두진(白斗鎭) 재무부 장관이 서명한 '대한민국과 통일사령부 간의 경제조정에 관한 협정'의 별칭으로, 한국 정부와 국제연합군 사령부 간에 합동경제위원회를 설치하여 한국 내 외환사용을 조정키로 한 협약이다. 이상 이현진(2009, 137-139); 레미지(2016, 10-11) 참조. 문제가 된 '마이어 협정' 제3조 13단은 통합사령부 소속 인원에 대한 특권 및 편의 부여를 규정하는 내용이었다.

14 대한민국 외무부 조약과, 필름 J-0016, 파일 11, "ECONOMIC AND LEGAL OBSERVATION ON DRAFT COMPREHENSIVE NOTE DRAWN UP BY U.S. EMBASSY"(프레임 48-54).

15 대한민국 외무부 조약과, 필름 J-0016, 파일 11, "원조협정 개정안에 대한 검토"(프레임 55-56).

16 이에 관하여 1월 27일 외무부 정무국은 경제기술원조협정의 국회 동의가 필요할 것이라는 의견을 통상국에 제출하였다. 동 공문에는 국회 비준이 필요한 이유로 아래와 같은 사항이 언급되어 있다.
   "1. 이 협정은 대충자금의 사용, 원조사업에 대한 미국 측의 감독권[당초 '관여'로 인쇄되었으나 삭선 후 수정], 기술원조에 관한 경비 일부부담 등 그 실질적 내용이 국가예산 기타 우리나라 경제에 영향을 및일[미칠] 협정이며, 따라서 헌법 제42조에 규정된 상호원조에 관한 조약 및 국가 또는 국민에게 재정적 부담을 지우는 조약에 해당하므로 국회의 동의를 얻는 것이 타당하다."
   "2. 이 협정은 단기 4281년 12월 10일 서명 체결된 한·미 협정과 기타 4가지 원조 관계협정을 대체하기 위한 것인 바 전기[前記] 협정 중에는 이미 국회의 동의를 얻어 체결된 협정이 있으므로 이 새로운 협정도 국회의 동의를 얻어야 한다."
   주목되는 점은, 이보다 하루 일찍 기안된 정반대의 공문이 외교문서에 포함되어

1월 25일 오후 김용식(金溶植) 사무차관과 피터슨 차관보대리 간 교섭에서는, 미국 측이 정부 대행 상사원(商社員: 계약자)에 대한 면세특권 주장을 철회함으로써 대체적인 합의가 이루어졌다고 보도되었다. 특히 『조선일보』는 면세특권의 범위를 놓고 2개월간 난항을 빚던 협상이 최종 조인단계에 접어들었으며, 월말에는 협정안 서명이 이루어질 예정이라 전하였다.[17] 실제로 미측이 1월 31일 정일형(鄭一亨) 외무부 장관에게 송부한 수정문안에는 한측의 요구가 일부 반영되었다. 즉 ① '미국의 경제·기술 및 관련 원조가 한국의 방위유지에 필수적인 조건'임을 확인하는 제1조가 추가되었고 ② 제6조 (가)항 중 미국 정부와의 계약자에 대한 관세 등의 면제와 ③ 동조 (나)항 중 계약자 개개인 및 공공·사설직원에 대한 소득세·사회보장세 및 개인 소유 동산에 관련된 면세 혜택이 배

있다는 것이다. 1월 26일자의 이 공문은 "1. 협정의 중요성은 인정하나 그러나 이 협정에 의하면, 일방적인 원조의 수입절차가 그 골자이므로 국가 또는 국민이 재정적 부담을 지는 것도 아니고 국민의 권리·의무를 제한하는 것도 아니므로 헌법 42조에 해당하는 조약이라고 볼 수는 없을 것"이며, "2. 이 개정은 여러 가지 협정의 단일화에 불과하고 우리나라가 현재까지 지고 있는 의무 이상의 새로운 재정적·법적 의무를 지는 것은 아니므로 국회의 동의는 필요 없을 것"이라는 근거로 비준동의가 불요(不要)함을 설명하고 있다. 또 그 말미에 "국회의 동의를 얻어야 할 조항이 미국칙[측] 초안에는 있었으나 미국칙[측]과의 교섭결과 이를 삭제토록 하였음"이라 부기(附記)되어 있는데, 1월 27일자 공문과 달리 결재란 및 정무국장 서명이 불비(不備)함을 감안할 때 정무국 차원에서 기안하였으나 모종의 사유로 반려된 것이라 보인다. 다만 미측이 제시한 종합각서 초안에 한국 국회의 비준을 언급한 바가 없었던 점은 부기된 내용과 상충되는 사실인바, 이는 추가적인 외교문서 발굴을 통해 규명해야 할 과제라 하겠다. 이상 대한민국 외무부 조약과, 필름 J-0016, 파일 11, "한·미 경제원조협정 개정의 건"(프레임 57-58) 참조.

17 『경향신문』, 1961년 1월 26일, 조간 1, "月內로 署名될 듯 援助協定 單一化案"; 『동아일보』 1961년 1월 26일, 석간 1, "援助協定 單一化 이달 안에 韓·美 間 調印"; 『조선일보』, 1961년 1월 26일, 조간 1, "援助協定을 單一化".

제된 것이다. 그러나 한측이 요구했던 ① 제5조 '필요한 시설제공' 관련 세부사항 규정과 ② 발효 전 한국 국회의 비준동의 필요 명시 문구는 포함되지 않았다.[18]

같은 날 USOM의 모이어(Raymond T. Moyer) 처장은 ① 1948년 한·미 원조협정의 제3조 4단 마지막 문장과 1952년 '마이어 협정'의 제1조와 제2조 1·4-8단, 제3조의 1-4·5(a)·5(c)·7(a)·7(b)·9-11단의 규정이 경제기술원조협정과 상충되지 않는 한 계속 유효함을 확인해줄 것을, 그리고 ② 협정문 제6조 (가)항 중 미국 정부와의 계약자가 한국에서 취득한 일체 자산을 수출할 때의 대우에 관해 한측에서 '경우에 따라(case by case)' 조처해줄 것을 부흥부에 요청하였다.[19] 이에 주요한(朱耀翰) 부흥부 장관은 동 요청을 수용할 수 있다는 입장을 전달하였고,[20] 외무부는 미측의 수정문안에 한국 국회의 동의가 필요하다는 문구가 삽입된 재수정문안을 미측에 전달하였다.[21]

외무부는 경제기술원조협정을 가급적 속히 처리하고자 했던

---

18 대한민국 외무부 조약과, 필름 J-0016, 파일 11, 주한 미국대사관 공한(프레임 59-65).

19 대한민국 외무부 조약과, 필름 J-0016, 파일 11, USOM 공한(프레임 66-67·72-73). 한·미 원조협정 제3조 4단은 원조계획 관련 각종 회계 및 기록사항에 대한 보존과 정보제공 의무를 규정하고 있었으며, '마이어 협정' 제1조는 합동경제위원회 설치 및 그 구성을, 제2조 해당 부분은 국제연합군 사령부의 대한원조 지원을, 제3조 해당 부분은 한국 정부의 합동경제위원회 지원·정보제공·원조물자판매·외환사용을 규율하는 내용이었다.

20 대한민국 외무부 조약과, 필름 J-0016, 파일 11, 부흥부 공한(프레임 74).

21 대한민국 외무부 조약과, 필름 J-0016, 파일 11, 외무부 발표문(프레임 75-82). 동 문건은 최종 협정문과 두어 가지 표현상 차이가 있을 뿐, 내용 면에서는 동일한 것이었다.

듯, 1월 31일에 협정문의 국무회의 상정을 위한 공문을 기안하여 장관 결재까지 득하였으며,[22] 내각에서도 당일 오후 협정문안을 민주당 정책위원회에 상정하였다. 실제로 당일자 석간신문에는 외무부 당국자를 인용하여, 미측이 계약자에 대한 면세특혜 삭제에 양보함으로써 협정이 최종 타결되어, 31일 오후 정일형 장관과 매카나기 대사의 서명이 있을 것이라는 기사가 보도되었다.[23]

그런데 협정 조인은 이날 이루어지지 못한 채 8일을 더 기다려야 하였다.[24] 2월 2일 김용식 사무차관은 피터슨 차관보대리와

22 대한민국 외무부 조약과, 필름 J-0016, 파일 11, 외무부 제633호 "한·미 간의 경제원조협정안 국무회의 상정에 관한 건"(프레임 83-85). 앞서 서술한 미국대사관의 수정문안 송부 → USOM의 양해사항 요청 → 부흥부의 양해사항 수락 → 외무부의 재수정문안 전달 → 협정문 국무회의 상정이 모두 1월 31일에 진행된 것으로 보아, 한측이 협정을 조속히 체결하고자 했음을 짐작할 수 있다.

23 『경향신문』, 1961년 1월 31일, 석간 1, "31日 下午 調印視". 그러나 이날 민주당 정책위원회에 출석한 주요한 장관은 미측 고용인 및 그 가족에 대한 면세혜택에 반대하는 뜻을 밝혔으며, 정책위원회에서도 이에 공감을 표시하였다. 이러한 집권세력 내부의 의견 차이가 협정 조인이 연기된 한 원인이 아니었을까 추정된다. 『경향신문』, 1961년 2월 1일, 조간 1, "많은 修正은 不可避" 참조.

24 외교문서에는 2월 3일 예정된 제17회 국무회의 상정을 목표로 2월 1일 재제출한 문건도 수록되어 있다. 사실상 1월 31일 타결된 경제기술원조협정의 조인이 연기된 이유는, 언론보도에 따라 상이하여 확실히 단언할 수는 없다. 당초 『경향신문』과 『조선일보』는 미 대사관 측이 국무성의 승인 훈령을 기다리고 있어 조인이 연기되었다 보도하였는데, 『경향신문』은 2월 3일 조간을 통해 미측 고용인 및 가족들 중 외교관 여권 소지자에 한하여서만 면세특혜를 줄 수 있다는 한측의 주장으로 조인이 순연되었다는 정일형 장관의 발언을 전하였다.
반면 『조선일보』는 같은 날 조간에, 2일 오후 매카나기 대사가 정일형 장관을 면담하여 국무성의 승인 통지를 알리고 조인과 동시에 발표할 공동보도문 초안을 수교(手交)하였으며, 4일경에 서명이 이루어질 것이라는 정 장관의 발언을 보도하였다. 이 가운데 어떤 내용이 사실에 가까운 것인지는 미측 외교문서를 검토하여 추가적으로 규명해야 할 것이다. 이상 『조선일보』, 1961년 2월 1일, 조간 1, "調印 一日로 延期 經援 單一化協定"; 『경향신문』, 1961년 2월 2일, 조간 1, "美側 事情으로 延期"; 『경향신문』, 1961년 2월 3일, 조간 1, "外交官에만 局限?"; 『조선일보』, 1961년 2월 3일, 조간 1, "今明間 調印" 참조.

협의를 마치고, 협정문안에 대한 타결이 원만히 이루어졌으며 6일 오전 11시에 조인이 이루어질 것이라 발언하였지만[25] 이 역시 이틀간 더 순연되었다. 6일 오전 김 사무차관은 미측 계약자에 대한 면세 여부를 둘러싸고 양국 간 이견이 지속되고 있음을 시인하면서, 해당 사항이 타결되는 대로 조인이 이루어질 것이라 발표하였다.[26] 결국 2월 8일 오후 4시 정일형 외무부 장관과 매카나기 주한 미국 대사가 외무부 청사에서 최종문안에 서명함으로써, 경제기술원조협정이 조인되고 국회의 비준을 기다리게 되었다.

3. 교섭 과정에 대한 정치·사회세력의 인식

다음 절에서 설명될 비준과정에서만큼 치열하지는 않았지만, 경제기술원조협정의 조인을 앞둔 시점에서 이미 집권세력과 반대세력의 입장 차이는 뚜렷이 확인되고 있었다. 먼저 집권세력 구성원들의 경우, 김용식 사무차관이 1일 오전 국내 언론에 의한 여론조성이 교섭에 도움이 되었음을 치하하는 한편, 협상이 한측에 비교적 유리하게 진행되었다는 인식을 드러내었다.[27] 장면 총리 역시 이후

---

25 『조선일보』, 1961년 2월 4일, 조간 1, "六日에 調印 韓·美 經援協定"; 2월 5일, 석간 1, "充資使用 등 規定".

26 『경향신문』, 1961년 2월 6일, 석간 1, "免稅規定이 問題".

27 『조선일보』, 1961년 2월 2일, 조간 1, "聞外聞". 그런데 본고에서 검토한 주요 일간지인 『경향신문』·『동아일보』·『조선일보』의 당시 지면에서는, 정부의 교섭에 도움이 될 만한, 즉 미측 인원에 대한 특권 부여와 '무제한 관찰' 따위를 비판하는 보도는 찾을 수 없다. 김용식 차관의 발언이 언론을 의식한 일종의 공치사(空致辭)였는지, 혹은 대미교섭 과정에서 기타 일간지가 표명한 반대논조를 '양면게임'(two-level game) 전략의 일환으로 과장하여 활용하였는지는 추가적인 검증이 요구된다.

민의원 본회의에 출석하여, 당시 내각은 경제기술원조협정이 기존의 유사협정들을 단일화한 것에 불과했기 때문에 대수롭지 않게 인식하였으며, 반대운동이 일어나리라곤 생각조차 못하였다고 회상하였다.[28] 2월 7일 오후 참의원 본회의에 출석하여 제5차 한·일 예비회담의 경과 등 외교 관련 현안을 설명하게 된 정일형 외무부 장관도, 새로운 협정은 기존의 복잡다단한 원조 관련 협약들을 단일화한 것으로 유관 경제부처의 심도 있는 논의를 거쳤으며, 원조를 받는 입장에서 미국의 발언권을 일정 수준 보장하는 것은 불가피한 일이라고 언급하였다.[29]

그러나 협정 내용이 알려지면서 야당에서는 보수·혁신을 막론하고 비판여론이 일기 시작하였다. 2월 6일 민정구락부 정책위원회는 외무부에 경제기술원조협정 원안의 사본 제출을 요구하였으나, 보안을 엄수하라는 장관 지시에 따라 제공할 수 없다는 답변을 들었다.[30] 7일 오후 참의원 본회의에서 이루어진 정일형 장관의 설명에 대해, 신민당 이남규(李南圭) 의원은 보도된 협정 초안 제3조의 '무제한 관찰' 규정에 주권침해 소지가 있다 지적하고, 양국

28   제38회 국회 민의원 회의록 제31호(단기 4294년 2월 25일) 17쪽. 흥미로운 점은 경제기술원조협정 비준문제가 불거지기 직전인 2월 3일에는, 1960년 10월 25일부터 진행되던 제5차 한·일 예비회담에 힘을 실어주고자 신민당 박준규(朴浚圭) 의원 등이 제출한 '한·일 문제에 관한 결의안'이 민의원에서 선제적으로 통과되었다는 사실이다. 정일형 외무부 장관은 이를 수락하여 교섭에 적극 반영키로 하는 등, 대일(對日) 외교에 있어서는 국회와 정부 간 협조적 분위기가 조성되고 있었다. 『동아일보』, 1961년 2월 3일, 석간 1, "懸案問題 解決 後에 國交"; 『경향신문』, 1961년 2월 4일, 석간 1, "對日 決議案을 受諾" 참조.
29   제38회 국회 참의원 회의록 제12호(단기 4294년 2월 7일) 2-4·24쪽.
30   제38회 국회 민의원 회의록 제31호(단기 4294년 2월 25일) 15쪽.

의 협정 조인이 지연되는 원인을 추궁하였다.[31] 한편 원외 혁신당에서도 2월 6일 "장 정권은 독립국의 체모(體貌)를 상실치 말라"는 논평이 발표되는 등,[32] 공식 조인 이전부터 야당에서는 협정에 대한 부정적 여론이 감지되기 시작하였다.

다만 언론사들의 논조는 다소 미묘한 차이를 보였다. 『조선일보』는 1월 28일 자 석간 〈원조협정 단일화에 대한 우리의 요망〉 제하의 사설에서, 조만간 체결될 경제기술원조협정은 국회의 동의를 반드시 받아야 하는데, 국회에서 정부협상안이 부결될 경우 이는 헌법 제71조 2항에 따라 대(對)정부 불신임으로 간주될 것이므로 내각은 국회와 긴밀히 협조하여 비준동의안이 원활히 통과될 수 있도록 해야 한다고 분석하였다.[33] 이어 2월 6일 자 사설에서는 미국과의 기존 경제협약이 헌법에 따른 적합한 절차를 거치지 않고 체결되어 "국민 간에 석연치 못한 인상을 주었고 행정·입법 양부 간의 불화의 원인을 이루었"는데, 경제기술원조협정은 국회 비준을 요구함으로서 이러한 혐의(嫌疑)를 덜게 되었다는 데 의의를 부여하였다. 이어 사절단 가족에게 부여된 외교특권 등 세세한 규정에 대한 불만을 우회적으로 표시하면서도, 이를 주권침해의 문제

---

31 제38회 국회 참의원 회의록 제12호(단기 4294년 2월 7일) 14쪽;『경향신문』, 1961년 2월 8일, 조간 1, "經濟協定 등 追窮".

32 『동아일보』, 1961년 9월 22일, 조간 3, "革新黨 事件 公訴狀". 이 기사는 5·16 군사정변으로 구성된 혁명검찰부가 혁신당 중앙집행위원장을 역임한 장건상(張建相) 등 전직 간부들을 기소(起訴)한 내용을 소개한 것이다.

33 『조선일보』, 1961년 1월 28일, 석간 1, "援助協定 單一化에 對한 우리의 要望". 제2공화국 헌법 제71조 2항은 "국무원은 민의원이 조약비준에 대한 동의를 부결하거나 신년도 총 예산안을 그 법정기일 내에 의결하지 아니한 때에는 이를 국무원에 대한 불신임결의로 간주할 수 있다"고 규정하였다.

로 결부시키지 않는 모호한 입장을 보여주었다.[34] 한편 『동아일보』는 미국 정부의 훈령 지연에 따라 조인이 연기되어온 경제기술원조협정이 6일 오전 체결될 것이라는 소식을 별다른 논평 없이 알렸지만, 〈미(美)의 감독권 강화〉라는 제목을 내어 이후 김재순(金在淳) 외무부 정무차관의 불만을 샀다.[35]

세 일간지 중 가장 비판적인 시각을 보인 매체는 『경향신문』이었다. 신문은 2월 1일 자 조간에서 "이번 개정안은 우리나라의 주권과 상충되는 허다한 난점을 포함하고 있어 양국 간에 쉽사리 체결될 것 같지는 않다. … (중략) … 이 개정안은 다른 피원국(被援國)들의 예를 많이 따른 것이라 하지만 국회의 비준을 받아야 하는데 상당히 수정되지 않고서는 국회의 비준을 얻기는 어려울 것이다"고 부정적인 의견을 표시하였다.[36] 이어 2월 7일 자 조간을 통해 협정 체결경과를 분석하였는데, 여기서는 미국이 새로운 협정을 통해 "대한원조에서 사실상 일보후퇴"하였지만 "우리나라의 예산을 공동으로 편성"할 수 있게 되어 "원조국으로서의 발언권과 감독권을 강화"하려는 것 같다며 협정의 문제점을 지적하였다.[37]

34 『조선일보』, 1961년 2월 6일, 석간 1, "慶賀할 援助協定의 調印과 이에 關한 若干의 所感"

35 『동아일보』, 1961년 2월 5일, 석간 1, "美의 監督權 强化".

36 『경향신문』, 1961년 2월 1일, 조간 1, "많은 修正은 不可避".

37 『경향신문』, 1961년 2월 7일, 조간 1, "援助協定 遲延의 來歷".

IV 경제기술원조협정의 비준 과정

1. 반대세력의 저항(2월 8~14일)

1) 언론의 비판적 보도

경제기술원조협정의 조인 소식은 2월 8일 자 『경향신문』 석간을 통해 최초로 보도되었다. 여기서는 〈미 정부 용인(傭人)에만 면세〉라는 제목으로, 한측의 주장대로 미국 정부가 직접 고용한 인원 밖의 민간 근로자에 대해서는 면세특권이 부여되지 않았음을 강조하였다. 그러나 동시에 협정이 "원내 각파에서 허다한 난점을 지적〔하여〕 ⋯ (중략) ⋯ 민의원에서는 비준치 않을 형세에 있다"고 하여, 국회에서의 비준과정이 쉽지 않을 것임을 예고하였다.[38] 신문은 이미 같은 날 조간 사설에서, 경제기술원조협정이 "단순히 종래의 제(諸) 경제협정을 재확인"한 것에 더해 한국의 주권에 저촉되는 "일방적인 요구조건이나 통고"에 해당한다고 비판하였다.[39] 이어 2월 9일 자 석간 〈여적〉 란에서는 대충자금 감독권 강화 및 미측 고용인들에 대한 특권 부여에 문제를 제기하였으며,[40] 후술할 2월 13일 민의원 본회의에서의 대정부질의를 평하면서는, 강승구(姜昇求) 의원 등의 '막무가내'식 비판을 꼬집으면서도 협정 반대여론을 무지(無知)의 소치로만 치부하는 정부 당국의 인식을 신랄하게

---

38 『경향신문』, 1961년 2월 8일, 석간 1, "美 政府 傭人에만 免稅"; "韓·美 經濟協定 國會서 問題化".
39 『경향신문』, 1961년 2월 8일, 조간 1, "韓·美 經濟協定은 一步後退이며 眞正한 協調精神이 缺如되어 있다".
40 『경향신문』, 1961년 2월 9일, 석간 1, "餘滴".

비판하였다.[41]

한편 『조선일보』는 2월 9일 자 〈한·미 경제원조협정의 내용에 대한 검토〉 제하의 사설에서 협정 체결을 전반적으로 호평한 가운데, 전술한 2월 6일 자 사설에 이어 국회의 동의 없이 시행되어 왔던 기존 협약들에 비해 경제기술원조협정은 입법부의 비준을 받게 되었다는 점에 의의가 있다 보았다. 그리고 "한·미 양 정부당국이 이토록 복잡다단한 사항을 주권존중과 호양(互讓)정신 하에 조인 단계에까지로 이끈 공과 노(勞)를 치하"한다고 긍정적인 평가를 내렸다.[42]

그런데 『조선일보』는 다음날인 10일 자 석간부터 협정에 비판적 태도를 취하기 시작하였다. 즉 〈한·미 경제협정의 문제점〉이란 기사에서 "신(新)경제협정의 골자는 미국이 원조자금 운영 및 관리에 대한 감독권을 거의 절대적으로 강화하는 동시 … (중략) … 원조사업의 우위와 특전을 극대화시킨 것이다"고 문제를 제기하였으며, '일사일언'을 통해서는 의원내각제에서 국방·외교에 관련된 문제는 초당파적 사전협의를 필요로 함에도 정부가 이를 간과하는 실책을 범하였다고 비판하였다.[43]

이어 11일 석간 사설에서는 정부가 ① 의원내각제의 본령(本領)을 간과한 채 외교상의 기밀 유지에만 급급하였고 ② 언론매체를 통한 여론 수렴과정을 생략하였으며 ③ "나라의 독립과 주권이

41　『경향신문』, 1961년 2월 13일, 석간 1, "餘滴"; "記者席"; 2월 14일, 조간 1, "政界余白".
42　『조선일보』, 1961년 2월 9일, 석간 1, "韓·美 經濟援助協定의 內容에 對한 檢討".
43　『조선일보』, 1961년 2월 10일, 석간 2, "韓·美 經濟協定의 問題點"; "單一化協定과 政府의 失手".

받게 되는 제약이 민족의 긍지와 체면에 비추어 무시할 수 없는 굴욕을 준다는 민족적인 염려"를 자아냈다고 지적하였다.[44] 이렇게 『경향신문』과 『조선일보』를 중심으로 협정에 대한 비판적 여론이 점증하는 가운데, 보수야당의 원내 반발과 혁신야당 및 학생세력의 원외 반대운동이 본격화되며 집권세력은 실질적 저항에 부딪치게 되었다.

2) 국회에서의 논의: 보수야당 중심의 반발 가속화

(1) 집권세력의 협정 변호와 신민당의 반대 표명

협정 조인 전후 각계에서 일게 된 반대 분위기에 놀란 김재순 정무차관은, 9일 아침 기자들과 만난 자리에서 "〔교섭 과정 간〕 우리 정부가 얼마나 배짱을 튕겼는지 아느냐?"고 반문하였다. 그는 〈감독권을 강화〉 제하의 기사를 낸 '모지'(某紙: 2월 5일 자 석간 『동아일보』 제1면)에 불만을 토로하는 한편, 교섭 과정에서 외무부가 미측의 주장을 맹목적으로 따르지 않았음을 자신 있게 주장하였다.[45] 김용식 사무차관 역시 경제기술원조협정에 대한 비판은 그 내용을 숙지하지 못한 데서 기인하며, 금번 협정은 프랑스·서독·벨기에

44　『조선일보』, 1961년 2월 11일, 석간 1, "韓·美 援助協定에 對한 物議와 選良의 責任". 한편 『동아일보』는 협정 조인 사실 전반을 비교적 담담하게 보도하면서, 2월 13일 강승구 의원의 발언에 대해 "종전의 여러 가지 원조협정을 종합해서 단일화한 데 불과한 한·미 원조협정을 둘러싸고 어느 틈에 김일성(金日成)이 애용하는 이완용(李完用) 내각이니 을사보호조약(乙巳保護條約)이니 하는 가장 자극적인 용어를 도용하면서 인기를 노리는" 작태를 보였다며 매우 혹평하였다. 『동아일보』, 1961년 2월 14일, 석간 1, "횡설수설" 참조.
45　『경향신문』, 1961년 2월 9일, 석간 1, "記者席"; 『조선일보』, 1961년 2월 10일, 조간 1, "聞外聞".

등 서구 각국보다도 유리하게 체결되었고 기존의 3개 협정보다 훨씬 개선된 것이라 주장하였다.[46]

이러한 정부 당국의 자신감과 달리, 보수야당은 협정 반대여론에 동조하여 비준 반대의사를 내비쳤다. 조인 소식을 접한 신민당 양일동(梁一東) 국회대책위원장은 "주권국가로서 허용할 수 없는 중대한 실책이므로 비준표결에서 부결시킬 것이다"고 밝혔으며, 9일 오전 원내대책위원회에서는 협정 제3·6·7조를 독소조항으로 지적하여 비준에 반대한다는 당론을 정하고, 그 내용 및 경위를 질의코자 장면 총리 및 유관부처 장관들의 국회 출석을 요구하기로 하였다.[47] 민정구락부와 무소속 의원들도 "치외법권적 외교관 대우와 대한재정 관여도 인상은 묵과할 수 없다는 입장"을 표명하는 등[48] 협정의 비준이 결코 쉽지 않을 것임을 예고하였다.

(2) 2월 9일 민의원 외무위원회 질의

2월 9일 오후 1시 35분 개회된 민의원 외무위원회에서는 정일형 외무부 장관이 출석한 가운데 경제기술원조협정에 관한 정부 측 설명이 진행되었다. 정 장관은 "신문지상에 대한민국의 주권이 침해가 되었다"는 비판이 나오고 있지만, 이것은 북대서양조약기구(NATO) 소속 국가들 또는 기타 아시아 국가들과 체결한 조약의 '표준형(standard form)'을 따른 것으로 기존의 다원화된 협정들을

---

46 『조선일보』, 1961년 2월 9일, 석간 1, "內政干涉은 不可能".
47 『경향신문』, 1961년 2월 9일, 석간 1, "韓·美 經濟協定 內容과 經緯 듣기로"; 『동아일보』, 1961년 2월 9일, 석간 1, "韓·美 經濟協定 同意에 反對".
48 『경향신문』, 1961년 2월 8일, 석간 1, "韓·美 經濟協定 國會서 問題化"; 『조선일보』, 1961년 2월 9일, 석간 1, "批准與否로 論難".

정리한 것 이상도 이하도 아니라는 견해를 표명하였다. 다음으로 태완선(太完善) 부흥부 장관은 ① USOM 직원에 대한 외교특권 부여와 ② 미측 계약자들이 가져오는 공적 물자에 대한 면세 ③ 대충자금의 사용비율 증가 ④ 미국의 일방적 원조중단 가능성 ⑤ 원조사업 관련 '무제한 관찰' 등의 사항에서, 기왕의 전례(前例)와 타국의 사례를 비교해볼 때 불리해진 바는 없다고 해명하였다.

이에 신민당 박준규 의원은 ① 미국 의회의 승인은 요구하지 않으면서 한국 국회의 비준동의는 왜 필요한 것인지와 ② 협정 문안이 영문으로만 작성되어 있는 이유 ③ 제6조 규정상 계약자의 인정범위 문제 ④ 미국이 대만·월남·인도네시아 각국과 체결한 경제협정에는 '경제발전 목적'이 적시되어 있는데 이번 경제기술원조협정에서는 '국방 목적'만 명시된 까닭을 질의하였다. 정일형 장관과 김용식 사무차관, 강춘희 통상국장 등은 답변을 통해 ① 협정이 헌법 제41조 소정 '국민의 세금 부담에 관련되는 사안'에 해당되기에 "일부에서는 안 해도 된다는 견해"가 있었음에도 국회의 비준동의를 요청한 것이며 ② 미측이 작성한 각서를 한측이 수락하는 형식을 띠었기에 국문 정본을 따로 만들지 않았고 ③ 계약자의 인정 여부는 합동경제위원회에서 한·미 공동으로 결정하며 ④ '국방 목적'만 언급된 것은 미 상호안전보장법의 적용을 받아 방위비로 원조하는 항목을 규정하였기에 그렇게 되었다고 해명하였다. 특히 김용식 사무차관은 미국이 서독·오스트리아와 체결한 협정에는 USOM 직원의 면세가 규정된 데 반해 이번 협정에서는 이를 제외시키는 성과를 거두었다고 언급하였다.

다음으로 신민당 권중돈(權仲敦)·나용균(羅容均) 및 민주당 한

근조(韓根祖) 의원 등은 "신문에 떠들고 또 오늘 무슨 동맹이라고 하는 데에서 「마이크」를 달아가지고 이것을 완전히 미국 식민지나 되는 것같이 「삐라」를 뿌리"는 원외의 분위기를 전하며, 의원내각 제 하 외교정책 결정에 있어 국회와 야당을 배제하다시피 한 정부의 잘못을 비판하였다. 이들은 여·야 간부 및 신문사 편집국장들과의 좌담회를 통해 협정 체결의 전모를 밝히고 정부 측 입장을 상세히 설명하라고 요구하였다. 특히 한근조 의원은 1960년 미·일 안보조약 개정을 둘러싸고 일본 정국을 휩쓴 이른바 '안보파동'의 사례를 언급하면서,[49] "외교정책에 관한 것을 우리 외무위원회가 어느 정도 간섭하느냐 하는 것을 원칙적으로 정해야 될 것"이라고 주장하였다.

다만 민주당 소속으로 국방부 정무차관을 겸임하고 있던 우희창(禹熙昌) 의원은 협정 체결과정에서 외무부·부흥부 등 관계기관이 두어 달 가량 치열하게 교섭했음을 언급한 뒤, "한국과 미국의 사이를 이간질할려고 하고 반미사상을 고취할려고" 하는 시도에 휘말리지 않도록 언론매체의 자극적 보도에 의존하지 말고 실제 협정의 '풀 택스'(full text)를 검토할 필요가 있다며 신중한 접근을

---

49 일본의 이른바 '안보파동'은, 1960년 미·일 안전보장조약 개정문제를 둘러싸고 사회당·공산당 등 혁신야당과 '전학련(全學連: 全일본학생자치회총연합)' 중심의 학생세력이 벌인 대규모 반대활동을 지칭한다. 조약 자체는 중의원에서 압도적 다수를 차지하던 자유민주당(自由民主黨)의 주도로 비준되었으나, '안보파동'이 격화되며 아이젠하워 미 대통령의 방일(訪日)이 무산되고 기시 노부스케(岸信介) 내각이 도각(倒閣)하는 등 큰 정치적 파장이 뒤따랐다. 불과 8개월여 전 인국(隣國) 일본에서 벌어진 유사한 사태의 흐름은 당시 집권세력은 물론 반대세력들도 의식하고 있던 바로서, '주권존중' 부대결의로의 타협에 일정한 영향을 끼쳤을 것으로 보인다.

취하였다. 이에 같은 여당 소속의 서동진(徐東辰) 외무위원장은 외무부 측의 입장 정리가 완료되는 대로 이를 회람한 뒤 여·야·정부 대표들 간 간담회를 추진하자 제의하였고, 다른 의원들도 이에 동의하면서 이날의 질의는 마무리되었다.[50]

(3) 2월 13일 민의원 본회의 질의

협정을 둘러싼 논란은 2월 13일 오전 10시 개회된 민의원 본회의에서도 핵심안건이 되었다. 대정부질의를 시작한 신민당 강승구 의원은 1904년 한·일 의정서와 1905년 을사보호조약, 1907년 정미7조약(丁未七條約)이 결국 1910년의 한·일 합방으로 귀결되었다 언급하며, 미국과의 협약 단일화도 이와 유사하게 주권이 상실되는 방향으로 흐르는 것 아니냐고 추궁하였다. 그는 이어 헌법 제71조에 따라 정부가 체결한 조약의 비준이 국회에서 부결될 경우 내각불신임으로 간주됨을 상기시켰다. 장 총리는 이에 미국과 제국주의 일본을 비교한 강 의원의 주장은 부당하다고 반박한 후, 협정의 체결경위와 문제시되는 조항들의 내용을 조목조목 설명하였다.

다음으로 신민당 박준규 의원은 평소 '초당파 외교'를 부르짖던 장면 내각이 정작 '사후결재 외교'로 일관하고 있다면서, 경제기술원조협정이 "언어사용에 있어서 굴욕적이고 가장 비외교적"인 문안으로 타결되었다고 질책하였다. 그는 ① 미국이 튀니지·모로코·수단·일본 등과 체결한 유사조약에는 각국 입법부의 비준 동의를 요하지 않았는데 왜 한국에서만큼은 국회의 인준이 요구되

---

50   이상 외무위원회의 논의 내용은 제38회 국회 민의원 외무위원회의록 제4호 (단기 4294년 2월 9일) 1-25쪽 참조.

는지 ② 상호안전보장법 제131조 (d)항의 특혜규정이 배제될 만큼 한국의 경제상황이 호전된 것인지 ③ 국문 정본이 작성되지 않은 원인은 무엇인지 ④ 제1조에 방위목적 외에도 경제재건의 목적을 명시할 수는 없었는지 ⑤ 대만 '농촌재건합동위원회(JCRR: Joint Committee for Rural Reconstruction)'의 사례에서처럼 합동경제위원회의 구성을 보다 한측에 유리하도록 조정할 수는 없었는지 ⑥ 가장 중대한 문제로, 제3조상 미측의 '무제한 관찰' 허용 구절은 세계 어느 나라와의 경제협약에도 찾아볼 수 없는 '불리한 언어의 총집대성'인데 어떻게 이를 한 글자의 수정도 없이 수용했는지 ⑦ 제5조의 외교특권을 부여받는 경제사절단의 범위가 미측의 일방적 결정에 좌우되는 것은 아닌지 ⑧ 제6조의 면세권 설정에 있어 '자동차 등의 동산'을 꼬집어서 면세품목에 포함한 이유는 무엇인지 ⑨ 폐기·개정절차에 대한 언급이 전혀 없는 까닭은 무엇인지 등을 상세히 질문하였다. 박 의원은 "특히 4·19 이후의 역사에 하나의 오점이라도" 남겨서는 안 된다는 견지에서 국회가 비준동의안을 부결하여 정부로 하여금 수정케 하든지, 한·미 행정협정 조인 시까지 표결을 보류하였다가 행정협정이 타결되면 함께 비준하든지, 그렇지 않으면 국회 차원의 해석조항을 붙여 미측의 동의를 구하는 수밖에 없다고 역설하였다.[51]

---

51 『경향신문』, 1961년 2월 13일, 석간 1, "張 總理 出席裡에 韓·美 經濟協定 追窮"; 『동아일보』, 1961년 2월 13일, 석간 1, "韓·美 經濟協定의 性格 追窮". 한편 박준규 의원은 같은 당 이충환(李忠煥) 의원의 주장을 이어받아, 협정 해석에 관한 부대각서를 교환하는 한편 조속한 행정협정 체결을 촉구하는 방안이 현실적이라 판단하고, 이를 12일 언론에 발표한 바 있었다. 결과적으로 보았을 때 비준동의는 그의 주장대로 처리된 셈이었다. 『조선일보』, 1961년 2월 12일, 석간 1, "條件附 批准할 듯" 참조.

다음으로 질문에 나선 통일사회당 윤길중(尹吉重) 의원 역시 대한민국 수립 직후 그리고 전시상황의 급박한 환경에서 체결된 기존 경제협정의 부족함을 어떻게 해서든 보완해야 할 정부가 오히려 이를 재확인한 데 그친 것은 문제라 지적하고, "근본적으로 4월혁명 이후에 신생 대한민국으로서 출발한 장면 내각으로서는 이 주권에 대한 민족자주정신에 대한 일대 모욕감을" 느끼지 않는지 힐난하였다. 이상의 질문에 대해 정일형 외무부 장관과 태완선 부흥부 장관은 ① 정부로서도 당초 국회 비준은 불필요하다고 생각했으나 혹시 있을지 모를 세간의 오해를 불식하는 한편, 외교특권 및 관세면제 조항이 포함되어 있음을 감안하여 비준동의를 요청하였으며 ② 경제지표상 1958년을 기점으로 한국전쟁 전전(戰前)의 수준을 회복하였기에 미측에서 그렇게 판단한 것이고 ③ 미측이 제출한 각서는 영문으로 되어 있지만 그에 대한 답변은 국문으로 작성되었으며 ④ 경제발전 관련 문구가 없다 해서 이를 도외시하지는 않았고 ⑤ 대만의 농촌재건합동위원회는 한국의 농림부에 상응하는 집행기관으로 합동경제위원회와는 그 성격을 달리 하며 ⑥ 미국이 프랑스·이탈리아·대만·튀니지·모로코·수단 등과 체결한 조약에서도 정보·시설의 제공에 대한 규정이 명시되어 있고[52] ⑦ USOM 직원의 입국 시에는 한측의 동의가 필요하기에 무분별하게

---

52 보다 구체적으로 프랑스·이탈리아·대만과는 "협정 수행을 위한 관찰과 검토에 필요한 일체의 정보와 시설을 제공한다"고, 튀니지와는 "협정 수행에 관한 완전하고 자세한 정보를 제공하며 협정 수행에 관한 정보기록 및 계획과 사업에 대하여 제한 없이 관찰과 검토를 허용한다"고, 모로코와는 "협정 수행에 관한 계획과 운용에 관한 정보제공 및 관찰·검토에 필요한 모든 시설을 제공한다"고, 수단과는 "협정 수행을 위한 정보제공 및 원조사용에 관한 관찰을 위한 모든 기회를 제공한다"고 합의하였다 설명하였다.

들어오는 일은 없을 것이라 해명하였다. 이후 질의를 이어가고자 하는 의원들의 요구가 있었으나, 이영준(李榮俊) 부의장이 추후 본회의에서 속개하자고 주장하여 산회하였다.[53]

3) 혁신야당 및 학생세력의 반대운동

혁신야당과 학생세력은 경제기술원조협정에 가장 강력하게 저항한 세력이었다. 협정 조인 다음날인 2월 9일 원외 혁신정당인 사회대중당은 반대의사를 밝히면서 각 정당 및 사회단체들의 공동대응을 제의하였다. 한편 서울시내 각 대학교에서는 1960년 11~12월 사이 '민족통일연구회'라는 이름의 학생조직이 결성되었는데, 서울대학교 등 7개 대학의 동 조직은 동계방학기간의 휴면상태를 깨고 2월 12일 '전국학생 한·미 경제원조협정 반대투쟁위원회'를 결성, 반대활동을 본격 전개키로 하였다(정근식·이호룡 편 2010, 246-248).

유일한 원내 혁신정당이던 통일사회당 역시 긴 침묵을 깨고 13일 협정 반대성명을 발표하였다. 통일사회당은 "국회는 한·미 경제원조협정에 대해 자주적인 입장과 효율적으로 활용될 수 있는 방향으로 시정될 때까지 동 협정의 비준을 거부하는 한편 이것을 계기로 신분협정 및 행정협정의 체결을 서두를 수 있는 모든 조치를 취하기를 바란다"고 밝혔다.[54]

---

53 이상 본회의 논의 내용은 제38회 국회 민의원 회의록 제26호(단기 4294년 2월 13일) 2-25쪽 참조.
54 『조선일보』, 1961년 2월 13일, 석간 1, "援助協定 是正 統社黨서 强調"; 2월 14일, 조간 1, "聞外聞".

다음날인 14일은 협정 반대운동이 가장 활발히 전개된 하루였다. 이날 사회대중당·사회당·혁신당 등 17개 정당 및 사회단체는 '2·8 한·미 경제원조협정 반대 공동투쟁위원회'(이하 '공동투쟁위원회')를 조직하고 "앞으로 전국적으로 대규모의 운동을 전개할 예정"임을 밝혔다.[55] 이들은 비준 반대 범국민운동의 일환으로 전국 각지에서 성토대회 및 가두시위를 준비키로 하였으며, 원내 혁신야당인 통일사회당은 물론 보수야당인 신민당도 자신들의 활동에 동의하고 있다 주장하였다.[56] 정부는 이러한 반대운동이 격화될 경우 "흡사 지난날 일본의 미·일 안보조약 개정 반대 데모를 방불케 하는 시위운동이나 성토대회가 될 것이 아닌가 하여" 예의주시하게 되었다. 한편 탑골공원에서도 학생 100여 명이 참가한 가운데 성토대회가 개최되었는데, 여기서는 특히 대미관계에서의 민족자주성을 요구하는 각종 결의문이 채택되었다.[57]

2. 집권세력의 이중대응과 미국의 간접개입(2월 15~21일)

1) 집권세력의 강·온 양면대응

혁신야당 및 학생세력이 주도한 2월 14일의 '공동투쟁위원회' 조

---

55 『동아일보』, 1961년 2월 14일, 석간 1, "經協反對鬪委"; 『조선일보』, 1961년 2월 14일, 석간 1, "韓·美 經援協定 反對에 大規模 運動 展開"; 2월 15일, 조간 1, "汎國民運動 展開"; 한국역사연구회·4월민중항쟁연구반 2000, 119-120.

56 그러나 신민당 박준규 의원은 "의회투쟁을 통하여 동 협정을 반대할 수 있으며 원외에서 통일체를 구성하며 국민운동을 일으킬 필요는 없다"고 밝혀, '공동투쟁위원회'의 노선에 찬동하지 않음을 언명하였다. 『동아일보』, 1961년 2월 14일, 석간 1, "院外活動 不必要 朴浚圭 議員 言明" 참조.

57 『조선일보』, 1961년 2월 15일, 조간 1, "汎國民運動 展開"; "聞外聞".

직과 탑골공원 성토대회는 정부 당국에 적잖은 위기감을 불러일으켰다.[58] 이를 계기로 정부는 보수야당 및 언론과 혁신계를 분리하여 후자에 대해서는 강경 대응키로 하였던바, 장면 총리는 15일 정례기자회견을 통해 그 방침을 분명히 밝혔다.

장 총리는 신민당을 위시한 보수야당의 반대는 "국가 전체의 장래를 위한 선의의 노파심적 경고"라 생각하며 "이러한 경고는 정부로서도 환영"한다고 천명한 다음, "국민과 야당 의원들이 협정의 내용을 잘 파악하지 못하고 있으므로 앞으로 정부는 원내인사들에게 협정 내용을 이해시킨 후 국회 동의안을 제출할 것"이라 하여 보수야당의 양해 전 비준동의안 표결을 강행하지 않을 것임을 시사하였다. 다만 일각에서 제기된 협정 수정 내지 부대조건 첨가안에 대해서는, 조인된 협정안을 채택하거나 부결시키는 가운데 택일을 할 뿐 수정은 있을 수 없다는 기존의 입장을 고수하였다.

그는 한편 전일 집회에서 '양키는 물러가라'는 구호가 등장한 것에 주목하여, 이는 반미사상을 선동하고 정부를 전복시키려는 북한의 책략과 상통하는 일이라 주장하였다. 장 총리는 "공산당은 최근 한·미 경원(經援) 단일화 협정 반대시위와 한·일 회담 반대운동을 틈타서 반미사상을 일으키는 동시 정부와 국민을 이간시키려는 움직임을 전개하고 있다"면서, 수사기관에서도 이에 관한 단

58 단적인 예로, 혁신계의 협정 반대 "범국민운동 전개" 보도를 접한 김용식 사무차관은 "이렇게 되면 한·미 간의 앞날이 은근히 걱정되는군요. 그렇지 않아도 요즘 미국 신문들이 한국민의 행동을 비난하고 있는데… 협정은 새로운 것이 아니고 종전 것을 그대로 옮긴 것 아닙니까. … (중략) … 반대 반대하니 국제적 체면도 참작해야 할 게 아니오"라며 역정을 내었다고 한다. 『조선일보』, 1961년 2월 16일, 조간 1, "聞外聞" 참조.

서를 파악하고 엄밀히 내사(內查) 중에 있으며 북한과의 연계성이 밝혀지는 즉시 이를 엄벌에 처하겠다는 강경한 입장을 천명하였다.[59]

다음날인 16일 오전 장면 총리는 외무·내무·법무부 장관 및 치안국장을 소환하여 협정 반대운동의 격화에 대비한 치안대책회의를 주재하였다. 정부는 14일 탑골공원에서의 성토대회를 계기로 '국방회의에 준하는 치안회의'를 조직하였으며, 혁신계가 주도하는 반대운동의 배후에 대한 수사경위를 보고받았다고 밝혔다. 여기서는 특히 비준 반대 움직임이 "반미운동이나 공산북괴의 책동에 편승되어서는 안 될 것"임이 강조되었다.[60] 한편 같은 날 오후에는 외무부가 미국이 타국과 체결한 유사협정과 경제기술원조협정 간 주요항목 대조표를 언론에 공개하며 적극적인 해명에 나섰는데,[61] 이는 장면 내각이 보수야당 및 언론과 혁신야당 및 학생세력이라는 두 반대세력을 분리하여 강·온 양면책을 동시에 구사하였음을 보여주었다.

---

59   『경향신문』, 1961년 2월 15일, 석간 1, "北傀兇謀 警戒토록"; 『동아일보』, 1961년 2월 15일, 석간 1, "張 總理 反美思想 煽動에 警告"; 『조선일보』, 1961년 2월 15일, 석간 1, "韓·美 經濟援助協定의 批准 野黨側 諒解 前엔 票決保留". 이러한 방침은 당시 세간에 회자되던 '4월 위기설'에 선제적으로 대처키 위해 취해진 것 같다. 당시 정계에는 원내·외에서 격화되던 경제기술원조협정 반대운동을 시발점으로 하여 추가경정예산안 논쟁, 국토개발사업 부진, 4·19 1주년을 전후한 정세긴장으로 장면 내각이 도각될 것이라는 우려가 팽배해 있었다. '4월 위기설'에 관한 보다 상세한 사항은 『조선일보』, 1961년 2월 15일, 조간 1, "張 內閣에 四月危機說" 참조.

60   『경향신문』, 1961년 2월 16일, 석간 1, "治安對策 등 論議"; 『동아일보』, 1961년 2월 16일, 석간 1, "治安對策 협의"; 『조선일보』, 1961년 2월 16일, 석간 1, "國內 治安에 對備".

61   『조선일보』, 1961년 2월 17일, 조간 1, "免稅項目엔 優位".

2) 집권세력의 이중대응에 대한 반대세력의 반발

장면 내각의 이 같은 전략에 야당은 보수·혁신을 막론하고 "반대파를 무작정 빨갱이로 몰아붙이던 이승만 수법의 부활"이라 여겨 일제히 반발하였다. 신민당 소속 박준규·김영삼(金泳三)·김용성(金龍星) 의원 등은 "외교·경제분야에 자주성을 지키려는 것은 정당한 투쟁이나 건전한 야당을 공산당으로 몰려는 태도는 이승만이가 하던 독재수법을 그대로 답습하는 것"이라 밝혔는데, 특히 박준규 의원은 "[정부의] 그와 같은 파괴적인 사고방식이 도리어 우리나라의 질서를 교란하려는 불온분자의 사주를 받고 있는 것이 아닌가 … 지금도 제3·5·6항에 대해서는 반대하고 있으며 그 중에도 제3항만은 무슨 일이 있더라도 그냥 비준동의할 수는 없을 것"이라 비판하였다.[62]

통일사회당 역시 고정훈(高貞勳) 대변인을 통해 "외교문제를 가지고 여·야가 초당(超黨) 외교정책을 수립하는 것이 민주국가의 상도인데 부패무능한 정권은 항상 외교문제를 야당 탄압에 몽둥이로 휘두르는 폐단이 있는 것"이라 비난하였다.[63] 사회대중당 및 '공동투쟁위원회'에서도 "애국적인 국민의 의사나 운동을 무조건 반미적이라고 몰아친 것은 반민주적 폭언이며 미국에 대한 아부"라 하여 장 총리의 발언을 질타하고, 그들의 활동은 "반미운동이 아니라 호혜적이고 자주적인 외교원칙에 입각한 대미관계를 수립하는 데 목적이 있다"고 반박하였다.[64]

62　『조선일보』, 1961년 2월 15일, 석간 1, "反對派를 빨갱이로 몰던 李 政權 手法 復活".
63　『조선일보』, 1961년 2월 15일, 석간 1, "民主常道 逸脫".
64　『경향신문』, 1961년 2월 16일, 조간 1, "極限鬪爭을 公言"; 『조선일보』, 1961년 2

이 같은 반발은 야권에서만 제기된 것이 아니었다. 민주당 내에서도 신민당 측의 대안을 받아들여, 비준동의안 표결에 앞서 제 3·5·6·7조 등 문제시되는 조항에 "해석조문을 부대조건으로 첨가하는 형식의 수정"을 가함으로써 야당에 타협 명분을 제공하자는 주장이 힘을 얻고 있었다. 여기에는 "신민당의 반발과 여당 주류파의 틈바구니에 끼어" 있던 민주당 내 소장파 모임인 '신풍회'(新風會)가 주도적인 역할을 하였다.

신풍회는 당 간부들에게도 사전 언질을 주지 않은 채 협정을 체결해버린 정부의 태도에 상당한 불만을 갖고 있었다. 그럼에도 교착상태에 놓인 정국을 타개하기 위해, 신풍회 총무인 이철승(李哲承) 의원과 대변인 이규영(李奎泳) 의원 등은 15일 오후 정부 당국의 충분한 해명과 한국의 주권을 존중하겠다는 미국의 방침 천명 및 각 조항 해석에 관한 한·미 양국의 공동합의를 전제로 야당의 양해를 구해야 한다 주장하였다.[65]

3) 미국의 '매카나기 공한' 발표

당초 미국은 한국에서 벌어지던 경제기술원조협정 반대 움직임에 다소 방관적이었다. 조인 후 미측의 반응이 처음 보도된 것은 2월 10일 자 석간신문에서였는데, 『경향신문』과 『동아일보』는 9일 워싱턴발(發) 합동통신을 인용하여 미측 관리가 한국 여론의 반발에 "약간의 놀라움을 표시하였으나 진정으로 깊은 우려의 빛을 보이

월 16일, 조간 1, "反民主的 暴言": "統社黨 修正案 準備".

65   『경향신문』, 1961년 2월 15일, 석간 1, "條約文의 附帶條件 若干 修正?"; 『조선일보』, 1961년 2월 16일, 조간 1, "新風會 디렘마 陷入".

지는 않았"으며, 국무성 화이트(Lincoln White) 대변인은 금번 협정이 한국의 특별수원(受援)조건 만료에 따라 이를 타국에 대한 원조절차에 합치시켰을 뿐이라 밝혔다고 보도하였다. 이어 11일 오전에는 정일형 외무부 장관이 직접 "한·미 원조협정이 원조관계 국가 간에는 공통적인 내용의 각서임에도 불구하고 우리나라에서 논란을 일으키고 있는 것은 이해할 수 없다"는 미측의 불평을 전달하기도 하였다. 한편 『조선일보』는 『뉴욕 월드-텔레그램 앤 선(*New York World-Telegram and Sun*)』지의 13일 자 〈근시안적 한국〉 제하 사설을 인용하며, 협정 반대운동에 탐탁지 않아 하는 미국 내 여론을 소개하였다.[66]

2월 16일 오전에는 협정 비준을 위한 전환점이 된 '매카나기 공한'이 발표되었다. 이날 매카나기 주한 미국대사는 오전 10시 20분경 파파노 참사관을 통해 정일형 외무부 장관에게 서한을 발송하고 동시에 언론성명을 발표하였는데, 그 내용은 다음과 같다.

"본인은 미국이 대한민국 또는 다른 어떠한 나라의 주권도 이를 침해할 이유와 욕망과 의도를 가지고 있지 않음을 명백히 확언합니다.

그와는 반대로 미국은 대한민국의 독립주권을 옹호하기 위한 확고한 공약을 하고 있으며 최선을 다하여 대한민국의 자립과 경제적 복지를 증진시킬 결의를 하고 있습니다. 상호안전보장계획은 바로 이목적을 달성하기 위한 것이며 제3조를 포함한 이번 협정의 모든 조

---

66 『경향신문』, 1961년 2월 10일, 석간 1, "對韓援助節次 規格統一한 것"; 『동아일보』, 1961년 2월 10일, 석간 1, "援助協定 標準化"; 2월 11일, 석간 1, "覺書에 不過"; 『조선일보』, 1961년 2월 14일, 석간 1, "經援單一協定 擁護".

항은 이 목적에 부합하는 것입니다.

　이번 협정은 그것이 교섭되고 있을 때의 정신 그리고 동 협정조항
이 정당하다고 인정하고 또한 예기(豫期)하는 방법 즉 우리가 신뢰
하는 협동국이며 맹방(盟邦)인 대한민국의 주권을 전적으로 존중하
는 방법에 의해서만 해석되고 적용될 것입니다.

　동 단일협정의 제3조는 미국과 다른 나라들 간의 제 상호안전보장
협정과 일치하며 미 국회에 의하여 발포(發布)된 상호안전보장법은
원조계획의 진전에 대한 부단한 관찰과 조사를 받지 않으려는 국가
에게는 원조를 하지 않을 것을 요청하고 있습니다.

　동 협정의 기타 제 조항과 마찬가지로 이 조항은 동 협정에 의거하
여 제공되는 경제ㆍ기술 기타 관계원조계획으로부터 한국이 최대한
의 유익한 결과를 얻을 수 있도록 보장하고자 할 뿐입니다. 동 협정
이전에 한ㆍ미 간에 체결되었던 원조절차에 관한 제 협정에도 역시
원조계획의 관찰과 조사에 대한 조항이 있었습니다."[67]

4) 신민당의 입장 전환

매카나기 대사의 공한 및 성명에 관해 정일형 외무부 장관과 김용
식 사무차관은 즉각 "극히 만족스러운 것이며, 이로써 일부 층의
비난은 해소될 것으로 본다"는 입장을 내놓았다.[68] 그렇지만 민정

67　『경향신문』, 1961년 2월 16일, 석간 1, "主權擁護 爲한 公約";『동아일보』, 1961
　　년 2월 16일, 석간 1, "韓國主權 不侵害": "맥카나기 大使 聲明書도 發表";『조선
　　일보』, 1961년 2월 16일, 석간 1, "매 大使, 美 政府 公翰 傳達". '매카나기 공한'
　　이 경제기술원조협정 반대 분위기를 누그러뜨리기 위한 한ㆍ미 당국 간 협의의 결
　　과였음은 상기『동아일보』보도에서도 잘 드러난다.
68　『경향신문』, 1961년 2월 16일, 석간 1, "滿足스러운 것";『조선일보』, 1961년 2월
　　16일, 석간 1, "鄭 外務, 滿足表明".

구락부 소속 윤재근(尹在根) 의원은 16일 오전 "미측이 스스로 대안을 만들든가 아니면 장 내각이 국민감정의 냉각을 기다려 문제된 조항에 대해서는 국민이 납득할 만큼 수정하여 국회의 비준을 받아야 한다"는 기존 입장을 고수하였고, 매카나기 대사의 성명 발표를 계기로 협정 비준에 찬성하겠느냐는 질문에도 "요(要)는 민주당 정부가 독자성을 갖지 않고 그따위 짓을 저질러 놓은 것이 문제"라고 답하여 유보적인 태도를 보였다.[69]

주목할 만한 것은 신민당의 입장 변화였다. 16일 오전까지만 해도 양일동 국회대책위의장은 "한·미 양국 간의 절충에 의해 동 협정내용이 수정되지 않는 한 승인해줄 수 없다"면서 "양국 간의 해석각서 교환은 불필요"하며, 표결에 참가하여 부표(否票)를 던지느냐 총퇴장하느냐의 대응전술이 문제가 될 뿐 신민당의 불승인 방침에는 변함이 없다는 강경론을 천명하였다.[70]

그러나 비슷한 시간대 이충환 정책위의장은 1시간 가량 장 총리와 회담하며 비준동의안 처리문제를 협의하였다. 또 김영삼 부총무는 "해석각서가 국민과 야당의 오해를 풀 수 있는 것이라면 신민당도 동 협정을 비준하는 방향"으로 나가야 한다는 견해를 밝혔다. 박준규 의원도 "문제조항에 대하여 해석각서를 교환하든가" 미측에서 만족할 만한 해석각서를 작성하여 보내주는 것이 가능한

69 『경향신문』, 1961년 2월 16일, 석간 1, "批准同意는 賢策 아니다": 『조선일보』, 1961년 2월 17일, 조간 1, "聞外聞".

70 『경향신문』, 1961년 2월 16일, 석간 1, "修正 않는 限 承認할 수 없다": 『동아일보』, 1961년 2월 16일, 석간 1, "反美運動 아니다". 그러면서도 양 의원은, 이러한 입장이 결코 반미적인 것은 아니며 원외에서의 반대활동은 "공산세력에 역이용당할 우려가 있으므로 반대"한다고 강조하였다.

해결방안임을 역설하였고, 당초 비준 반대의사를 밝히던 이상돈(李相敦) 의원 역시 '매카나기 공한'을 보다 상세히 검토하게 되면 비준에 찬성할 수도 있다 발언하는 등, 당내 전반적인 기류가 바뀌고 있음은 여실하였다.[71]

5) 언론의 인식 변화

협정 조인 직후 비판일색이었던 언론의 시각도 2월 15일을 기점으로 점차 변하기 시작하였다. 『경향신문』은 15일 기사에서 전일 학생들이 주도한 탑골공원 성토대회를 냉정히 비판하였다. 이어 다음날에는 〈한·미 경제협정 반대운동의 한계〉 제하의 사설을 통해, 경제기술원조협정 자체에 대한 비판에서 반미운동의 비화를 우려하는 쪽으로 전환된 입장을 명백히 드러내었다.[72]

다만 『조선일보』의 접근은 이보다 조심스러웠는데, 관련하여 2월 17일 자 〈한·미 경제협정을 에워싼 주권침해 논의의 귀결〉 제

---

71 『경향신문』, 1961년 2월 16일, 석간 1, "治安對策 등 論議";『동아일보』, 1961년 2월 16일, 석간 1 "反美運動 아니다";『조선일보』, 1961년 2월 16일, 석간 1, "新民黨, 贊反對立".

72 "원내 야당이 한·미 경제협정을 꼬집더니 원외에서도 반대운동이 일어났다. 학생들도 투쟁위원회를 구성하였다니 두고 볼 일이지만 외교문제는 이렇게 따지는 것이 아닐 듯. 초당외교의 입장에서 사전에 알리지 않았다는 감정이 있을는지는 모르나 국민에게 반미감정을 돋우게 한다면 뭣 잡으려다 독 깨는 격일 걸. 미국 신문이 건망증이라고 평한 것도 알아야지."『경향신문』, 1961년 2월 15일, 조간 1, "地意天語".

　"협정에 대한 반대운동이 북한괴뢰의 줄기찬 반미운동에 도움이 될 수 있는 방향으로 기울어질 우려 … (중략) … 반대운동이 그만한 근거가 있다고 해서, 그것이 자유우방인 미국에 대한 반미운동의 색채를 띠게 된다면 국민의 진정한 여론을 대변하는 운동이 아닐 것이다. … (중략) … 국민이나 야당도 사리를 냉철히 분별하여 공산오열(五列)의 계략을 충분히 경계해야 할 것이다."『경향신문』, 1961년 2월 16일, 조간 1, "韓·美 經濟協定 反對運動의 限界".

하의 사설을 참조할 수 있다. 여기서는 '매카나기 공한'이 협정의 흠결을 보완하는 촉매(觸媒)가 될 수 있다 긍정적으로 언급하면서도, 이로써 주권침해에 대한 논란이 완전히 해소될 수는 없을 뿐더러 집권세력의 '엄포' 내지 '폄훼'의 태도가 큰 물의를 빚고 있다 주장하였다.[73]

6) 혁신야당 및 학생세력의 반대 지속

'매카나기 공한' 발표 직후 통일사회당 고정훈 선전국장은 "미국이 신의 있는 동맹국이라는 점을 의심한 적은 없"으나, '매카나기 공한'은 "문제의 초점을 벗어났다"고 비판하였다.[74] 장건상 계열의 혁신당 역시 17일 오후 한·미 행정협정의 조속 체결을 촉구하는 담화를 발표하면서, 정일형 장관의 만족표명에 대해 "쓸개 빠진 넋두리 이상의 효과를 얻기란 힘들 것"이고 "성명이나 공한은 하나의 외교적 수사(修辭)에 불과한 것"이라 혹평하였다.[75] 이어 한국독립당·독립노농당·한국사회당 등 3개 혁신정당과 혁신동지총연맹도 18일 오전 공동성명을 내어 '제3·6조 등의 즉각 시정'과 '굴욕조항'에 대한 국회의 유보 내지 수정을 요구하였다.[76]

한편 '공동투쟁위원회'는 2월 18일 지도위원회 등 간부진을

73　『조선일보』, 1961년 2월 17일, 석간 1, "韓·美 經濟協定을 에워싼 主權侵害論議 의 歸結".
74　『경향신문』, 1961년 2월 17일, 조간 1, "焦點離脫한 느낌"; 『조선일보』, 1961년 2월 17일, 조간 1, "核心點을 離脫".
75　『경향신문』, 1961년 2월 18일, 조간 1, "韓·美 身分協定 促求 革新黨서 聲明發表".
76　『경향신문』, 1961년 2월 18일, 석간 1, "經濟協定 是正 爲해 革新 四團體서 聲明"; 『조선일보』, 1961년 2월 18일, 석간 1, "韓·美 行政協定 促求 韓獨黨 등 四黨 聲明".

선발하고 지방단위 조직화에 박차를 가하였다. 이들은 같은 날 발표한 공동투쟁선언문을 통해 장면 내각이 4·19로 조성된 혁명적 민의(民意)를 저버리고 미국의 내정간섭을 용인하였다 비난하며 국회의 비준동의안 거부를 요청하였다(한국역사연구회·4월민중항쟁연구반 2000, 120). 다음날인 21일에는 서울 명동에서 혁신계가 주도한 성토대회와 공청회가 열렸으며, 여기에 참가한 200~300여 명의 인원이 주한 미국대사관 인근으로 행진하다 해산되는 등,[77] 집권세력의 강공과 '매카나기 공한' 발표에도 혁신야당 및 학생세력의 저항은 오히려 격화될 조짐을 보였다.

7) 집권세력의 비준동의안 상정

신민당과 언론의 반응에 일부 진전이 있었음을 본 집권세력은, 혁신계의 반발을 무릅쓰고 경제기술원조협정 비준동의안을 국회에 상정키로 하였다. 이에 앞서 정일형 외무부 장관은 18일 오전 정례기자회견을 통해 "한·미 경제원조협정에 대한 「일부의 반대를 위한 반대」는 한·미 양국관계를 위태롭게 하는 것"이라 언급하며 "국회의 조속한 비준과 국민의 적극적인 협조를 바란다고" 밝혔다.[78] 같은 날 오후 장면 총리가 주재한 '정부 각료 및 민주당 정책·기획위원회 연석회의'에서는 경제기술원조협정 비준동의요청

---

77 『조선일보』, 1961년 2월 21일, 조간 1, "經協批准 拒否要求 鬪委서 公開狀 發送"; 한국역사연구회·4월민중항쟁연구반 2000, 121. 같은 날 『동아일보』는 사회대중당 김달호(金達鎬) 당수를 인용하여, '공동투쟁위원회' 결성을 주동한 사회대중당의 간판이 무단 교체되고 "당사(黨社) 건물의 열쇠를 경찰에 빼앗기는 등의 수난"이 가해졌음을 전하였다. 『동아일보』, 1961년 2월 21일, 석간 1, "政界스냅" 참조.

78 『조선일보』, 1961년 2월 18일, 석간 1, "經援協定 早速批准要望".

서를 20일 국회에 제출키로 결정하였다.

20일 오후 열린 민주당 의원총회에서는 정부가 요청한 비준동의안을 2월 중 양원에서 수정 없이 통과하자고 결의하였다.[79] 다음날 오전에 열린 민주당 원내대책-운영위원회 연석회의에서도 2천만 달러의 원조자금을 시급히 획득해야 될 필요성을 감안하여 2월 말까지 국회의 비준동의를 받도록 적극 추진하자는 입장이 재확인되었다.[80] 정부와 여당은 '매카나기 공한'과 이로 말미암은 여론의 변화에 힘입어, 경제기술원조협정을 원안 그대로 가결시키고자 시도했던 것이다.

3. 신민당의 부대결의 제안과 집권세력의 수용(2월 22~27일)

1) 집권세력의 강공 재개와 반대세력의 저항

2월 22일 오후 신현돈(申鉉敦) 내무부 장관은 3~4월 중 반정부 봉기가 대규모로 일어날 가능성이 있다 언급하며, 조총련(朝總聯: 在일본 조선인 총연합회)과 연계된 '불순세력'들이 여러 사회단체에 침투하여 이를 선동 중이라 주장하였다. "[이들은] 혁신세력을 가장하고 한·미 경제협정을 반대하는 데모를 하며 심지어는 일부에서 중립화론을 부르짖어 반미사상을 고취시키고 있는데 이 같은 행동은 일본 조총련계와 접선된 모종의 행동으로 본다"는 그의 주장

---

79   『경향신문』, 1961년 2월 21일, 조간 1, "「經協」 無修正 通過키로";『조선일보』, 1961년 2월 21일, 조간 1, "韓·美 經濟援助協定 二月 內 兩院批准".

80   『경향신문』, 1961년 2월 21일, 석간 1, "經濟協定 月末通過推進";『동아일보』, 1961년 2월 21일, 석간 1, "經濟協定 二月 末까지 批准".

은,[81] 2월 15일 장면 총리의 발언 이후 지속되던 대(對)혁신계 강경 대응방침의 연장선상에 있었다.

23일 오전에는 장 총리가 직접 기자회견을 통해, 협정 반대운동 관련 "선의의 경고와 딴 생각을 가지고 편승하려는 것은 분명히 구별해야 한다"고 강조하였다. 그는 "야당이나 혁신계를 탄압할 의사는 조금도 없다"면서도, 그 반대운동을 둘러싸고 "조련계(朝聯系) 및 북한 공산당이 편승해서 파괴 내지 방해를 조장하고 있으므로 정부는 이러한 흉계를 봉쇄하고자 '확고한 대책'을 세우고 있다" 발언하였다.[82] 장 총리는 이어 같은 날 밤 서울 외신기자클럽 연설에서도 경제기술원조협정에 대한 전적인 찬의(贊意)를 재확인하였다.[83]

정부 측의 이러한 주장은 '불순세력'으로 지칭된 혁신계는 물론 신민당을 다시 자극하였다. 김영삼 의원은 "국민은 언제든지 정부시책에 반대하는 「데모」를 할 권리가 있다"고 반박하였으며 유진산 의원 역시 신 장관의 발언에 대해 '미친 소리'라며 격앙된 반응을 보였다.[84] 한편 혁신계의 반발은 더욱 거세졌는데, '공동투쟁위원회'는 24일 서울시청 앞 광장에서 5백여 명이 모인 가운데 "주권을 존중하는 정정당당한 원조를 받자"고 주장하는 성토대회와 가두시위를 진행하고, "반민족적인 한·미 경제협정의 국회 비

81　『경향신문』, 1961년 2월 23일, 조간 3, "三·四月頃 反政府蜂起를 劃策"; 『조선일보』, 1961년 2월 23일, 조간 1, "三·四月 危機說에 某種對策".

82　『경향신문』, 1961년 2월 23일, 석간 1, "經協反對 善意여부 檢討"; 『동아일보』, 1961년 2월 23일, 석간 1, "四月危機說 근거 없다".

83　『경향신문』, 1961년 2월 24일, 조간 1, "張 總理, 外信記者 「클럽」서 演說"; 『조선일보』, 1961년 2월 24일, 조간 1, "對日問題 考慮는 現實的으로".

84　『조선일보』, 1961년 2월 24일, 조간 1, "聞外聞".

준 거부를 위하여 불퇴전의 결의 밑에 투쟁한다"는 요지의 선언문을 발표하였다.[85] 이에 앞서 22일 오후에는 '공동투쟁위원회' 주최 시민궐기대회가 대구·부산역전 광장에서 각기 약 2천여 명, 2백여 명이 모인 가운데 진행되는 등[86] 혁신야당 및 학생세력이 주축이 된 반대운동은 지방으로까지 확산 전개되었다.

2) 2월 25일 민의원 본회의 질의

2월 25일 오전 10시 43분부터 민의원 본회의에서 경제기술원조협정 비준동의안 관련 질의가 시작되었다. 정부 측 제안설명을 실시하게 된 김재순 정무차관은 "원내·외, 특히 원외에 있어서" 협정 반대여론이 왜곡 확산된 것에 유감을 표하는 한편 야당 의원 및 언론계 인사들과 물밑에서 많은 협의를 진행해온 저간의 사정을 밝히고, 경제기술원조협정은 기존의 관련 협약들을 단일화한 것에 지나지 않는다는 정부 입장을 재차 확인하였다. 그는 특히 협정에

---

85   이에 맞서 '대한상이용사회 총본부'는 경제기술원조협정 반대가 용공행위라 경고하며 대응 '삐라'를 뿌리기도 하였다. 『경향신문』, 1961년 2월 23일, 조간 3, "24日 聲討大會 「經協」 反對鬪爭서"; 『조선일보』, 1961년 2월 23일, 조간 1, "24日 聲討데모 韓·美 經協反對"; 『동아일보』, 1961년 2월 25일, 조간 3, "經濟協定 反對 聲討 한편선 社大黨 非難" 참조. 한편 당일 성토대회의 참석인원을 2천여 명으로 추산한 기록도 존재함을 부기해둔다(한국역사연구회·4월민중항쟁연구반 2000, 121).

86   보도에 의하면 대구에서는 "한·미 경협(經協)은 을사보호조약과 무엇이 다르냐, 「빵」에 매어달린 노예는 싫다" 등의 구호가 나왔으며, 부산에서는 '국민에 전하는 호소문'과 '정부에 대한 항의문', '국회에 보내는 경고문'과 '미 대통령에 발송하는 메시지'를 채택하고 격문 3만 매를 살포하였다. 대구·부산 일대에서의 이러한 반대시위는, 신현돈 장관이 제기한 '3~4월 봉기설'의 진원지로 영남 일대의 도시들이 언급되었던 당시 상황에서 집권세력에 상당한 위기의식을 초래하였으리라 판단된다. 『경향신문』, 1961년 2월 23일, 조간 3, "經協反對 궐기大會 大邱서 二千名 參加"; "釜山서도 開催" 참조.

대한 부정적 보도가 상당히 줄었음에도 그 반대운동이 반미적 움직임으로 비화될 가능성을 우려하면서 "이러한 문제가 결코 고의적·의식적으로 반미감정을 선동하는 사람들에 의해서 이용당하지 않게 하기 위해서" 노력하겠다 강조하였다.

이상과 같은 정무차관의 설명에 대해 신민당 민관식(閔寬植) 의원은 야당과 최소한의 협의도 없이 추진된 협정 체결로 "우리나라에서 일찌기 볼 수 없었던 반미감정을 국민 속에 싹트게 했"는바 "필요 이상의 국민의 감정을 자극했고 심지어는 반미감정이라고 하는 이러한 문제까지가 대한민국 수립 후에 처음 발생했"다고 비판하였다. 그는 상호안전보장법 제131조 (d)항의 특혜를 지켜내지 못한 외무부의 '비자주적 태도'를 지적하고, 국민들이 "과연 우리의 자주성과 주권이 얼마만큼 존중될 것이냐에 대해서 많은 의아심을 가지고 있는" 형국에서 국제관례상 협정문 수정이 원천불가하다는 2월 19일 자 장면 총리 발언을 반박하였다. 이어 한국의 부패가 고질화된 데에는 미측도 일부 책임이 있다면서 이를 막기 위한 대책이 고려되었는지 질의하였고, 미국이 한국전쟁으로 야기된 전시상황의 종료를 근거로 대한특혜를 배제한 만큼 이를 명분으로 행정협정 체결을 적극 추진해야 한다고 주장하였다. 다음으로 질의를 이어나간 민정구락부의 이찬우(李燦雨) 의원 역시, 전일 있었던 '공동투쟁위원회'의 시가행진을 언급하며 "최근에 와서는 그 반대하는 형태가 집단적으로 나타나서 '푸랑-카드'를 들고 '데모'로 옮기고 있"는 상황에서 정부의 대안은 무엇인지 추궁하였다.

이에 장면 총리는 '뜻하지 아니한 오해 또는 곡해'가 발생한 데에 유감의 뜻을 표시하면서도, 경제기술원조협정은 기왕에 운용되어 오던 협약을 단일화한 것에 불과하므로 야당 의원들이 제기한 문제가 그렇게 심각하지 않음을 김재순 정무차관과 동일한 맥락에서 설명하였다. 또한 비준동의 반대 움직임이 총체적 반미운동으로 확산될 가능성을 언급하며, 야당의 건설적 비판과 좌익계열의 준동(蠢動)은 철저히 구분하여야 한다고 경고하였다.[87]

3) 신민당의 부대결의안 및 외무부 장관 사퇴결의안 처리 요구

22일 오후 양원 합동의원총회에서 국회 차원의 부대결의를 덧붙이는 조건으로 비준동의안에 찬성하는 안을 논의한 신민당은,[88] 25일 오후 국회 본회의에 이어 다시 합동의원총회를 열고 비준동의 여부를 토론하였다. 여기서는 국민여론에 따라 비준동의안을 부결시키자는 강경론의 입장과, 원조를 받는 입장이니만큼 수정 후 동의가 불가피하다는 온건론이 대립하였는데, 결국 일부 독소조항의 수정 또는 해석각서 첨부에 더해 정일형 장관에 대한 인책(引責) 사퇴결의안을 제출하는 방향으로 의견을 모았다. 신민당은 비준동의안 및 문책결의안 처리에 관하여 27일 오전까지 최종방침을 결정키로 하였다.[89]

이에 정부 측 대변인인 정헌주(鄭憲柱) 국무원 사무처장은 협정 비준 후에 외무부 장관의 문책 여부를 처리하자 제안하는 한편,

---

87 제38회 국회 민의원 회의록 제31호 (단기 4294년 2월 25일) 4-20쪽; 『경향신문』, 1961년 2월 25일, 석간 1, "27日에 表決豫定"; 『동아일보』, 1961년 2월 25일, 석간 1, "韓·美 經協 同意案에 質疑 辛辣"; 『조선일보』, 1961년 2월 25일, 석간 1, "反美分子들 便乘".
88 『경향신문』, 1961년 2월 22일, 석간 1, "〈附帶條件 添加〉「經協」批准 同意?".
89 『경향신문』, 1961년 2월 26일, 조간 1, "鄭 外務 罷免·條項의 修正"; 『조선일보』, 1961년 2월 26일, 조간 1, "鄭 外務 辭任要求".

"신민당이 이번 경협 체결에 있어 정부의 잘못을 책(責)하고 또 앞으로 다시 이런 일이 없도록 경고하는 의미의 부대각서를 붙이자면 굳이 반대 않겠다"며 부대결의안도 수용할 수 있다는 입장을 처음으로 밝혔다.[90]

4) 언론의 논조 전환

이러한 상황에서 언론의 보도는, 초기에 비해 협정 자체에 대한 비판은 확연히 줄어든 반면 혁신계 주도의 반대운동이 반미 내지 반국가운동으로 전화될 가능성에 대한 우려가 지배하고 있었다. 2월 24일자 석간 『경향신문』은 천안(天安) 이생원(李生員) 필명의 독자 명의로 된 기고문을 보도하였는데, 여기서는 제1공화국의 부패한 행태가 미국의 발언권 확대를 일정 부분 자초한 측면이 있으며, 협정 반대운동은 북한의 책동에 악용될 가능성이 있다며 비준을 옹호하는 입장이 표명되었다.[91]

한편 『조선일보』는 25일 자 조간 〈만물상〉 란을 통해 협정 반대운동에 반미적 성격이 있을지언정 그 자체를 반국가적이라 볼 수는 없다며 장면 내각의 이념공세를 비판하였다. 다만 여기에는 반국가운동으로의 확산을 우려하는 시각이 전제되어 있었고, 협정 자체보다는 집권세력의 해명·설득 노력 부족을 주요 비판대상으로 운위(云謂)하였다. 이어 2월 27일자 석간은, 26일 UPI(*Untied*

---

90 『경향신문』, 1961년 2월 26일, 석간 1, "經協 圍繞 與·野 큰 對決 豫想"; "民政俱·新民黨 同調 鄭 外務長官 罷免에"; "民主黨선 反對"; 『동아일보』, 1961년 2월 26일, 석간 1, "外務罷免案 先決"; 『조선일보』, 1961년 2월 26일, 석간 1, "韓·美 經援協定 批准에 波瀾豫想".

91 『경향신문』, 1961년 2월 24일, 석간 2, "民意: 韓·美 經協反對에 愼重을 期하라!".

Press International)발 보도 인용을 통해 한국에서 일본의 '안보파동'과 유사한 사태가 재발되지 않을까 미측이 우려하고 있으며, '전학련' 식의 폭력시위가 일어나지는 않았지만 혁신계 '공동투쟁위원회'가 범국민적 반대운동을 전개하고 있음을 소개하였다.[92]

『조선일보』의 변화된 입장은 홍종인(洪鍾仁) 회장이 2월 28일자 조간에 기고한 〈정객들의 발언과 그 책임〉 제하의 시론(時論)에서 보다 분명하게 드러났다. 홍 회장은 시론을 통해 경제기술원조협정을 을사보호조약에 빗댄 신민당 의원의 인식이 경박하였음을 비판하며 협정을 옹호하였다.[93] 요컨대 2월 말에 이르러서는 주요 일간지들 역시 협정 반대운동이 '안보파동' 수준으로 치닫는 것을 경계하는 한편, 협정의 불비한 점을 보완하는 선에서 타협점을 모색하였던 것이다.

5) 2월 27일 민의원 본회의

27일 오전 10시 28분부터 민의원 본회의에서는 경제기술원조협정 비준동의안에 관한 대정부질의가 속개되었다. 신민당 김응조(金應祚), 민정구락부 박권희(朴權熙) 의원 등은 "국민들이 많이 반대를 하고 원내에 계시는 야당이 모조리 서서 반대를 하고 여당에 계시는 의원들 중에서도 반대가 많은 이러한 한·미 경제협정"을 체결하게 된 당위성을 따지며, 국가예산의 52%를 미국의 원조에 의존하는 형세에서 제3조의 '무제한 관찰' 규정은 주권국가의 체모

---

92 『조선일보』, 1961년 2월 25일, 조간 1, "萬物相"; 2월 27일, 석간 1, "韓國에 混亂 惹起".

93 『조선일보』, 1961년 2월 28일, 조간 1, "政客들의 發言과 그 責任".

를 손상시키는 조항이라 비판하였다. 더불어 "이번 한·미 경제협정 반대는 신민당[94]·통일사회당, 기타 혁신정당·사회단체 혹은 국민 다대수의 개개인"에 망라되고 있는 바 비준동의안를 철회할 생각은 없는지 질의하였다.

이러한 지적에 장면 총리는 한국전쟁 시 막대한 원조를 아끼지 않은 미국이 한국의 주권을 침해할 리 없다는 기존 입장을 반복하며, 미국의 정보 접근권은 '감독(supervise)'이 아닌 '관찰(observe)'을 위한 것이라 강조하였다. 이어 "미국이 원조를 해주고 그 실태를 알고자 하는 것은 미국 국회에 대해서도 책임 있는 일을 할 수 있기 때문이며 원조를 받는 우리나라도 원조를 받는 실태를 굳이 감출 필요는 없다고 생각"한다며 비준동의안을 철회 혹은 수정하는 일은 없을 것이라 말했다.[95]

이어 민주당 이종남(李鐘南), 민정구락부 박병배(朴炳培), 신민당 이정래(李晶來) 의원 등은, 반미사상이 확산되고 정부에 대한 불신이 조야에서 팽배해지는 현상을 경고하며, 협정의 조인과 비준에 임하는 내각의 안이한 태도를 비판하였다.[96] 이상의 질의에 장면 총리는 ① '원조자금의 10%를 사무비로 쓴다'는 미측의 요구에 한측이 강력히 반대하여 합의의사록에서 이를 5%로, 실제 운용에

---

94 의사록 원문에는 '韓民黨'으로 되어 있으나, '韓'은 '新'의 오기(誤記)임이 확실하다.

95 『경향신문』, 1961년 2월 27일, 석간 1, "行政協定 締結을 促求"; 『동아일보』, 1961년 2월 27일, 석간 1, "表決은 二八日에"; 『조선일보』, 1961년 2월 27일, 석간 1, "主權侵害할 憂慮 등 表明".

96 여기서 특히 국민에게 '보여주기' 식으로라도 어떠한 '제스츄어(gesture)'를 취할 필요가 있다는 박병배 의원의 발언이 눈길을 끈다. 보수야당 소속 국회의원들 간에도 4·19 이후의 혁명적 사회분위기에서 비등한 협정 반대여론을 달래기 위해, 모종의 조처는 불가피하다는 공감대가 형성되어 있던 것이다.

서는 기존 사용비율인 1.7% 내외를 유지하기로 한 것과 ② 고용인 사유재산에 대한 과세를 지켜낸 점만 보아도 정부가 미측 요구에 맹종(盲從)하였다는 주장은 받아들일 수 없다고 반박하였다.[97]

4. 비준동의안과 '주권존중' 부대결의안 동시통과(2월 28일)

1) 민주당과 보수야당의 최종교섭

2월 27일 신민당이 제시한 양해각서 첨부안에 내각과 민주당이 동의할 뜻을 나타내면서, 비준동의안은 협정의 '실질적인 수정 또는 보충'에 해당하는 부대결의안과 함께 통과될 것으로 예상되었다. 민주당이 신민당과의 타협을 위해 비준동의안 처리를 하루 연기하고 신민당은 당초 주장했던 외무부 장관 인책결의안 처리를 미룸으로써 28일 비준동의안 통과 전망은 밝아졌다.[98] 27일 밤 민주당 간부들은 신민당·민정구락부 간부들을 초청하여 비준동의안 가결을 '간곡히 요청'하였는데, 야당 측은 신민당이 제안한 부대결의안 동시통과를 조건부로 찬성할 수 있다는 입장을 고수하였다. 한편 외무위원회 소속 민주당 이종린(李鍾麟) 의원은 신민당 측 부대결의안의 "~해야 한다"는 '강행규정'을 "~하도록 연구한다"는 '훈시(訓示)규정'으로 완화한 별도의 부대결의안을 제출하여 동 결의의 구속력을 줄여보고자 시도하였다.[99]

---

97   이상 본회의 논의 내용은 제38회 국회 민의원 회의록 제32호(단기 4294년 2월 27일) 1-24쪽 참조.

98   『조선일보』, 1961년 2월 27일, 석간 1, "附帶決議案 添加코 批准視".

99   『경향신문』, 1961년 2월 28일, 조간 1, "經協 批准 三個 附帶條件을 固執"; "民主黨 李鍾麟 議員 經協附帶條件 提示".

2) 2월 28일 민·참의원 본회의: 비준동의안과 '주권존중' 부대결의안 가결

28일 오전 10시 13분 개의된 민의원 본회의에서는 박준규 의원 외 21인이 공동 발의한 '한·미 경제기술협정 비준동의 요청에 대한 결의안'과 이종린 의원 외 12인이 공동 발의한 수정결의안이 제출되었다.[100] 박준규 의원은 제안설명을 통해 본인이 제출한 부대결의안은 경제기술원조협정에 대한 '수정안'으로, "차후에 외무부를 통해서 미국 정부에게 이 양해사항이 전달되어서 미국 정부가 이것을 동의하게 된다면 이것은 국제법상 협정과 동등한 효력을 발생"하는 것이라 발언하였다. 그는 부대결의안의 제1조는 경제기술원조협정 제1·3조의, 제2조와 제3조는 각각 제5·6조의 결함을 치유하는 것이라 설명하였으며, 당초 "한·미 경제협정 문제가 상정이 되어 있을 때에 우리 야당은「하므렡」(Hamlet)의「투 비 —·오

100　박준규 의원 등이 제출한 부대결의안의 내용은 다음과 같다.
　　대한민국 국회는 헌법 제42조에 의거하여 단기 4294년 2월 8일부 대한민국 정부와 미합중국 정부 간에 체결된 협정을 좌기 양해사항과 더불어 비준하는 데 동의한다.
　　記
　　(一) 동 협정 중 여하한 조항이나 구절도 대한민국 외무부 장관에게 보낸 미합중국대사의 단기 4294년 2월 16일부(대한민국 주권의 완전존중)에 관한 공한에 표시된 원칙과 정신에 배치된 적용이나 해석을 할 수 없다.
　　(二) 협정 제5조에 규정된 통고를 함에 있어서 외교특권 부여를 요청할 관리 수는 양국 정부 협의 하에 이를 제한한다.
　　(三) 협정 제6조 면세조항의 적용범위와 대상자(자연인·법인 포함)의 국적 등 세목(細目)은 양국 정부의 합의사항으로 한다.
　　右와 如히 決議함
　　　이종린 의원 등이 제출한 수정결의안의 전반적 내용도 이와 동일했지만, 제2항 말단(末端)의 '～ 이를 제한한다'를 '～ 필요한 수에 끝이도록〔그치도록〕 노력한다'로, 제3항 말단의 '～ 양해사항으로 한다'를 '～ 논의대상으로 하도록 노력한다'로 바꾸었다는 차이가 있었다.

아 낱 투 비—」(to be or not to be) 정도의 고민", 즉 양자택일의 딜 레마에 봉착했으나 이를 타개하기 위해 고심한 결과 부대결의안이 라는 절충안을 내놓게 되었다고 토로하였다.

다음으로 여당 소속 이종린 의원은 박준규 의원 등이 제출한 부대결의안과 본인의 제안 사이에 큰 차이가 없으므로 박 의원의 결의안에 찬성한다면서도, 결의안이 "미 행정부에 대한 제한을 주 목적으로 한다면 양해사항의 본질에서 이탈하는 것이므로 … (중 략) … 자칫하면 조약에 대한 양해사항이 아니고 유보사항이 될 수 있"다고 우려하였다. 즉 부대결의안은 경제기술원조협정에 대한 사실상의 수정이라는 시각 대신 "결의안의 문면(文面)은 어디까지 나 〔한국 정부만을 기속하는〕 양해사항으로서 해석을 해야" 한다 는 관점이었다.

이에 장면 총리는 미국이 한국의 주권을 침해할 의사가 없다 는 기존 주장을 예의 되풀이하면서도, "그러한 것을 여러분께서 염 려하셔서 이러한 결의안을 내시는 것은 좋습니다"고 부대결의안 에 긍정적인 반응을 보였다.[101] 마지막 발언 기회를 얻은 신민당 양 일동 의원이 신민당의 부대결의안은 "〔조야의 비준 반대 움직임 이〕 자칫 잘못하면 반미운동으로 흐를 그런 우려"를 참작하여 수 차(數次)의 의원총회를 통해 확정한 문안으로, 이에 대한 미국 정 부의 동의의사가 확인될 때만이 비로소 비준동의가 발효될 것이

---

101 이러한 정부 측의 수용이 당일 민의원 본회의에서 갑자기 이루어진 것이 아님은, 이어지는 장면 총리의 "그 동안에 내가 알기로는 야당에서 어떠한 그 결의안에 초 안이 나온 것을 여당에서도 같이 여기에 대에〔해〕서 서로 이마를 맞대고 논의를 하고 해서 여기에 대해서 완전히 합의를 보신 걸로 알고 있습니다"는 발언에서도 확인할 수 있다.

라 보는데 정부 측 입장은 어떠한지 물었다. 여기에 장 총리는 "미국 정부에 대해서 통지할 때 그 결의사항을 붙여서 통지하는 것"이며 "우리 주권의 침해를 방지하는 최선의 방법을 이와 같이 했으니까 미국 정부로서도 여기에 대해서 물론 깊은 생각을 할" 것이라는, 다소 모호하지만 신민당의 입장을 일견 긍정하는 취지로 발언하였다.

장 총리의 답변을 끝으로 표결이 시작되었다. 한때 신민당 측의 표결 불참 또는 총퇴장 가능성이 시사되기도 하였으나, 실제 퇴장한 인원은 통일사회당 서상일(徐相日)·김성숙(金成淑) 의원 등 20여 명에 불과하여 의결정족수가 충족된 가운데 거수표결이 진행되었다.[102] 표결참여자 중 통일사회당 윤길중 의원만이 유일하게 반대한 가운데 민주당 의원은 전원 찬성하였고, 부대결의안을 발의한 박준규·양일동·백남훈(白南薰) 의원 등은 의외로 기권을 선택하였다.[103] 결과적으로 재석 165명 중 가(可) 133표, 부(否) 1표로 비준동의 및 부대결의안은 민의원을 통과하게 되었다.[104]

---

102 민의원 회의록 제33호에 명시된 출석의원수는 187인, 표결 시 재석수는 165인이므로 최대 22명의 의원이 퇴장하였을 것으로 추산된다.

103 이들이 찬성하지 않은 이유는, 부대결의안 첨부에도 불구하고 협정 자체가 지닌 문제점이 초래할 수 있는 정치적 책임을 회피하기 위함이거나, 부대결의안의 성격에 관해 장 총리가 명확한 입장을 밝히지 않았다고 판단하여 이에 불만을 표시하기 위한 차원이었을 것으로 추정된다. 일부 언론에서도 장 총리가 "미국이 우리의 주권을 존중한다고 했으니 부대결의의 법적 성격을 논란할 필요가 없이 그대로 통과시켜주면 좋겠다"는 식의 '어물어물 넘긴' 해명을 했다고 평했으나, 의사록의 실지 기록에 의할 때 그보다는 부대결의안의 구속력을 '부인하지 않았다'는 정도로 해석하는 것이 합당하리라 생각된다. 『동아일보』, 1961년 2월 28일, 석간 1, "民議院 韓·美 經濟協定을 批准"; 『조선일보』, 1961년 3월 1일, 조간 1, "聞外聞" 참조.

104 이상 본회의 논의 내용은 제38회 국회 민의원 회의록 제33호(단기 4294년 2월 28

비준동의 및 부대결의안은 같은 날 오후 2시 20분 개의한 참의원 본회의에 곧바로 상정되었다. 질의에서 무소속 양춘근(梁春根)·김남중(金南中), 신민당 이남규(李南圭)·김용성·조국현(曺國鉉) 의원 등의 비판이 이어졌으나, 이어진 찬·반 거수투표를 통해 재석 34명 중 가 32표, 부 0표로 참의원에서도 예상보다 수월하게 통과되었다.[105] 양원의 동의가 이루어지자 김용식 사무차관은 28일 오후 파파노 경제담당 참사관을 초치(招致)하여 협정 비준사실을 통고함과 동시에 국회의 부대결의를 상세히 설명하였고, 미측도 이를 양해함으로써 경제기술원조협정은 당일부로 발효되었다.[106]

일) 1-22쪽 참조.

105 참의원 회의록 제22호에 명시된 출석의원수는 45인, 표결 시 재석수는 34인이었으므로 최대 11명의 의원이 퇴장하였을 것으로 추산된다.

106 이상 본회의 논의 내용은 제38회 국회 참의원 회의록 제22호(단기 4294년 2월 28일) 7-26쪽;『조선일보』, 1961년 3월 1일, 조간 1, "韓·美 經援協定 批准 完結" 참조. 미 국무성은 '매카나기 성명'으로 "한국의 주권을 침해할 의사가 호무(豪無)하다는 것"이 이미 천명되었다 지적하면서도, '주권존중' 부대결의가 한국 국회의 의사표시임을 인정하고 이를 충분히 고려할 것이라 밝힘으로써 사실상의 효력을 인정하였다.『동아일보』, 1961년 2월 28일, 석간 1, "民議院 韓·美 經濟協定을 批准"; 3월 2일, 석간 1, "韓·美 經濟協定 附帶條件 考慮" 참조.
      한편『조선일보』는 3월 1일자 조간 기사를 통해 "한·미 경제기술원조협정은 처음 조인될 때의 내용보다 ① 한국의 주권존중 원칙을 명시하고 ② 동 협정 제 5·6조의 경제사절단 수와 면세대상의 범위를 한·미 양국 정부의 협의대상으로 하도록「사실상의 보충 또는 수정」이 가해진 셈이다. 신민당의 일부 의원들과 원외의 혁신 제파(諸派)가 중심으로 벌린 동 협정 반대투쟁은 이날 협정의 발효로써 완전히 좌절되었으나 계몽강연·성토대회 및 시위행진 등 온갖 방법으로 전개된 그 반대투쟁을 통해 여태까지 맹목적인 의존정책을 버리지 못하고 있던 한국의 「대미정책의 자세」를 바로잡는 계기를 마련하였음은 크나큰 기여라 할 수 있다"는 총평을 내렸다.『조선일보』, 1961년 3월 1일, 조간 1, "韓·美 經援協定 批准 完結" 참조.
      협정 비준 당일이던 28일은 마침 4·19 혁명의 기폭(起爆)이 되었던 대구 2·28 시위 제1주년이 되는 날이었다. 이 날 대구시내 약 40여 개 중·고교생 4만여 명이 '2·28 학생의거 1주년 기념식'에 참여했는데, 여기서는 "2·28 학생정신을 모독

V 결론에 대신하여

기존 정치·역사학계 연구에서 크게 주목받지 못했던 한·미 경제
기술원조협정은, 1961년 2월 28일 국회가 그 비준동의안과 함께
주권존중에 관한 부대결의안을 동반 가결시킴으로써 1948년 8월
대한민국 수립 이후 입법부가 행정부 외교정책에 구체적 제약을
가한 최초의 사례였다는 의의를 지닌다. 그런데 협정이 조인된 2월
8일부터 비준이 이루어진 2월 28일까지의 20일 간 관찰된 정치·
사회세력 간 동학은, 동 사례가 단순히 외교정책에 대한 행정부–
입법부 관계나 여론의 영향력이라는 시각에서 분석되기보다, 국내
정치·사회구조를 반영한 보다 복합적인 관점에서 이해될 필요가
있음을 시사하고 있다.[107]

하지 말라", "한·미 행정협정을 조속히 체결하라", "굴욕적인 한·미 경제협정을
철회하라"와 같은 현수막이 게시되어 학생세력의 세를 과시하였다. 이어 다음날
인 3월 1일 대구 달성공원에서 '민족통일경북연맹'이 주최한 '3·1절 민족통일 촉
진 궐기대회'에도 2만여 명 이상이 운집하여 공전(空前)의 성황을 이루었는데, 대
회 후 이어진 시가행진에서 "미국인은 물러가라"는 구호가 등장하는 등 경제기술
원조협정으로 촉발된 반미감정이 급진적 통일론과 연계되는 인상마저 주었다. 다
만 이후 혁신야당 및 학생세력의 관심은 ① 주한미군의 지위에 관한 한·미 행정
협정 체결 추진 및 ② 협정 비준 반대운동에 놀란 집권세력이 구상케 된 '반공임
시특별법'과 '데모규제법' 등 소위 '2대 악법(惡法)' 반대 움직임으로 전화되었다.
『동아일보』, 1961년 2월 28일, 석간 3, "大邱 學生데모 一週 記念"; 3월 2일, 석간
3, "휴지통"; 『경향신문』, 1961년 3월 3일, 조간 1, "그릇된 「統一論」을 삼가자";
정근식·이호룡 편 2010, 249 참조.

107 1995년 1월 발표된 제2차 공개외교문서철 중 경제기술원조협정 관련 유의미한
사료가 담겨져 있을 것으로 판단된 「駐미국대사관 정무보고」(등록번호 1368)에
는 1961년 9월 이후의 문서만 수록되어 있어, 협정의 조인·비준 전후 미국 주
재 공관을 통한 교섭이 어떻게 이루어졌는지 확인할 수 없었다. 『미국외교문서
(FRUS: Foreign Relations of the United States)』와 미 국무성·중앙정보부
(CIA)가 지금까지 공개한 각종 비밀문건 중에서도, 협정 체결 및 비준에 직접 관

본고는 당시 집권세력이었던 장면 내각과 민주당이 ① 보수야
당 및 언론과 ② 혁신야당 및 학생세력이라는 두 종류의 반대세력
에 이중적으로 대응하며 원안 그대로의 비준을 시도하였으나, ①
의 반대는 어느 정도 무마된 반면 ②의 저항은 격화되자 정권의 붕
괴 가능성을 우려하여 ①이 제시한 '주권존중' 부대결의를 수용하
는 과정을 시계열적으로 서술하였다. 다만 국회의사록 및 언론보
도 등 1차 사료를 통해 명확히 드러난 정치·사회세력의 움직임에
만 주목하였기에, 또 다른 경로로 영향력을 행사하였을 재계 등 여
타 행위자에 대한 고려가 부족하였음을 부인할 수 없다. 또한 『경
향신문』·『동아일보』·『조선일보』 등 접근이 비교적 용이한 일간지
보도에 의존하였기에, 『한국일보』·『서울신문』 같은 여타 주요 일
간지와 『민족일보』·『영남일보』 따위 혁신성향 일간지의 평가를 포
괄적으로 다루지 못하였다. 특히 외교문서나 일간지 보도에서 종
종 발견되는 모순된 부분은, 추가적인 외교문서 및 정부기록물 발
굴을 통한 석명을 필요로 한다.

본고의 설명은 선행연구가 미진했던 제2공화국의 외교정책
을 다룸으로써 한국 정치·외교사의 한 공백을 채운다는 의의와 함
께, '당구공(billiard ball)'에 비유되는 단일한 행위주체로서의 국
가를 상정키 마련인 국제정치학의 구조적 접근에 대한 하나의 반
례를 제시한다. 1961년 2월 11일자 『조선일보』 석간 사설이 명확

련된 자료는 찾아볼 수 없었다. 따라서 후속 연구를 통해 국가기록원, 아이젠하워
도서관(Dwight D. Eisenhower Presidential Library), 케네디 도서관(John F.
Kennedy Presidential Library), 미 국립문서보관소(NARA: National Archives
and Records Administration) 등지에 소장된 미발굴 문서를 검토할 필요가 있다.

하게 짚었던 것처럼, "완전한 자주독립을 명목상이나 실질적으로 자부할 수 있는 국가는 미·소 두 나라뿐"인[108] 양극체제(bipolar system)는 한국의 국내정치적 변동과 무관하게 지속되고 있었다. 그러나 이전 같았으면 큰 문제없이 통과되었을 기술적·실무적 협정이 비준되기까지 예상치 못한 난항을 겪은 것은, 4·19 이후 변화된 국내 정치·사회적 환경의 맥락을 고려하지 않고는 이해하기 힘든 현상이다. 이는 국제적 구조(structure) 내지 환경(environment)의 요소만으로 설명하기 어려운 국가 자체의 특성에 착목(着目)할 필요성을 환기하며, 국제정치의 '제2이미지'가 결코 단순한 암상자(blackbox)에 머무르지 않음을 일깨워준다.[109]

권력분립의 원칙이 강조되고 사회적 다원화가 심화되는 현대 민주주의 국가에서 '안과 밖'의 상호작용은 갈수록 복잡해지고 있는 바, 2019년 현재 한국이 처한 상황도 여기서 크게 벗어나지 않는다. 본고의 시도가 한국 정치·외교사에서 '안과 밖'의 문제가 본격적으로 표면화된 한·미 경제기술원조협정의 체결 및 비준과정을 이해하는 데 조금이나마 기여하였기를, 더 나아가 국내정치와 국제정치의 접점이라는 시각에서 유사한 사례들을 설명하는 노력으로 이어지길 바란다.

---

108 『조선일보』, 1961년 2월 11일, 석간 1, "韓·美 援助協定에 對한 物議와 選良의 責任".
109 부지불식간에 국가를 '당구공' 내지 '암상자'로 전제하게 되는 국제정치학의 구조적 접근에 대한 경종(警鐘)으로 허드슨(2009), 제1장 참조. 여기서 허드슨은 외교정책이 결국 '인간'이라는 주체에 의해 결정되는 것임을 강조하며, 정책결정자 개인에서부터 그가 속한 소집단·문화공동체·정치세력 그리고 국제체제에 이르는 다층 변수의 영향을 통합적으로 고려해야 할 필요성을 역설하였다.

참고문헌

1. 1차 사료

대한민국 국회 민의원 사무처. 제5대 국회 제38회 민의원회의록.

대한민국 국회 참의원 사무처. 제5대 국회 제38회 참의원회의록.

대한민국 외무부 조약과. 「한·미 간의 경제기술원조협정」 제1권 기본문서 및 제2권 자료. 『대한민국 외교문서』. 필름 J-0016. 분류번호 741.94 조624경.

_____. 「한·미 간의 경제기술원조협정의 해석, 1961-63」. 『대한민국 외교문서』. 필름 J-0016. 분류번호 741.94 조624경.

_____. 「駐미국대사관 정무보고」. 『대한민국 외교문서』. 필름 O-0020. 분류번호 773.1US.

『경향신문』, 『동아일보』, 『조선일보』.

Chi, Madeline and Louis J. Smith. (eds.) 1994. *Foreign Relations of the United States, 1958–1960, Volume XVIII, Japan; Korea*. Washington: United States Government Printing Office.

Keefer, Edward C. et al. (eds.) 1996. *Foreign Relations of the United States, 1961–1963, Volume XXII, Northeast Asia*. Washington: United States Government Printing Office.

2. 2차 문헌

강만길 등. 1988. 『4월혁명론』 서울: 한길사.

고려대학교 한국사연구소 기획. 2012. 『정의와 행동 그리고 4월혁명의 기억』 서울: 선인.

레미지. 2016. "1950년대 미국의 대한경제원조에 대한 연구." 서울대학교 국제학석사학위논문.

맥도날드, 도날드 스톤. 2001. 한국역사연구회 1950년대반 역. 『한·미 관계 20년사(1945-1965년): 해방에서 자립까지』. 서울: 한울아카데미; Donald Stone MacDonald. *US-Korean Relations from Liberation to Self-Reliance: The Twenty Year Record*. (San Francisco: Westview Press, 1992).

박철희. 1988. "제2공화국 붕괴원인에 대한 재조명." 서울대학교 정치학석사학위논문.

백영철 편. 1996. 『제2공화국과 한국 민주주의』 서울: 나남출판.

사월혁명연구소 편. 1990. 『한국사회변혁운동과 4월혁명』 1·2. 서울: 한길사.

이용원. 1999. 『제2공화국과 장면』 서울: 범우사.

이택휘. 1994. "제2공화국의 대외정책." 『한국정치외교사논총』 10.

이현진. 2009. 『이화연구총서 5: 미국의 대한경제원조정책 1948-1960』 서울: 혜안.

정근식·이호룡 편. 2010. 『4월혁명과 한국민주주의』 1. 서울: 선인.

정무용. 2015. "1961년 한·미 경제기술원조협정을 둘러싼 정치·사회적 갈등."
  『인문과학연구』 21.
한국민족운동사학회. 2003. 『장면과 제2공화국』 서울: 국학자료원.
한국역사연구회·4월민중항쟁연구반. 2000. 『4·19와 남북관계』 서울: 민연.
한승주. 1983. 『제2공화국과 한국의 민주주의』 서울: 종로서적.
허드슨, 발레리 M. 2009. 신욱희 외 역. 『외교정책론』 서울: 을유문화사; Valerie
  M. Hudson. *Foreign Policy Analysis: Classic and Contemporary Theory*.
  (Lanham: Rowman & Littlefield, 2007).
홍순호. 2001. "제2공화국 대외정책의 이상과 실제." 『한국민족운동사연구』 29.

3. 온라인 자료

대한민국 법제처 국가법령정보센터. http://www.law.go.kr/ (최종검색일: 2018년
  11월 15일)
대한민국 외교부 홈페이지 → 외교정책 → 조약·국제법 → 조약정보 → 양자조약 항목.
  http://www.mofa.go.kr/www/wpge/m_3834/contents.do (최종검색일:
  2018년 11월 7일)
대한민국 통계청 국가통계포털 홈페이지 → 국내통계 → 과거·중지통계 → 대한민국
  통계연감 → 교육·문화 → 신문 및 라디오 보급 수 항목.
  http://kosis.kr/statisticsList/statisticsListIndex.do?menuId=M_01_04_01&
  vwcd=MT_CHOSUN_TITLE&parmTabId=M_01_04_01#SelectStatsBoxDiv
  (최종검색일: 2018년 11월 19일)

필자 소개

고용준 Ko, Yongjun

서울대학교 사회과학대학 외교학과 졸업, 정치외교학부 외교학 석사

논저 "제2공화국 외교정책에 대한 국내 정치·사회세력의 영향 – '반대세력의 저항에 대한 집권세력의 대응모형'으로 본 1961년 한·미 경제기술원조협정 비준과정-"(석사 논문)

이메일 repkjkyj@snu.ac.kr

세계정치 시리즈

13권 탈사회주의 체제전환 20년

탈공산체제 이행과 민주주의 공고화·김연규 | 탈사회주의 체제전환의 정치경제와 비교정치·한병진 | 탈사회주의 권위주의 정권의 개혁저항·김태환 | 탈공산주의 체제전환기 국가와 시민사회·박수현 | 탈사회주의 체제전환기 동유럽 선거민주주의와 정당정치·진승권 | 탈사회주의 시장경제 건설·김영진

14권 데탕트와 박정희

박정희 정부 시기 한국 주도의 동아시아 지역 집단 안전보장 체제 구상과 좌절·박태균 | 데탕트와 박정희의 전략적 대응·신욱희 | 미국의 대한정책 1974-1975·박원곤 | 데탕트의 위험과 기회·마상윤 | 박정희의 중화학공업과 방위산업 정책·류상영 | 일본 모델에서 한국적 혁신으로·니시노 준야

15권 글로벌 금융위기와 동아시아

글로벌 금융위기와 동아시아의 대응·이승주 | 글로벌 금융위기 이후 동아시아 금융통화협력·이왕휘 | 글로벌 금융위기와 동아시아 금융협력·이용욱 | 글로벌 금융위기와 동아시아 무역체제·문돈 | 동북아의 내수중시경제로의 전환·최태욱 | 글로벌 금융위기와 개발협력·강선주

16권 남북한 관계와 국제정치 이론

국제정치의 복합조직원리론으로 분석하는 남북 관계·전재성 | 남북 관계와 바라봄의 정치·정영철 | 남북한 관계의 국제정치학·황지환 | 세력전이와 남북 관계의 변화에 대한 고찰·우승지 | 남북한 한반도 정치와 강대국 동맹정치 간의 연계성 분석·이수형 | 국내정치와 남북한 관계·임수호 | 분쟁 후 인간안보와 남북 관계·서보혁